TEORIA E PRÁTICA
DOS TÍTULOS DE CRÉDITO

www.editorasaraiva.com.br/direito
Visite nossa página

OBRAS DO AUTOR

A nova Lei de Greve, Tribuna da Justiça, 1964 (esgotado).

Consolidação das Leis do Trabalho, 3. ed., Sugestões Literárias (esgotado).

Curso de falência e recuperação de empresa, 28. ed., Saraiva, 2017.

Curso prático de processo do trabalho, 24. ed., Saraiva, 2015.

Execução, falência e insolvência, in *Processo do trabalho*; estudos em memória de Coqueijo Costa (coautoria), LTr, 1989.

Locação comercial (fundo de comércio, estabelecimento comercial, ação renovatória), 10. ed., Saraiva, 1999.

Manual das sociedades comerciais, 21. ed., Saraiva, 2016.

Teoria e prática dos títulos de crédito, 31. ed., Saraiva, 2016.

Alcance e conveniência do *jus postulandi* das partes do dissídio individual do trabalho, in *Noções atuais de direito do trabalho*; estudos em homenagem ao Prof. Elson Gottschalk, LTr, 1995.

Os direitos trabalhistas na falência e concordata do empregador, 2. ed., LTr, 1998.

Manual das empresas de segurança privada, 2. ed., Saraiva, 2007.

Responsabilidade societária e desconsideração da personalidade jurídica, in *Processo do trabalho*; estudos em homenagem ao Prof. José Augusto Rodrigues Pinto, LTr, 1997.

A importância do direito comercial para o direito do trabalho, in *Direito do trabalho*; estudos em homenagem ao Prof. Luiz de Pinho Pedreira da Silva, LTr, 1998.

Aspectos processuais da terceirização, in *Estudos de direito*; em homenagem ao Prof. Washington Luiz da Trindade, LTr, 1998.

Execução de bens dos sócios, 11. ed., Saraiva, 2012.

O procedimento sumaríssimo na Justiça do Trabalho e as Comissões de Conciliação Prévia, 2. ed., Saraiva, 2002.

A despersonalização da empresa e seus reflexos nas garantias dos direitos do trabalhador, in *A transição do direito do trabalho no Brasil*; estudos em homenagem a Eduardo Gabriel Saad, LTr, 1999.

Exceção de pré-executividade no processo do trabalho, in *Temas relevantes de direito material e processual do trabalho*; estudos em homenagem ao Prof. Pedro Paulo Teixeira Manus, LTr, 2000.

Enciclopédia Saraiva do Direito, 1977, verbetes:

Greve (v. 40); Nome coletivo, Nome comercial (v. 54); Ação renovatória, Responsabilidade dos sócios (v. 65); Sentença falimentar (v. 68); Sinal de propaganda (v. 69); Sustação e cancelamento de protesto (v. 72); Título ao portador, Título à ordem, Título de crédito (v. 73).

CLT comentada, 9. ed., Saraiva, 2015.

O direito de empresa no Código Civil, 2. ed., Saraiva, 2008.

Comentários ao Estatuto da Microempresa e da Empresa de Pequeno Porte, Saraiva, 2009.

Manual do estabelecimento empresarial, Saraiva, 2011 (coautor: Ademar Pereira).

AMADOR PAES DE ALMEIDA
Magistrado e professor universitário

TEORIA E PRÁTICA DOS TÍTULOS DE CRÉDITO

31ª edição
revista e atualizada pela advogada
Marina Batista S. L. F. Paes de Almeida

2018

saraiva jur

SOMOS EDUCAÇÃO | saraiva jur

Av. das Nações Unidas, 7.221, 1º andar, Setor B
Pinheiros – São Paulo – SP – CEP 05425-902

SAC
0800-0117875
De 2ª a 6ª, das 8h às 18h
www.editorasaraiva.com.br/contato

Vice-presidente Claudio Lensing
Diretora editorial Flávia Alves Bravin

Conselho editorial
Presidente Carlos Ragazzo
Consultor acadêmico Murilo Angeli Dias dos Santos

Gerência
Planejamento e novos projetos Renata Pascual Müller
Editorial Roberto Navarro

Edição Daniel Pavani Naveira

Produção editorial Ana Cristina Garcia (coord.)
Luciana Cordeiro Shirakawa
Rosana Peroni Fazolari

Arte e digital Mônica Landi (coord.)
Claudirene de Moura Santos Silva
Guilherme H. M. Salvador
Tiago Dela Rosa
Verônica Pivisan Reis

Planejamento e processos Clarissa Boraschi Maria (coord.)
Juliana Bojczuk Fermino
Kelli Priscila Pinto
Marília Cordeiro

Fernando Penteado
Tatiana dos Santos Romão

Novos projetos Laura Paraíso Buldrini Filogônio

Diagramação e revisão Know-How Editorial

Comunicação e MKT Carolina Bastos
Elaine Cristina da Silva

Capa Casa de Ideias/Daniel Rampazzo

Produção gráfica Marli Rampim

Impressão e acabamento Brasilform Editora e Ind. Gráfica

ISBN 978-85-472-1896-6

DADOS INTERNACIONAIS DE CATALOGAÇÃO NA PUBLICAÇÃO (CIP)
(CÂMARA BRASILEIRA DO LIVRO, SP, BRASIL)

Almeida, Amador Paes de

Teoria e prática dos títulos de crédito / Amador Paes de Almeida. – 31. ed. rev. e atual. – São Paulo : Saraiva Educação, 2018.

Bibliografia.

1. Títulos de crédito 2. Títulos de crédito - Brasil I. Título.

15-07039 CDU-347.457

Índice para catálogo sistemático:

1. Títulos de crédito : Direito civil 347.457

Data de fechamento da edição: 14-11-2017

Dúvidas? Acesse www.editorasaraiva.com.br/direito

CL 600908 CAE 586584

Ao meu saudoso Pai,
Com. SÓLON PAES DE ALMEIDA,
pelo magnífico legado.

À minha Mãe,
HAYDÉE ROCHA DE ALMEIDA,
pelo seu extraordinário espírito de
renúncia.

Meus agradecimentos
à valiosa colaboração, dedicação
e incansável esforço da advogada
e minha companheira
MARINA BATISTA DA SILVA
LOBATO FERNANDES PAES DE
ALMEIDA na atualização
e revisão desta obra.

ÍNDICE GERAL

NOTA DO AUTOR 17

PREFÁCIO 19

LIVRO I

I — TEORIA GERAL DOS TÍTULOS DE CRÉDITO: 1. Histórico. 2. Características: literalidade; autonomia; cartularidade; abstração. 2-A. Oponibilidade de exceções (o endossatário de má-fé). 3. Conceito. 4. Classificação quanto ao conteúdo. 5. Classificação quanto à circulação. 6. Espécies de títulos de crédito. 7. Resumo. 8. Testes de aproveitamento da matéria examinada 21

II — LETRA DE CÂMBIO: 9. Origem. 10. Conceito. 11. Figuras intervenientes. 12. Requisitos essenciais. 13. Vencimento. 14. Vencimento por antecipação. 15. O aceite. 16. O endosso. 17. O lançamento do endosso. 18. Espécies de endosso. 19. O endosso em preto. 20. O endosso em branco. 21. O endosso-mandato. 22. O endosso posterior ao vencimento (endosso póstumo). 23. O endosso parcial. 24. O endosso-caução. 25. Aval. 26. Responsabilidade do avalista. 27. Autonomia do aval. 28. Espécies de aval: o aval completo e o aval parcial. 29. Pluralidade de avais. 30. Natureza jurídica das relações entre o avalista e o avalizado. 31. Aval e outorga uxória: o aval da mulher casada. 32. Ressaque. 32-A. Ação de anulação de cambial. 32-B. Ação de anulação de títulos ao portador. 32-C. Ação de regresso. 33. Prescrição. 34. A prescrição na Lei Cambial. 35. Interrupção da prescrição. 36. Resumo. 37. Testes de aproveitamento da matéria examinada 39

III — NOTA PROMISSÓRIA: 38. Conceito. 39. Requisitos essenciais. 40. Nota promissória em branco. 41. Figuras intervenientes. 42. Vencimento. 43. Prescrição. 44. Nota promissória expressa em UPC, ORTN, OTN, BTN, TR, TRD ou equivalentes. 45. Resumo. 46. Testes de aproveitamento da matéria examinada 89

IV — CHEQUE: 47. Conceito. 48. Natureza jurídica. 49. Requisitos essenciais. 50. A Lei Interna (Lei nº 7.357, de 2-9-1985) e a Lei Uniforme (Convenção de Genebra). 51. Figuras intervenientes. 52. Apresentação. 53. Prescrição. 53-A. Ação de locupletamento ilícito (enriquecimento sem causa). 54. Espécies de cheques. 55. Cheque ao portador. 55-A. A subsistência do endosso em branco na legislação do cheque. A prevalência da Lei Uniforme de Genebra sobre as leis internas que vedam o endosso em branco. 56. Cheque nominal. 57. Cheque com a cláusula "à ordem". 58. Cheque com a cláusula "não à ordem". 59. Cheque pós-datado (vulgarmente chamado "cheque pré-datado"). 59-A. Ação de indenização por danos morais, na apresentação antecipada de cheque pós-datado. 60. Cheque cruzado. 61. Cheque para creditar. 62. Cheque visado. 63. Cheque marcado. 64. Cheque de turismo. 65. Cheque postal. 66. Cheque fiscal. 67. Cheque administrativo. 68. Cheque em branco ou incompleto. 69. Cheque com pluralidade de exemplares. 70. Resumo. 71. Testes de aproveitamento da matéria examinada 103

V — DUPLICATA: 72. A fatura. 73. A duplicata. 74. Conceito de duplicata. 75. Requisitos essenciais.

76. Vencimentos. 77. Figuras intervenientes. 78. Da remessa e da devolução da duplicata. 79. O aceite. 80. Suprimento do aceite. 81. Aceite presumido. 82. Aceite em branco. 83. Recusa do aceite. 84. Do pagamento. 85. Do protesto. 86. Da ação para a cobrança da duplicata: a duplicata sem aceite, mas acompanhada da nota de entrega da mercadoria. 87. Da prescrição. 88. Da duplicata de prestação de serviços. 89. Duplicata escritural. 90. Da triplicata e sua eficácia executiva. 91. Da duplicata simulada. 92. Resumo. 93. Testes de aproveitamento da matéria examinada 173

LIVRO II

VI — TÍTULOS DE CRÉDITO RURAL: 94. O crédito rural. 95. Espécies de títulos de crédito rural. 96. A nota promissória rural. 97. A duplicata rural. 98. A cédula rural pignoratícia. 99. A cédula rural hipotecária. 100. A cédula rural pignoratícia e hipotecária. 101. A nota de crédito rural. 102. A cédula de produto rural. 102-A. Da eficácia executiva dos títulos de crédito rural (a venda antecipada dos bens constitutivos da garantia real). 103. Resumo. 104. Testes de aproveitamento da matéria examinada ... 219

LIVRO III

VII — TÍTULOS DE CRÉDITO INDUSTRIAL, COMERCIAL E À EXPORTAÇÃO: 105. Crédito industrial. 106. A cédula de crédito industrial. 106-A. A responsabilidade da instituição financeira. 107. A nota de crédito industrial. 108. Títulos de crédito comercial (cédula de crédito e nota de crédito) e títulos de crédito à exportação (cédula de crédito e nota de crédito). 109. Título de desenvolvimento econômico. 110. Resumo. 111. Testes de aproveitamento da matéria examinada 241

LIVRO IV

VIII — OUTROS TÍTULOS DE CRÉDITO: DEBÊNTURES: 112. Conceito. 113. Espécies de debêntures. 114. Crédito privilegiado. 115. Competência para emissão. 116. As debêntures na Lei das Sociedades Anônimas. 117. Resumo. 118. Testes de aproveitamento da matéria examinada 259

WARRANT: 119. Os armazéns gerais. 120. O recibo de depósito. 121. O conhecimento de depósito. 122. O *Warrant*. 123. Imunidade patrimonial das mercadorias. 124. Requisitos. 125. Prazo de depósito. 126. Extinção do conhecimento de depósito e do *Warrant*. 127. Resumo. 128. Testes de aproveitamento da matéria examinada 271

CONHECIMENTO DE TRANSPORTE: 129. Conceito. 130. Presunção de legitimidade favorável ao endossatário. 131. Requisitos essenciais. 132. Resumo. 133. Testes de aproveitamento da matéria examinada 283

AÇÕES: 134. Conceito. 135. Ações quanto à espécie. 136. Ações quanto à natureza. 137. As ações na Lei das Sociedades Anônimas. 138. Resumo. 139. Testes de aproveitamento da matéria examinada 291

TÍTULOS DA DÍVIDA PÚBLICA: 140. Dívida pública. 141. Classificação dos empréstimos públicos. 142. Os empréstimos públicos quanto à natureza. 143. Requisito essencial aos empréstimos voluntários. 144. Formas de que se revestem os empréstimos públicos voluntários. 145. Nota do Tesouro Nacional. 146. Ação de cobrança dos títulos da dívida pública. 147. Resumo. 148. Testes de aproveitamento da matéria examinada 303

LETRAS IMOBILIÁRIAS: 149. Crédito imobiliário. 150. Sociedades imobiliárias. 151. Letras imobiliárias: conceito e requisitos. 152. Forma e negociação. 153. Tipos de letras imobiliárias. 154. Resumo. 155. Testes de aproveitamento da matéria examinada 321

CÉDULA HIPOTECÁRIA: 156. Conceito. 157. Requisitos. 158. Forma. 159. Resumo. 160. Testes de aproveitamento da matéria examinada 329

CÉDULA DE CRÉDITO BANCÁRIO: 160-A. Conceito. 160-B. Requisitos. 160-C. Cédula de Crédito Bancário com garantia real ou fidejussória. 160-D. Resumo. 160-E. Testes de aproveitamento da matéria examinada 337

LIVRO V

IX — DO PROTESTO E SEU CANCELAMENTO: 161. O protesto como meio assecuratório do exercício do direito. 162. Protesto facultativo e obrigatório. 163. Da cláusula “sem protesto”. 164. Prazos para o protesto. 165. Local do protesto. 166. Da intimação do protesto. 167. Requisitos do protesto. 168. Da sustação. 169. Protesto de cheques extraviados ou roubados. 170. Do cancelamento. 171. Resumo. Lei nº 9.492, de 10-9-1997, que define competência, regulamenta os serviços concernentes ao protesto de títulos e outros documentos de dívida. 172. Testes de aproveitamento da matéria examinada 345

LIVRO VI

X — DA AÇÃO CAMBIAL: 173. Ação cambial no CPC de 2015. 174. Quem pode promover a execução. 175.

Devedor solvente e insolvente. 176. Da execução por títulos cambiais contra devedor solvente. 177. Da penhora. 178. Embargos à execução. 179. Processamento dos embargos. 180. Inoponibilidade de exceções ao terceiro de boa-fé. 181. Execução cambial no Juizado Especial. 182. Resumo. 183. Testes de aproveitamento da matéria examinada 387

LIVRO VII

XI — PRÁTICA: Petição de sustação de protesto por questões correcionais; sustação relacionada com a *causa debendi*; sustação por falta administrativa; cancelamento de protesto na ocorrência de litígio; cancelamento por pagamento; execução contra devedor solvente; execução contra devedor insolvente (art. 1.052 do CPC/2015); embargos à execução......... 425

ANEXO I

OS TÍTULOS DE CRÉDITO NO CÓDIGO CIVIL: 1. Disposições gerais. 2. Requisitos essenciais dos títulos de crédito. 3. Cláusulas vedadas em lei. 4. Título em branco ou incompleto. 5. Mandatário ou representante. 6. Transferência do título de crédito e dos direitos que lhe são inerentes. 7. Título representativo de mercadoria. 8. Inoponibilidade de exceções de ilicitude contra endossatário de boa-fé. 9. Do aval. 10. Dos títulos ao portador. 11. Títulos dilacerados ou extraviados. 12. Do título à ordem (endosso). 13. Endosso em preto e em branco. 14. Endosso-mandato. 15. Endosso-caução ou pignoratício. 16. Endosso póstumo. 17. Do título nominativo. 18. Títulos eletrônicos.. 451

ANEXO II

LEGISLAÇÃO SOBRE TÍTULOS DE CRÉDITO NO CÓDIGO CIVIL BRASILEIRO 477

ANEXO III

BREVES COMENTÁRIOS SOBRE O PROJETO DE UM NOVO CÓDIGO COMERCIAL: 1. Dos títulos de crédito. 2. Conceito. 3. Princípios gerais. 4. Eficácia executiva. 5. Suporte cartular ou eletrônico. 6. Da letra de câmbio. 7. Figuras intervenientes. 8. Requisitos essenciais. 9. Do vencimento. 10. Do endosso. 11. Aceite. 12. Aval. 13. Do protesto. 14. Nota promissória. 15. Duplicata. 16. Do aceite. 17. Dos títulos armazeneiros: conhecimento de depósito e *warrant*. 18. Do conhecimento de transporte de cargas. 19. A malograda unificação do Direito Comercial com o Direito Civil...................................... 485

BIBLIOGRAFIA 499

ÍNDICE ANALÍTICO 503

NOTA DO AUTOR

Teoria e Prática dos Títulos de Crédito é, inquestionavelmente, livro consagrado nas Faculdades de Direito do País. Adotado por renomados professores pelos seus aspectos didáticos, é de fácil compreensão em virtude da objetividade, clareza e racional distribuição dos temas abordados.

É, outrossim, roteiro seguro para os advogados militantes.

Abordando os mais relevantes aspectos teóricos e práticos dos títulos cambiais, com especial destaque à letra de câmbio, nota promissória, cheque e duplicata, não nos olvidamos das questões com que diuturnamente se defrontam os profissionais do direito, dando, por isso mesmo, especial ênfase à parte prática, com modelos das petições mais usuais na vida forense, inclusive jurisprudência, não esquecendo do cancelamento e sustação do protesto e da ação executiva cambial, enriquecida com testes de aproveitamento de excelentes resultados práticos para professores e alunos.

Considerando a unificação das atividades negociais no âmbito do direito civil, dedicamos os Anexos I e II aos comentários aos dispositivos pertinentes aos títulos de crédito do Código Civil brasileiro, o que torna este livro absolutamente atual.

No Livro VI — "Da Ação Cambial", formulamos estudo objetivo e didático do Processo de Execução dos Títulos Extrajudiciais, incluindo o processamento dos títulos extrajudiciais no Juizado Especial, com roteiro prático de extrema utilidade aos profissionais do direito, analisando com clareza e precisão a Lei nº 9.099, de 26 de setembro de 1995 (Lei dos Juizados Especiais).

A Cédula de Crédito Bancário, instituída pela Lei n. 10.931, de 2 de agosto de 2004, que, representando promessa de pagamento (com ou sem garantia real ou fidejussória), decorrente de operação de crédito, largamente utilizada pelas instituições financeiras em geral, é, igualmente, objeto de estudo.

Especial relevo é dado às ações de anulação de cambial, de títulos ao portador, de regresso, com amplo estudo da ação de locupletamento ilícito (enriquecimento sem causa), em um esforço de ampliação dos temas abordados, o que dá a este livro inegável utilidade aos estudiosos dos títulos de crédito.

Esta edição vem acompanhada dos anexos, que tratam dos títulos de crédito no Código Civil, art. 889, bem como no atual CPC, arts. 515 e 784, títulos judiciais e extrajudiciais, respectivamente, além do protesto de títulos, e o projeto de novo Código Comercial.

Acrescentamos, outrossim, estudo do endosso em branco do cheque, acentuando a prevalência da Lei Uniforme (Convenção Internacional sobre o Cheque), de que o Brasil é signatário, sobre as leis fiscais internas que vedam tal espécie de endosso (Capítulo IV — Cheque, nº 55-A).

PREFÁCIO

Em *Teoria e Prática dos Títulos de Crédito*, o Prof. Amador Paes de Almeida ressalta, mais uma vez, a exuberância rara de um invulgar talento didático, que fez de si e de suas obras privilegiadamente conhecidos nos meios jurídicos.

A variedade das proposições, reunidas em um único e acessível volume, denotam o poder da síntese, no domínio absoluto do método.

Sistematizando noções teóricas e práticas, concernentes aos princípios mais controvertidos da doutrina e da jurisprudência, oferece o Autor, aos estudiosos dos títulos de crédito, excelente contribuição pedagógica, em que se sobressai a sequência, magnificamente ordenada às questões, a par das citações jurisprudenciais e regras e preceitos relativos à doutrina, com modelos e gráficos que ornamentam o trabalho, tornando sua obra útil e de fácil assimilação.

Como juiz e professor universitário, podemos acentuar a grande valia de *Teoria e Prática dos Títulos de Crédito* aos acadêmicos em geral, aos advogados militantes, aos promotores e juízes, e a quantos se interessem pelo estudo dos títulos creditícios.

OSVALDO DA SILVA RICO

Desembargador do Tribunal de Justiça
do Estado de São Paulo

LIVRO I

CAPÍTULO I

TEORIA GERAL DOS TÍTULOS DE CRÉDITO

1. Histórico. 2. Características: literalidade; autonomia; cartularidade; abstração. 2-A. Oponibilidade de exceções (o endossatário de má-fé). 3. Conceito. 4. Classificação quanto ao conteúdo. 5. Classificação quanto à circulação. 6. Espécies de títulos de crédito. 7. Resumo. 8. Testes de aproveitamento da matéria examinada.

A teoria geral dos títulos de crédito cuida dos princípios gerais e fundamentais do instituto jurídico relacionado com as cambiais. Por teoria, segundo Caldas Aulete (*Dicionário Contemporâneo da Língua Portuguesa*, edição brasileira, 1958, V, p. 4916), se há de entender o conhecimento dos "princípios de uma ciência ou arte".

Newton de Lucca, em seu magnífico livro *Aspectos da Teoria Geral dos Títulos de Crédito*, observa que — "a palavra teoria exprime, ao lado do conceito de conhecimento especulativo puramente racional, a doutrina ou sistema acerca dos princípios fundamentais de uma arte ou ciência; teorizar é emitir opiniões sistematizadas ou noções gerais".

O instituto jurídico dos títulos de crédito tem princípios que lhe são próprios, "logicamente coordenados numa unidade sistemática", como ensina Tullio Ascarelli.

Desses princípios gerais cuidamos no título denominado "características", pondo em relevo, exatamente, esse sistema que compõe os títulos de crédito*.

1. HISTÓRICO — O dinheiro é um instrumento de troca por excelência. Na expressão de Carvalho de Mendonça, é a mercadoria por todos voluntariamente aceita para desempenhar as funções intermediárias nas aquisições de outras mercadorias e na obtenção de serviços indispensáveis, satisfazendo as necessidades humanas no convívio social; é, ainda, o meio normal de pagamento.

Originariamente adotou-se como instrumento de trocas os produtos de uso comum, como o gado e o sal. Em um processo evolutivo passou-se à fase metálica e, posteriormente, à fase financeira, surgindo em consequência o papel-moeda, representativo da moeda-padrão, também chamada moeda-fiduciária. É a circulação das notas de papel-moeda, fundada na confiança do Estado-emissor ou do estabelecimento a que o Poder Público incumbe a emissão, e por isso mesmo conversível, em qualquer tempo, em moeda-padrão.

Mais tarde, em razão das exigências do progresso econômico, surgiu a moeda-papel, que se distancia do papel-moeda porque, ao contrário deste, não representa a moeda-padrão, nem é conversível nessa, com poder aquisitivo que decorre exclusivamente da lei.

Assim, da chamada *economia natural* (troca *in natura*) passou-se à fase monetária, caracterizada já pela moeda como instrumento de troca ou denominador comum de valores.

Finalmente, da economia monetária chegou-se à *economia creditória*, ampliando-se, como se vê, o conceito de troca. O crédito assume especial relevo, a ponto de Tullio Ascarelli afirmar que a economia moderna é uma economia creditória.

---

* *Obs.*: No Anexo I transcrevemos, com comentários, as *disposições gerais* sobre Títulos de Crédito no Código Civil, que, como se sabe, unifica parcialmente o direito privado, bem como no atual Código de Processo Civil.

Com a criação dos *títulos de crédito* o dinheiro em espécie é substituído. De início operavam como meros instrumentos do contrato de câmbio trajetício, isto é, operando a circulação de dinheiro. Mais adiante vamos encontrá-los representando valores que podem, desde logo, ser realizados, delineando de forma nítida a sua função essencial, qual seja a circulação do respectivo valor. Como lembra José Maria Whitaker, o título de crédito representa valor contendo implicitamente a obrigação de realizar esse valor.

O intenso progresso econômico dos povos, ampliando o crédito, valoriza os títulos. "Os títulos de crédito desempenham, destarte, uma extraordinária função econômica. Proporcionando uma aplicação fácil ao capital particular, vencendo a relutância dos pequenos capitalistas, forçam as mais tímidas economias a cooperar nas mais arrojadas empresas; e, assim, captando energias perdidas, circulando riquezas ocultas, substituindo a moeda, multiplicando as forças do capital, têm, realmente", na expressão entusiástica de Macleod, repetida mais tarde por Giorgi, "contribuído mais que todas as minas do mundo para enriquecer as nações", afirma com inegável propriedade o eminente Whitaker.

2. CARACTERÍSTICAS: LITERALIDADE; AUTONOMIA; CARTULARIDADE; ABSTRAÇÃO — Em face da sua extraordinária função econômica na sociedade moderna, os títulos de crédito, para que tivessem circulação pronta e segura, mereceram da lei especial atenção. Daí as suas principais características que os tornam distintos dos demais títulos de dívidas.

São características fundamentais dos títulos de crédito:

a) literalidade;

b) autonomia.

Os títulos de crédito são literais porque valem exatamente a medida neles declarada. Caracterizam-se tais títulos, como lembra Carvalho de Mendonça, pela existência de uma obrigação literal, isto é, independente da relação fundamental, atendendo-se exclusivamente ao que eles expressam e diretamente mencionam.

Literal, etimologicamente, significa rigorismo, subordinação ao rigor das palavras, restrito, formal.

No sentido jurídico diz-se que os títulos de crédito são literais porque valem exatamente a medida neles declarada. Na expressão de Cesare Vivante — "diz-se que o direito mencionado no título é literal, porquanto ele existe segundo o teor do documento".

Fran Martins, de forma didática, observa que — "por literalidade entende-se o fato de só valer no título o que nele está escrito. Nem mais nem menos do mencionado no documento constitui direito a ser exigido pelo portador".

Os títulos de crédito são literais, portanto, porque valem exatamente a medida neles declarada. Caracterizam-se tais títulos pela existência de uma obrigação literal, atendendo-se exclusivamente ao que eles expressam e diretamente mencionam.

São, outrossim, autônomos, porque cada um dos intervenientes assume obrigação relativa ao título. Ademais disto, em razão de sua autonomia, o possuidor de boa-fé não tem o seu direito restringido em decorrência do negócio subjacente entre os primitivos possuidores e o devedor (*Rev. dos Tribs.*, 323/237).

As obrigações cambiais são autônomas e independentes umas das outras, diz o art. 43 do Decreto nº 2.044, de 31 de dezembro de 1908 (Lei interna). O signatário da declaração cambial fica por ela vinculado solidariamente pelo aceite e pelo pagamento da letra, sem embargo da falsidade, da falsificação ou da nulidade de qualquer outra assinatura.

O princípio foi mantido pela Lei Uniforme, no seu art. 7º do Anexo I.

A tais características outras podem ser acrescentadas, o que confere aos títulos de crédito um matiz especial:

a) cartularidade;

b) abstração.

Em razão da cartularidade, título e direito se confundem, tornando imprescindível o documento para o exercício do direito que nele se contém, pois, na clássica definição de Vivante, "título de crédito é o DOCUMENTO necessário para o exercício do direito literal e autônomo nele mencionado".

É o fenômeno da incorporação do direito no título respectivo, afirmando Waldirio Bulgarelli que "em decorrência da incorporação do direito no título: a) quem detenha o título, legitimamente, pode exigir a prestação; b) sem o documento, o devedor não está obrigado, em princípio, a cumprir a obrigação".

O credor, portanto, não pode pleitear o recebimento do seu crédito sem estar de posse do título. Note-se, entretanto, que a reconstituição do título é possível, em caso de extravio ou destruição, na forma do art. 36 do Decreto nº 2.044, de 31 de dezembro de 1908 (Lei interna):

> "Justificando a propriedade e o extravio ou a destruição parcial ou total da letra, descrita com clareza e precisão, o proprietário pode requerer ao juiz competente do lugar do pagamento, na hipótese de extravio, a intimação do sacado ou do aceitante e dos coobrigados para não pagarem a aludida letra, e a citação dos coobrigados, para dentro do referido prazo, oporem contestação, firmada em defeito de forma do título ou, na falta de requisito essencial, ao exercício da ação cambial".

Ressalte-se que a ação de reconstituição prevista acima objetiva as hipóteses de extravio ou destruição total ou parcial, que não se confundem com o *desapossamento injusto* do título, quando então, ao titular, caberá socorrer-se das vias processuais (*Rev. dos Tribs.*, 295/402).

Tais fatos põem em evidência as observações de Newton de Lucca quanto à incorporação do direito ao título:

> "... o direito se incorpora no documento (no sentido de direito cartular), mas não se incorpora, por outro lado, diante da hipótese

de perda, quando ele será exercido independentemente da existência do título (tomada a expressão no sentido de direito à recuperação). Decorre que, admitida a existência de 'dois direitos', não há erro lógico algum em dizer-se que o direito está e ao mesmo tempo não está incorporado no documento, de vez que a afirmação, na verdade, apenas quer dizer que 'um' dos direitos está contido no documento (direito cartular), e o outro não se contém nele (direito ao cumprimento da prestação e que no caso se exterioriza como direito de recuperação do título)".

TÍTULOS ELETRÔNICOS

A emissão de títulos eletrônicos é, atualmente, uma inquestionável realidade, em face de sua criação instituída no art. 889, § 3º, do Código Civil.

Tais títulos são por nós examinados no Anexo I nº 18 (os títulos de crédito no Código Civil), com os naturais reflexos sobretudo na cartularidade.

Às características assinaladas acrescente-se a *abstração*, comum à Letra de Câmbio e à Nota Promissória. "O sistema jurídico exige que todo ato de atribuição patrimonial (tanto de natureza real como obrigacional) seja justificado por uma causa, por uma razão objetiva lícita *credendi, solvendi, donandi*", preleciona Tullio Ascarelli. Todavia, há títulos que adquirem eficácia cambiária independente da *causa debendi*, em uma completa abstração ao negócio que lhe deu origem. A obrigação cambial não é, certamente, uma obrigação sem causa, mas é uma obrigação cuja causa é a letra, e sobre a causa da letra nenhuma influência direta pode exercer, afirma Whitaker.

2-A. OPONIBILIDADE DE EXCEÇÕES (O ENDOSSATÁRIO DE MÁ-FÉ) — Alberto Asquini, ao conceituar os títulos de crédito, observa que:

"titolo di credito è il documento di un diritto leterale destinato alla circolazione, idoneo a conferire in modo autonomo la titolarità di tale diritto al proprietario del documento, e necessario e sufficiente per legittimare il possessore all'esercizio del diritto stesso" (*Titoli di credito*, CEDAM, 1966, p. 25).

A literalidade e a autonomia são princípios que se conjugam. O título de crédito é literal porque independe da relação fundamental, atendendo-se exclusivamente ao que ele expressa e diretamente menciona. É, outrossim, autônomo porque cada um dos intervenientes assume obrigação relativa ao título. Em razão da autonomia cambial, o possuidor de boa-fé não tem o seu direito restringido em decorrência do negócio subjacente (*Rev. dos Tribs.*, 323/237).

Em consequência, o portador que adquire o título de *forma regular* e em *boa-fé*, é garantido pelo teor de seus direitos, ainda que possa haver vícios anteriores à circulação do título.

É, aliás, o princípio consagrado no art. 17 da Lei Uniforme relativa às Letras de Câmbio e Notas Promissórias:

> "As pessoas acionadas em virtude de uma letra não podem opor ao portador exceções fundadas sobre as relações pessoais delas com o sacador ou com os portadores anteriores ...".

O mesmo princípio é adotado pela Lei Uniforme sobre Cheques:

> "Art. 22. As pessoas acionadas em virtude de um cheque não podem opor ao portador as exceções fundadas sobre as relações pessoais delas com o sacador, ou com os portadores anteriores ...".

É, portanto, o princípio da inalegalidade de relações causais, proclamado igualmente no art. 25 da Lei nº 7.357, de 2 de setembro de 1985:

> "Quem for demandado por obrigação resultante de cheque não pode opor ao portador exceções fundadas em relações pessoais com o emitente, ou com os portadores anteriores ...".

O objetivo, facilmente se percebe, é tornar ágil a circulação dos títulos de crédito em geral, prelecionando Tullio Ascarelli que:

> "o título de crédito, diferentemente dos outros documentos, é tipicamente destinado à circulação: no domínio da circulação ele nos aparece como que destacado da relação fundamental, porque na medida em que iremos aos poucos precisando, é constante em todos os títulos de crédito o princípio da inoponibilidade, aos terceiros, decorrentes da relação fundamental" (*Teoria Geral dos Títulos de Crédito*, trad. de Nicolau Nazo, Saraiva, 1969, p. 29).

Tal inoponibilidade, contudo, não é, e tampouco poderia ser, absoluta. O direito cartular autônomo sofre restrição, afastando, outrossim, a perspectiva de sentenças fundadas exclusivamente no rigor cambial.

A própria legislação abriga a possibilidade de arguição de má-fé contra o endossatário quando este age conscientemente em detrimento do devedor.

Com efeito, os dispositivos legais acima declinados, respectivamente arts. 17 (da Lei Uniforme relativa às Letras de Câmbio e Notas Promissórias), 22 (da Lei Uniforme sobre Cheque) e 25 (da Lei Interna sobre Cheque — nº 7.357/85), se completam com as seguintes ressalvas:

> "Art. 17. ... a menos que o portador ao adquirir a letra tenha procedido conscientemente em detrimento do devedor".
>
> "Art. 22. ... salvo se o portador ao adquirir o cheque tiver procedido conscientemente em detrimento do devedor".
>
> "Art. 25. ... salvo se o portador o adquiriu conscientemente em detrimento do devedor".

Do que facilmente se conclui que o devedor cambiário pode opor, contra o endossatário de má-fé, todas as exceções que lhe assistem contra o endossante, como se depreende do V. Acórdão do TJSC:

> "o princípio de que o título em cobrança (cheque) encerra, por sua natureza, direito abstrato, não pode ser entendido com extre-

mado rigor, de modo a que se possa compelir alguém a pagar aquilo que efetivamente não deve" (*Rev. dos Tribs.*, 613/211 — TJSC, Ap. 24.525 — SJ — 3ª C., Rel. Des. Norberto Ungaretti).

No mesmo sentido, V. Acórdão do Superior Tribunal de Justiça:

"É lícito ao devedor discutir a origem da dívida, tanto em relação ao credor originário quanto ao terceiro de má-fé. Hipótese em que o acórdão local, do exame dos fatos (Súmula nº 7 do STJ), admitiu a má-fé do portador do título.

Inexistência de afronta a textos de direito cambial e dissídio não comprovado" (REsp nº 4.730-PR, Reg. 90082838, Rel. Min. Nilson Naves, 3ª T., unânime, *DJU* 3-12-1990, *Ementário da Jurisprudência do Superior Tribunal de Justiça*, nº 4, p. 86, ementa nº 208).

A oponibilidade de exceção funda-se, como se constata dos acórdãos transcritos, na má-fé ou no vício de transferência do título, subsistindo a autonomia cambial tão só e exclusivamente com relação ao terceiro de boa-fé.

Tanto a Convenção de Genebra (Lei Uniforme) quanto a Lei Interna (Lei nº 7.357/85) consagram o princípio da inoponibilidade como forma de proteção da boa-fé e, repita-se, tão somente, da boa-fé.

Contudo, conhecida a falta de titularidade do antecessor, não há falar-se em terceiro de boa-fé, como observa Tullio Ascarelli:

"diferentemente é a relevância da má-fé do adquirente quanto versa sobre a aquisição do título, isto é, sobre o conhecimento da falta de titularidade do seu antecessor (art. 20 da Lei Cambiária). Com efeito, nessa hipótese, o terceiro de má-fé não é legítimo titular do direito e pode ser obrigado a restituir o título" (*Teoria geral dos títulos de crédito*, cit., p. 39).

Esta é a conclusão dos tribunais:

"Se o adquirente do título tinha conhecimento da origem da cambial e a recebeu unicamente para favorecer o credor, dificultando a defesa do devedor em razão da inoponibilidade ao terceiro de boa-fé, caracterizada está a má-fé respectiva, sendo, portanto, inexigível o pagamento da promissória, quer do devedor principal, quer do garante" (*Rev. dos Tribs.*, 606/138).

A inoponibilidade de exceção pessoal contra terceiros não é, como foi exposto, um princípio absoluto, como admite a doutrina, legislação e jurisprudência, a discussão da *causa debendi*, quando o endossatário ou terceiro possuidor age conscientemente em detrimento do devedor (arts. 17 da Lei Uniforme sobre Letra de Câmbio e Nota Promissória; 22 da Lei Uniforme sobre Cheque; 25 da Lei nº 7.357/85 — Lei Interna sobre Cheque). É, portanto, lícito ao devedor discutir a origem da dívida, tanto em relação ao credor ou possuidor originário quanto ao terceiro de má-fé.

3. CONCEITO — Da sua originária função trajetícia, evoluiu o título de crédito, assumindo especial relevo nos dias atuais, possibilitando, outrossim, extraordinária mobilização do crédito. Tal evolução, como não poderia deixar de ser, haveria fatalmente de refletir, como aliás refletiu, na sua conceituação, variando as interpretações segundo as diversas teorias existentes sobre a natureza jurídica do instituto.

Ato formal para Liebe, *valor patrimonial* para Kuntze, *papel-moeda dos comerciantes* para Einert, Vivante conceitua-o como o "documento necessário para o exercício do direito literal e autônomo nele mencionado".

Sob dois aspectos dever-se-á entender o termo *título*, como lembra Pedro Orlando:

a) **geral** — é a razão de ser do direito;

b) **especial** — é o documento que representa o direito.

Assim, título de crédito é um instrumento formal que contém obrigação, instrumento esse a que a lei confere direito literal e autônomo.

4. CLASSIFICAÇÃO QUANTO AO CONTEÚDO — Diversas são as classificações dos títulos de crédito. A mais difundida é a de Cesare Vivante, que distingue os títulos de crédito quanto ao seu conteúdo em:

a) títulos de crédito propriamente ditos;

b) títulos destinados à aquisição de direitos reais sobre coisas determinadas;

c) títulos que atribuem a qualidade de sócio;

d) títulos impropriamente ditos, também chamados "de legitimação".

Os primeiros, isto é, **os títulos de crédito propriamente ditos**, dão direito a uma prestação de coisas fungíveis, ou seja, coisas que podem ser substituídas por outras da mesma espécie, qualidade e quantidade, como, por exemplo, o dinheiro. Os segundos, como o próprio nome deixa entrever, importam na aquisição de um **direito real sobre a mercadoria depositada**. Os títulos que atribuem a **condição de sócio** permitem ao seu titular exercer determinadas funções ou praticar certos atos. São exemplos de tais títulos as ações das sociedades anônimas e comandita por ações. Os títulos de crédito **impropriamente ditos** são aqueles que dão ao titular o direito de reclamar certos serviços, como, por exemplo, o bilhete do transporte coletivo.

5. CLASSIFICAÇÃO QUANTO À CIRCULAÇÃO — Quanto à circulação os títulos de crédito ou são *ao portador*, ou *nominativos* com ou sem cláusula *à ordem*.

São títulos ao portador aqueles que têm a cláusula "ao portador", ou mantêm em branco o nome do beneficiário. Tais títulos são negociáveis pela simples tradição.

Em conformidade com o Decreto nº 2.044, de 31 de dezembro de 1908 (Lei interna), era facultada a circulação da letra de câmbio ao portador, faculdade que entretanto não subsiste, por força da alínea 6 do art. 1º da Lei Uniforme.

São nominativos aqueles que trazem no seu bojo o nome do titular ou beneficiário, também chamado tomador, designando-o expressamente. Tais títulos, ao contrário do que ocorre com os títulos ao portador, só podem ser pagos ao titular nominado, muito embora possam ser transferidos por via de endosso.

Luiz de Freitas Lima distingue os títulos *nominais* dos títulos *nominativos*, reservando os primeiros àqueles que trazem no seu bojo o nome do beneficiário; são nominativos aqueles cuja titularidade se estabelece pela inscrição no Livro de Registro das Ações Nominativas e, por isso mesmo, exclusivo das sociedades anônimas.

Finalmente, os títulos são "à ordem" ou "não à ordem". A cláusula "à ordem" faculta a sua transferência a terceiros, por via de endosso, possibilitando a sua circulação.

Ao revés, a cláusula "não à ordem" informa que os títulos não poderão ser pagos senão aos titulares indicados, vedada a transferência.

Ressalte-se que determinados títulos, por sua própria natureza, são "à ordem", isto é, endossáveis, como, aliás, ocorre com a letra de câmbio e a nota promissória.

Daí dizer Saraiva que: "a endossabilidade é elemento essencial à letra de câmbio e à nota promissória, títulos estes que foram criados para circular, para substituir a moeda, para lhes exercitar as respectivas funções".

Do que se há de concluir que inexistindo a cláusula "não à ordem", ainda que não esteja inserida na cambial a expressão "à ordem", o título será, por natureza, endossável.

Somente, pois, a inserção da cláusula "não à ordem" o tornará intransferível.

6. ESPÉCIES DE TÍTULOS DE CRÉDITO — Diversos são os títulos de crédito, todos eles regulados por leis especiais. Os mais usuais e que se sobressaem pela importância são:

I — Letra de Câmbio

II — Nota Promissória

III — Cheque

IV — Duplicata

São títulos de crédito rural:

a) Nota Promissória Rural

b) Duplicata Rural

c) Cédula Rural Pignoratícia

d) Cédula Rural Hipotecária

e) Cédula Rural Pignoratícia e Hipotecária

f) Nota de Crédito Rural

São títulos de crédito industrial:

a) Cédula de Crédito Industrial

b) Nota de Crédito Industrial

c) Cédula de Crédito Bancário

Outros títulos de crédito podem ser mencionados, como, por exemplo:

a) Debêntures

b) *Warrant* e Conhecimento de Depósito

c) Conhecimento de Transportes

d) Ações

e) Títulos da Dívida Pública

f) Letra Imobiliária

g) Cédula Hipotecária

O atual CPC aborda outros títulos, judiciais e extrajudiciais, nos arts. 515 e 784, respectivamente.

7. RESUMO

Características dos títulos de crédito:

a) Literalidade — atende ao que eles expressam e diretamente mencionam.

b) Autonomia — cada obrigação que se estabelece é autônoma com relação às demais.

c) Cartularidade — título e direito se confundem, tornando imprescindível o documento para o exercício do direito que nele se contém.

d) Abstração — o título se desvincula da causa que lhe deu origem.

Conceitos:

"... documento necessário para o exercício do direito literal e autônomo nele mencionado" (Vivante).

"Título, em geral, é o ato ou instrumento que serve de prova a um direito qualquer. Título de crédito é toda obrigação reduzida a escrito, corporificando uma relação de dívida entre devedor e credor. Título cambiário é o instrumento formal, abstrato e autônomo, que por si exprime a causa da obrigação geradora da ordem ou promessa de pagamento que consigna, de quantia ou importância determinada" (Roberto Barcellos de Magalhães).

Classificação:

a) Quanto ao conteúdo
- I — títulos de crédito propriamente ditos;
- II — títulos destinados à aquisição de direitos reais sobre coisas determinadas;
- III — títulos que atribuem a qualidade de sócio;
- IV — títulos impropriamente ditos.

b) Quanto à circulação
- I — ao portador;
- II — nominativo;
- III — à ordem.

Espécies:

a) Letra de Câmbio; *b)* Nota Promissória; *c)* Cheque; *d)* Duplicata.

Títulos de Crédito Industrial: cédula de crédito industrial, nota de crédito industrial.

Títulos de Crédito Rural: nota promissória rural, duplicata rural, cédula rural pignoratícia, cédula rural hipotecária, cédula rural pignoratícia e hipotecária, nota de crédito rural.

Outros Títulos de Crédito: debêntures, *warrant*, conhecimento de transportes, ações, títulos da dívida pública, letra imobiliária, cédula hipotecária.

8. TESTES DE APROVEITAMENTO DA MATÉRIA EXAMINADA

Assinale a alternativa correta nas seguintes questões:

1. O título de crédito modernamente é:

   ( ) câmbio trajetício;

   ( ) instrumento de circulação do crédito.

2. Os títulos de crédito são literais porque:

   ( ) valem exatamente na medida neles declarada;

   ( ) são desvinculados da *causa debendi*.

3. A abstração implica a:

   ( ) autonomia das obrigações cambiais;

   ( ) desvinculação do negócio subjacente.

4. A autonomia cambial consiste:

   ( ) na independência das relações que se estabelecem num título de crédito, de modo a assegurar ao beneficiário um direito autônomo das relações anteriores;

   ( ) na vinculação do título ao negócio jurídico que lhe deu causa.

5. A cartularidade consiste:

( ) na materialização do crédito em um documento — princípio da cartularidade;

( ) no próprio conteúdo do título de crédito.

6. Os títulos de crédito propriamente ditos:

( ) dão direito a uma prestação de coisas fungíveis;

( ) conferem direito a prestação de coisas infungíveis.

7. Os títulos de crédito impropriamente ditos:

( ) conferem ao titular o direito a certos serviços;

( ) conferem ao titular um direito real sobre a mercadoria em depósito.

8. Os títulos ao portador:

( ) são negociáveis pela simples tradição;

( ) são negociáveis exclusivamente pela via do endosso.

9. Os títulos nominativos:

( ) designam o nome do tomador;

( ) não especificam o nome do beneficiário.

10. A cláusula "à ordem":

( ) faculta a transferência do título a terceiro pela via do endosso;

( ) informa que o título só pode ser pago ao titular nele nominado.

11. A cláusula "não à ordem":

( ) enseja a transmissão pela via do endosso;

( ) impede o endosso, só ensejando a transferência do título por cessão civil.

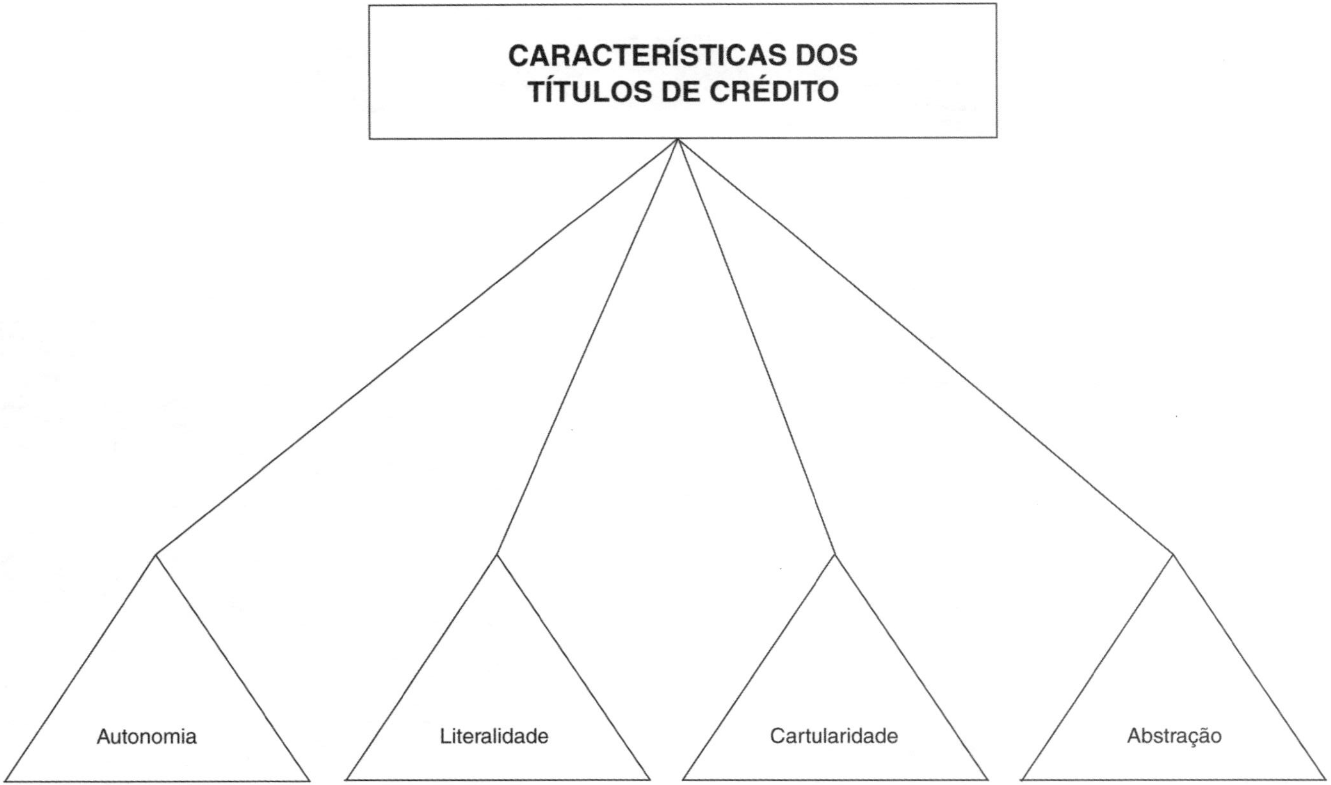
CARACTERÍSTICAS DOS TÍTULOS DE CRÉDITO
Autonomia
Literalidade
Cartularidade
Abstração

Capítulo II

LETRA DE CÂMBIO

9. Origem. 10. Conceito. 11. Figuras intervenientes. 12. Requisitos essenciais. 13. Vencimento. 14. Vencimento por antecipação. 15. O aceite. 16. O endosso. 17. O lançamento do endosso. 18. Espécies de endosso. 19. O endosso em preto. 20. O endosso em branco. 21. O endosso-mandato. 22. O endosso posterior ao vencimento (endosso póstumo). 23. O endosso parcial. 24. O endosso-caução. 25. Aval. 26. Responsabilidade do avalista. 27. Autonomia do aval. 28. Espécies de aval: o aval completo e o aval parcial. 29. Pluralidade de avais. 30. Natureza jurídica das relações entre o avalista e o avalizado. 31. Aval e outorga uxória: o aval da mulher casada. 32. Ressaque. 32-A. Ação de anulação de cambial. 32-B. Ação de anulação de títulos ao portador. 32-C. Ação de regresso. 33. Prescrição. 34. A prescrição na Lei Cambial. 35. Interrupção da prescrição. 36. Resumo. 37. Testes de aproveitamento da matéria examinada.

9. ORIGEM — A letra de câmbio, como ocorreu com todos os institutos do direito, até os nossos dias passou por sucessivas transformações. Assim é que, em uma primeira fase, vamos encontrá-la como mero documento de câmbio trajetício, facilitando a remessa de dinheiro de uma cidade a outra. Este período, chamado *italiano*, que se estendeu até o século XVII, pode ser tido como o embrião da cambial.

"O câmbio, a princípio, era local e se desenvolvia normalmente, pois a troca se dava na mesa do cambista, presente o interessado que com ele ia operar. A transferência de valores entre praças diferentes complicou a manipulação monetária, passando o câmbio a se caracterizar pela distância *loci*. Ao viajante que não desejava transportar consigo seus cabedais pelas vias inseguras e inçadas de emboscadas, ou que simplesmente precisava efetuar o pagamento em outra praça, surgia a necessidade de ter valores à sua disposição, não no lugar em que estava, mas naquele para o qual se dirigia. Daí a operação efetuada com o cambista local, e que consistia na troca de *pecunia praesens cum pecunia absens*. Trocava-se moeda presente pela promessa de moeda aí ausente, mas que lhe seria entregue brevemente na outra praça do seu destino. Quando o cambista assumia o ônus de prestar a quantia no fim da viagem, a obrigação era representada pelo título emitido pelo cambista ou banqueiro, que havia recebido o valor e o atestava no título. Por não estar no lugar do pagamento o cambista encaminhava seu cliente a um terceiro com quem mantinha correspondência", historia Rubens Requião.

A esse período sucedeu o chamado *período francês* quando, por força da *Ordonnance sur le Commerce de Terre*, de 1673, promulgada por Luís XIV, por iniciativa de Colbert, foi a letra de câmbio enriquecida pelo aceite vinculando o sacado, adotando-se a cláusula à ordem, criando-se, outrossim, o endosso. Finalmente, modificações ainda mais sensíveis são trazidas à letra de câmbio no denominado *período alemão*, quando praticamente assume as características dos dias atuais, em razão dos princípios adotados pela *Allgemeine deutsche Wechsel Ordnung*, em 1849.

Transformada em título de crédito, era a letra de câmbio adotada no Brasil pelo Código Comercial de 25 de junho de 1850, nos arts. 354 a 427, revogados posteriormente pelo Decreto nº 2.044, de 31 de dezembro de 1908, sensivelmente alterado pela Lei Uniforme (Convenção de Genebra, sobre leis cambiais, adotada a 7-6-1930 e a que o Brasil aderiu em 26-8-1942).

10. CONCEITO — A letra de câmbio é uma ordem de pagamento que o sacador dirige ao sacado para que este pague a importância consignada a um terceiro denominado tomador.

11. FIGURAS INTERVENIENTES — Da conceituação da letra de câmbio se conclui que, em princípio, três são as figuras intervenientes no mencionado título de crédito:

a) **o sacador;**

b) **o sacado;**

c) **o tomador.**

O sacador cria a letra. Conhecido também por *dador*, ele saca o título, dando ordem ao *sacado*, na qual se consigna o valor a pagar e o dia do vencimento. Este, o sacado, é o devedor, aquele que aceitando a letra virá pagá-la na ocasião do vencimento. Conquanto imprescindível à existência da letra de câmbio a figura do sacado, o seu aceite é dispensável, pois, em face da autonomia da obrigação cambial, vinculado estará o sacador se o tomador, obviamente, for um terceiro, ensejando, outrossim, o protesto por falta de aceite, caso o sacado recuse sua assinatura. O *tomador* é o beneficiário, que poderá ser um terceiro ou confundir-se com o próprio sacador, o que não é raro ocorrer.

12. REQUISITOS ESSENCIAIS — Às diversas características da letra de câmbio, literalidade, autonomia, cartularidade e abstração, já examinadas, há que acrescentar a formalidade que impõe requisitos intrínsecos e extrínsecos.

São intrínsecos os requisitos comuns a todas as obrigações, tais como sujeito, vontade e objeto. É preciso que o agente seja capaz, estando na plenitude da sua capacidade civil, inexistindo vícios de vontade, tais como erro, dolo, coação, simulação ou fraude, devendo ser lícito o objeto, sob pena de nulidade da cambial (*Rev. dos Tribs.*, 226/196-254/512-267/594-270/699-275/630-277/803).

São extrínsecos (art. 1º do Dec. nº 2.044/1908):

I — a denominação "letra de câmbio" ou a denominação equivalente na língua em que for emitida;

II — a soma de dinheiro a pagar e a espécie da moeda;

III — o nome da pessoa que deve pagá-la;

IV — o nome da pessoa a quem deve ser paga;

V — assinatura do próprio punho do sacador ou de mandatário especial.

A estes requisitos a Lei Uniforme (Convenção de Genebra) acrescenta dois outros:

a) **a data do saque;**

b) **o lugar onde é sacada.**

Não se consideram requisitos essenciais a exigência do art. 1º, alíneas 4 e 7, da Lei Uniforme, "a época do pagamento" e o "lugar do pagamento", em face da inequívoca redação do art. 2º da Lei mencionada:

> "A letra em que se não indique a época do pagamento entende-se pagável à vista".
>
> "Na falta de indicação especial, o lugar ao lado do nome do sacado considera-se como sendo o lugar do pagamento e, ao mesmo tempo, o lugar do domicílio do sacado".
>
> "A letra sem indicação do lugar onde foi passada considera-se como tendo-o sido no lugar designado, ao lado do nome do sacador".

Verifiquemos os requisitos essenciais, de per si:

I — A denominação "letra de câmbio" atesta o rigor da cambial, distinguindo-a dos demais títulos de crédito, caracterizando-a plenamente. Ademais disto, como obtempera Whitaker, "seu uso implica renúncia aos favores do direito comum, aquiescência formal e solene às normas excepcionais do direito cambiário e, como tal, deve obedecer rigorosamente à forma prescrita, não sendo permitidas nem expressões elípticas, nem palavras equipolentes, às quais a lei não deu a mesma interpretação técnica".

II — O valor a ser pago, entre representar também um requisito intrínseco, é fundamental à validade do título. Não admitindo o valor aproximativo, deve indicar com precisão a importância a ser paga e, em havendo divergência entre o valor por algarismo e o valor por extenso, prevalecerá este último.

III — O nome do devedor (sacado), por outro lado, é indispensável, pois:

> "Não se considera cambial a letra da qual não consta o nome do sacado, da pessoa que deverá pagá-la" (*Rev. dos Tribs.*, 231/275).

IV — Destarte, é imprescindível a designação do tomador (beneficiário), sem o que o título não pode ser considerado cambiário, ressaltando-se que os requisitos essenciais são insupríveis, ainda que possam ser provados por outros meios (*Rev. dos Tribs.*, 232/344).

V — A assinatura do sacador é também requisito fundamental, pois este, emitindo a cambial, vincula-se, já que é, em conformidade com o art. 9º da Lei Uniforme, "garante tanto do aceite quanto do pagamento".

VI — A indicação da data e do lugar em que a letra foi sacada (exigência acrescida pelo art. 1º, alínea 7, da Lei Uniforme) é indispensável para se estabelecer o dia do vencimento, em se tratando de "certo termo da data", estabelecendo, inclusive, a prescrição.

13. VENCIMENTO — Em conformidade com o art. 6º do Decreto nº 2.044, de 31 de dezembro de 1908, os vencimentos da letra de câmbio são:

a) à vista;

b) a dia certo;

c) a tempo certo da data;

d) a tempo certo da vista.

A regra é mantida no art. 33 da Lei Uniforme. É vencimento *à vista* aquele que ocorre na apresentação ao sacado:

> "A letra à vista vence-se no ato da apresentação ao sacado" (art. 17).

No vencimento *a dia certo* é o próprio sacador quem determina o prazo:

> "Ao dia ... de .... de ....., V. Sª pagará por esta letra de câmbio..."

A tempo certo da data significa a tempo certo da emissão. Assim, o vencimento passa a correr da emissão ou do saque:

> "A 30 dias desta, V. Sª pagará por esta letra de câmbio..."

E, finalmente, no vencimento *a tempo certo da vista*, em que o prazo só começa da data do aceite e, na falta deste, de protesto.

Intimamente ligada ao vencimento está a apresentação da cambial ao sacado para o respectivo pagamento.

Em conformidade com o art. 38 da Lei Uniforme relativa às letras de câmbio e notas promissórias (Decreto nº 57.663/66):

> "O portador de uma letra pagável em dia fixo ou a certo termo de data ou de vista deve apresentá-la a pagamento no dia em que ela é pagável ou num dos dois dias úteis seguintes".

O Brasil, contudo, firmou a reserva prevista no art. 5º do Anexo II, prevalecendo, pois, a regra prevista no art. 20 do Decreto nº 2.044, de 31 de dezembro de 1908, que dispõe:

> "A letra deve ser apresentada ao sacado ou ao aceitante para o pagamento, no lugar designado e no dia do vencimento ou, sendo este dia feriado por lei, no primeiro dia útil imediato, sob pena de perder o portador o direito de regresso contra o sacador, endossadores e avalistas".

A apresentação, como obtempera Mauro Grimberg, tem por fim a identificação do credor perante o devedor, envolvendo, por isso mesmo, aspectos de suma importância, e que se constituem em objeto de laborioso estudo do eminente professor da Universidade Católica de Recife:

"Exige o art. 38 da Lei Uniforme Relativa às Letras de Câmbio e Notas Promissórias, cuja convenção adotiva foi promulgada no Brasil pelo Decreto nº 57.663, de 24 de janeiro de 1966: 'O portador de uma letra pagável em dia fixo ou a certo termo de data ou de vista deve apresentá-la a pagamento no dia em que ela é pagável ou num dos dois dias úteis seguintes'.

Este artigo sofre a reserva do art. 5º do Anexo II da mesma Convenção, em sua primeira alínea, que dispõe: 'Qualquer das Altas Partes Contratantes pode completar o art. 38 da Lei Uniforme dispondo que, em relação às letras pagáveis no seu território, o portador deverá fazer a apresentação no próprio dia do vencimento; a inobservância dessa obrigação só acarreta perdas e danos'.

A aplicação das reservas, consideradas cláusulas pelas quais uma das partes contratantes modifica, não aceita ou dá nova interpretação a determinadas disposições de um tratado é indicação de mera faculdade, especificamente no caso das Convenções de Genebra, para adoção de uma lei uniforme em matéria de letras de câmbio e notas promissórias, em que os Estados que optaram por tais reservas ressalvaram o direito de dispor, com normas próprias, sobre a matéria em questão.

E nem poderia ser de outra maneira, pois os próprios textos das reservas indicam sempre meras possibilidades.

Explica Antônio Mercado Júnior: 'A matéria objeto dessas reservas, ou já está regulada em nossas leis, ou não o está. No primeiro caso, as normas vigentes subsistirão, como disposições extravagantes, não derrogadas pela Lei Uniforme, em virtude mesmo das reservas. No segundo caso, a eventual lacuna de nosso direito subsistirá enquanto não editadas normas que a supram'.

É assim que tanto Antônio Mercado Júnior como Fran Martins entendem como inaplicável, por ora, a reserva do art. 5º do Anexo II, apesar de acatada pelo Brasil, subsistente o texto do art. 37 da Lei Uniforme, já que difere, nas suas consequências, do texto do art. 20 do Decreto nº 2.044, de 31 de dezembro de 1908, única disposição legal existente no Brasil a esse respeito: 'A letra deve ser apresentada ao sacado ou ao aceitante para o pagamento no lugar designado e no dia do vencimento ou sendo este dia feriado por lei, no primeiro dia útil imediato, sob pena de perder o portador o direito de regresso contra o sacador, endossantes e avalistas'.

Não se pode deixar de aceitar, em tese, a obrigatoriedade da apresentação, no prazo e sob as penas da lei, como atestam doutrinadores, tanto brasileiros, como do exterior, apesar de haver quem fale na sua facultatividade.

Essa apresentação tem por objetivo a identificação do credor perante o devedor, já que o título é facilmente transmissível, excluindo-se os casos em que já tenha havido protesto por falta de aceite, de acordo com o disposto no quarto inciso do art. 44 da Lei Uniforme, apesar de poder ainda a letra em tais condições ser validamente endossada, não ferindo o art. 20, primeira alínea, da citada Lei.

Obviamente, neste caso não pode haver apresentação já que o único direito do credor é o direito de regresso, dada a falta de aceite, que exime de qualquer responsabilidade o sacado.

Todavia, há um caso legalmente previsto, em que o credor está perfeitamente indicado, existindo proibição de endosso, conforme estabelece a segunda alínea do art. 11 da Lei Uniforme: 'Quando o sacador tiver inserido na letra as palavras 'não à ordem', ou uma expressão equivalente, a letra só é transmissível pela forma e com os efeitos de uma cessão ordinária de créditos'.

Embora essa disposição retire a exigência doutrinária da apresentação a pagamento, é certo que a hipótese não foi prevista pelo art. 38 da Lei Uniforme, o que, a nosso ver, pode ser completado pela hermenêutica.

Difere a apresentação a pagamento do protesto, não se confundindo os dois institutos, conclusão a que se chega pela simples leitura do texto legal, arts. 38, primeira alínea, e 44, primeira alínea, da Lei Uniforme.

Por razões óbvias, também não se confunde a apresentação a pagamento com a citação em processo de execução, sendo esta regulada pelo Código de Processo Civil.

Mas, então, como fazer a prova da apresentação?

Há a corrente tradicionalista, para a qual tal prova deve ser feita pelo protesto, tanto no Brasil como no exterior.

É certo, todavia, que, sendo o protesto um ato totalmente diverso da apresentação — podendo representar quando muito uma segunda apresentação, feita pelo Oficial de Protestos e não pelo beneficiário do título — não há como entender que um seja a prova do outro.

Aliás, a falta de apresentação sujeita o credor, pelo sistema da Lei Uniforme, a perdas e danos, enquanto a omissão do protesto no prazo da apresentação acarreta a perda do direito de regresso, de acordo com o que dispõe o art. 53 da Lei acima aludida: 'Depois de expirados os prazos fixados:

— para a apresentação de uma letra à vista ou a certo termo de vista;

— para se fazer o protesto por falta de aceite ou por falta de pagamento;

— para a apresentação a pagamento no caso da cláusula 'sem despesas'.

O portador perdeu os seus direitos de ação contra os endossantes, contra o sacador e contra os outros coobrigados, a exceção do aceitante'.

Assim, supondo-se, como hipótese, a inexistência de direito de regresso a garantir, o credor que deixar de apresentar o título a pagamento poderá ficar sujeito a perdas e danos, sem que a omissão do protesto macule o direito do beneficiário.

Teria, assim, o beneficiário de um título neste caso, que protestá-lo, para provar a apresentação a pagamento, embora o art. 53 da Lei Uniforme exclua expressamente a obrigatoriedade do protesto.

Aliás, já escreveu Roberto Barcellos de Magalhães: 'O protesto faz presumir a apresentação no vencimento, presunção que pode ser ilidida por todo o gênero de provas, o que é justo, porque a falta de apresentação constitui mora do credor'.

Então, se o protesto é mera presunção de que o título foi apresentado à data devida, para pagamento, é óbvio que os dois institutos não se confundem, exigindo a prova da apresentação outro meio.

Sobre o assunto, incisivo foi o pronunciamento de Soriano Neto: 'Não sendo expresso o ponto topográfico dentro da localidade designada, em que o credor tem de procurar o devedor, para lhe exibir o pagamento contra a restituição dele devidamente quitado, se entende que isso se deve fazer no estabelecimento ou no domicílio do devedor, seu ponto de permanência normal e onde se presume tenha ele, no dia do vencimento, o numerário necessário para a solução da dívida cambial'.

Maior vulto assume a diferença, a demonstrar a impossibilidade de se provar uma coisa com a outra, ao examinarmos o problema das letras de câmbio e notas promissórias com a cláusula 'sem despesas' ou 'sem protesto', permitida pelo art. 46 da Lei Uniforme que regula a matéria em sua primeira alínea: 'O sacador, um endossante ou um avalista podem, pela cláusula 'sem despesas' ou 'sem protesto', ou outra cláusula equivalente, dispensar o portador de fazer um protesto por falta de aceite ou falta de pagamento, para poder exercer os seus direitos de ação'.

O art. 53 do mesmo diploma legal, acima transcrito, conjugado com a segunda alínea do art. 46, bem demonstram a necessidade de apresentação e a sua impossibilidade de prova por meio do protesto: 'Essa cláusula não dispensa o portador da apresentação da letra dentro do prazo prescrito nem tampouco dos avisos a dar. A prova da inobservância do prazo incumbe àquele que dela se prevaleça contra o portador'.

O exame atento da disposição acima transcrita deixa bem claro o impasse; se a maioria da doutrina exige que a apresentação seja fática, pessoal, no domicílio do devedor (se outro local não estiver indicado no documento), com a exibição material do título, e se o devedor, conscientemente ou não, estiver ausente do seu endereço nos dois dias seguintes àquele em que a letra é pagável, obviamente poderá o portador efetuar as suas diligências, o que, dada a simples cognoscibilidade do fato, valerá como apresentação a não ser que a prova contrária seja feita pelo emitente da nota promissória ou aceitante da letra de câmbio, possibilidade essa que por si mesma pode abalar a certeza que deve imperar no Direito Cambial.

Restaria a possibilidade de o credor provar a apresentação por testemunhas, o que é ao mesmo tempo admitido e rejeitado pela doutrina.

Parece-nos que a necessidade de prova testemunhal tiraria do título os seus atributos básicos, entre eles a literalidade, entendida no sentido de que, 'para a determinação da existência, conteúdo, extensão e modalidades do direito, é decisivo exclusivamente o teor do título', e a independência, tendo como consequência serem as letras de câmbio e notas promissórias 'títulos completos, bastantes, plenos, independentes'.

Seria um absurdo a exigência de prova testemunhal a cada apresentação de uma letra de câmbio ou de uma nota promissória, mormente ante a possibilidade de ocultação dos devedores, além da necessidade de as instituições financeiras contratarem verdadeiras testemunhas profissionais, dado o vulto dos seus negócios por meio de títulos de crédito.

Também não se pode falar em prova da apresentação de letras de câmbio e notas promissórias através da citação que é o 'chamamento do réu a juízo para defender-se da ação contra ele proposta', insurgindo-se Soriano Neto contra isso, embora haja julgamentos nesse sentido.

A citação para o processo de execução pode ser feita a qualquer tempo dentro do prazo prescricional trienal do art. 70 da Lei Uniforme, o que não ocorre com a apresentação, daí por que entendemos inaceitável o julgado do Tribunal de Justiça do Rio Grande do Sul, em sua 3ª Câmara Cível, relator o Des. Paulo Boeckel Velloso:

'... a nota promissória em execução inclui a cláusula 'sem protesto', fórmula possível dentro do Direito Uniforme, e que, por si só, tornaria impraticável a apresentação extrajudicial, que se aperfeiçoa precisamente pela notificação do devedor feita pelo Oficial de Títulos, para vir honrar a letra de sua emissão. Ademais, a citação em processo cambiário equivale à apresentação...'.

Não encontramos, igualmente, acolhida à sugestão de Roberto Barcellos de Magalhães segundo a qual a apresentação pode ser feita por intimação judicial, pois isso criaria dificuldades práticas enormes, já que, sendo dispendioso o recurso ao Poder Judiciário, só se chegaria a tal medida quando os entendimentos diretos demonstrassem sua ineficácia, isto é, após o decurso dos dois dias úteis seguintes àquele em que a letra deveria ter sido paga.

Por outro lado, prevenindo-se as instituições financeiras a respeito da possibilidade de passarem às vias judiciais para ter que provar a apresentação, obviamente os juros cobrados por elas terão que ser mais altos, o que não interessa à economia do país.

Perguntar-se-á, então, como se pode fazer a prova da apresentação já que não pode ser por testemunhas, nem pode ser suprida pelo protesto ou pela citação em processo de execução ou outra forma de intimação judicial.

É sintomático observar que a própria necessidade que os autores têm de exigir a prova da apresentação por meio de um outro ato demonstra a necessidade de norma que venha a disciplinar a matéria, em face da inocuidade da atual.

Em uma tentativa de solução do problema os bancos e instituições financeiras têm adotado um sistema de se enviar um aviso aos devedores, de acordo com o qual, nos dias prefixados, os títulos estarão nas caixas das entidades aguardando os respectivos pagamentos.

Rubens Requião assim faz referência a tal espécie de apresentação: 'Além disso, deve considerar-se que a letra de câmbio é uma obrigação *quérable*, por natureza, pois o devedor, no dia do vencimento, não sabe nas mãos de quem e onde se encontra o título. O comércio bancário, contudo, instituiu o uso e costume de convidar o devedor a pagar em seu guichê a letra de câmbio, no vencimento, mediante aviso protocolado. O devedor, desta forma, tendo ciência do fato, efetua o pagamento, admitindo a letra como obrigação *portable*'.

Essa prática encontra ferrenha oposição de muitos autores, tanto no exterior como no Brasil, chegando João Arruda a dizer que o pagamento na caixa do banco é feito por mera tolerância e comodidade dos devedores, para evitar o recebimento de cobradores em suas residências ou estabelecimentos.

Contra a referida prática, levanta-se também, em palavras agressivas, Roberto Barcellos de Magalhães: 'Os bancos se arrogam o privilégio de serem pagos os títulos por eles cobrados nos seus guichês. É uma prática ilegal, mas que vem sendo tolerada pelos próprios devedores'.

Mas, por outro lado, em crítica aos autores acima citados, pondera José Maria Whitaker: 'Lacerda e Arruda exigem sempre a apresentação efetiva, mas não se vê, verdadeiramente, razão sólida para embaraçar a ação social exercida pelos bancos, privando-os de uma facilidade que não constitui incômodo para os devedores e que está admitida pelo consenso unânime dos interessados'.

É necessário, aliás, que se leve em consideração a tolerância com que vem sendo agraciada tal forma de apresentação de títulos, o que já foi inclusive aceito pelo Supremo Tribunal Federal em sua 2ª Turma, relator o Min. Lafayette de Andrada, no julgamento do Recurso extraordinário nº 40.113: 'Dívida *quérable*. Tolerância, tornando-se hábito, tem força modificadora de cláusula escrita'.

Prosseguindo na esteira do julgamento acima referido, é certo que o mais alto tribunal do país reconheceu o uso bancário, transformando tal dívida, de *quérable* que era — já que o devedor desconhecia a quem deveria pagar a importância por cuja solução era responsável —, em *portable*.

Efetivamente, reconhece o segmento mais atualizado da doutrina, a existência do uso integrativo, diferente do costume, chegando Orlando Gomes a dizer, chamando tal uso de convencional, que a sua força obrigatória resulta na vontade tácita das partes.

Oscar Tenório é mais explícito: 'As expressões 'uso' e 'costume' não se confundem. O costume pode ser norma, constituindo o direito costumeiro. O uso é expressão convencional. Enquanto a interpretação do costume constitui interpretação do direito, a interpretação do uso é, quase sempre, interpretação da vontade das partes'.

Efetivamente, a tentativa de reconhecer o aviso dos bancos como costume não foi reconhecida pela Junta Comercial de São Paulo, negando proposta da Associação dos Bancos do mesmo Estado.

Mas é na Itália que o uso integrativo encontra seu maior suporte; esclarecendo Andrea Torrente que: '*Gli usi negoziali consistono, infatti, in pratiche seguite da una determinata cerchia di contraenti. Per esemplo la prassi, seguita in un determinato ramo di commercio, di consegnara la merce venduta al domicilio dell'acquirente è limitata ad alcuni imprenditori (gli imprenditori di quel ramo, di quella piazza ecc.) e corrisponde a motivi di opportunità o di convenienza e non ad esigenze giuridiche.*

Appunto perchè l'uso negoziale non ha carattere generale, esso non può avere obbligatoria verso tutti, ma concorre a disciplinare il contratto soltanto in quanto sia esplicitamente o implicitamente richiamato dale parti'.

Daí por que o uso, integrando a norma disciplinadora da apresentação, que passa a ser substituída pelo aviso dos bancos, pode ser considerado como perfeitamente legal.

Assim, desaparece a justificação teórica para a apresentação fática, material, do título, no endereço do sacado da letra de câmbio ou do emitente da nota promissória, uma vez que estes já sabem quem são seus credores, tornando-se desnecessária a identificação.

Aliás, nem seria possível, hoje, a subsistência da necessidade de tal espécie de apresentação fática, material, principalmente pelas instituições financeiras, pelas quais passa a maioria dos títulos de crédito.

De fato, o Sistema Financeiro Nacional, englobado na Lei nº 4.595, de 31 de dezembro de 1964, e respectivas alterações, cogita da segurança que se deve dar a tal sistema, não como forma de proteção às instituições financeiras — que podem sofrer intervenção ou liquidação extrajudicial — mas pela necessidade de manter firme a confiança do público em geral no referido sistema, sem o qual não será possível o desenvolvimento nacional, meta constitucionalmente traçada da ordem econômica.

Por isso, não é concebível, hoje, que as instituições financeiras, nas cobranças de somas de vulto, tenham que deslocar seus prepostos até os endereços de todos os devedores, com a criação de bem conhecidos riscos, além do aumento do custo operacional das referidas instituições, o que acarretaria, fatalmente, acréscimos de taxas de juros, em detrimento do desenvolvimento nacional".

14. VENCIMENTO POR ANTECIPAÇÃO — Normalmente a letra de câmbio só vence na data nela designada. Todavia, determinados fatos podem provocar o seu vencimento antecipado. É o que ocorre na recusa total ou parcial de aceite, ou da falência do sacado de uma letra aceita ou não, ou da falência do sacador de uma letra não aceitável, segundo o disposto no art. 43 da Lei Uniforme:

> "O portador de uma letra pode exercer os seus direitos de ação contra os endossantes, sacador e outros coobrigados.
>
> No vencimento: se o pagamento não foi efetuado.
>
> Mesmo antes do vencimento:
>
> 1º se houve recusa total ou parcial de aceite;
>
> 2º nos casos de falência do sacado, quer ele tenha aceite, quer não, de suspensão de pagamentos do mesmo, ainda que não cons-

tatada por sentença, ou de ter sido promovida, sem resultado, execução dos seus bens;

3º nos casos de falência do sacador de uma letra não aceitável".

Fazemos séria restrição ao vencimento por antecipação na ocorrência de suspensão de pagamentos, ainda que não constatada por sentença, por entendê-lo inequivocamente inaplicável no direito brasileiro.

O princípio adotado pela Lei Uniforme já estava consagrado no art. 19 do Decreto nº 2.044/1908, convindo acrescentar que a Lei nº 11.101, de 9 de fevereiro de 2005 (Lei de Falências e de Recuperação de Empresas), disciplina a questão no seu art. 77:

"A decretação da falência determina o vencimento antecipado das dívidas do devedor e dos sócios ilimitada e solidariamente responsáveis, com o abatimento proporcional dos juros, e converte todos os créditos em moeda estrangeira para a moeda do País, pelo câmbio do dia da decisão judicial, para todos os efeitos desta Lei".

Acrescente-se, finalmente, às hipóteses de vencimento por antecipação a declaração de insolvência do devedor civil, nos termos do art. 751, I, do CPC/1973. A insolvência do devedor civil estava inserida no Título IV — Da Execução por Quantia Certa Contra Devedor Insolvente — do CPC/1973, ou seja, nos arts. 748 a 786-A. Não obstante, o art. 1.052 do CPC/2015 estabelece que, "*até a edição de lei específica, as execuções contra devedor insolvente, em curso ou que venham a ser propostas, permanecem reguladas pelo Livro II, Título IV, da Lei nº 5.869, de 11 de janeiro de 1973*". Portanto, esses artigos (748 a 786-A) do CPC/1973 não foram revogados pelo CPC/2015, razão por que a insolvência do devedor antecipa o vencimento de suas dívidas.

O art. 1.052 do CPC em vigor manteve as regras do art. 751 do CPC/1973, para as execuções contra devedor insolvente, até a edição de lei específica.

15. O ACEITE — O aceite é o reconhecimento do débito, obrigando o aceitante cambialmente. Entretanto, não é indispensável à existência da letra de câmbio, que poderá existir com ou sem ele. É, portanto, facultativo. Não sem razão acentua Theóphilo de Azeredo Santos que "não há aceite compulsório. Ele é, por natureza, facultativo. O sacado não pode, em hipótese alguma, ser compelido, contra sua vontade, a aceitar o título, ainda que na hipótese líquida e certa de encontrar-se na posição de devedor".

Recusando-se ao aceite, todavia, não se obrigará cambialmente o sacado, só ensejando ao credor ação ordinária em que mister se faz referência à origem do débito.

Entretanto, conquanto o aceite não seja imprescindível à existência da letra de câmbio, a sua apresentação ao sacado é obrigatória, em se tratando de títulos com vencimento *a tempo certo da vista*. É o que dispõe o art. 23 da Lei Uniforme, mantendo, assim, um princípio já estabelecido no art. 9º do Decreto nº 2.044/1908, que assim dispõe:

> "A apresentação da letra ao aceite é facultativa quando certa a data do vencimento. A letra a tempo certo da vista deve ser apresentada ao aceite do sacado, dentro do prazo nela marcado..."

A apresentação ao sacado, pois, é facultativa quando certa a data do vencimento e obrigatória quando se tratar de cambial com vencimento "a tempo certo da vista".

O sacado pode aceitar o título ou por si mesmo, ou por mandatário especial, ou ainda por seu representante legal, podendo-se obrigar cambialmente qualquer pessoa que tenha capacidade civil.

A falta de aceite faculta ao credor protestar o título em conformidade com o art. 19, I, do Decreto nº 2.044/1908.

A Lei Uniforme relativa às letras de câmbio e notas promissórias, no seu art. 26, admite o aceite parcial ou limitado, declarando textualmente:

> "O aceite é puro e simples, mas o sacado pode limitá-lo a uma parte da importância sacada".

16. O ENDOSSO — Examinando as figuras intervenientes da letra de câmbio, tivemos ensejo de verificar a existência de três partícipes, respectivamente o sacador, o sacado e o tomador. Contudo, outras figuras podem intervir na cambial, tais como o endossante e o avalista.

O endosso é o meio pelo qual se transfere a propriedade de um título, podendo constituir-se também em simples mandato (o endosso impróprio, também chamado endosso-procuração). Instituto exclusivo do direito cambial, não surgiu com a letra de câmbio, mas posteriormente a esta no chamado período italiano (século XVI), fazendo as vezes de mandato. "Limitada foi, portanto, em começo, a função do endosso", diz Carvalho de Mendonça. "Não servia para a transferência da letra, mas simplesmente para que o portador pudesse receber e dar quitação. Com o desenvolvimento dos negócios, experimentado o meio fácil e prático do endosso, e adotada na letra de câmbio a cláusula à ordem, foi ele utilizado para entrega da cambial a terceiros, para outros fins além do mandato, e especialmente para a cessão da soma declarada no título."

Para a validade do endosso é bastante a assinatura do próprio punho do endossante (não se admite impressão digital, do que se conclui que o analfabeto só se obriga cambialmente por meio de mandatário especial), no verso da letra, como, aliás, preceitua o art. 8º do Decreto nº 2.044/1908, sem radicais alterações na Lei Uniforme:

> "O endosso transmite a propriedade da letra de câmbio. Para a validade de endosso, é suficiente a simples assinatura do próprio punho do endossador ou do mandatário especial, no verso da letra".

O endossante, salvo cláusula em contrário, é garante tanto da aceitação como do pagamento da letra (art. 15 da Lei Uniforme).

"O endosso, exceto o endosso-mandato, é ato transmissível de direito, continuando, porém, o transmissor como responsável pelo pagamento. Mas o endossatário sucede ao endossante apenas na propriedade do título e não em suas relações jurídicas. Seu direito é autônomo e deriva da própria assinatura do alienante (endossante). A responsabilidade do endossante é autônoma e independente. Daí poder aquele exigir o pagamento, mesmo que falte causa à relação jurídica do alienante e não seja possível opor ao endossatário as exceções pessoais de seus antecessores. Donde a conclusão: Não é possível opor ao terceiro portador de boa-fé a exceção de ilicitude do ato que deu origem ao título. Mesmo que seja vicioso o direito dos endossantes precedentes, o endossatário de boa-fé é o legítimo proprietário do título, porque, no conflito entre o proprietário formal e o efetivo, aquele leva a melhor. A cláusula 'à ordem', na feliz expressão de Capitant, permite ao título purificar-se dos vícios que o possam infestar", lembra, com inegável propriedade, Carlos Fulgêncio da Cunha Peixoto.

O endosso, fácil verificar, é forma particular de alienação de coisa móvel. O endossatário sucede ao endossante na propriedade da cambial, sem vincular-se à relação jurídica anterior, isto é, entre o endossante e o devedor.

17. O LANÇAMENTO DO ENDOSSO — O endosso, como declaração acessória, deve ser lançado no verso do título ou em folha ligada a esse, sob pena de não produzir efeitos cambiais, muito embora haja autores que admitam o endosso por escritura pública, contra a qual, com veemência, se insurge o douto Carvalho de Mendonça, com a autoridade que lhe é própria:

> "O endosso não pode constar de ato separado, ainda que seja escritura pública, visto que é obrigação de estrito rigor formal. Deve ser lançado no verso da letra de câmbio, para que se não confunda com outra obrigação cambial de diversa natureza".

Admissível, entretanto, o endosso no anverso do título, como afirma Theóphilo de Azeredo Santos: "O endosso é, normalmente, lançado no verso, dorso ou costas da cambial, mas se for lançado no anverso, de maneira que não deixe margem a dúvidas, traduzindo, de forma inequívoca, a transferência de propriedade do título ou a constituição do mandato pela cláusula indicada no § 1º do art. 8º do Decreto nº 2.044, de 31 de dezembro de 1908, terá validade".

Por isso entendemos de todo conveniente acrescentar-se à assinatura do endossante a expressão "por endosso".

18. ESPÉCIES DE ENDOSSO — Há duas espécies de endosso:

a) endosso próprio ou translativo da propriedade;

b) endosso impróprio, também chamado endosso-mandato ou endosso-procuração.

O primeiro transmite a propriedade do título e o segundo, sem privar o titular dos seus direitos cambiais, transfere ao mandatário o exercício e a conservação desses direitos.

São, por sua vez, espécies de endosso próprio ou translativo da propriedade:

I — *o endosso **em preto***, também chamado nominativo, pleno ou completo;

II — *o endosso **em branco***.

19. O ENDOSSO EM PRETO — É aquele que menciona expressamente o nome do endossatário, isto é, do beneficiário do endosso.

Indispensável a assinatura do próprio punho do endossante ou de mandatário especial, como indispensável é a indicação do endossatário.

Em conformidade com o que dispõe o art. 15 da Lei Uniforme, o endossante pode proibir um novo endosso, e, neste caso, não garante o pagamento às pessoas a quem a letra for posteriormente endossada:

> "Art. 15. O endossante, salvo cláusula em contrário, é garante tanto da aceitação como do pagamento da letra.

O endossante pode proibir um novo endosso, e, neste caso, não garante o pagamento às pessoas a quem a letra for posteriormente endossada".

Nessa hipótese, todavia, em que pese eximir-se de responsabilidade pelo pagamento da letra a outros endossatários, evidentemente não poderá fazê-lo com relação àquele a quem endossou o título.

20. O ENDOSSO EM BRANCO — No endosso em branco omite-se o nome do endossatário, limitando-se o endossante a firmar, de próprio punho, a sua assinatura no verso do título.

O endosso em branco, com as vantagens de não obrigar cambialmente os portadores sucessivos, encontra larga utilização nos meios mercantis.

"O endosso em branco empresta à letra de câmbio a semelhança de um título ao portador", afirma Carvalho de Mendonça. "A transmissão se efetua pela simples tradição; o possuidor nenhuma responsabilidade cambial assume."

O endosso em branco, em qualquer tempo, poderá ser transformado em nominativo ou em preto, bastando, para isso, expressa menção do endossatário. A transformação, vinculando o endossatário, não obriga, contudo, os intermediários de tradições manuais.

21. O ENDOSSO-MANDATO — Mandato é procuração, autorização ou ato pelo qual um indivíduo concede a outro os poderes necessários para, em seu nome, desempenhar determinada incumbência.

O endosso, como já verificamos usualmente, isto é, em sua forma normal, transmite a propriedade do título, vinculando o endossante à obrigação cambial.

O endosso-mandato, entretanto, como já se acentuou, não priva o titular dos seus direitos cambiais, mas apenas transfere ao mandatário ou procurador o exercício e conservação desses direitos. Pode ser amplo ou conter restrição, como acentua o § 1º do art. 8º do Decreto nº 2.044/1908:

"A cláusula 'por procuração' lançada no endosso indica o mandato com todos os poderes, salvo o caso de restrição, que deve ser expressa no mesmo endosso".

Nessas condições, a expressão "para cobrança", acrescida ao endosso, usual com relação aos estabelecimentos bancários, deve ser vista como restrição inequívoca, não ensejando senão a simples cobrança do título e, consequentemente, impróprio para o procedimento judicial (*Rev. dos Tribs.*, 232/212). Com efeito, de posse do título, mas sem a disponibilidade do seu valor, não atua o endossatário-mandatário em seu próprio nome, devendo agir em nome do mandante.

Ressalte-se, finalmente, que o endosso-mandato pode ser em preto ou em branco, uma vez que pode indicar ou não o nome do endossatário. Estando em branco considerar-se-á endossatário-mandatário o portador.

22. **O ENDOSSO POSTERIOR AO VENCIMENTO (ENDOSSO PÓSTUMO)** — Também chamado póstumo ou tardio, já vinha contemplado no Decreto nº 2.044/1908, que, entretanto, considerava-o *cessão civil*:

"Art. 8º ...

§ 2º O endosso posterior ao vencimento da letra tem o efeito de cessão civil".

A Lei Uniforme, no seu art. 20, inovou declarando que o endosso posterior ao vencimento tem os mesmos efeitos que o endosso anterior. Somente o endosso posterior ao protesto por falta de pagamento, ou feito depois de expirado o prazo fixado para se fazer o protesto, produz os efeitos de uma cessão ordinária de crédito, isentando o endossante da vinculação cambial (*Rev. dos Tribs.*, 273/220).

"O endossador, posteriormente ao vencimento", acrescenta Magarinos Torres, "não se obriga pelo pagamento, e nisto consiste a visceral diferença entre o endosso e a cessão, salvo cláusula expressa de responsabilidade que, entretanto, não tem nenhum efeito cambial nem dará a esse endossador, quando venha a pagar o título, nenhum direito autônomo em face dos anteriores obrigados, perante os quais será apenas um sub-rogado comum, sujeito à prescrição do portador e aos vícios a este oponíveis. Afora esta hipótese excepcional, o endossador posterior ao vencimento só tem a responsabilidade civil pela legitimidade e existência do crédito cambial ao tempo da cessão".

Igual ponto de vista abraçam Carvalho de Mendonça e Pontes de Miranda, concluindo este último:

> "*a*) o endossante não se obriga pelo pagamento cambiariamente;
>
> *b*) não garante a solvência do devedor, mas tão somente a existência do crédito, ao tempo do endosso (Cód. Civil, arts. 295 e 296);
>
> *c*) ao possuidor do título, último cessionário, são oponíveis todas as exceções que o seriam ao seu endossante (Cód. Civil, art. 294)".

23. O ENDOSSO PARCIAL — A transferência do título, como se percebe pelo que foi exposto, envolve todas as vantagens relativas ao crédito, razão por que vedado é o endosso parcial, como, aliás, enfatiza o art. 12 da Lei Uniforme:

> "O endosso parcial é nulo".

24. O ENDOSSO-CAUÇÃO — O endosso-caução, também chamado pignoratício, é, inegavelmente, assunto polêmico, ensejando as mais diversas conclusões.

Caução é a garantia que o devedor oferece ao credor, tornando efetiva a sua responsabilidade. A caução do título se equipara ao penhor, vinculando-o ao pagamento da obrigação principal.

A caução ou dação em pagamento, pois, é o endosso-caução que, muito embora não esteja contemplado em lei, é largamente utilizado.

Constituindo-se em exceção — a regra é o endosso translativo da propriedade — tem sido o endosso-caução objeto de sérias controvérsias, opondo-se à sua validade juristas do porte de Carvalho de Mendonça e Waldemar Ferreira, admitindo-o, entretanto, juristas de renome como Magarinos Torres, Pontes de Miranda e José Maria Whitaker.

É lícito emitir uma cambial e dá-la em garantia do próprio débito, ou, mais especialmente, de um crédito em conta corrente? Indaga Whitaker, que em seguida conclui: "O ato é comum no comércio bancário e não se lhe pode opor nenhum texto da lei ou princípio de direito cambiário".

Com efeito, não obstante opiniões contrárias entre não haver dispositivo legal em contrário, o penhor da letra de câmbio pode ser levado a efeito por endosso-caução, que entretanto deverá conter expressa menção ao fato.

Note-se que o endosso-caução não pode ser confundido com o endosso-mandato, com finalidades inteiramente diversas, malgrado opinião contrária do emérito Magarinos Torres e, tampouco com o endosso completo, em preto ou em branco, que, como já verificamos, transmitem a propriedade do título.

Não sem razão observa Vivante que "o título circulante pode ser constituído em penhor como qualquer outro crédito e a circulação com a cláusula 'válido em garantia' servirá mais caracteristicamente do que qualquer outra para indicar a constituição do penhor de um título à ordem".

Todavia, é de se acrescentar que o título preso a contrato de abertura de crédito, vinculando-se à conta corrente, perde a autonomia que lhe é própria, não representando dívida líquida e certa, nem ensejando ação cambial — processo de execução por títulos executivos extrajudiciais **(art. 784, I, do CPC/2015)** —, como já decidiu o Egrégio Tribunal de Justiça do Estado de São Paulo (*Rev. dos Tribs.*, 201/203):

"Se o próprio credor ligou a nota promissória a negócios mantidos com o devedor, não pode abstrair-se dessa relação para dar ao título uma autonomia que ele não tem e vir cobrá-lo pela via executiva".

25. AVAL — Aval é garantia de pagamento firmada por terceiro. Instituto típico do direito cambial, conquanto possa ter traços comuns, não se confunde com a fiança.

O aval é obrigação formal, independente e autônoma, surgindo com a simples aposição da assinatura ao título, tornando inadmissível ao avalista arguir falta de causa, opondo defesa de natureza pessoal, só admissível ao aceitante.

"Uma vez que a obrigação do avalista é equiparada à do avalizado, está claro que não é a mesma que esta, mas outra diferente na sua essência, embora idêntica nos seus efeitos. Em virtude desta dupla situação, por um lado, a falsidade, a inexistência ou a nulidade da obrigação do avalizado não afeta a obrigação do avalista, não aproveitando a este nenhuma das defesas pessoais, diretas ou indiretas, que àquele possa legitimamente competir", diz José Maria Whitaker.

Daí afirmar Carvalho de Mendonça que o aval é obrigação cambial assumida diretamente pelo avalista, a este não sendo lícito opor ao credor que o acionar quaisquer exceções pessoais àquele, a favor de quem deu o aval ou ainda a nulidade da obrigação do avalizado.

O aval, em conformidade com o que dispõe o art. 14 do Decreto nº 2.044/1908 (Lei Interna sobre Letra de Câmbio e Nota Promissória), é lançado no verso ou anverso do título — "para a validade do aval, é suficiente a simples assinatura do próprio punho do avalista ou do mandatário especial, no verso ou anverso da letra", não sendo admitido em documento à parte, válido, porém, em folha anexa:

"Válido o aval em folha anexa ao título que se entende como seu prolongamento. Não, entretanto, em documento à parte, uma vez que o Brasil não se valeu da reserva consignada no art. 4º, do Anexo II, da Convenção de Genebra" (STJ, REsp nº 4.522-SP, Rel. Min. Eduardo Ribeiro, *Ementário da Jurisprudência do Superior Tribunal de Justiça*, nº 2, ementa nº 182).

26. RESPONSABILIDADE DO AVALISTA — O avalista, na realidade, não ocupa a mesma posição do avalizado, muito embora seja responsável da mesma maneira, *ex vi* do disposto no art. 32 da Lei Uniforme:

> "O dador de aval é responsável da mesma maneira que a pessoa por ele afiançada".

A expressão *afiançada* empregada só pode redundar de defeito de tradução, não havendo como confundir o aval com a fiança. A expressão correta seria "avalizada" ou "garantida por aval". Nessas condições poderá o credor exigir o cumprimento da obrigação tanto de um quanto de outro. Pagando-se, sub-roga-se o avalista nos direitos do credor, podendo, por sua vez, acionar o avalizado:

> "Se o dador do aval paga a letra, fica sub-rogado nos direitos emergentes da letra contra a pessoa a favor de quem foi dado o aval e contra os obrigados para com esta em virtude da letra" (art. 32 da Lei Uniforme).
>
> "A responsabilidade cambiária do avalista, tendo em vista os princípios da autonomia e abstração, não é afastada pela falsificação ou nulidade de outra assinatura (art. 7º da Lei Uniforme).
>
> Ressalva-se a hipótese de má-fé do favorecido, o que não ocorre na hipótese" (STJ, REsp nº 36.837.5-MG, Rel. Min. Eduardo Ribeiro, 3ª T., *Ementário da Jurisprudência do Superior Tribunal de Justiça*, nº 9, ementa nº 263).

27. AUTONOMIA DO AVAL — A obrigação cambial do avalista é absolutamente autônoma, como, aliás, são todas as obrigações cambiais. O avalista, dado o aval, se obriga, ainda que nula, inexistente ou ineficaz a obrigação principal. Daí não ser lícito ao avalista arguir em sua defesa falta de causa na origem do título:

> "A obrigação cambial do avalista é inteiramente autônoma. Quem presta aval se obriga, ainda que inexistente, nula ou ineficaz a obrigação do criador do título ajuizado" (*Rev. dos Tribs.*, 263/217).

É, aliás, o que dispõe a legislação, em conformidade com o art. 32 da Lei Uniforme:

> "O dador de aval é responsável da mesma maneira que a pessoa por ele afiançada.
>
> A sua obrigação mantém-se mesmo no caso de a obrigação que ele garantiu ser nula por qualquer vício que não seja de forma".

28. ESPÉCIES DE AVAL: O AVAL COMPLETO E O AVAL PARCIAL — O Decreto nº 2.044/1908 (Lei interna) silenciou quanto à possibilidade da existência do aval parcial, fazendo com que autores ilustres concluíssem pela sua inexistência, como, por exemplo, Whitaker, que afirma que, "como toda obrigação cambial, o aval não pode ser nem limitado, nem condicionado". Paulo de Lacerda tem idêntico ponto de vista, que é abraçado também por Carvalho de Mendonça. Bonelli, todavia, já entendia de forma diversa e, muito embora não admitisse o aval condicionado, admitia-o limitado quer quanto à soma, quer quanto ao vencimento.

A verdade é que, à luz do art. 30 da Lei Uniforme, duas são as espécies de aval:

a) *aval completo*, assim considerado aquele que abrange o total da obrigação;

b) *aval parcial*, também chamado limitado, que se restringe quanto à soma, uma vez que na forma do dispositivo legal mencionado "o pagamento de uma letra pode ser no todo ou em parte garantido por aval".

29. PLURALIDADE DE AVAIS — Diversos avalistas podem, simultânea ou sucessivamente, obrigar-se cambialmente. A ordem não afeta o credor, que, vencida a letra, poderá exigir o cumprimento da obrigação de qualquer deles. Assim, não é exato que, em se tratando de aval sucessivo, esteja o credor obrigado a executar, em primeiro lugar, o emitente ou sacado, para só posteriormente executar os demais coobrigados, estes últimos pela ordem de aposição.

Inexiste no direito cambial o chamado "benefício de ordem", e ao credor é lícito acionar a qualquer dos responsáveis, independentemente da ordem em que estes se encontrem.

Os avais sucessivos se sobrepõem uns aos outros, um avalista garantindo o outro. Nos avais simultâneos os avalistas garantem o avalizado.

Normalmente os avais sucessivos declaram expressamente:

> "Por aval de ...".

Colocados em linhas superpostas, com número de ordem, são considerados simultâneos.

Em conformidade com a **Súmula 189 do STF**:

> "Avais em branco e superpostos consideram-se simultâneos e não sucessivos".

O avalista que paga a letra sub-roga-se nos direitos do credor, podendo, por isso mesmo, acionar os demais subscritores anteriores, inclusive, obviamente, o devedor principal.

Em se tratando de aval sucessivo, o avalista pagante pode cobrar do seu avalizado integralmente o que pagou; se se tratar de aval simultâneo, só poderá acionar os demais avalistas nas suas quotas-partes.

O Supremo Tribunal Federal, decidindo questão análoga (Rec. extr. nº 70.715), assim concluiu:

"Pode o avalista que pagou cobrar do outro avalista a quota-parte devida por esse coobrigado".

30. NATUREZA JURÍDICA DAS RELAÇÕES ENTRE O AVALISTA E O AVALIZADO — Questão de suma importância e de inegáveis reflexos práticos é saber se as relações entre o avalista e o seu avalizado são de caráter civil ou cambiário.

Controvertido e apaixonante, o assunto tem dividido as opiniões dos nossos juristas, entendendo Saraiva que, "por não estar em jogo o interesse derivado da circulação, as relações entre o avalista e o coobrigado, ao qual for legalmente equiparado, não têm o caráter cambial e são regidas pelas normas do direito comum".

Contudo, por força do que dispõe o art. 32 da Lei Uniforme, a verdade é que o avalista que paga o título fica sub-rogado nos direitos do credor, ou, por outras palavras, nos direitos emergentes da letra contra a pessoa a favor de quem foi dado o aval. Por isso adotamos ponto de vista contrário, entendendo, como José Maria Whitaker, Carvalho de Mendonça, Pontes de Miranda e Magarinos Torres, que "o avalista que paga adquire a letra e, com ela, o direito de acionar os subscritores anteriores, inclusive o próprio avalizado, com todos os privilégios inerentes à posse do título cambiário" e, por via de consequência, dispondo, na ação regressiva, da via cambial.

31. AVAL E OUTORGA UXÓRIA: O AVAL DA MULHER CASADA — O aval, como já afirmamos, não se confunde com a fiança, conquanto tenha com essa traços comuns, já que ambas se constituem em garantia de pagamento firmada por terceiro.

Daí dizer o art. 14 do Decreto nº 2.044/1908 (Lei Interna sobre Letra de Câmbio e Nota Promissória) que "O pagamento de uma Letra de Câmbio independente de aceite e do endosso, pode ser garantido por aval".

"O aval não é fiança mas uma obrigação cambial perfeita e autônoma" (Supremo Tribunal Federal, *Revista Forense*, 1969/156).

No magistério sempre atual de Fran Martins:

"O aval é uma obrigação de garantia própria dos títulos de crédito ou dos a eles equiparados. Assim sendo, não se confunde com as demais garantias do direito comum, se bem que, com algumas, como a fiança, tenha muitos pontos de contato".

Exatamente por não se confundir com a fiança que o nosso direito sempre dispensou a outorga uxória no aval, sobretudo considerando-se que o art. 3º do Estatuto da Mulher Casada (Lei nº 4.121, de 27-8-1962) dispunha que "pelos títulos de dívida de qualquer natureza firmados por um só dos cônjuges, ainda que casados pelo regime de comunhão universal, somente responderão os bens particulares do signatário e os comuns até o limite de sua meação".

Em razão dessa disposição é que os estabelecimentos bancários, em geral, exigiam, nos empréstimos pessoais, o aval da mulher ou do marido, em se tratando de clientes casados.

O Código Civil de 2002 traz sensível alteração a respeito, pressupondo a autorização do cônjuge, salvo se casados no regime de separação absoluta:

"Art. 1.647. Ressalvado o disposto no art. 1.648, nenhum dos cônjuges pode, sem autorização do outro, exceto no regime da separação absoluta: ...

III — prestar fiança ou aval".

Assim, ao revés do que ocorria sob a legislação anterior, o aval passa a depender de outorga uxória, salvo se casados com separação absoluta.

Note-se que a disposição não colide nem com a Convenção de Genebra, nem com a Lei Interna (Decreto nº 2.044/1908).

Contudo, como anuncia Maria Helena Diniz, em seu consagrado *Código Civil anotado* (Saraiva, 2003, p. 1134):

"Pelo Enunciado nº 114 (aprovado na *Jornada de Direito Civil*, promovida em setembro de 2002, pelo Centro de Estudos Judiciários do Conselho da Justiça Federal), o aval não pode ser anulado por falta de vênia conjugal, de modo que o inciso III do art. 1.647 apenas caracteriza a inoponibilidade do título ao cônjuge que não assentiu".

Nos termos do enunciado acima transcrito, pois, o aval dado pelo marido, sem o consentimento da mulher, não pode ser anulado, resultando tão somente na "inoponibilidade do título ao cônjuge que não assentiu".

É de se ressaltar, porém, que o art. 1.649 do Código Civil declara que:

"A falta de autorização, não suprida pelo juiz, quando necessária (art. 1.647), tornará anulável o ato praticado, podendo o outro cônjuge pleitear-lhe a anulação, até dois anos depois de terminada a sociedade conjugal".

O prazo para a propositura da referida ação é *decadencial*. A legitimidade para a propositura da ação mencionada é do cônjuge que não assentiu, ou, na sua falta, dos respectivos herdeiros.

32. RESSAQUE — O ressaque, estabelecido no art. 52 da Lei Uniforme, como adverte Eunápio Borges, é instituto "em franco desuso entre nós", é, na verdade, uma opção do portador que, não recebendo o seu crédito, ou porque o sacado recusa o aceite, ou porque deixa de pagar o seu débito, ao invés de acioná-lo judicialmente, pode sacar um novo título à vista. Esta operação é denominada ressaque.

Conquanto nos termos do dispositivo legal acima mencionado possa ser utilizado contra qualquer dos coobrigados, ensina Whitaker que "não se ressaca contra os obrigados diretos, aceitantes ou avalistas, tampouco contra o sacado que não aceitou ou contra um coobrigado posterior a quem ressaca", mas somente contra os coobrigados de regresso.

32-A. AÇÃO DE ANULAÇÃO DE CAMBIAL — Em razão das próprias características dos títulos de crédito, dentre as quais cumpre pôr em relevo a *literalidade*, título e direito se confundem. Para o exercício do direito mister se faz a apresentação do título.

Na lição de Luiz Emygdio F. da Rosa Jr.:

> "o título de crédito tem a característica de ser um título de apresentação, ou seja, o portador só pode mover ação cambiária mediante a exibição do título, o que se justifica pelas seguintes razões: a) face ao princípio da literalidade, o credor só pode exigir do devedor o que consta do título de crédito, e, em contrapartida, o devedor só está obrigado ao pagamento também conforme o teor do mesmo título; b) dentre as exceções que podem ser opostas por qualquer devedor a qualquer credor está a correspondente ao vício de forma do título, pelo que só mediante o exame do título é que o devedor tem condição de saber se o mesmo padece ou não do mencionado vício; c) somente também pelo exame do título é que o devedor pode igualmente saber se o autor da ação cambial é ou não o portador legítimo pois se o devedor paga a soma cambiária a quem não seja possuidor legítimo fica exonerado de sua obrigação; d) como a lei uniforme obriga o credor a receber pagamento parcial e prevê as hipóteses de aceite e de aval parciais, a apresentação do título permite ao devedor exercer o direito de só pagar a diferença entre o valor constante do título e o que foi objeto do citado pagamento parcial; e) da mesma forma, através da apresentação do título poder-se-á saber se já ocorreu ou não o vencimento do título, a decadência e a prescrição".

O título é, pois, fundamental à cobrança ou ajuizamento da ação cambiária.

Contudo, não raras vezes, a cambial é destruída, parcial ou totalmente, ou simplesmente extraviada, impedindo, assim, ao credor, o legítimo exercício de seu direito.

Prevendo tal situação, o art. 36 do Decreto nº 2.044/1908 (Lei Interna sobre Letra de Câmbio e Nota Promissória) instituiu o *processo de anulação de cambial*, ensejando-lhe sentença que, substituindo o título, se constituirá em instrumento hábil à execução.

É o que dispõe o art. 36 do Decreto nominado:

> "Justificando a propriedade e o extravio ou a destruição total ou parcial da letra, descrita com clareza e precisão, o proprietário pode requerer ao juiz competente do lugar do pagamento, na hipótese de extravio, a intimação do sacado ou do aceitante e dos coobrigados para não pagarem a aludida letra, e a citação do detentor para apresentá-la em juízo dentro do prazo de três meses, e no caso de extravio e destruição, a citação dos coobrigados para dentro do referido prazo, oporem contestação, firmada em defeito de forma do título ou na falta do requisito essencial ao exercício da ação cambial".

Como adverte Luiz Emygdio da Rosa Jr., a ação de anulação de cambial tanto pode ser movida nas hipóteses de extravio ou destruição parcial ou total como, igualmente, nas hipóteses de furto, roubo ou apropriação indébita do título.

A legitimidade ativa, na ação mencionada, é, como põe em relevo o dispositivo legal nominado, *do proprietário do título*, à época do extravio ou destruição (e igualmente do furto, do roubo ou da apropriação indébita). Por proprietário se há de entender o *portador legitimado* — nos termos do art. 16 da Lei Uniforme sobre Letra de Câmbio e Nota Promissória: "o detentor de uma letra é considerado portador legítimo se justifica o seu direito por uma série ininterrupta de endossos...".

Autores há que sustentam a legitimidade ativa do credor pignoratício (endosso caução) e endossatário-mandatário (endosso por procuração), situando-se, entre eles, Luiz Emygdio da Rosa Jr.:

> "Entretanto, a doutrina e a jurisprudência têm entendido, e com acerto, que a ação também pode ser ajuizada pelo credor pignoratício (endosso-caução) ou pelo endossatário-mandatário, pois ambos podem exercer os direitos emergentes da cambial, menos o de efetuar a transferência da propriedade do título porque não a têm. Assim, tais portadores têm não só o direito como a obrigação de tornar a medida judicial adequada nos casos previstos no aludido art. 36, uma vez que são depositários do título, e ainda mais porque o

art. 41 do Decreto 2.044/1908 autoriza o detentor, embora sem título algum, a praticar 'as diligências necessárias à garantia do crédito'".

Em sentido diametralmente oposto, Paulo de Lacerda afirma que:

> "De outro lado, não podem requerê-la:
>
> a) o endossatário por procuração, em seu próprio nome, senão do endossador; porque ele obra somente como procurador deste;
>
> b) o credor pignoratício, o retentor e o mero detentor.
>
> Se a cambial empenhada se extravia ou é destituída, cessa o objeto do penhor e, pois, extingue-se este. O respectivo proprietário lançará mão da duplicata ou do processo de anulação; porém o credor pignoratício o não fará salvo com poderes especiais do proprietário. Reaparecendo o título ou reproduzindo-se pela duplicata, reaparecerá ou se reproduzirá onerado pelo penhor e deverá ser entregue ao credor. Sendo processada a anulação, a este credor competirá levantar o depósito, ou receber o pagamento consequente à sentença anulatória".

Sustentando a legitimidade ativa do credor pignoratício e do endossatário-mandatário, José Maria Whitaker entende que:

> "pelo proprietário poderá requerer seu representante, seja ou não a letra o instrumento que o habilite, considerando-se como tal o credor pignoratício, isto é, aquele a quem a letra tenha sido entregue ou endossada em caução".

A justificação da qualidade de proprietário do título extraviado ou destruído (e igualmente furtado, roubado ou objeto de apropriação indébita) pode ser feita na própria ação de anulação, nada, porém, impedindo que o interessado se utilize, previamente, do processo de justificação, disciplinado nos arts. **726 a 729 do CPC/2015**.

Recomenda-se, por medida de cautela, que, nas hipóteses acima mencionadas, o proprietário do título notifique, de imediato, ao devedor e coobrigados, para que não efetuem o pagamento da cambial cuja anulação se pretende. Essa notificação pode ser feita, inclusive, por meio de carta postal registrada, na forma do art. 36, § 7º, do Decreto nº 2.044/1908.

Em um extraordinário poder de síntese, ensina Paulo de Lacerda:

> "O proprietário da cambial dirigirá uma petição ao juiz competente, onde justificará a sua qualidade de proprietário e o fato do extravio ou da destruição do título, o qual há de ser minuciosamente descrito, tanto no seu contexto como nas suas declarações e firmas; pedirá as citações e intimações necessárias; e concluirá requerendo a anulação da cambial, e a declaração da sua própria habilitação para o exercício da ação cambiária.
>
> Em caso de extravio, são necessárias as seguintes citações e intimações:
>
> a) a intimação do sacado, do aceitante ou emitente e dos coobrigados, para não pagarem a cambial extraviada;
>
> b) a intimação do detentor conhecido ou não para apresentar em juízo a cambial no prazo de três meses;
>
> c) a citação dos coobrigados para dentro do mesmo prazo oporem contestação firmada em defeito de forma do título, ou na falta de requisito essencial para o exercício da ação cambiária".

Citados os interessados, não existindo contestação e, tampouco, se apresentando quem se legitime como proprietário, decorrido o prazo de três meses, o juiz proferirá decisão anulando a cambial, tornando-a ineficaz, ainda que "em mãos de terceiro de boa-fé", como preleciona Whitaker, lembrando o clássico autor que: "tem, todavia, o detentor de boa-fé o direito de propor ação de enriquecimento contra quem à sua custa se locupletou".

Essa regra não vale, contudo, para o cheque, em razão do disposto no art. 24 da Lei nº 7.357/85 — "Desapossado alguém de um cheque, em virtude de qualquer evento, novo portador legitimado não está obrigado a restituí-lo, se não o adquiriu de má-fé".

A sentença proferida na ação de anulação de cambial substitui esta, ensejando ação executiva.

Na eventualidade de ser apresentada contestação, ou apresentada a cambial, o juiz julga prejudicada a ação de anulação, remetendo as partes aos meios ordinários — art. 36, § 5º, do Decreto nº 2.044/1908.

Caso haja depósito do valor correspondente ao título, sem contestação, o juiz determina o levantamento da respectiva quantia ao autor.

Observe-se que, proposta a ação de anulação de cambial, munido da respectiva certidão da inicial com despacho favorável, habilitado está o autor para praticar todos os atos necessários para o recebimento do seu crédito, exigindo, se vencido o título, o depósito judicial do aceitante ou emitente — art. 36, § 2º — *"durante o curso desse prazo, munido da certidão do requerimento e do despacho favorável do juiz, fica o proprietário autorizado a praticar todos os atos necessários à garantia do direito creditório, podendo, vencida a letra, reclamar do aceitante o depósito judicial da soma devida"*.

32-B. AÇÃO DE ANULAÇÃO DE TÍTULOS AO PORTADOR — São títulos ao portador aqueles que têm a cláusula "ao portador", ou mantêm em branco o nome do beneficiário. São negociáveis pela simples tradição:

> "O que caracteriza o título ao portador, preleciona Adroaldo Furtado Fabrício, é o não ser conhecido do emissor ou subscritor (sujeito passivo da obrigação) a pessoa favorecida, o credor da prestação desde o momento da emissão até o dia da apresentação" (*Comentários ao Código de Processo Civil*, Forense, vol. VIII, p. 174).

A ação de anulação e substituição de títulos ao portador, de todo conveniente pôr em relevo, tem inequívoca semelhança com a ação de anulação de cambial, de que cuidamos no título anterior (32-A).

A ação mencionada tem inequívoca semelhança com a ação de anulação de cambial de que cuidamos no título anterior (32-A).

Ressalte-se que, silente a Lei Uniforme sobre o processo de anulação de títulos ao portador e omisso a respeito o CPC/2015, dever-se-á aplicar a regra disposta no art. 36 do Decreto nº 2.044/1908.

32-C. AÇÃO DE REGRESSO — Denomina-se *ação de regresso* a ação cambial movida pelo portador contra os coobrigados anteriores, para destes haver a soma que pagou. É o caso, por exemplo, do avalista que paga o título e que, sub-rogando-se no direito do credor, tem ação regressiva contra o avalizado e os demais obrigados que lhe sejam anteriores.

A ação em tela alicerça-se no art. 47 da Lei Uniforme:

> "Os sacadores, aceitantes, endossantes ou avalistas de uma letra são todos solidariamente responsáveis para com o portador.
>
> O portador tem o direito de acionar todas estas pessoas individualmente, sem estar adstrito a observar a ordem por que elas se obrigaram. *O mesmo direito possui qualquer dos signatários de uma letra quando a tenha pago*..."

A sub-rogação do avalista que paga está fundada no art. 32 da lei nominada: "... Se o dador de aval paga a letra, fica sub-rogado nos direitos emergentes da letra contra a pessoa a favor de quem foi dado o aval e contra os obrigados para com esta em virtude da letra".

Magarinos Torres, em obra clássica (*Nota Promissória*, 3ª ed., Saraiva, 1928, p. 338), observa que:

> "o avalista não se confunde com o seu avalizado, sendo embora a sua obrigação da mesma natureza da deste; e, pois, não pode sofrer, ou se valer contra outrem, de exceção pessoal de seu avalizado, nem alegar senão direito próprio".

Mas, como lembra o renomado autor — pelo pagamento fica sub-rogado em todos os direitos do portador (credor), podendo, em consequência, acionar, cambialmente, o avalizado e os coobrigados anteriores.

A esta ação, do avalista contra o avalizado, se denomina *ação de regresso.*

33. PRESCRIÇÃO — Prescrição, como se sabe, é a perda da ação atribuída a um direito, e como lembra Clóvis Beviláqua é uma regra de ordem, de harmonia e de paz, imposta pela necessidade da certeza nas relações jurídicas.

Do ponto de vista do direito, é ela definida como o fato de se esgotar o prazo que alguém queria para pleitear seu direito, como doutrina Orlando de Castro. Conquanto se assemelhe à *decadência*, com ela não se confunde, pois, enquanto a prescrição é a perda da ação, a decadência é a perda do próprio direito. Duas são as espécies de prescrição:

a) ***extintiva***;

b) ***aquisitiva***.

"Na prescrição aquisitiva predomina a força que cria, na extintiva a força que extermina", preleciona Washington de Barros Monteiro.

Em matéria cambial a prescrição diz respeito unicamente à ação e não ao direito do credor e devedor, pois que, perdida a natureza cambial pelo transcurso de determinado espaço de tempo, o título se torna uma obrigação de natureza civil, podendo por isso mesmo ser cobrado judicialmente, pela via ordinária.

34. A PRESCRIÇÃO NA LEI CAMBIAL — A duplicidade de legislação — Decreto nº 2.044/1908 e a Convenção de Genebra — tem sido responsável por decisões discrepantes quanto aos prazos prescricionais em matéria cambial. Por longo tempo adotaram-se os prazos — *mais longos* — da Lei interna (*Rev. dos Tribs.*, 240/430-258/547).

Com o Decreto nº 57.663, de 24 de janeiro de 1966, que promulgou as convenções para a adoção de uma Lei Uniforme em matéria de letra de câmbio e nota promissória, dúvida não pode existir quanto à vigência, entre nós, dos prazos prescricionais da Convenção de Genebra, que assim dispõe no seu art. 70:

"Todas as ações contra o *aceitante* relativas a letras prescrevem em *três anos*.

As ações do portador contra os *endossantes* e contra o *sacador* prescrevem em *um ano*, a contar da data do protesto feito em tempo útil, ou da data do vencimento se se trata de letra que contenha cláusula 'sem despesas' (Obs.: isto é, liberada de protesto).

As ações dos *endossantes* uns contra os outros e contra o *sacador* prescrevem em *seis meses*, a contar do dia em que o endossante pagou a letra ou em que ele próprio foi acionado".

Observe-se que a Lei Uniforme é omissa quanto ao avalista, o que tem ensejado o entendimento de que, para este, o prazo continua a ser de **cinco anos**, na forma do art. 52 do Decreto nº 2.044/1908.

Ora, é pacífico na doutrina e na jurisprudência que emitentes e avalistas de um mesmo título estão intimamente ligados uns aos outros. Com absoluta propriedade ensina Saraiva que, "nas relações cambiárias, o avalista não é fiador, mas coobrigado, codevedor, não há por que bipartir-se a obrigação para efeito decorrente de situação jurídica de ordem tipicamente pública. O avalista não pode suportar encargos menores que os encarregados ao devedor principal, mas também não os pode suportar em maior escala, ainda que as leis feitas às pressas e de afogadilho, em um país onde são emitidas milhares por dia, tenham deixado de contemplá-lo".

Assim, embora na emissão da Lei Uniforme, ao avalista é de se aplicar o mesmo prazo prescricional do sacado ou emitente, como bem decidiu a 4ª Câmara Cível do extinto Tribunal de Alçada de São Paulo, na Apelação nº 175.335.

35. INTERRUPÇÃO DA PRESCRIÇÃO — A prescrição, em matéria cambial, na ausência de lei específica, interrompe-se por qualquer dos meios admitidos pelo direito civil, ou seja:

I — pela citação pessoal feita ao devedor;

II — pelo protesto;

III — pela apresentação do título de crédito, em juízo de inventário, ou em concurso de credores;

IV — por qualquer ato inequívoco ainda que extrajudicial que importe reconhecimento do direito pelo devedor.

Contudo, é de se observar que, contrariamente à regra do direito civil, a interrupção da prescrição só produz efeito em relação à pessoa para quem a interrupção foi feita (art. 71 da Lei Uniforme), não atingindo a todos os coobrigados, exatamente pela inaplicabilidade dos princípios do direito comum relativos à solidariedade (*Rev. dos Tribs.*, 234/365):

> "não se consegue igualar, para fins de interrupção do lapso liberatório, a solidariedade resultante de uma única obrigação, de natureza civil comum, com aquela decorrente da responsabilidade cambial, campo onde, por força mesmo do título, despontam várias obrigações, valendo cada uma por si própria, independente da outra".

36. RESUMO

Origem:

I — Período italiano: mero câmbio trajetício, facilitando a remessa de dinheiro de uma cidade a outra.

II — Período francês: conquanto se transformasse em documentação de contrato de compra e venda resultante de uma relação de delegação ou mandato (Rubens Requião), enriquecia-se com a figura do endosso, permitindo a transmissibilidade do título, transformando-o em título de crédito circulante.

III — Período alemão: "*a*) desapareceram os requisitos de distância *loci* e do 'valor recebido'; *b*) a endossabilidade se torna elemento natural, implícito, desaparecendo a necessidade da cláusula à ordem; *c*) pode ser apresentada ao aceitante, e o portador exerce o direito de regresso contra o sacador, desde que não seja aceita ou paga; *d*) a assinatura aposta no título é autônoma, independente das demais; *e*) é credor quem possuir o título por uma série interrompida de endossos; *f*) ao credor não podem ser opostas as exceções fundadas no direito pessoal".

Conceito:

Letra de câmbio é uma ordem de pagamento que o sacador dá ao sacado em favor do tomador.

Figuras intervenientes:

a) sacador;

b) sacado;

c) tomador.

Outras figuras:

a) endossante;

b) avalista.

"Na letra de câmbio intervêm *ab initio*, necessariamente, três pessoas, naturais ou jurídicas:

1º) a pessoa que dá a ordem de pagamento. É o sacador, emissor, antigamente chamado passador, *trahens* ou *scribens*. É ela quem cria, fornece ou saca a letra de câmbio;

2º) a pessoa encarregada de pagar a letra. É o sacado, antigamente denominado *numerator pecunie* ou *solvens*. Sobre ela se saca a letra de câmbio;

3º) a pessoa que recebe a letra de câmbio do sacador e que deve cobrá-la no vencimento, ou, simplificando, a pessoa a quem a letra deve ser paga. Chama-se esta pessoa tomador ou beneficiário, antigamente *remitens*" (Carvalho de Mendonça).

Requisitos essenciais:

a) ***intrínsecos*** — requisitos comuns a todas as obrigações;

b) ***extrínsecos*** — denominação; soma em dinheiro e a espécie da moeda; o nome da pessoa que deve pagar; o nome da pessoa a quem deve ser paga; assinatura do próprio punho do sacador ou de mandatário especial; a data do saque; o lugar onde é sacada.

Vencimentos:

a) à vista;

b) a dia certo;

c) a tempo certo da data;

d) a tempo certo da vista.

Vencimento por antecipação:

"Quando o portador não consegue obter o aceite, ou seja por motivo de ausência ou impedimento do sacado, ou por oposição deste, tácita ou explícita, fica, desde logo, verificado que o valor contido na letra não será realizado no tempo e na forma que nele está prometido".

"É justo, portanto, que o portador tenha, neste caso, o direito de exigir resgate imediato do título desprestigiado" (Whitaker).

A falência produz o vencimento antecipado de todas as dívidas do falido e do sócio solidário da sociedade falida.

"A declaração de insolvência do devedor produz:

I — o vencimento antecipado das suas dívidas" (art. 751 do Cód. Proc. Civil).

Aceite:

"É declaração unilateral, facultativa, pela qual o sacado assume a obrigação de realizar o pagamento da soma indicada no título, dentro do prazo ali especificado, tornando-se, assim, responsável direto pela execução de obrigação incondicional" (Theóphilo de Azeredo Santos).

Endosso:

Transmite a propriedade da letra de câmbio.

Espécies de endossos:

a) endosso próprio ou translativo da propriedade:

I — endosso em preto;

II — endosso em branco;

b) endosso impróprio, também chamado endosso-mandato ou endosso-procuração.

Outros tipos de endossos:

a) endosso posterior ao vencimento, também chamado póstumo ou tardio;

b) endosso parcial;

c) endosso-caução.

Aval:

Garantia de pagamento, formal e autônoma, firmada por terceiro. O dador do aval é responsável da mesma maneira que a pessoa por ele avalizada. Se paga a letra, fica sub-rogado nos direitos dela emergentes.

Ressaque:

"O ressaque — do mesmo modo que a intervenção — é instituto em franco desuso entre nós. Não obtido o pagamento — com ou sem protesto do título — prefere sempre o portador, depois de frustradas as tentativas amigáveis, recorrer logo às vias judiciais para compelir os devedores ao pagamento" (Eunápio Borges).

Prescrição:

Prescrevem em:

a) três anos ações contra o aceitante (sacado) e o avalista;

b) um ano ações do portador contra os endossantes e sacador;

c) seis meses ações dos endossantes, uns contra os outros.

37. TESTES DE APROVEITAMENTO DA MATÉRIA EXAMINADA

Assinale a alternativa correta nas seguintes questões:

1. A letra de câmbio é:
   ( ) uma promessa de pagamento;
   ( ) uma ordem de pagamento;
   ( ) um pagamento à vista, fazendo as vezes do dinheiro.
2. A letra de câmbio é, igualmente:
   ( ) título eminentemente "à ordem";
   ( ) não "à ordem".
3. O saque da letra de câmbio é de iniciativa do:
   ( ) sacador;
   ( ) tomador;
   ( ) sacado.
4. O sacador:
   ( ) pode figurar como tomador;
   ( ) não pode confundir-se com o devedor.
5. A letra de câmbio que não indique a época do pagamento:
   ( ) é nula de pleno direito;
   ( ) é pagável à vista.
6. A falta de indicação do lugar do pagamento faz com que a letra de câmbio deva ser paga:
   ( ) no lugar indicado ao lado do nome do sacado;

( ) no domicílio do sacador;

( ) no domicílio do tomador.

7. A expressão letra de câmbio é:

( ) cláusula cambiária indispensável à validade do título;

( ) mera titulação da natureza da obrigação.

8. A letra de câmbio:

( ) pode ser passada sem consignação expressa do beneficiário;

( ) deve, necessariamente, consignar o nome do tomador.

9. O nome do sacado:

( ) é indispensável à validade da letra de câmbio;

( ) é facultativo.

10. A letra de câmbio à vista:

( ) especifica a data do vencimento;

( ) é pagável no ato da apresentação do título ao sacado.

11. A letra de câmbio a dia certo:

( ) especifica a data exata do vencimento;

( ) tem o seu vencimento condicionado ao ato de apresentação da cambial ao devedor.

12. A letra de câmbio passada a tempo certo da data tem o seu vencimento:

( ) contado da data da emissão do título;

( ) da data da apresentação.

13. Na letra de câmbio a tempo certo da vista:

( ) a apresentação do título ao sacado é obrigatória;

( ) é facultativa.

14. O aceite:

( ) é o reconhecimento do débito, obrigando o aceitante cambialmente;

( ) é mera ciência da emissão da ordem de pagamento.

15. Pode aceitar a letra de câmbio:

( ) o tomador;

( ) o sacado.

16. O aceite é:

( ) compulsório;

( ) facultativo.

17. O aceite:

( ) só pode ser pelo total do valor consignado no título;

( ) pode ser limitado a uma parcela do valor sacado.

18. O aceitante:

( ) é coobrigado;

( ) é o obrigado principal.

19. A recusa do aceite é comprovada:

( ) mediante declaração escrita do tomador;

( ) por meio do protesto.

20. O endosso é:

( ) garantia de pagamento;

( ) meio pelo qual se transfere a propriedade do título de crédito.

21. O endosso deve ser lançado:

( ) no verso do título;

( ) por instrumento público.

22. O endosso-mandato:

( ) transmite a propriedade do título;

( ) só confere ao mandatário o exercício e a conservação dos direitos cambiais.

23. O endosso em preto:

( ) nomina o beneficiário do endosso;

( ) equivale ao endosso não nominativo.

24. O endosso em branco:

( ) é nominativo;

( ) equivale ao endosso ao portador.

25. O endosso-póstumo (posterior ao vencimento), após o protesto:

( ) equivale à cessão civil;

( ) conserva os direitos cambiais.

26. O endosso parcial:

( ) é plenamente válido, vinculando apenas parcialmente o endossante;

( ) é nulo.

27. O aval é:

( ) meio de transferência da propriedade do título de crédito;

( ) garantia de pagamento firmada por terceiro.

28. O aval, segundo a Lei Uniforme (art. 30):

( ) não admite limitação;

( ) pode ser dado por valor inferior àquele mencionado no título.

29. O avalista que paga o título:

( ) sub-roga-se nos direitos do credor, podendo acionar cambialmente os demais subscritores;

( ) só tem, contra os demais subscritores, ação ordinária de cobrança.

30. O aval:

( ) independe da outorga uxória ou autorização marital;

( ) pressupõe autorização do cônjuge.

31. O prazo de prescrição da ação cambial contra o aceitante da letra de câmbio é:

( ) três anos;

( ) um ano;

( ) seis meses.

32. O prazo de prescrição do portador contra os endossantes é de:

( ) seis meses;

( ) um ano;

( ) três anos.

33. Dos endossantes contra os outros, prescreve em:

( ) dois anos;

( ) um ano;

( ) seis meses.

34. Prescrita a ação cambial:

( ) extingue-se o direito;

( ) extingue-se, tão somente, a ação executiva cambial, reservada ao credor a ação ordinária de cobrança.

MODELO DE LETRA DE CÂMBIO

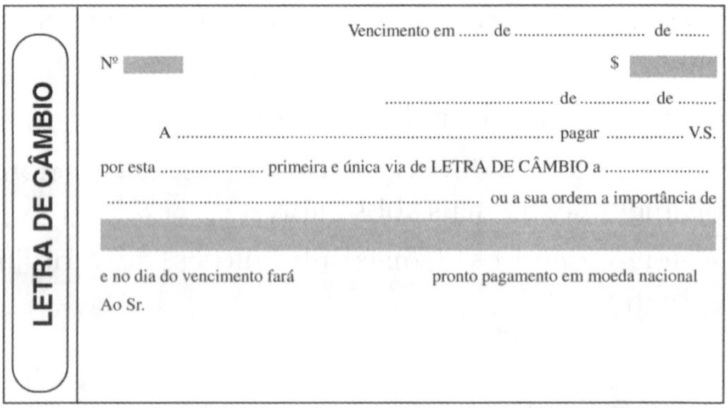
LETRA DE CÂMBIO

Vencimento em .... de .... de ....

Nº $

.... de .... de ....

A .... pagar .... V.S.

por esta .... primeira e única via de LETRA DE CÂMBIO a ....

.... ou a sua ordem a importância de

e no dia do vencimento fará pronto pagamento em moeda nacional

Ao Sr.

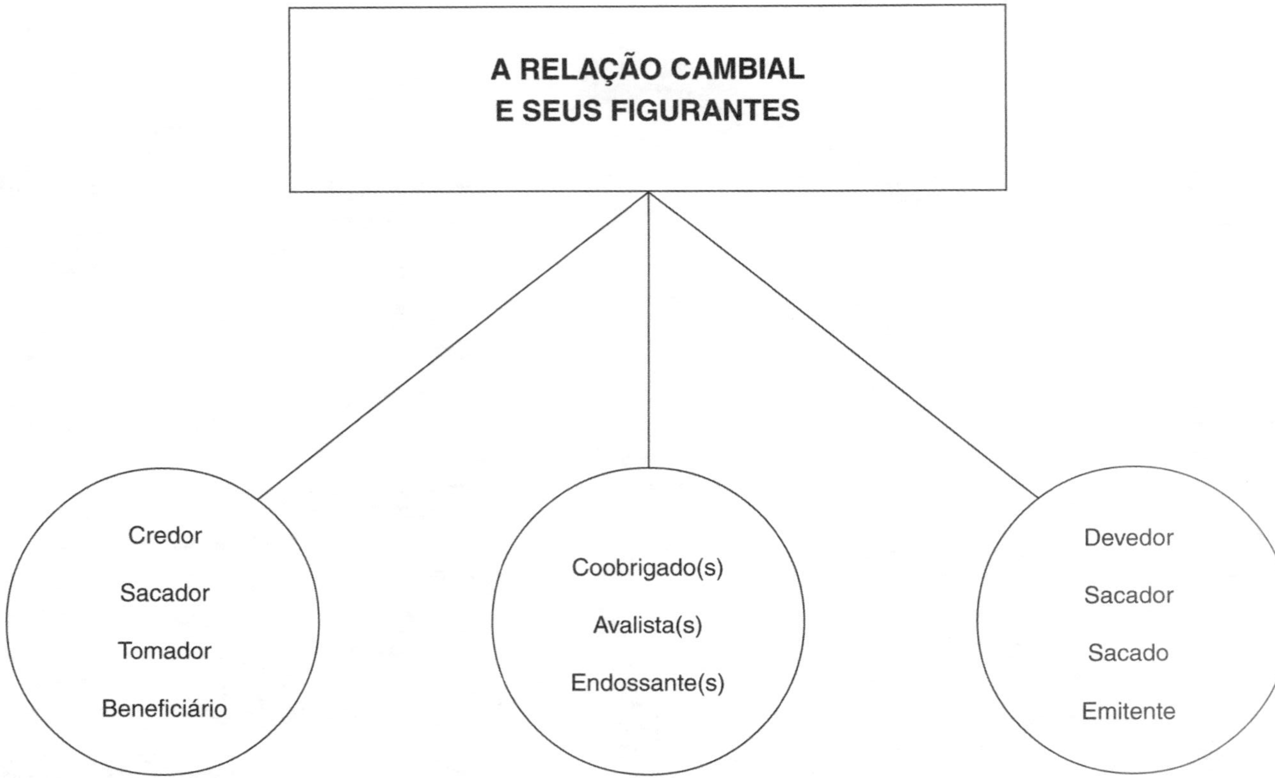
A RELAÇÃO CAMBIAL
E SEUS FIGURANTES
Credor
Sacador
Tomador
Beneficiário
Coobrigado(s)
Avalista(s)
Endossante(s)
Devedor
Sacador
Sacado
Emitente

CAPÍTULO III

NOTA PROMISSÓRIA

38. Conceito. 39. Requisitos essenciais. 40. Nota promissória em branco. 41. Figuras intervenientes. 42. Vencimento. 43. Prescrição. 44. Nota promissória expressa em UPC, ORTN, OTN, BTN, TR, TRD ou equivalentes. 45. Resumo. 46. Testes de aproveitamento da matéria examinada.

38. CONCEITO — A nota promissória é uma promessa de pagamento, como, aliás, enfatiza o art. 54 do Decreto nº 2.044, de 31 de dezembro de 1908 (Lei interna).

Reveste-se, em princípio, das mesmas características da letra de câmbio — ambas são títulos de crédito. Título cambial, já que à semelhança da letra de câmbio pode ensejar o ágio (troca de papéis de crédito por dinheiro), é de natureza eminentemente comercial, ainda que esta não seja a qualidade de quem por ela se obrigue, a ela aplicando-se, outrossim, as disposições sobre a letra de câmbio (arts. 56 do Dec. nº 2.044/1908 e 77 da Convenção de Genebra).

Todavia, não obstante tais pontos comuns, distingue-se a nota promissória da letra de câmbio por conter uma *promessa* em lugar de uma *ordem*. Ademais disto, envolve duas partes — emitente e beneficiário — em lugar das três figuras intervenientes da letra de câmbio: sacador, sacado e tomador.

Não bastasse isso, na promissória o crédito é estabelecido por ocasião da emissão, o que não ocorre na letra de câmbio, cujo crédito preexiste à criação do título.

Finalmente, enquanto na letra de câmbio o sacador responde apenas regressivamente, na promissória o emitente se obriga diretamente.

39. REQUISITOS ESSENCIAIS — Em conformidade com o art. 54 do Decreto nº 2.044, de 31 de dezembro de 1908 (Lei interna), a nota promissória deve, necessariamente, conter os seguintes requisitos:

I — a denominação de "Nota Promissória" ou termo correspondente, na língua em que for emitida;

II — a soma em dinheiro a pagar;

III — o nome da pessoa a quem deve ser paga;

IV — a assinatura do próprio punho do emitente ou de mandatário especial.

A ***denominação***, fácil é verificar, indica a espécie do título, distinguindo-o dos demais. Não será nota promissória o título que não contiver no seu contexto tal denominação.

No que concerne ao segundo requisito, *a soma em dinheiro a pagar*, esclarece o art. 54, § 3º, do Decreto nº 2.044/1908 que, diversificando as indicações da soma em dinheiro, será considerada verdadeira a que se achar lançada por extenso no contexto. Havendo divergências entre um valor e outro, prevalecerá o valor por extenso. Acentua o dispositivo legal mencionado, no seu § 3º, que, na hipótese de divergência no contexto, o título não será considerado nota promissória:

> "Diversificando no contexto as indicações da soma de dinheiro, o título não será nota promissória".

A regra põe em relevo o rigorismo cambial, ressaltando o requisito constante do art. 54, alínea 3ª, do Decreto nº 2.044/1908 — ***o nome da pessoa a quem deve ser paga*** — ser defeso em lei a emissão de nota promissória "ao portador". Como assinala Rubens Requião, os fundamentos da vedação se devem à desmotivada preocupação do Estado de que, sendo emitidos ao portador, os títulos de crédito cambiários acabariam por substituir, entre os comerciantes, o papel-moeda emitido pelo Poder Público.

O quarto e último requisito, ***assinatura do próprio punho do emitente ou de mandatário especial***, patenteia a impossibilidade do mandato verbal ou da assinatura a rogo, o que afasta a possibilidade de o analfabeto obrigar-se por nota promissória, sem a figura de mandatário especial:

> "O analfabeto que não sabe nem mesmo assinar, podendo apenas copiar o desenho do seu nome posto à frente em um modelo, não pode obrigar-se validamente na qualidade de emitente de cambial, a não ser através de mandatário com poderes especiais" (*Rev. dos Tribs.*, 275/630).

Aos requisitos mencionados acrescenta a Lei Uniforme (art. 75) os seguintes:

a) a época do pagamento;

b) a indicação do lugar em que se efetuar o pagamento;

c) a indicação da data em que e do lugar onde a nota promissória é passada.

Tais requisitos, entretanto, como se infere da leitura do art. 76, não são essenciais, uma vez que:

I — a nota promissória em que se não indique a data do pagamento será considerada pagável à vista;

II — na falta de indicação especial, o lugar onde o título foi passado considera-se como sendo o lugar do pagamento e, ao mesmo tempo, o lugar do domicílio do subscritor da nota promissória;

III — a nota promissória que não contenha indicação do lugar onde foi passada considera-se como tendo-o sido no lugar designado ao lado do nome do subscritor.

A data da emissão, contudo, configura-nos requisito indispensável, como, aliás, já decidiu o Superior Tribunal de Justiça:

"Nos termos da legislação pertinente (LUG, arts. 75 e 76), a data da emissão da promissória se apresenta como requisito essencial à caracterização do título.

O rigor formal é próprio dos títulos de crédito, conduzindo a sua inobservância à carência da ação executiva" (STJ, RE nº 28.920-1-SP, Rel. Min. Sálvio de Figueiredo, 4ª T., *Ementário da Jurisprudência do Superior Tribunal de Justiça*, nº 7, ementa nº 255).

40. NOTA PROMISSÓRIA EM BRANCO — Como adverte Carvalho de Mendonça, "não obstante os requisitos essenciais e numerados, a nota promissória pode originariamente ser criada sem alguns deles, salvo, bem entendido, a assinatura do punho do emissor ou do seu mandatário especial, para que mais tarde sejam preenchidos".

Com efeito, conquanto deva a nota promissória, para valer como tal, achar-se revestida de todos os requisitos essenciais, pode ela ser emitida em "branco", facultado ao portador preenchê-la posteriormente, hipótese em que se consideram lançados ao tempo da emissão os referidos requisitos:

"Indubitável é que a letra de câmbio e a nota promissória podem girar incompletas, contanto que, uma vez terminada a circulação, fixando-se definitivamente, estejam revestidas de todos os requisitos legais" (*Rev. dos Tribs.*, 276/427).

Nesse mesmo sentido a Súmula 387 do Supremo Tribunal Federal:

"A cambial emitida e aceita com omissões, ou em branco, pode ser completada pelo credor de boa-fé antes da cobrança ou do protesto".

41. FIGURAS INTERVENIENTES — A nota promissória, como já se acentuou, envolve duas figuras intervenientes:

a) o emitente, isto é, o devedor;

b) o beneficiário, que é o credor.

Acrescente-se que, tal como a letra de câmbio, outras figuras podem intervir na promissória, tais como o endossante e o avalista, já exaustivamente examinados.

42. VENCIMENTO — De acordo com o art. 55 do Decreto nº 2.044/1908 (Lei interna), a nota promissória pode ser passada:

I — à vista;

II — a dia certo;

III — a tempo certo da data.

O vencimento é *à vista* quando no título não se indica a sua data, devendo ser pago contra apresentação.

A dia certo, que é o usual, quando traz fixado o dia do vencimento:

> "No dia ... do mês de .... de ..... pagarei por esta .... via de nota promissória ...".

A tempo certo da data significa que a promissória vencer-se-á a tantos dias, ou meses ou anos, a contar da data da emissão:

> "Aos ... dias desta data, pagarei por esta ... via de nota promissória ...".

43. PRESCRIÇÃO — Por força do que dispõe o art. 77 da Lei Uniforme, são aplicáveis à nota promissória todas as disposições da letra de câmbio que não lhe contrariem a natureza.

Assim, tudo o que foi dito acerca da prescrição em letra de câmbio ajustar-se-á à nota promissória, sendo de todo conveniente assinalar que não é de se aplicar a regra contida no art. 52 do Decreto nº 2.044/1908 (Lei interna), mas sim os princípios estabelecidos no art. 70 da Lei Uniforme, em consequência do que prescreve em:

a) ***três anos*** a ação do portador contra o emitente e o respectivo avalista;

b) ***um ano*** a ação do portador contra o(s) endossante(s);

c) ***seis meses*** a ação do(s) endossante(s) um(ns) contra o(s) outro(s).

44. **NOTA PROMISSÓRIA EXPRESSA EM UPC, ORTN, OTN, BTN, TR, TRD OU EQUIVALENTES*** — Vem tomando vulto nos meios financeiros e mercantis do País a utilização de letras de câmbio e notas promissórias com valores expressos em Unidade Padrão de Capital (UPC), Obrigações Reajustáveis do Tesouro Nacional (ORTN), Obrigações do Tesouro Nacional (OTN) ou equivalentes. Em tais cambiais, fixa-se um valor inicial, à data do saque ou emissão, assinalando-se ao seu lado o coeficiente ditado pelas autoridades fazendárias do Poder Central. À data do vencimento, o valor a ser pago resulta da multiplicação da quantia inicialmente fixada pelo coeficiente referido.

À guisa de exemplo, imaginemos uma nota promissória cujo valor inicial seja de R$ 1.322,47. Fixado o coeficiente de 11,088 (onze inteiros e oitenta e oito milésimos), na ocasião do seu vencimento, haverá o credor, do devedor, a soma de R$ 1.866,44, ou seja, o resultado da multiplicação de R$ 1.322,47 por 11,088. O coeficiente pode ser fixado com base nos índices das autoridades fazendárias do Poder Central.

A vantagem, para o credor, obviamente resultante do sistema, é manifesta, sobretudo em economia indexada e inflação ascendente.

O aceite ou a emissão de cambial, nas condições mencionadas, implicam manifesta concordância do devedor, não havendo como alegar-se, de futuro, qualquer irregularidade. Tampouco implicará, tal obrigação, perda da liquidez, fundamental, como se sabe, à vida dos títulos de crédito em geral. Esta não se traduz

---

* A OTN surgiu em substituição à ORTN. Posteriormente, surgiram, também, o BTN (Bônus do Tesouro Nacional) e o BTN Fiscal, extintos juntamente com o MVR (Maior Valor de Referência) pela Lei nº 8.177, de 1º de março de 1991. A mesma lei criou a TR (Taxa Referencial) e a TRD (Taxa Referencial Diária). Surge, finalmente, a UFIR (Unidade Fiscal de Referência), instituída pela Lei nº 8.383, de 30 de dezembro de 1991.

exclusivamente em valor fixo, mas determinado. Como preleciona Carvalho Santos, "a dívida é líquida quando o seu valor resulta constatado do próprio título, sem necessidade de recorrer-se a elementos a ele estranhos. Ou, em outros termos, quando, para apurar-se o seu total, basta fazer-se um simples cálculo aritmético, com os dados certos e positivos constantes do próprio título".

Assim, fácil é verificar que o valor expresso em UPC, ORTN, OTN ou equivalentes, entre ser líquido, é, igualmente, determinado, resultando a quantia a ser paga de mera operação aritmética, com "dados certos e positivos constantes do próprio título".

Equivocam-se, *data venia*, aqueles que entendem a liquidez incompatível com simples operação de cálculos. Desde que fixados na cambial os dados necessários à apuração do *quantum* — dispensando-se elementos estranhos — haverá liquidez, podendo constatar-se, desde logo, a quantia a ser paga, razão pela qual o coeficiente não pode ser visto como acessório, mas sim integrado, necessariamente, o principal.

Fixado o valor, não há falar em infringência às regras contidas nos arts. 1º, nº 2, e 75, nº 2, da Lei Uniforme, que estabelecem, como requisito essencial à letra de câmbio e à nota promissória, a fixação de uma soma determinada, a pagar.

É o que estabelece o parágrafo único do **art. 786 do CPC/2015**:

> "A necessidade de simples operações aritméticas para apurar o crédito exequendo não retira a liquidez da obrigação constante do título".

45. RESUMO

Conceito:

> "A nota promissória é promessa de pagamento, isto é, compromisso solene e escrito, pelo qual alguém se obriga a pagar a outrem certa soma em dinheiro" (Magarinos Torres).

Art. 784, I, do CPC/2015.

Requisitos essenciais:

I — a denominação de "nota promissória" ou termo correspondente, na língua em que for emitida;

II — a soma em dinheiro a pagar;

III — o nome da pessoa a quem deve ser paga;

IV — a assinatura do próprio punho do emitente ou do mandatário especial.

Requisitos não essenciais:

a) a data e o lugar da emissão;

b) a época do vencimento;

c) o lugar do pagamento.

Na ausência dos requisitos não essenciais mencionados obedece-se às seguintes regras:

I — pode o portador inserir a data e o lugar da emissão;

II — será pagável à vista;

III — será pagável no domicílio do emitente.

Nota promissória em branco:

"Quem emite nota promissória em branco celebra o que se costuma chamar de 'contrato de preenchimento'" (*Rev. dos Tribs.*, 270/350).

Figuras intervenientes:

"Na letra de câmbio figuram originariamente três pessoas: o sacador, o tomador e o sacado, ainda que o sacador se designe ele próprio como tomador; na nota promissória somente há duas pessoas: o emissor ou passador, que se obriga a satisfazer diretamente a obrigação sob o rigor cambial, e o beneficiário ou portador, pessoa a quem deve ser paga a soma indicada" (Carvalho de Mendonça).

Vencimento:

Além do vencimento regular, a nota promissória pode vencer-se também por antecipação chamada *vencimento extraordinário*, que ocorre com a declaração da falência do devedor ou da sua declaração como insolvente (*vide* considerações sobre Letra de Câmbio, Cap. 2º, nº 14).

Prescrição:

Prescrição do portador contra emitente ou avalista em três anos; do portador contra endossante(s) em um ano; do(s) endossante(s) um(ns) contra o(s) outro(s) em seis meses.

> NOTA PROMISSÓRIA VINCULADA A CONTRATO DE ABERTURA DE CRÉDITO
>
> **SÚMULA nº 258 — STJ**
>
> "A nota promissória vinculada a contrato de abertura de crédito não goza de autonomia em razão da iliquidez do título que a originou."
>
> (STJ, 2ª Seção Ordinária de 12-09-2001)

46. TESTES DE APROVEITAMENTO DA MATÉRIA EXAMINADA

Assinale a alternativa correta nas seguintes questões:

1. A nota promissória é:

   ( ) ordem de pagamento;

   ( ) título executivo extrajudicial;

   ( ) promessa de pagamento.

2. Na nota promissória há:

   ( ) três intervenientes obrigatórios;

   ( ) dois intervenientes.

3. A nota promissória é de iniciativa do:

( ) credor;

( ) devedor.

4. Pode haver na nota promissória:

( ) outras figuras intervenientes;

( ) somente emitente e beneficiário.

5. A nota promissória:

( ) não pode circular incompleta;

( ) pode girar incompleta, bastando que o beneficiário, terminada a circulação, a complete com todos os requisitos legais, pelo denominado contrato de preenchimento.

6. A nota promissória:

( ) pode ser passada "à vista";

( ) não pode ser passada "à vista".

7. A nota promissória que não indique a data de vencimento:

( ) é pagável "à vista";

( ) é pagável a "certo termo da vista".

8. As disposições relativas à letra de câmbio e concernentes ao endosso, vencimento, pagamento e prescrição:

( ) são aplicáveis à nota promissória;

( ) não se aplicam à nota promissória.

9. A nota promissória é cobrável por:

( ) ação ordinária de cobrança;

( ) executiva cambial.

10. Na cobrança de nota promissória:

( ) há preferência de ordem;

( ) não há tal preferência, podendo o credor acionar o emitente, avalista e endossante, separada ou conjuntamente, observados os prazos prescricionais, que são idênticos aos da letra de câmbio.

MODELO DE NOTA PROMISSÓRIA

NOTA PROMISSÓRIA

Nº ____________ Vencimento .... de .... de ....

$

A ....

pagar por esta........... .. .... única via de NOTA PROMISSÓRIA

.... C.P.F./C.N.P.J. ....

OU À SUA ORDEM,
A QUANTIA DE

EM MOEDA CORRENTE DESTE PAÍS

Pagável em ____________

____

EMITENTE
C.P.F./C.N.P.J. ____________
ENDEREÇO ____________

Nota Promissória em UPC ou qualquer outro índice de correção monetária.

REPÚBLICA FEDERATIVA DO BRASIL

Nº 002/288 TÍTULO 040722-4

VENCIMENTO ___ DE _______ DE ____
11,088 UPC e $ 1.322,47

AOS ______ DIAS DO MÊS DE _______ DO ANO DE ____ PAGAREI POR ESTA*************** NOTA PROMISSÓRIA A ESTRELA DO SUL S.A. Comércio e Indústria ************************, INSCRITA NO CNPJ COM O NÚMERO 62.705.413/0001-29 OU A SUA ORDEM EM MOEDA ***************** CORRENTE NACIONAL, A IMPORTÂNCIA QUE, NA DATA DE SUA EFETIVA LIQUIDAÇÃO, CORRESPONDER AO VALOR DE 11,088 (ONZE INTEIROS E OITENTA E OITO MILÉSIMOS *****************) UNIDADES-PADRÃO DE CAPITAL DO BANCO NACIONAL DA HABITAÇÃO, EQUIVALENTE NESTA DATA A $ _________
______________________________ *****************) NA PRAÇA DE SÃO PAULO.***********

EMITENTE
110901763

SÃO PAULO, ___ DE _______ DE ____

EMITENTE

ENDEREÇO
RUA O 265 QUADRA L
SÃO PAULO - SP

AVALISTA

NOTA PROMISSÓRIA EM UPC
(COM CORREÇÃO MONETÁRIA)
Lei 4.380/64 art. 52 — Lei 4.728/65 art. 27
Lei 4.864/65 arts. 27 e 30 — Lei 5.049/66 art. 3º
Dec.-Lei 19/66 art. 1º — Dec.-Lei 70/66 art. 9º

DISTINÇÃO ENTRE LETRA DE CÂMBIO E NOTA PROMISSÓRIA
LETRA DE CÂMBIO
ordem de pagamento que o sacador dá ao sacado para pagar ao tomador
NOTA PROMISSÓRIA
promessa de pagamento do emitente ao beneficiário (credor)

Capítulo IV

CHEQUE

47. Conceito. 48. Natureza jurídica. 49. Requisitos essenciais. 50. A Lei Interna (Lei nº 7.357, de 2-9-1985) e a Lei Uniforme (Convenção de Genebra). 51. Figuras intervenientes. 52. Apresentação. 53. Prescrição. 53-A. Ação de locupletamento ilícito (enriquecimento sem causa). 54. Espécies de cheques. 55. Cheque ao portador. 55-A. A subsistência do endosso em branco na legislação do cheque. A prevalência da Lei Uniforme de Genebra sobre as leis internas que vedam o endosso em branco. 56. Cheque nominal. 57. Cheque com a cláusula "à ordem". 58. Cheque com a cláusula "não à ordem". 59. Cheque pós-datado (vulgarmente chamado "cheque pré-datado"). 59-A. Ação de indenização por danos morais, na apresentação antecipada de cheque pós-datado. 60. Cheque cruzado. 61. Cheque para creditar. 62. Cheque visado. 63. Cheque marcado. 64. Cheque de turismo. 65. Cheque postal. 66. Cheque fiscal. 67. Cheque administrativo. 68. Cheque em branco ou incompleto. 69. Cheque com pluralidade de exemplares. 70. Resumo. 71. Testes de aproveitamento da matéria examinada.

47. CONCEITO — O cheque é o título revestido de determinadas formalidades legais contendo uma ordem de pagamento à vista, passada em favor próprio ou de terceiro.

De origem obscura, para alguns remontando a gregos e romanos, para outros derivado do *bewijs* belga, o cheque, com as características atuais, surgiu, pela primeira vez, no século XVIII através de prática bancária adotada na Inglaterra. Ordens ou fórmulas em branco, contidas em cadernos dos quais podiam ser destacadas, eram distribuídas aos depositantes, facilitando-lhes a retirada dos depósitos.

Considerado instrumento de crédito para renomados autores como Paulo Lacerda e Waldemar Ferreira, conceitua-o Carvalho de Mendonça como um título de exação, destinado aos pagamentos e liquidações, não se constituindo num instrumento de crédito tecnicamente falando, opinião abraçada também por Rodrigo Otávio, que, com a autoridade de representante do Brasil na Conferência de Haia, em 1912 — Lei Uniforme sobre o cheque —, conceitua-o como "ordem de pagamento destinada a ser satisfeita à vista porque o cheque não é um instrumento de crédito ou de desconto, mas de simples retirada de dinheiro, à disposição do sacador".

48. NATUREZA JURÍDICA — A questão, das mais controvertidas, ensejou o aparecimento de inúmeras teorias que objetivam esclarecer a verdadeira natureza jurídica do cheque, destacando-se a *teoria contratualista*, insistindo em ver no cheque um contrato *sui generis*, em tudo semelhante ao contrato de compra e venda de moedas, a *teoria de cessão*, para a qual haveria uma cessão no ato do depósito bancário. Há ainda a *teoria do mandato*, pelo qual o emitente daria a ordem ao sacado de pagar ao beneficiário.

Deixando de lado tais aspectos que envolvem mais as relações entre sacador e sacado, na realidade o cheque é uma ordem de pagamento. A faculdade circulatória mediante endossos sucessivos entre contrariar a sua própria natureza jurídica é que lhe empresta feição de título de crédito. Não sem razão acentua Vergueiro Steibel que, "permitir que o cheque circule com endossos sucessivos em vez de exigir sua imediata apresentação ao sacado, é contrário à sua natureza jurídica, é transformá-lo em título de crédito, que ele não é". De modo inteiramente contrário, diz Eunápio Borges: "Se, porém, o conteúdo do cheque é uma ordem cujo beneficiário a aceita a título de pagamento, em lugar do dinheiro que lhe deve o emitente; se o cheque substitui — embora por prazo brevíssimo, mesmo de horas ou minutos — o dinheiro devido, a qualquer título, pelo emitente; se se verificam pois, em relação ao cheque, os dois elementos que caracterizam uma operação de crédito — a confiança e o prazo que intervêm entre a promessa do devedor e a sua realização futura — é claro que o cheque apesar de não passar normalmente de mero instrumento de retirada de fundos, ou de movimentação de conta bancária, é também título de crédito".

"Ensinam muitos" — prossegue o ilustrado autor — "que de simples meio de pagamento o cheque pode transformar-se em título de crédito quando posto a circular por meio de endosso. Mesmo, porém, nas mãos do tomador que, por confiar no emitente, o recebeu em lugar do dinheiro, o cheque não deixa de ser um título de crédito de vida brevíssima em geral, mas título de crédito, com a feição característica de documento necessário ao exercício literal e autônomo que nele se contém, de acordo com a clássica definição de Vivante".

Othon Sidou afirma categoricamente que: "o cheque não é título de crédito... O cheque é instrumento de exação, não de dilação. Não tem data de vencimento, é pagável no ato de apresentação, à vista, ainda que não o declare".

Digna de encômios a posição de Fran Martins:

> "o cheque é uma ordem de pagamento à vista dada por quem possui provisão em mãos do sacado, em favor próprio ou de terceiros. Pode o beneficiário do cheque estar designado no mesmo ou o título ser ao portador. O sacado, depositário da provisão do sacador, ao pagar o cheque, apenas cumpre a obrigação de devolver as importâncias que lhe foram confiadas, atendendo, assim, à determinação do depositante.
>
> Não deve, desse modo, em princípio, o cheque ser considerado um verdadeiro título de crédito, já que o fator crédito não existe de modo abstrato e sim está ligado à circunstância de possuir o sacado, a quem a ordem de pagamento é dada, importâncias que na realidade pertencem ao depositante. No entanto o cheque se beneficia de princípios e institutos próprios dos títulos de crédito, podendo circular através do endosso. Havendo circulação, aparece o elemento crédito, ficando o endossante vinculado à responsabilidade do pagamento da importância mencionada no documento.

Por essa razão, o cheque tem sido considerado um *título de crédito impróprio*".

Admitida a natureza de título de crédito atribuída ao cheque, entre nós sustentada por renomados autores, dentre os quais cumpre destacar Octávio Mendes (*Direito Comercial Terrestre*, Saraiva, 1930, p. 536), Egberto Lacerda Teixeira (*A Nova Lei Brasileira do Cheque*, 2ª ed., Saraiva, 1986, p. 14), e já anteriormente sustentada pelo clássico comercialista Carvalho de Mendonça (*Tratado de Direito Comercial Brasileiro*, 7ª ed., Freitas Bastos, 1963, 5º vol., p. 473, nº 978), ponto de vista igualmente abraçado por Rubens Requião (*Curso de Direito Comercial*, 2ª ed., Saraiva, 1973, p. 470), dúvida não pode existir quanto às características que lhe são próprias e manifestamente distintas, a saber:

1. a cambial é um instrumento de crédito, por excelência, cujo objetivo fundamental é a circulação desse mesmo crédito;

2. o cheque é um instrumento de pagamento, afirmando Othon Sidou tratar-se de "título de exação, não de dilação" (*Do Cheque*, Forense, 1976, p. 8);

3. a endossabilidade é da essência da cambial, por ser instrumento de circulação (Tito Fulgêncio, *Do Cheque*, Saraiva, 1923, p. 19);

4. o aceite, expressamente previsto na cambial, a tempo certo da vista (art. 9º do Decreto nº 2.044/1908), é flagrantemente incompatível com a natureza jurídica do cheque.

Ademais disso, pressupõe este último provisão de fundos em poder do sacado, escudando-se a cambial no crédito do emitente.

Daí dizer Tito Fulgêncio, com inegável propriedade, que "quem emite ou endossa uma cambial tem necessidade de dinheiro; quem emite ou endossa um cheque tem dinheiro" (*Do Cheque*, cit., p. 18).

São exatamente esses traços distintivos que levam outros não menos renomados autores a definirem o cheque como *título impróprio, título atípico* ou *específico*, como o faz Waldirio Bulgarelli (*Títulos de Crédito*, 9ª ed., Atlas, p. 258) e Fábio Ulhoa Coelho

(*Curso de Direito Comercial*, Saraiva, vol. 1, p. 426), afirmando textualmente o consagrado Fran Martins que:

> "o cheque tem natureza jurídica autônoma, dotado pelo legislador de um estatuto particular para torná-lo próprio a preencher sua função econômica de instrumento de pagamento à vista e de compensação".

Título de crédito próprio ou impróprio, ao cheque são aplicáveis princípios e normas cambiais que não se conflitam, naturalmente, com as características que lhe são inerentes.

Com a clarividência de todos proclamada, observa Carvalho de Mendonça que "não somente os institutos fundamentais e característicos regulados na lei cambial como os grandes princípios que a dominam subsistem relativamente ao cheque, enquanto não incompatíveis com o peculiar caráter da disponibilidade dos fundos em poder do sacado".

49. **REQUISITOS ESSENCIAIS** — A Lei nº 7.357, de 2 de setembro de 1985, que atualmente regula a emissão e circulação de cheques, declara, no seu art. 1º, o que o cheque deve conter:

a) a denominação "cheque" inscrita no contexto do título e expressa na língua em que este é redigido;

b) a ordem incondicional de pagar quantia determinada;

c) o nome do banco ou da instituição financeira que deve pagar (sacado);

d) a indicação do lugar do pagamento;

e) a indicação da data e do lugar da emissão;

f) a assinatura do emitente (sacador), ou de seu mandatário com poderes especiais.

Dos requisitos mencionados, na verdade, não são essenciais o do *lugar do pagamento* e o da *emissão*, já que na falta de tais indicações é considerado lugar do pagamento o lugar designado junto ao nome do sacado (banco); designados vários lugares, o cheque é pagável no primeiro deles; inexistindo indicação, o cheque é pagável no lugar da sua emissão. Não indicando o lugar da emissão, considera-se emitido o cheque no lugar indicado junto ao nome do emitente (sacador).

Admite-se, outrossim, no lugar da assinatura de próprio punho do emitente ou de seu mandatário a chancela ou outros processos equivalentes.

50. A LEI INTERNA (LEI Nº 7.357, DE 2-9-1985) E A LEI UNIFORME (CONVENÇÃO DE GENEBRA) — A adesão do Brasil à *Lei Uniforme sobre cheques* estabeleceu a mesma controvérsia inicialmente observada com relação à letra de câmbio e à nota promissória, ora inclinando-se os julgados pela aplicação dos dispositivos da Convenção de Genebra, ora concluindo pela vigência da legislação interna (Dec. nº 2.591, de 7-8-1912).

Tais problemas, com graves prejuízos teóricos e práticos, tornavam prementes providências do legislador no sentido de elaborar "um diploma legal de consolidação, com redação técnica e sistematização adequada das normas jurídicas que se tornaram vigentes, segundo a amplitude da adesão do Brasil à legislação uniformizada", como bem observou Paulo Restiffe Neto.

Daí a promulgação da Lei nº 7.357, de 2 de setembro de 1985, que, harmonizando-se com a Lei Uniforme, estabelece os mesmos requisitos desta que, no seu art. 1º, dispõe que o cheque deve conter:

1º) a palavra "cheque", inserta no próprio texto do título e expressa na língua empregada para a redação deste título;

2º) o mandato puro e simples de pagar uma quantia determinada*;

* O original em francês fala em *mandat*, que em português equivale a ordem e não a mandato no sentido jurídico.

3º) o nome de quem deve pagar;

4º) a indicação do lugar em que o pagamento se deve efetuar;

5º) a indicação da data em que e do lugar onde o cheque é passado;

6º) a assinatura de quem passa o cheque.

Conciliando-se a Lei Uniforme com a Lei Interna (Lei nº 7.357/85), podemos estabelecer os seguintes requisitos:

1) a palavra *cheque*	art. 1º, nº 1, da Lei Uniforme art. 1º, nº 1, da Lei Interna
2) ordem incondicional de pagar	art. 1º, nº 2, da Lei Uniforme art. 1º, II, da Lei Interna
	obs.: a emissão de cheques consubstancia verdadeira ordem, como facilmente se percebe na expressão "pague-se à ————".
3) o nome do Banco ou Instituição Financeira que deve pagar	art. 1º, nº 3, da Lei Uniforme art. 1º, III, da Lei Interna
	obs.: a Lei nº 7.357/85, adotando o princípio consagrado na Lei Uniforme (art. 3º), só admite o saque de cheques contra bancos e instituições financeiras.
4) a indicação do lugar em que o pagamento deve ser efetuado	art. 1º, nº 4, da Lei Uniforme art. 1º, IV, da Lei Interna
	obs.: este requisito, na verdade, não é essencial, já que tanto a Lei Uni-

forme (art. 2º) quanto a Lei nº 7.357/85 (art. 1º, II) estabelecem que, na falta de indicação do lugar do pagamento, deve este ser efetuado no lugar designado ao lado do nome do sacado (banco); designados vários lugares, o cheque é pagável no primeiro deles. Inexistindo indicação, o cheque deve ser pago no lugar da emissão.

5) a indicação da data e do lugar da emissão

art. 1º, nº 5, da Lei Uniforme
art. 1º, V, da Lei Interna

obs.: o cheque deve conter a data e o lugar da emissão. O lugar da emissão, entretanto, não é requisito essencial, pois o art. 1º, II, da Lei nº 7.357/85 declara que, não indicado o lugar da emissão, considera-se emitido o cheque no lugar indicado junto ao nome do emitente (sacador).

6) a soma a pagar

art. 1º, nº 2, da Lei Uniforme
art. 1º, II, da Lei Interna

obs.: a Lei Uniforme fala em *quantia determinada*, redação dada ao inc. II do art. 1º da Lei nº 7.357/85 — *a ordem incondicional de pagar quantia determinada.* A quantia deve ser lançada em algarismo e por extenso, prevalecendo, na hipótese de divergência, o valor por extenso (art. 9º da Lei Uniforme e art. 12 da Lei nº 7.357/85). Indicadas várias quantias, prevalece a de menor valor.

7) a assinatura de quem passa (emite, saca) o cheque (emitente ou sacador) ou de mandatário especial	art. 1º, nº 6, da Lei Uniforme art. 1º, VI, da Lei Interna

obs.: a assinatura, como preleciona Othon Sidou, é o principal dos requisitos, sem ela não havendo título. Há de ser de próprio punho, o que afasta a possibilidade do analfabeto, por si mesmo, emitir cheques, só podendo fazê-lo por procurador munido de poderes especiais para sacar cheques, necessariamente por meio de mandato por instrumento público. Também não se admite a assinatura a rogo, ou seja, a assinatura posta em documentos a pedido (a rogo) de analfabeto.

Da mesma forma não se admite a assinatura por carimbo, permitida, porém, a assinatura abreviada, também chamada de *assinatura autorizada*, ou seja, aquela que corresponde à assinatura em poder do banco, facultada também a *assinatura mecanizada*, assim considerada aquela obtida com o emprego de máquinas e instrumentos especiais, hipótese em que mister se faz a prévia convenção entre sacador (emitente) e sacado (banco), havendo necessidade de prévio registro da chancela, isto é, da gravura da assinatura, no Cartório de Registro de Títulos e Documentos.

O cheque pode ainda ser assinado por *representação*, o que ocorre, por exemplo, com as pessoas jurídicas, em que os cheques de sua emissão são assinados por seus representantes legais.

Ressalte-se, finalmente, que a assinatura do emitente ou sacador pode ser suprida, em conformidade com o que dispõe o art. 2º, do anexo II, da Lei Uniforme:

> "Qualquer das Altas Partes Contratantes tem, pelo que respeita às obrigações contraídas em matéria de cheques no seu território, a faculdade de determinar de que maneira pode ser suprida a falta de assinatura, desde que por uma declaração autêntica escrita se possa constatar a vontade daquele que deverá ter assinado".

51. FIGURAS INTERVENIENTES

O sacado:

A antiga legislação interna (Dec. nº 2.591/1912) permitia o saque de cheques contra bancos e comerciantes:

"Art. 1º A pessoa que tiver fundos disponíveis em bancos ou em poder de comerciantes, sobre eles na totalidade ou em parte pode emitir cheque ou ordem de pagamento à vista em favor do próprio ou de terceiro".

A Lei Uniforme, contudo, veio alterar tal sistema, só permitindo o saque de cheques contra bancos ou instituições a eles assimilados:

"Art. 3º O cheque é sacado sobre um banqueiro que tenha fundos à disposição do sacador e em harmonia com a convenção expressa ou tácita, segundo a qual o sacador tem o direito de dispor desses fundos por meio de cheque.

Art. 54. Na presente lei a palavra banqueiro compreende também as pessoas ou instituições assimiladas por lei aos banqueiros."

A Lei nº 7.357/85, adotando o princípio consagrado na Lei Uniforme, dispõe que o cheque só pode ser sacado contra bancos ou instituições financeiras:

"Art. 3º O cheque é emitido contra Banco, ou instituição financeira que lhe seja equiparado, sob pena de não valer como cheque".

O sacador:

É quem emite ou saca o cheque. A Lei nº 7.357/85, no seu art. 1º, VI, exige, como requisito essencial do cheque, assinatura do emitente (sacador), princípio já estabelecido pela Lei Uniforme, no seu art. 1º, alínea 6ª.

Como preleciona Paulo Restiffe Neto, "a assinatura do sacador constitui requisito essencial para o reconhecimento da obrigação de quem tenha lançado tal declaração". Efetivamente, é a assinatura do emitente ou sacador que determina a existência do cheque, já que, em se tratando de uma ordem de pagamento, mister se faz estabelecer com exatidão quem a ordena.

A lei, todavia (art. 11 da Convenção de Genebra e art. 1º, VI, da Lei nº 7.357/85), admite a representação que, inquestionavelmente, pressupõe mandato especial.

Ressalte-se a possibilidade de a assinatura ser substituída por chancela mecânica ou outro processo equivalente (art. 1º, parágrafo único, da Lei nº 7.357/85).

O beneficiário:

É aquele a favor de quem é dada a ordem de pagamento, e que poderá ser o próprio emitente (sacador) ou terceiro. Note-se que o beneficiário pode ou não ser designado, e nesse caso o cheque é:

a) nominativo com cláusula à ordem;

b) nominativo sem cláusula à ordem;

c) nominativo com cláusula não à ordem;

d) ao portador.

O cheque é nominal quando emitido (sacado) em favor de determinada pessoa, física ou jurídica. Contendo a cláusula "à ordem", permite ao beneficiário transferi-lo a terceiro, mediante endosso. Seguindo o princípio consagrado na Lei Uniforme (art. 14), a Lei nº 7.357/85, no seu art. 17, proclama o cheque com um título à ordem, presumindo como tal aquele a que faltar tal cláusula. Assim, o cheque nominal, sem cláusula à ordem, também é transmissível por endosso, conservando sua eficácia executiva:

> "Art. 17. O cheque pagável a pessoa nomeada, com ou sem cláusula expressa 'à ordem', é transmissível por via de endosso".

Nessas condições, só a cláusula "não à ordem" torna o cheque insuscetível de transmissão por endosso, devendo ser pago unicamente ao beneficiário expressamente designado. A transferência desse cheque equivale à cessão civil, ficando extinta sua eficácia executiva:

"Art. 17. ...

§ 1º O cheque pagável a pessoa nomeada, com a cláusula 'não à ordem', ou outra equivalente, só é transmissível pela forma e com os efeitos de cessão".

O cheque *ao portador* não designa o nome do beneficiário e é pagável a quem o apresentar ao banco sacado. Ademais disto, é transmissível pela simples tradição (tradição), e sua posse, salvo se ilícita, legitima a propriedade.

52. APRESENTAÇÃO — Todo beneficiário de um cheque tem um prazo para apresentá-lo ao banco (sacado), para o respectivo resgate. A Convenção de Genebra, no seu art. 29, estabelece os seguintes prazos para apresentação:

"*oito dias*, no país onde foi passado;

vinte dias, num país diferente daquele em que é pagável;

setenta dias, num país diferente daquele em que é pagável, encontrando-se este país em diferente parte do mundo".

O Brasil, entretanto, aderiu com reservas ao dispositivo referido, por força do que dispõe o art. 14 do Anexo II:

"Qualquer das altas partes contratantes reserva-se a faculdade de prolongar o prazo fixado na alínea 1 do art. 29 da Lei Uniforme e de determinar os prazos da apresentação no que respeita aos territórios submetidos à sua soberania".

Daí a fixação de prazos diversos na Lei nº 7.357/85, a saber:

trinta dias, quando emitido no lugar onde houver de ser pago;

sessenta dias, quando emitido em outro lugar do País, ou no exterior.

A entrega do cheque à câmara de compensação equivale à apresentação a pagamento.

O ato de apresentação do cheque é de suma importância para a sua eficácia executiva, em se tratando de ação contra os *endossantes e seus respectivos avalistas*:

> "Art. 47 (Lei nº 7.357/85) — Pode o portador promover a execução do cheque: ...
>
> II — contra os endossantes e seus avalistas *se o cheque apresentado em tempo hábil* ...".

O mesmo ocorre com relação ao *emitente*, se este tinha fundos disponíveis durante o prazo da apresentação e os deixou de ter por motivo que não lhe possa ser imputado:

> "§ 3º *O portador que não apresentar o cheque em tempo hábil*, ou não comprovar a recusa do pagamento pela forma indicada neste artigo" (*obs.*: protesto por falta de pagamento ou declaração do banco da inexistência de fundos), "perde o direito de execução contra o emitente, se este tinha fundos disponíveis durante o prazo da apresentação e os deixou de ter, em razão de fato que não lhe seja imputável".

53. PRESCRIÇÃO — O Decreto nº 2.591/1912 era omisso quanto à prescrição, aplicando-se, por remissão ao art. 15, as disposições do Decreto nº 2.044/1908 (Lei Cambial), em razão do que a execução contra o emitente e respectivo avalista prescrevia em cinco anos e, contra endossantes e seus avalistas, em doze meses.

A adesão do Brasil à Convenção de Genebra alterou tal quadro, passando a viger, entre nós, a regra estabelecida no art. 52 da Lei Uniforme sobre Cheques, a que a Lei nº 7.357/85 veio ajustar-se, fixando em *seis meses* o prazo de prescrição das execuções contra o emitente e respectivo avalista, e em igual prazo, ou seja, *seis meses*, toda ação de um dos coobrigados contra os demais. No primeiro caso, o prazo tem início no término do tempo fixado para a apresentação. No segundo, a contar do dia em que o coobrigado tenha pago o cheque, ou do dia em que foi acionado.

> "Art. 59. Prescreve em 6 (seis) meses, contados da expiração do prazo de apresentação, a ação que o art. 47 desta Lei assegura ao portador."

Obs.: O art. 47 assegura ao beneficiário a execução do cheque, a ser processada na forma prevista no Livro II, Título I, do Código de Processo Civil — Da Execução em Geral (arts. 771 e seguintes do CPC/2015).

> "Parágrafo único. A ação de regresso de um obrigado ao pagamento do cheque contra outro prescreve em 6 (seis) meses, contados do dia em que o obrigado pagou o cheque ou do dia em que foi demandado."

O STJ admite ação monitória fundada em cheque prescrito — "É admissível a ação monitória fundada em cheque prescrito" — **Súmula 299**.

53-A. AÇÃO DE LOCUPLETAMENTO ILÍCITO (ENRIQUECIMENTO SEM CAUSA)

Ressalte-se, porém, que, prescrita a ação executiva, assegurada estará, ao portador, a cobrança do seu crédito, por meio da chamada *ação de locupletamento ilícito*, também denominada locupletamento injusto ou enriquecimento sem causa, expressamente prevista no art. 48 do Decreto nº 2.044/1908 (Lei Interna sobre Nota Promissória e Letra de Câmbio), como, inclusive, no art. 61 da Lei nº 7.357/85 (Lei Interna sobre Cheque). Assim dispondo este último:

> "A ação de enriquecimento contra o emitente ou outros obrigados, que se locupletaram injustamente com o não pagamento do cheque, *prescreve em 2 (dois) anos*, contados do dia em que se consumar a prescrição prevista no art. 59 e seu parágrafo desta Lei".

A ação de locupletamento ilícito de que trata o dispositivo legal nominado é uma ação especial, que tem, como pressuposto fundamental, o enriquecimento indevido do "*emitente e outros obrigados*", em detrimento do credor de um cheque.

O titular de um cheque (e igualmente de uma nota promissória ou letra de câmbio) dispõe, para a cobrança de seu crédito, de uma ação denominada processo de execução por título de crédito extrajudicial (**art. 783 do CPC/2015**). Para valer-se da ação mencionada, o portador de um cheque dispõe de um prazo de seis meses, que se conta do término do tempo para sua apresentação ao banco sacado: trinta dias, quando emitido no lugar onde houver de ser pago; sessenta dias, quando emitido em outro lugar do País, ou no exterior.

Decorrido esse prazo, sem a propositura da ação executiva, prescrita está a ação cambial, com suas consequências, dentre as quais cumpre ressaltar a perda da natureza cambiária do documento, com o respectivo fim da restrição à oponibilidade de exceções.

Paulo de Lacerda, em sua clássica obra *A Cambial no Direito Brasileiro* (4ª ed., Ed. J. Ribeiro dos Santos, 1928, p. 410), especifica os requisitos fundamentais para a propositura da referida ação, em ensinamento que, subsistindo ao tempo, permanece atualíssimo:

> "a ação de locupletamento é instituto de direito que se fundamenta num princípio de equidade natural. Não é equitativo que alguém aumente o seu patrimônio à custa da diminuição do patrimônio alheio, sem justo motivo. Daí os quatro requisitos da ação: 1) o enriquecimento patrimonial do réu; 2) o empobrecimento patrimonial do autor; 3) o nexo causal entre esse enriquecimento e empobrecimento; 4) a falta de justa causa ou motivo".

Luiz Emygdio F. da Rosa Jr., em *Letra de Câmbio & Nota Promissória* (Biblioteca Jurídica Freitas Bastos, 1984, vol. I, p. 457), acerca dos pressupostos da ação em exame, faz as seguintes considerações:

> "a ação de enriquecimento injusto tem como objeto possibilitar ao portador da cambial, prescrita ou caduca, recuperar seu prejuízo pela impossibilidade do exercício de ação contra a pessoa que se locupletou à sua custa".

Enumerando os pressupostos da ação nominada, observa o consagrado autor: 1º) a necessidade da preexistência de uma ação cambial válida, comprovada pela posse da cambial; 2º) desoneração da responsabilidade cambial, em decorrência de decadência ou prescrição; 3º) prejuízo do portador em razão da perda do rigor cambiário; 4º) enriquecimento sem causa do réu; 5º) relação entre o prejuízo do autor e o enriquecimento do réu.

Fran Martins acentua que:

> "a ação de locupletamento será de todo improcedente se o autor não provar, ao lado da posse do título e da legitimidade dessa posse, a existência efetiva de um prejuízo para si e reversamente a existência de um lucro indevido para o réu".

A prova do prejuízo tem sido objeto de controvérsia doutrinária e jurisprudencial, observando José Maria Whitaker que:

> "a prova do prejuízo é feita pelo portador com a simples exibição do título não pago; mas a de que esse prejuízo poderia ser por outra forma reparado incumbe, naturalmente, ao devedor, por ser matéria de sua própria defesa" (*Letra de Câmbio*, 6ª ed., Revista dos Tribunais, 1961, p. 287).

Nesse mesmo sentido v. Acórdão do STF — "quem não paga uma dívida se enriquece com o não pagamento dela. O emitente do título cambiário não provou o pagamento dele; é de se presumir que ele se enriqueceu com o não pagamento. No caso ficou provado que ele não pagou" (STF, Rec. Extr. 26.613/58, Rel. Min. Hahnemann Guimarães, *Rev. Trim. de Jurisprudência*, 8/12, acórdão extraído do *Curso de Direito Comercial* de Rubens Requião, 2ª ed., Saraiva, vol. 2, p. 465).

A ação sob análise, como já se afirmou, é extensiva ao portador da letra de câmbio, nota promissória e cheque, com distinção quanto ao prazo para a sua propositura (**art. 784, I, CPC/2015**).

Relativamente à letra de câmbio e nota promissória, a ação de locupletamento ilícito está prevista no art. 48 do Decreto nº 2.044/1908 (Lei Interna), que tem a seguinte redação:

> "sem embargo da desoneração da responsabilidade cambial, o sacador ou o aceitante fica obrigado a restituir ao portador, com juros legais, a soma com a qual se locupletou à custa deste. A ação do portador, para este fim, é a ordinária".

Não estabelecendo prazo para a propositura da ação, mas fazendo expressa menção à ação ordinária, só se pode concluir pelo prazo de **3 anos** (art. 206, § 3º, IV, CC/2002). No que se relaciona ao cheque, o art. 61 da Lei nº 7.357/85 (Lei Interna), já transcrito.

Dessa forma, a mesma ação, com relação à letra de câmbio e à nota promissória, prescreve em ***3 anos***. No que concerne ao cheque, porém, a prescrição da ação mencionada é de *dois anos.*

Note-se, todavia, que, ainda que prescrita a ação de locupletamento ilícito — que pressupõe o enriquecimento indevido do emitente e coobrigados —, poderá o portador do cheque valer-se da ação ordinária de cobrança, em dez anos — art. 205 do Código Civil*, não se olvidando a *ação monitória*, já que, com o perecimento dos direitos cambiários, o título perde a eficácia executiva, ensejando a ação nominada — (**art. 700 do CPC/2015**).

---

* O Código Civil de 2002 estabelece prescrição de três anos à pretensão de ressarcimento sem causa (art. 206, § 3º, IV).

Vejam-se, a propósito, os comentários de Nelson Nery Jr. e Rosa Maria Andrade Nery (*Código de Processo Civil Comentado*, 3ª ed., Revista dos Tribunais, p. 1053):

> "Qualquer documento escrito que não se revista das características de título executivo é hábil para ensejar a ação monitória, como, por exemplo: a) *cheque prescrito...*".

Em que pesem opiniões divergentes, a ação de locupletamento ilícito, prevista nos arts. 48 (da Lei sobre Nota Promissória e Letra de Câmbio) e 61 (da Lei do Cheque), não tem natureza cambial.

Observe-se que um dos fundamentos da ação, também denominado enriquecimento, é a extinção da ação cambial, em decorrência da prescrição ou decadência. Daí dizer Paulo de Lacerda que:

> "não se trata, porém, de uma ação cambiária nem sequer de *residuum* dos direitos propriamente cambiários. Ela, pelo contrário, pressupõe a extinção da ação cambiária, o perecimento de todos os direitos cambiários".

Idêntica a opinião de Othon Sidou:

> "... não é cambiária a ação que subsiste ao portador contra o emitente, depois de expirado o prazo de apresentação do cheque sem o respectivo protesto, ou o termo prescritivo de seis meses para o exercício dos direitos cambiários; e assim ela não se caracteriza como ação cambiária porque deixou de ter por só fundamento a forma do título, exigindo ademais o concurso de provas que só pelos meios comuns processuais poderão ser apreciadas".

Não se revestindo de natureza cambial não pode a ação de enriquecimento de que tratamos ser proposta contra o *avalista* — figura típica do direito cambial.

No que concerne à letra de câmbio e nota promissória, por força do que dispõe o art. 48 do Decreto nº 2.044/1908 (Lei Interna), a ação que ora abordamos só pode voltar-se contra o *sacador* ou o *aceitante*, não sendo admitida contra o avalista (Eunápio Borges, *Títulos de Crédito*, 2ª ed., Forense, p. 132), entendimento esposado por remansosa jurisprudência dos nossos tribunais:

> "a ação de enriquecimento ilícito não é cambiária e nem tem esse caráter (Saraiva, *A Cambial*, Ed. Konfino, V. III/70; Whitaker, ob. cit., p. 288; Waldemar Ferreira, *Tratado de Direito Comercial*, V. X/241; Eunápio Borges, *Títulos de Crédito*, Ed. Forense, p. 132; Paulo de Lacerda, *A Cambial no Direito Brasileiro*, Livraria Cruz Coutinho, p. 369). Por isso, a exemplo do que se dá com o avalista, não pode ser dirigida contra o endossante, ambos figuras inerentes ao direito cambiário" (*Rev. dos Tribs.*, 608/123).

Contudo, ao contrário do que afirmam renomados juristas, e deixa entrever o v. acórdão acima transcrito, entendemos, fundados no art. 15 do Anexo II da Lei Uniforme sobre Letra de Câmbio e Nota Promissória* que, inegavelmente, ampliou o art. 48 do Decreto nº 2.044/1908, que a ação de enriquecimento indevido pode voltar-se, também, contra a figura do *endossante*.

É, aliás, o pensamento de Fran Martins:

> "Além do mais — e nisso a reserva do art. 15 ampliou o art. 48 da lei cambiária brasileira — terá o portador direito de ação também *contra o endossante* que houver se locupletado à sua custa, fazendo lucros ilegítimos" (*Títulos de Crédito*, 3ª ed., Ed. Forense, 1990, p. 150).

Quanto ao cheque, excluída a figura do avalista, cuja responsabilidade se extingue com o perecimento da eficácia cambial, a

* Art. 15 — Lei Uniforme (Anexo II): "Qualquer das Altas Partes Contratantes tem a liberdade de decidir que, no caso de perda de direitos ou de prescrição, no seu território subsistirá o direito de proceder contra o sacador, que não constituir provisão ou contra um sacador ou *endossante* que tenha feito lucros ilegítimos. A mesma faculdade existe, em caso de prescrição, pelo que respeita ao aceitante que recebeu provisão ou tenha realizado lucros ilegítimos".

ação de enriquecimento ilícito pode voltar-se contra o “emitente ou outros obrigados”, aqui entendidos os endossantes, por força do que dispõe o art. 61 da Lei nº 7.357/85 (Lei do Cheque), combinado com o art. 15 do Anexo II da Lei Uniforme sobre Letra de Câmbio e Nota Promissória, “invocável para cobrança de cheque caduco ou cheque prescrito”, como preleciona Paulo Restiffe Neto (*Lei do Cheque*, Revista dos Tribunais, 1973, p. 137).

54. ESPÉCIES DE CHEQUES — Várias são as espécies de cheques, algumas contempladas pela legislação, outras consagradas ao seu arrepio, por força de usos e costumes mercantis. São elas:

55. CHEQUE AO PORTADOR — Dispõe o art. 8º, III, da Lei nº 7.357/85, que o cheque pode ser *ao portador*, princípio também adotado pela Lei Uniforme, no seu art. 5º.

Cheque ao portador é aquele que não indica o beneficiário (o tomador), ou que em seu lugar tem inserida a expressão *ao portador*.

Esta última expressão, como facilmente se percebe, não é essencial, já que estando em branco o espaço destinado a consignar o nome do beneficiário, considerar-se-á o cheque *ao portador*. É o que diz expressamente o art. 5º da Lei Uniforme:

> “O cheque sem indicação do beneficiário é considerado como cheque ao portador”.

O cheque pode designar o beneficiário — *cheque nominal ou nominativo* — e ainda assim ser considerado *ao portador*, bastando que se acrescente ao nome do beneficiário ou tomador a expressão “*ou ao portador*”:

> Art. 5º da Lei Uniforme e art. 8º da Lei nº 7.357/85:
>
> “Vale como cheque ao portador o que não contém indicação do beneficiário e o emitido em favor de pessoa nomeada com a cláusula ‘ou ao portador’, ou expressões equivalentes”.

Exemplo:

	Nº	Banco	$
(Área destinada à identificação do banco)	☐	☐	☐

PAGUE POR ESTE CHEQUE A QUANTIA DE ________

____

A CARLOS DE CAMPOS OU AO PORTADOR
OU À SUA ORDEM.

(Área destinada à identificação do sacado) ________, DE ________DE
____

(Área destinada à magnetização)

O cheque ao portador, como o próprio nome indica, é pagável a quem o apresentar ao sacado (ao banco), sendo transferível mediante a simples tradição.

Deve igualmente ser considerado cheque ao portador aquele originariamente nominal, transferido por via de *endosso em branco*, assim denominado o endosso que não consigna o nome daquele a quem é transferido o cheque.

55-A. A SUBSISTÊNCIA DO ENDOSSO EM BRANCO NA LEGISLAÇÃO DO CHEQUE. A prevalência da Lei Uniforme de Genebra sobre as leis internas que vedam o endosso em branco

1. Da endossabilidade do cheque

A função precípua do cheque, notadamente na economia moderna, é a circulação do valor que nele se contém, observação que já fazia o clássico Carvalho de Mendonça:

"O cheque, ao passo que substitui útil e comodamente o dinheiro, serve de instrumento de circulação.

Para que esse título disponha de elementos para o seu completo êxito é que as leis modernas o adornam com as vestes cambiais".

Por se constituir em instrumento de circulação é que a endossabilidade do cheque é inerente, como deixa claro o magistério de Pontes de Miranda:

"O cheque circula cambiariformente, à ordem, ou ao portador, com o endosso e a tradição, o endossante perde o direito sobre o cheque, e adquire-o o endossatário".

E foi, exatamente, o endosso que deu ao cheque a inequívoca natureza de título de crédito, como põe em relevo Waldemar Ferreira:

"Concedido como documento de movimentação de conta corrente bancária, de duração efêmera, mercê da rapidez de seu percurso das mãos do sacador, que o emite em seu prol ou de terceiro ao guichê do Banco, a fim do resgate — *o cheque, por efeito do endosso, se transfigurou em título de crédito*".

Por tais motivos é que João Eunápio Borges observa com veemência que:

"Se, porém, o conteúdo do cheque é uma ordem cujo beneficiário a aceita a título de pagamento em lugar do dinheiro que lhe deve o emitente, se o cheque substitui — embora por prazo brevíssimo, mesmo de horas ou minutos — o dinheiro devido, a qualquer título, pelo emitente; se se verificam, pois, em relação ao cheque, os dois elementos que caracterizam uma operação de crédito — a confiança e o prazo que intervém entre a promessa do devedor e a sua realização futura — é claro que o cheque, apesar de não passar normalmente de mero instrumento de retirada de fundos ou de movimentação de conta bancária, é também um *título de crédito*.

Ensinavam muitos que, de simples meio de pagamento, o cheque pode transformar-se em título de crédito quando posto a circular por meio do endosso. Mesmo, porém, nas mãos do tomador que por confiar no emitente, o recebeu em lugar do dinheiro, *o cheque não deixa de ser um título de crédito*".

2. A endossabilidade consagrada na Lei Uniforme e a legislação interna

A função econômica do cheque mobilizando valores e conferindo-lhes todos os matizes dos títulos de crédito, vem consagrada de forma irrefutável na *Lei Uniforme sobre Cheques — Convenção de Genebra*, de 19 de março de 1931, promulgada pelo Brasil (Decreto nº 57.595, de 7 de janeiro de 1966), que já a havia aprovado pelo Decreto Legislativo nº 54, de 8 de setembro de 1964.

Em conformidade com o art. 14, da convenção nominada, o cheque é transmissível, com ou sem a cláusula expressa "à ordem", por via do endosso:

> "Art. 14. O cheque estipulado pagável a favor duma determinada pessoa, com ou sem a cláusula expressa 'à ordem', é transmissível por via de endosso".

Somente a cláusula *não à ordem* impede a transferência por via do endosso:

> "Art. 14. (...). O cheque estipulado pagável a favor duma determinada pessoa, com a cláusula 'não à ordem' ou outra, equivalente, só é transmissível pela forma e com os efeitos duma cessão ordinária".

Contudo, constituindo-se a cláusula *não à ordem* uma exceção, a Lei Uniforme considera o cheque um título à ordem por natureza, pois ainda que não se consigne a cláusula *à ordem* (desde que inexista a cláusula *não à ordem*), o cheque é transmissível por endosso.

Na esteira da Lei Uniforme, em vigor no País, a legislação interna — Lei nº 7.357, de 2 de setembro de 1985, no art. 17 — repete literalmente, ou quase, o art. 14 da Convenção de Genebra:

> "Art. 17. O cheque pagável a pessoa nomeada, com ou sem a cláusula expressa 'à ordem', é transmissível por via de endosso".

Ambas as legislações transcritas, a Lei Uniforme e a Lei Interna, fiéis à melhor doutrina, proclamam o cheque como um *título à ordem por excelência.*

3. O endosso em branco — Prevalência do Tratado Internacional (Convenção de Genebra)

A Convenção de Genebra (art. 15) legitima o denominado *endosso em branco* — "(...) o endosso ao portador vale como endosso em branco (...)".

Inexiste qualquer reserva à regra acima disposta, tanto mais que ratificada na legislação interna (art. 18, § 2º) — "vale como em branco o endosso ao portador" (...).

Ora, o endosso em branco, admitido, como vimos, em tratado internacional e legislação interna, visa, exatamente, à sua livre circulação, constituindo-se qualquer disposição contrária em manifesta violação à Convenção de Genebra.

A Lei Uniforme em matéria de cheques está em vigor e, salvo as reservas, tem plena eficácia interna.

Assim, qualquer disposição que contrarie as regras dispostas na Convenção de Genebra, que com elas não se coadunam, constitui, sem dúvida, violação intolerável.

4. Da prevalência da Lei Uniforme

A adesão do Brasil à Lei Uniforme sobre cheque incorporou a Convenção de Genebra à legislação interna, que, por sua vez, necessariamente, ajustou-se ao tratado internacional, por força da Lei nº 7.357, de 2 de setembro de 1985 (a Lei Interna sobre Cheque).

Já em 1968 (*Diário Oficial*, Seção I, Parte I), o então Consultor Geral da República, Adroaldo Mesquita da Costa, em longo e erudito parecer sobre a matéria, afirmava textualmente:

"As disposições das convenções concluídas em Genebra, a 7 de junho de 1930 e 19 de marco de 1931, aprovadas pelo Decreto Legislativo nº 54, de 8 de setembro de 1964 e promulgadas pelos Decretos nº 57.595 e 57.663, de 7 e 24 de janeiro de 1966, respectivamente, com as reservas ali consignadas, acham-se em vigor e sua eficácia não se restringe aos atos de caráter internacional, senão que alcança, igualmente, as relações de direito interno".

Observe-se que foi por força da vigência da Convenção de Genebra que se promulgou a Lei nº 7.357/85, ajustando as normas internas à legislação internacional, respeitadas as reservas a que o Brasil aderiu.

A Lei Uniforme sobre cheques (Convenção de Genebra), como ensina Luiz Emygdio Franco da Rocha Neto Jr.:

"É um tratado plurilateral e se inclui entre os denominados *tratados normativos*, ou tratados leis, que se caracterizavam por serem constituídos por vontades de conteúdos idênticos".

Além disso, temos:

"As Convenções de Genebra, na expressão textual de Emygdio Franco, são um tratado em sentido *lato*, e visaram exatamente estabelecer determinadas regras, a serem cumpridas pelas partes contratantes e pelos Estados que a elas posteriormente aderiram, em matéria cambial e cheques, como se vê do seu preâmbulo, pelo qual acordou-se no estabelecimento de determinadas disposições, desejando evitar as dificuldades originadas pela diversidade de legislação nos vários países em que as letras circulam, e aumentar, assim, a segurança e rapidez das relações do comércio internacional, bem como regular certos conflitos de lei em matéria de cheques".

Ora, a Lei Uniforme sobre Cheque, no seu art. 17, como já se frisou, proclama a endossabilidade do cheque:

> "O cheque pagável a pessoa nomeada, com ou sem a cláusula expressa 'à ordem', é transmissível por via de endosso".

Não há, a respeito da disposição, qualquer reserva, tanto mais que a Lei nº 7.357/85, no seu art. 18, § 2º, ratifica a disposição contida no tratado — "vale como em branco o endosso ao portador".

Assim, é evidente que qualquer disposição, seja de ordem fiscal ou mercantil, que contrarie a endossabilidade do cheque, vedando expressamente o endosso em branco, proclamado na Convenção de Genebra, constitui-se em manifesta violação à norma internacional, na prática alterando, indevida e totalmente, tratado internacional a que o Brasil aderiu.

E o que é mais grave, revoga, indevidamente, a cláusula *à ordem*, com isso desfigurando totalmente a natureza do cheque.

Não sem razão, ao revés, com manifesta propriedade, deixa claro Fábio Ulhôa Coelho que tais restrições impostas pelo Poder Público e suas respectivas autarquias, levam à "completa descaracterização da circulação de efeitos cambiários".

No magistério de Umberto Navarrini:

> "Com o propósito de evitar as dificuldades impostas à circulação dos créditos em geral, o legislador comercial dotou o título de crédito de lei especial que disciplina a sua circulação".

Essa legislação é, sem dúvida, a Lei Uniforme sobre Cheques e a Lei Interna nº 7.357/85, que adaptou a legislação interna ao tratado internacional.

Os princípios consagrados no texto uniforme não podem, portanto, ser postergados, exatamente porque manifesta a prevalência do tratado internacional sobre a lei interna.

No magistério de Maria Helena Diniz:

"Em caso de conflito entre as disposições de um tratado internacional e aqueles de uma lei interna posterior, a lei internacional deve prevalecer sobre a nacional".

Hildebrando Accioly, pondo em destaque a prevalência das convenções sobre a lei interna, por isso que formando um *direito especial*, observa que:

"Se é verdade que uma lei interna revoga outra ou outras anteriores, contrárias à primeira, o mesmo não se poderá dizer quando a lei anterior representa direito convencional transformado em direito interno, porque o Estado tem o dever de respeitar suas obrigações contratuais e não as pode revogar unilateralmente. Daí poder dizer-se que, na legislação interna, os tratados ou convenções a ela incorporados formam um *direito especial*, que a lei interna comum não pode revogar".

Pedro Dallari, filiando-se à corrente que sustenta a prevalência do tratado internacional sobre a lei interna (obviamente respeitada a Constituição Federal), sustenta que:

"O tratado é um instrumento de natureza contratual e a constituição do vínculo obrigacional deve acarretar a necessária observância, pelo Estado contratante, dos efeitos nele estatuídos, na conformidade dos princípios que regem os efeitos nele estatuídos, na conformidade dos princípios que regem o Direito Internacional Público. É importante ressaltar que essa assertiva não tem o propósito, como muitas vezes se alega, de colocar em xeque o postulado da soberania do Estado. O tratado resulta de manifestação voluntária deste, aferida por meio de decisão de suas instituições políticas, nos termos preceituados pela respectiva matriz constitucional. A necessidade de consagrar a observância pelo direito interno das regras resultantes de tratados internacionais não deriva, portanto, de eventual e autoconferida supremacia do Direito Internacional Público, mas é resultante lógica do pressuposto da efetividade das decisões adotadas soberanamente — e nos termos da correspondente ordem jurídica — pelo Estado e por suas instituições".

5. A Convenção de Genebra sobre cheques está em vigor no Brasil — até denúncia por ato governamental

O processo de conclusão dos tratados internacionais e, como tal, a *Lei Uniforme sobre Cheques*, pressupõe uma série de formalidades.

A competência para firmá-los é do Presidente da República, segundo o disposto no art. 84 da CF/88:

> "Compete privativamente ao Presidente da República:
>
> VIII — celebrar tratados, convenções e atos internacionais, sujeitos a referendo do Congresso Nacional".

Tal processo de conclusão, obviamente, pressupõe fases sucessivas de conversações, conferências, assinatura, ratificação pelo Presidente da República e aprovação do Congresso Nacional, com a respectiva promulgação através de decreto do Executivo.

Observadas as reservas, a Convenção de Genebra está, desde sua promulgação — Decreto nº 57.595, de 7 de janeiro de 1966 — em vigor no Brasil.

Sua denúncia só pode ocorrer por ato governamental, como, aliás, preleciona Maria Helena Diniz:

> "Os tratados ou convenções internacionais valerão até que sejam denunciados por ato governamental dos Estados signatários. Logo, a sua revogação dar-se-á mediante processo especial, que é a denúncia".

Inexistindo essa, como já observamos, exaustivamente, prevalecerá a norma convencional.

6. As Leis nº 8.088/90 e 9.069/95 violentam as disposições contidas na Convenção de Genebra e na Lei Interna — Lei nº 7.357/85

Uma das características fundamentais dos títulos de crédito é a *cláusula à ordem*.

Tanto a Lei Uniforme quanto a Lei nº 7.357/85 consideram o cheque um título à ordem por natureza.

No magistério do clássico Carvalho de Mendonça:

> "Títulos à ordem são aqueles nos quais o signatário se obriga a entregar ou mandar entregar à pessoa indicada ou à ordem desta, em lugar e tempo determinados, certa quantia em dinheiro ou certa quantidade de coisas fungíveis. Transferem-se eles por meio de brevíssima declaração escrita e subscrita no dorso do próprio título. Daí a denominação de endosso atribuída a esse meio de transferência.
>
> Desse modo se efetua a sua circulação, garantida com o direito do possuidor exigir o pagamento da prestação na medida e de acordo com os termos do escrito, sem que lhe possa opor o devedor exceções pessoais ou que não assentem em vício interno ou externo do título. Assim, o portador goza o apreciável benefício de poder, quando queira, sem delongas, converter o documento em dinheiro".

A respeito da cláusula *à ordem* observa Fran Martins que:

> "O grande valor dos títulos de crédito (e o cheque é, inquestionavelmente, um título de crédito), é fazer com que facilmente circulem os direitos neles incorporados.
>
> Nos títulos de crédito, as ordens ou promessas de pagamento não são feitas exclusivamente para benefício de uma pessoa determinada, mas de quaisquer outras que, legitimamente, se tornem proprietárias dos títulos".

Ressalta o ilustre jurista que:

> "O aparecimento da cláusula à ordem, foi, talvez, o fato mais importante ocorrido na evolução dos títulos de crédito porque possibilitou a circulação dos direitos incorporados nos mesmos".

7. A cláusula à ordem e o endosso se completam

A cláusula *à ordem* e o *endosso* põem em evidência a endossabilidade do cheque, conquanto transferível a terceiros pela última via, independentemente da existência da cláusula à ordem.

A excepcionalidade é a cláusula *não à ordem* que, como se sabe, impede a transferência pela via do endosso, valendo como cessão civil.

Ora, como já se acentuou, o endosso, contemplado na Convenção de Genebra e na Lei nº 7.357/85, pode ser em branco (ao portador) ou em preto (nominativo):

> "Art. 14 (Convenção de Genebra) — O cheque estipulado pagável a favor duma determinada pessoa, com ou sem a cláusula expressa à ordem, *é transmissível* por via de endosso".
> "Art. 15 — ...
>
> O endosso ao portador vale como endosso em branco."
>
> "Art. 19 (Lei nº 7.357/85) — ...
>
> § 1º O endosso pode não designar o endossatário.
>
> Consistindo apenas na assinatura do endossante (endosso em branco), só é válido quando lançado no verso do cheque ou na folha de alongamento."

Contemplado expressamente na Convenção de Genebra, sem reservas, e devidamente ratificado na Lei nº 7.357/85, não pode o *endosso em branco* sofrer qualquer restrição pela legislação fiscal ou qualquer outra, sem prévia e formal denúncia pela via governamental, com as formalidades específicas.

Observe-se a respeito o art. 19 da Lei nº 8.088/90:

> "Todos os títulos, valores mobiliários e cambiais serão sempre sob a forma nominativa, sendo transmissíveis somente por endosso em preto".

Em uma *penada*, revogou-se a Convenção de Genebra, sem sequer o cuidado da denúncia prévia pelas vias normais!

Se a regra não pode ser contestada com relação ao Mercado de Capitais, depósito em caderneta de poupança e respectiva correção monetária, o mesmo não se poderá dizer com a revogação pura e simples do *endosso em branco*, que "fere as disposições da Lei Uniforme de Genebra, que advém de uma Convenção Internacional", para usarmos a expressão de Wille Duarte Costa.

E, como se isso não bastasse, no § 2º do artigo nominado (19), em flagrante violação aos princípios mais elementares do Direito:

> "Torna inexigível qualquer débito representado pelo título emitido em desobediência à forma nominativa"!

Vale dizer, torna nula e sem qualquer valor uma dívida quitada!

A Lei nº 9.069, de 29 de junho de 1995 (Plano Real), por sua vez, veda a emissão de cheque ao portador *de valor superior a R$ 100,00, sem identificação do beneficiário.*

E, da mesma forma, viola o art. 1º da Lei Uniforme sobre Cheque, que não contém, como requisito essencial, o nome do beneficiário.

Com clareza cristalina, diz o art. 5º da Convenção de Genebra:

> "O cheque sem indicação do beneficiário é considerado como cheque ao portador".

E o que, efetivamente, se constitui o ponto nevrálgico da questão sob comento, não é a posterioridade das Leis nº 8.088/90 e 9.069/95 relativamente à Lei nº 7.357/85 — a Lei do Cheque.

É sabido que a lei nova revoga a anterior quando regula por inteiro a matéria, de forma a afastar qualquer processo de conciliação.

O que se discute é se a lei interna, sem o processo regular, formal e solene da denúncia pode, pura e simplesmente, revogar tratado internacional!

E a conclusão só pode ser uma, como se demonstrou exaustivamente — o tratado internacional em vigor no País, observada a Constituição Federal, sobrepõe-se à lei interna.

Assim considerando, dúvida não pode haver quanto à vigência das regras uniformes quanto à cláusula à ordem e o endosso em branco.

Observe-se que, ainda que se admita validade às limitações do art. 69 da Lei nº 9.069/95 — o que se admite apenas para argumentar — o depósito do cheque na agência e na conta corrente do beneficiário indica convenientemente o destinatário, preenchendo a finalidade eminentemente fiscal do dispositivo legal nominado.

Ressalte-se que, em caso de todo análogo, decidiu o Superior Tribunal de Justiça que:

> "Satisfeito pelo credor o requisito da identificação para fins de controle fiscal, não há falar em nulidade do título ou ilegitimidade de parte".

Eis o v. acórdão publicado do *DJ* de 16-10-2000:

> "Recurso Especial nº 204.595/GO (1999/1115625-0), Relator Ministro Barros Monteiro, reclamante Metalgym Indústria e Comércio de Móveis Ltda., advogados Alexandre Meirelles e outros, reclamados José Lindomar Borges Marinho, advogados Nilo Ferreira Macedo e outros.

Ementa

Cheque. Endosso em branco. Arguição de nulidade do título e de ilegitimidade do credor. Exigência legal de que o beneficiário seja identificado. Leis nº 8.021, de 12-04-90 e 8.088, de 31-10-90.

Satisfeito pelo credor o requisito da identificação para fins de controle fiscal, não há falar-se em nulidade do título ou ilegitimidade de parte.

Recurso especial não conhecido.

Acórdão

Vistos e relatados estes autos em que são partes as acima indicadas:

Decide a Quarta Turma do Superior Tribunal de Justiça, por unanimidade, não conhecer do recurso, na forma do relatório e notas taquigráficas precedentes que integram o presente julgado. Votaram com o Relator os Srs. Ministros César Asfor Rocha, Ruy Rosado de Aguiar e Aldir Passarinho Júnior e Sálvio de Figueiredo Teixeira.

Brasília, 25 de abril de 2000 (data do julgamento).

Ministro Ruy Rosado de Aguiar, Presidente

Ministro Barros Monteiro, Relator

Relatório

O Sr. Ministro Barros Monteiro.

Cuida-se de embargos do devedor opostos por 'Metalgym Indústria e Comércio de Móveis Ltda.' nos autos da execução por título extrajudicial (cheques) que lhe move José Lindomar Borges Marinho, alegando nulidade do título, ilegitimidade ativa do embargado para promover a execução, assim como ilegitimidade passiva da embargante.

Julgados improcedentes os embargos em 1º grau, o Tribunal de Justiça de Goiás, por maioria de votos, negou provimento ao apelo da executada em Acórdão que ostenta a seguinte ementa:

'Embargos à execução. Endosso em branco. Interpretação da Lei nº 8.021/90:

1 — Quem recebe cheque endossado em branco possui legitimidade para ajuizar ação executiva.

2 — A Lei nº 8.021/90 deve ser interpretada de forma restritiva, pois objetiva identificar o beneficiário do crédito para fins de controle fiscal.

Apelação conhecida e improvida' (fls. 144).

Os infringentes foram rejeitados em acórdão assim ementado:

1 — O endosso transmite regularmente o direito inerente ao título de crédito.

2 — Detém legitimidade passiva para figurar como executado quem tenha endossado cheque a legítimo portador' (fls. 197).

Inconformada, a embargante manifestou o presente recurso especial com arrimo na alínea 'a' do permissor constitucional, apontando violação dos arts. 1º e 2º, II, da Lei nº 8.021/90; 19 e § 2º da Lei nº 8.088/90; 585, I, 586, §§ 1º e 2º, e 618 do CPC (**arts. 783 e 803 do CPC/2015**). Sustentou que a transferência do título pode dar-se por endosso em branco; no entanto para exigir-se o pagamento, o endosso deve ser transformado em preto. Argumentou que, enquanto permanecer o endosso em branco, o devedor não tem obrigação de pagar o título, nem o credor pode cobrá-lo.

Contra-arrazoado, o apelo extremo foi admitido na origem, subindo os autos a esta Corte.

É o relatório.

Voto

O Sr. Ministro Barros Monteiro (relator):

Invocando as disposições das Leis nº 8.021, de 12-04-90 (arts. 1º e 2º, II) e 8.088, de 31-10-90 (art. 19 e § 2º), sustenta a embargante — ora recorrente — ser vedada a transferência do cheque por endosso em branco para efeito de pagamento e cobrança.

A interpretação meramente literal dos supracitados preceitos legais não deve, porém, prosperar. Tal como bem salientou o Acórdão da apelação, o escopo da legislação editada à época do denominado 'Plano Collor' foi apenas o de identificar o beneficiário da cártula para fins fiscais. O endosso em branco subsiste no direito brasileiro consoante reza o art. 16 da Lei Uniforme relativa às Letras de Câmbio e Notas Promissórias (Decreto nº 57.663, de 24-01-66) e na conformidade, aliás, com o que já decidiu esta C. Turma: *RSTJ* vol. 63, págs. 385/389.

Como a própria recorrente admite em suas razões de apelo extremo, os cheques podem ser transferidos mediante endosso em branco: tão só para pagamento do título é preciso que esse endosso seja transformado em preto.

No caso, dir-se-á que a ação foi proposta com o endosso ainda em branco. É induvidoso, entretanto, que, ao ajuizar a execução, o credor se identificou plenamente, satisfazendo com isso a exigência e a finalidade da lei. O simples fato de não haver a endossante aposto, no verso do título, o nome do endossatário não o nulifica, nem obsta que o credor, identificando-se, venha a cobrar o 'quantum' devido.

Escorreita, pois, a interpretação conferida pelo Tribunal 'a quo' à legislação editada ao tempo do chamado 'Plano Collor', não havendo por que considerá-la contrariada, nem tampouco as normas aventadas da nossa lei processual civil.

Do quanto exposto, não conheço do recurso.

É como voto".

56. CHEQUE NOMINAL — O cheque nominal, também chamado de nominativo, é aquele que consigna expressamente o nome do beneficiário ou tomador, só a este podendo ser pago.

Exemplo:

Nº Banco $

(Área destinada à identificação do banco)

PAGUE POR ESTE CHEQUE A QUANTIA DE ________

____

A CARLOS DE CAMPOS OU AO PORTADOR
OU À SUA ORDEM.

(Área destinada à identificação do sacado) ________, DE ________DE

____

(Área destinada à magnetização)

O cheque nominal pode conter a cláusula *à ordem* ou ser passado com a cláusula *não à ordem*, assunto de que nos ocuparemos a seguir. Na primeira hipótese, poderá ser transferido por via de endosso. Na segunda, contendo a cláusula *não à ordem*, é insuscetível de transferência por esse meio — valendo sua transmissão a outrem como mera cessão civil.

Como já tivemos ensejo de acentuar (*vide* nº 51), o cheque pode consignar o nome do beneficiário ou tomador e, ainda assim, ser considerado ao portador, bastando que se acrescente ao nome do tomador a expressão *ou ao portador*.

57. CHEQUE COM A CLÁUSULA "À ORDEM" — A cláusula *à ordem*, como já assinalamos, faculta a transferência do título.

"São títulos à ordem, preleciona Carvalho de Mendonça, aqueles nos quais o signatário se obriga a entregar ou mandar entregar à pessoa indicada ou *à ordem desta*, em lugar e tempo determinados, certa quantia em dinheiro ou certa quantidade de coisas fungíveis."

Em suma, são títulos à ordem aqueles suscetíveis de transferência por via de endosso.

Seguindo os passos da Lei Uniforme, a Lei nº 7.357/85 considera o cheque um título à ordem por natureza, distanciando-se, assim, do Decreto nº 2.591/1912. Assim, ainda que não esteja expressamente consignada a cláusula "à ordem", o cheque é transmissível por endosso, conservando plena eficácia executiva:

> "Art. 17. O cheque pagável a pessoa nomeada, com ou sem a cláusula expressa 'à ordem', é transmissível por via de endosso".

58. CHEQUE COM A CLÁUSULA "NÃO À ORDEM" — O cheque pode, em lugar da cláusula *à ordem*, conter a cláusula *não à ordem*. Nessa hipótese, ao contrário do que sucede com o cheque à ordem, não poderá o título ser transferido a terceiro por via de endosso, só podendo ocorrer a cessão civil, segundo o disposto no art. 286 do Código Civil:

> "O credor pode ceder o seu crédito, se a isso não se opuser a natureza da obrigação, a lei, ou a convenção com o devedor...".

A cláusula *não à ordem*, ressalte-se, tem significado cambial, não extravasando seus limites. Por isso mesmo, não pode ser vista como convenção de intransferibilidade a que se refere a lei civil acima nominada.

Nessas condições, embora não possa o título ser transferido por via de endosso, admissível é sua cessão civil. Nessa hipótese, contudo, perde sua eficácia executiva, só podendo ser exigido pela via ordinária, desaparecendo, por consequência, as características cambiais de que se reveste.

O cheque com a cláusula *não à ordem*, como facilmente se percebe, há de ser necessariamente *nominal*.

59. CHEQUE PÓS-DATADO (VULGARMENTE CHAMADO "CHEQUE PRÉ-DATADO") — O cheque pós-datado, vulgarmente denominado "cheque pré-datado", é aquele com data posterior à data em que efetivamente foi emitido.

A sua crescente adoção pelo sistema de crediário em lojas e congêneres ampliou sensivelmente a sua circulação, antes restrita à agiotagem.

Contudo, em casos tais, os cheques assim emitidos têm alterada sensivelmente a sua função, a rigor perdendo sua natureza de cheque, transformando-se em mera promessa de pagamento, conquanto mantenham sua eficácia executiva extrajudicial:

> "O cheque pós-datado emitido em garantia de dívida não se desnatura como título cambiariforme, tampouco como título executivo extrajudicial.
>
> A circunstância de haver sido aposta no cheque data futura, embora possua relevância na esfera penal, no âmbito dos direitos civil e comercial traz como única consequência prática a ampliação real do prazo de apresentação" (STJ, RE nº 16.855 — SP, Rel. Min. Sálvio de Figueiredo, 4ª T., *Ementário da Jurisprudência do Superior Tribunal de Justiça*, nº 8, ementa nº 287).
>
> "O cheque pós-datado, emitido em garantia de dívida, não se desnatura como título cambiariforme, nem tampouco como título executivo extrajudicial. Precedentes do STJ" (STJ, RE nº 67.206-6, Rel. Min. Barros Monteiro, 4ª T., *Ementário da Jurisprudência do Superior Tribunal de Justiça,* nº 13, ementa nº 194).

A eventualidade de insuficiência de fundos, em casos tais, não configurará ilícito penal, consoante remansosa jurisprudência dos nossos Tribunais:

> "se o apelante recebeu o cheque não como saque à vista, mas como promessa de pagamento a ser feita mais de dois meses após, é

> evidente que não recebeu o título como cheque e como cheque dele não pode valer-se" (antigo 1º Tribunal de Alçada Cível de São Paulo, Ap. nº 230.544).

Repudiado pela Lei Uniforme (art. 28) e pela Lei nº 7.357/85, o cheque emitido nessas condições é pagável no dia da apresentação:

> "Art. 32. ...
>
> Parágrafo único. O cheque apresentado para pagamento antes do dia indicado como data de emissão é pagável no dia da apresentação".

Assim, a possibilidade de um cheque "pós-datado" ser apresentado imediatamente é motivo de especial cautela na sua emissão.

59-A. AÇÃO DE INDENIZAÇÃO POR DANOS MORAIS, NA APRESENTAÇÃO ANTECIPADA DE CHEQUE PÓS-DATADO — Conquanto o cheque emitido como garantia de pagamento (pós-datado) possa ser apresentado ao banco antes da data *convencionada*, tal fato consubstancia, por parte do credor, violação a um ajuste entre as partes.

Resultando de verdadeiro acordo, não pode o beneficiário romper unilateralmente o avençado, apresentando o cheque ao banco antes da data designada. Se o faz, age, senão dolosamente, com certeza com culpa, ensejando, por via de consequência, *indenização por danos morais*. Com efeito, a apresentação antecipada pode, e normalmente ocasiona, graves prejuízos ao emitente, tais como encerramento da conta bancária, inscrição de seu nome no Cadastro de Emitentes de Cheques Sem Fundos, corte no fornecimento de cartões de crédito e vendas a prazo, ocasionando, não raras vezes, a insolvência com suas terríveis sequelas.

Assim, a quebra de tal ajuste pode levar o emitente a acionar o credor (beneficiário), entendimento consolidado nos tribunais brasileiros, como se constata das Súmulas 37, 370 e 388 do STJ, e assunto pacificado pelo STF.

O STJ pacificou o entendimento que o credor que apresenta o cheque pós-datado antes da data combinada acarreta danos morais ao devedor, consoante o que estabelece o art. 5º, V e X, da CF/88.

Súmula **37** do STJ:

> *São cumuláveis as indenizações por dano material e dano moral oriundos do mesmo fato.*

Súmula **370** do STJ:

> *Caracteriza dano moral a apresentação antecipada de cheque pré-datado.*

Súmula **388** do STJ:

> *A simples devolução indevida de cheque caracteriza dano moral.*

É de se observar que o uso do cheque acabou por se desvirtuar de tal forma que de ordem de pagamento à vista transformou-se em mera promessa de pagamento. De outro lado, a vultosa emissão de cheques sem provisão de fundos implicou sua vigorosa rejeição no comércio em geral.

60. **CHEQUE CRUZADO** — Adotado pelos banqueiros ingleses no século XIX (*crossed check*), o cheque cruzado é estabelecido para identificar o título destinado ao serviço de compensação. Duas linhas paralelas cortam o cheque, indicando que ele só pode ser pago de banco para banco ou a um cliente do banco sacado:

> "Um cheque com cruzamento geral só pode ser pago pelo sacado a um banqueiro ou a um cliente do sacado" (art. 38 da Lei Uniforme).

O cruzamento pode ser em branco ou nominal, isto é, não mencionar entre as linhas paralelas nenhum nome — hipótese em que será *cruzado em branco*, ou mencionar, entre as linhas paralelas, o nome de um estabelecimento bancário — hipótese em que será *cruzado nominal*:

"... e, se no cruzamento contiver o nome de um banco, só a este poderá ser feito o pagamento".

Todo o Capítulo V da Lei nº 7.357/85 é dedicado ao cheque cruzado, dispondo o art. 44 que a faculdade de cruzá-lo é exclusiva do emitente e do portador.

61. CHEQUE PARA CREDITAR — A Lei Uniforme estabeleceu, no seu art. 39, o chamado *cheque com a cláusula para creditar*.

O cheque para creditar não pode ser pago em dinheiro, mas tão somente creditado em conta do beneficiário. Adotada a cláusula "para ser creditado" ou *à porter en compte*, não admite cancelamento:

"O sacador ou o portador dum cheque podem proibir o seu pagamento em numerário, inserindo na face do cheque transversalmente a menção 'para levar em conta', ou outra equivalente.

Nesse caso o sacado só pode fazer a liquidação do cheque por lançamento de escrita (crédito em conta, transferência duma conta para outra ou compensação). A liquidação por lançamento de escrita vale como pagamento. A inutilização da menção 'para levar em conta' considera-se como não feita.

O sacado que deixar de observar as disposições acima referidas é responsável pelo prejuízo que daí possa resultar até uma importância igual ao valor do cheque".

A Lei nº 7.357/85, ao contrário do que ocorria sob a égide do Decreto nº 2.591/1912, vem de adotar o cheque para creditar, fazendo-o no art. 46:

"O emitente ou portador podem proibir que o cheque seja pago em dinheiro, mediante a inscrição transversal, no anverso do título, da cláusula 'para ser creditado em conta', ou outra equivalente. Nesse caso, o sacado só pode proceder a lançamento contábil (crédito em conta, transferência ou compensação), que vale como pagamento. O depósito em conta de seu beneficiário dispensa o respectivo endosso".

62. CHEQUE VISADO — O cheque visado, adotado de longa data pelos banqueiros britânicos, não era contemplado pela nossa legislação, conquanto amplamente consagrado pelos usos e costumes.

Defendido, com manifesto entusiasmo, por Rodrigo Otávio, severamente combatido por Leopoldo Bulhões, o cheque visado, de larga utilização nas praças brasileiras, é, inquestionavelmente, um desvirtuamento do instituto. Em verdade, se o cheque é um pagamento à vista, e se se presume tenha o emitente (sacador) suficiente provisão de fundos em poder do sacado (banco), não há como admitir-se vistos ou equivalentes. Entretanto, embora incompatível com a sua verdadeira natureza jurídica, há que reconhecer, na prática, as vantagens do visto, como, aliás, ressaltou o Egrégio Tribunal de Justiça do Estado de São Paulo, *in Rev. dos Tribs.*, 402/152:

> "O cheque visado não representa, em verdade, dinheiro em caixa. Mas representa um título de crédito de inegável valia".

"O cheque visado", lembra Antão de Morais, "é uma prática constante das praças brasileiras, imposta pelas necessidades das transações. Por consenso unânime dos interessados, o visto não atesta apenas, como quer a doutrina, a existência de provisão, mas tem a virtude de colocar esta à disposição do portador e vincular o sacado".

Exatamente em razão da sua plena consagração pelo comércio em geral, o cheque visado vem de ser regulamentado pela Lei nº 7.357/85, no seu art. 7º, que permite, a pedido do *emitente* (sacador) ou do *portador legitimado*, que o sacado (banco) lance, no seu verso, "visto, certificado ou outra declaração equivalente", data e valor correspondente à quantia indicada no título.

Visado o cheque, o banco (sacado) debita o valor a ele correspondente na conta do emitente (sacador), reservando a respectiva quantia em benefício do *portador legitimado*. Esta quantia permanece à disposição do *portador legitimado*, durante todo o tempo da apresentação (trinta ou sessenta dias, segundo seja emitido no lugar onde deva ser pago, ou em outro lugar, ou no exterior), findo o que, não havendo apresentação do cheque, estornará à conta do emitente (sacador).

Pondo fim a antiga controvérsia, a Lei nº 7.357/85 não exonera o emitente (sacador), endossante e demais coobrigados e, tampouco, vincula o sacado. Assim, o visto não tem o condão de garantir o pagamento, mas apenas de atestar a existência de fundos.

> "A obrigação do sacado de pagar o cheque visado não se reforça nem se retrai em razão do visto, e, assim, não difere da obrigação que tem, como mandatário, do sacado, de pagar qualquer cheque. E se não o fizer por ato que lhe seja exclusivamente imputado, torna-se responsável perante o sacador, nunca frente ao beneficiário do cheque visado", observa, com manifesta propriedade, Othon Sidou.

Por outro lado, como todos os demais cheques, também o cheque visado admite contraordem, desde que fundada em relevante razão de direito:

> "Art. 36. Mesmo durante o prazo de apresentação, o emitente e o portador legitimado podem fazer sustar o pagamento, manifestando ao sacado, por escrito, oposição fundada em relevante razão de direito".

Ao sacado (banco), nos termos do § 2º do dispositivo legal nominado, não cabe julgar da relevância da razão invocada pelo oponente, isto é, pela pessoa que susta a ordem de pagamento.

63. CHEQUE MARCADO — O cheque, como já se observou, é uma ordem de pagamento expedida pelo sacador sobre fundos existentes em poder do sacado. Derivam do cheque, como facilmente se percebe, duas relações absolutamente distintas:

a) relação de provisão que se estabelece entre o sacador e o sacado, de natureza extracambiária;

b) relação cambiária que se estabelece entre o sacador e o portador.

Nenhum vínculo se estabelece entre o portador e o sacado, contrariamente ao que ocorre com a letra de câmbio.

Todavia, em circunstâncias atípicas, tais como afluxo anormal de clientes, a chamada "correria aos bancos", um estabelecimento bancário pode ver-se, repentinamente, sem numerário em caixa, não tendo, assim, condições de resgatar cheques com suficiente provisão de fundos. Nessas ocasiões, lançam os bancos mão de um expediente, assinalando sobre o cheque os dizeres "*bom para o dia tal*". Tal anotação equivale a verdadeiro aceite, desvinculando o emitente (sacador) e vinculando diretamente o sacado (banco), em uma inequívoca desnaturação do instituto, prática vedada pela Lei Uniforme, no seu art. 4º, e que, entretanto, era admitida pelo art. 11 do Decreto nº 2.591/1912.

A Lei nº 7.357/85, fiel à Convenção de Genebra, não admite a marcação do cheque, enfatizando-o no seu art. 6º:

> "O cheque não admite aceite, considerando-se não escrita qualquer declaração nesse sentido".

64. CHEQUE DE TURISMO — Largamente difundido, nos dias atuais, o *traveller's check* foi criado por James C. Fargo, em 1912. Tais cheques são sacados por bancos para pagamento em agências ou sucursais, tanto no território quanto no estrangeiro. Normalmente já trazem impressa a quantia a ser paga. Como medida de cautela não são negociáveis, conquanto aceitos por hotéis internacionais e companhias de turismo. Outrossim, são pagáveis com a apresentação da respectiva identidade do portador.

O cheque de turismo não tem ensejado maiores debates entre os doutrinadores, tendo, porém, sido objeto de restrição na Circular nº 237, de 26 de março de 1963, expedida pelo Banco Central e que dispõe sobre a sua emissão pelos estabelecimentos bancários.

Nos termos do art. 1º, só os bancos previamente autorizados pela Diretoria Executiva da Superintendência da Moeda e do Crédito (SUMOC), hoje Banco Central do Brasil, poderão emitir tais cheques, fazendo-o em conformidade com o Decreto nº 24.777, de 14 de julho de 1934, que dispõe sobre a emissão de cheques contra as próprias caixas.

65. CHEQUE POSTAL — A Lei Interna (Dec. nº 2.591/1912) admitia o saque de cheques não só contra bancos, mas também contra comerciantes:

> "Art. 1º A pessoa que tiver fundos disponíveis em banco ou em poder de comerciantes, sobre eles, na totalidade ou em parte, pode emitir cheque ou ordem de pagamento à vista, em favor do próprio ou de terceiro".

Esta regra foi abolida pela Lei Uniforme, que só admite o saque de cheques contra bancos e, por via de consequência, instituições a eles equiparadas:

> "Art. 3º O cheque é sacado sobre um banqueiro que tenha fundos à disposição do sacador..."

> "Art. 53. Na presente lei a palavra 'banqueiro' compreende também as pessoas ou instituições assimiladas por lei aos banqueiros."

Contudo, há exceções a esse princípio, como ocorre com o *cheque postal*, admitido pela própria Lei Uniforme:

> "Art. 30 (Anexo II). Qualquer das Altas Partes Contratantes reserva-se o direito de excluir, no todo ou em parte, da aplicação da Lei Uniforme os *cheques postais* e os cheques especiais quer dos Bancos emissores, quer das caixas do Tesouro, quer das instituições públicas de crédito, na medida em que os instrumentos acima mencionados estejam submetidos a uma legislação especial".

No cheque postal, os correios, por suas respectivas agências, fazem as vezes dos bancos, pagando os cheques contra eles emitidos.

A sistemática é a mesma dos cheques sacados contra os bancos, substituindo-se estes pelos correios:

sacador (emitente)

↓

sacado (correios)

↓

tomador (beneficiário)

O cheque postal, como preleciona Carvalho de Mendonça, visa "proporcionar aos particulares, qualquer que seja a distância que os separe, um meio simples, garantido, rápido e econômico para cobrar créditos e pagar débitos, pôr à disposição dos industriais e comerciantes um aparelho que lhes poupe trabalho, os cuidados e os riscos do seu serviço de caixa, e drenar as economias improdutivas, disseminadas pelo país, tornando-as frutíferas para maior proveito da nação".

"Para realizar o escopo acima explicado, prossegue o consagrado jurista, a administração dos correios abre uma conta à pessoa que, reunindo as condições regulamentares (residência, solvência etc.), a solicite. Figurarão no ativo dessa conta as entradas realizadas em qualquer das agências postais, quer por terceiros em seu favor, e no passivo os pagamentos realizados pela administração postal, por meio de cheques assinados por aquele titular, extraídos da caderneta que se lhe entrega, e cuja importância pode ser recebida em qualquer agência."

"Como se vê, nessa combinação, a administração dos correios representa a casa bancária, cujo raio de ação tem por limites as fronteiras do país."

Exatamente o que afirmamos — a agência postal substitui o banco, figurando como sacado.

O cheque postal, como lembra Othon Sidou, se compõe de quatro partes: "*o canhoto*, preso à caderneta, e, destacável, em ordem; *o aviso de pagamento* ou de transferência, a ser remetido ao destinatário; *o mandato*, o qual exprime a ordem à agência postal competente para efetuar o pagamento; e o *aviso de débito*, ou de retorno, para devolução ao expedidor depois de cumprida a ordem, informando-o que sua conta foi debitada do montante correspondente".

A Legislação brasileira (Lei nº 7.357/85) admite o cheque postal, subordinando-o a regime especial — art. 66.

66. **CHEQUE FISCAL** — Não raras vezes, o contribuinte, notadamente o assalariado de classe média, por força, sobretudo, da retenção do Imposto de Renda na fonte, recolhe aos cofres públicos mais do que é devido.

Quando isso ocorre, mandam os dispositivos legais que o Tesouro restitua o que exceder os limites do crédito fiscal, como expressamente dispõe o art. 165 do Código Tributário Nacional:

> "O sujeito passivo tem direito, independentemente de prévio protesto, à restituição total ou parcial do tributo, seja qual for a modalidade do seu pagamento, ressalvado o disposto no § 4º do art. 162, nos seguintes casos:
>
> I — cobrança ou pagamento espontâneo de tributo indevido ou maior que o devido em face da legislação tributária aplicável, ou da natureza ou circunstâncias materiais do fato gerador efetivamente ocorrido;
>
> II — erro na edificação do sujeito passivo, na determinação da alíquota aplicável, no cálculo do montante do débito ou na elaboração ou conferência de qualquer documento relativo ao pagamento;
>
> III — reforma, anulação, revogação ou rescisão de decisão condenatória".

Esta restituição toma, em Direito Tributário, o nome de *restituição* ou *repetição do indébito.*

Em determinadas circunstâncias, como ocorre com o Imposto de Renda retido na fonte, a restituição se faz independentemente de qualquer provocação do contribuinte, operando-se de ofício.

Nessas oportunidades, o excedente do verdadeiro crédito tributário é devolvido por meio de cheque sacado pelo próprio Governo, em favor do contribuinte.

Este cheque de restituição está subordinado a legislação específica e, a nosso ver, se insere nos chamados *cheques especiais*, cuja existência é admitida pela Lei Uniforme, no seu art. 30 do Anexo II.

A este cheque, emitido pelo Governo para a restituição do indébito, Rubens Requião dá o nome de *cheque fiscal*, enumerando duas espécies:

a) **de restituição de imposto de renda, pessoa física;**

b) **de poupança.**

O primeiro tem validade tão somente por seis meses, a contar da data do saque (emissão). É nominal, consignando, portanto, o nome do contribuinte que figura como beneficiário ou tomador. Contém a cláusula *não à ordem*, o que o torna insuscetível de transferência por via de endosso.

O segundo, destinado à aplicação em incentivos fiscais, é sacado em nome do contribuinte, contra o Banco do Brasil S.A., endossável às instituições financeiras especificadas em lei.

67. CHEQUE ADMINISTRATIVO — O cheque administrativo, também denominado *cheque passado sobre o próprio sacador*, ou ainda, *à ordem de pagamento contra o ordenador*, é o *autossaque*. Por ele um banco pode sacar contra um dos seus estabelecimentos ou filiais, em favor de terceiros. É, pois, o cheque emitido pelo próprio banco, contra si mesmo. Passado (emitido ou sacado) contra o próprio sacador (o banco).

Nessa espécie de cheque, sacador e sacado se confundem:

sacador (o banco)

→ *sacado* (o banco)

→ *beneficiário* (terceiro)

Inicialmente visto com manifesta reserva, sobre ele assim se manifestou Waldemar Ferreira: "Sendo o cheque ordem de pagamento à vista, contra banco, em razão da existência de fundos ao seu dispor, em favor próprio ou de terceiro, muito se duvidou pudesse o banco sacá-lo contra si mesmo.

Para emissão de cheque, supõe a lei fundos ou provisão de terceiro, como saldo de conta corrente em seu prol, a fim de poderem ser levantados, no todo ou em parte. Introduziu-se na prática bancária, entretanto, a de, tratando-se de estabelecimento com agências ou filiais, na mesma ou em diversas praças do país ou do estrangeiro, emitir cheque, em favor de terceiros, contra aquelas agências. Tratava-se, evidentemente, de ordem de pagamento de matriz a filial, não todavia de cheque, senão *in nomine*".

"Incompreensível era pudesse o banco sacá-lo contra si mesmo, pois a pluralidade de estabelecimentos bancários não desfaz a unidade da pessoa jurídica. Indiscutivelmente podia o banco dar a suas filiais, sucursais ou agências quantas ordens de pagamento lhe aprouvesse, tanto verbalmente como por escrito. Por cheque não. Se, porém, expedindo-a, de cheque a denominava e lhe imprimia a forma deste, esse somente podia ser cheque impróprio. Cheque adúltero, chamá-lo-iam os juristas de antanho. Cheque não seria senão no nome. Só de nome. Carecia de natureza jurídica do título, pela ausência de seus requisitos substanciais. Acentuou-se, não obstante, sua usança, no estrangeiro, principalmente, e investido de relevante papel econômico, a despeito de não passar, em verdade, de autêntica nota promissória bancária, de cheque denominada."

Consagrado o cheque na Lei Uniforme (art. 6º), e disciplinado no direito brasileiro pelo Decreto nº 24.777, de 14 de julho de 1934, que o estabelecia necessariamente nominal, é expressamente aceito pela Lei nº 7.357/85, art. 9º, que assim dispõe:

> "O cheque pode ser emitido:
>
> I — ...
>
> II — ...
>
> III — contra o próprio banco sacador, desde que não ao portador".

Conquanto de inequívoca ressonância nos meios bancários, não tem o cheque administrativo merecido a devida atenção dos nossos autores, e poucos são os trabalhos em torno do tema, tornando-se manifestamente útil estudo sucinto e objetivo a respeito, elaborado com rara preocupação didática por Luiz de Freitas Lima: "Entende-se por cheque administrativo o cheque sacado sobre o próprio sacador.

Em substancioso parecer inserido na *Revista dos Tribunais* (vol. 504/48), sob o título 'Natureza e Regime Legal do Cheque Bancário', Mauro Brandão Lopes, da Faculdade de Direito da Universidade de São Paulo, põe em destaque a opinião do delegado dinamarquês presente à Convenção de Genebra, em 1931, no sentido de que o cheque, nessas circunstâncias, perde a sua condição de cheque e passa a ser uma promessa de pagamento, permitindo-se, contudo, o saque contra o próprio sacador, desde que de um estabelecimento seu sobre o outro, o que, aliás, vingou na Lei Uniforme (alínea 3ª do art. 6º).

'O caráter peculiar do cheque bancário — escreve Mauro Brandão Lopes — foi tão bem ressaltado pelo delegado dinamarquês, que convém aqui destacar os seus pontos básicos: *a)* 'Ninguém pode, nem lógica nem juridicamente, dar a si próprio uma ordem'; *b)* o cheque, nessas condições, 'não é cheque no sentido da Lei Uniforme; não é senão uma promessa de pagar soma determinada a pessoa determinada, ou talvez ao portador; equivale a um bilhete de banco'; *c)* esse cheque só é admissível em caso de banco sacador-sacado, quando a emissão e o pagamento se devem fazer em diferentes estabelecimentos.'

Idêntica opinião possuem Vivante, Bonelli e Navarrini, sustentando este último que 'como princípio geral, o cheque não pode ser sacado contra o próprio sacador; o sacador deve, pois, ser pessoa diversa'".

Contudo, em que pesem as críticas que a ele são opostas, o cheque bancário, que Othon Sidou denomina *cheque de caixa* (*cashier's check*) ou *cheque de direção* (*manager's check*), se constitui em uma exceção à regra, de largo e corrente uso, ainda que necessariamente nominativo e com destinação no verso.

Isso, afinal, não desnatura o cheque que continua sendo uma *ordem de pagamento à vista*, sacado contra instituição financeira onde o emitente possua provisão de fundos.

Ressalte-se que, muito embora a pluralidade de estabelecimentos não desfaça a unidade da pessoa jurídica, cada estabelecimento, como já afirmava Tito Fulgêncio, "tem sua individualidade própria, não se podendo negar ao sacador o direito de retirar em proveito próprio o fundo disponível em poder do sacado".

68. CHEQUE EM BRANCO OU INCOMPLETO — Cheque em branco é aquele preenchido de forma incompleta, ou como diz Paulo Restiffe Neto, "desfalcado de algum ou alguns dos seus requisitos", e que, posteriormente, antes da sua apresentação ao sacado, é completado pelo portador ou beneficiário.

A Lei Uniforme, no seu art. 13, contempla expressamente esta espécie de cheque:

> "Se um cheque incompleto no momento de ser passado tiver sido completado contrariamente aos acordos realizados, não pode a inobservância desses acordos ser motivo de oposição ao portador, salvo se este tiver adquirido o cheque de má-fé, ou, adquirindo-o, tenha cometido uma falta grave".

O preenchimento, pelo beneficiário ou tomador, de um cheque que lhe tenha sido emitido em branco ou incompleto, em princípio não induz, necessariamente, a ideia de ilícito. Muito ao contrário, como obtempera Paulo Restiffe Neto, "presume-se que o preenchimento se faça de conformidade com os acordos realizados", tal, aliás, como ocorre com a letra de câmbio ou nota promissória em branco, em que se pressupõe a existência do chamado *contrato de preenchimento*, pelo qual fica o portador ou beneficiário autorizado a preenchê-las na oportunidade.

Assim, na eventualidade de alguém entregar a outrem um cheque em branco ou incompleto (o que, diga-se de passagem, não é aconselhável), e este, posteriormente, completá-lo, caberá ao sacador ou emitente positivar a existência de ilícito, de qualquer forma não prevalecendo a arguição contra terceiro de boa-fé.

O cheque em branco, obviamente, como tal é incobrável, só podendo ser apresentado ao sacado (banco) ou ajuizado, quando devidamente completado pelo portador, como, aliás, deixa claro a Súmula 387 do Supremo Tribunal Federal:

> "A cambial (e igualmente o cheque, nos permitimos acrescentar) emitida ou aceita com omissões, ou em branco, pode ser completada pelo credor de boa-fé antes da cobrança ou do protesto".

O art. 11 do Anexo II da Lei Uniforme estabelece reserva dos países signatários a respeito do cheque em branco:

> "Qualquer das Altas Partes Contratantes reserva-se a faculdade de não inserir na sua lei nacional o art. 13 da Lei Uniforme".

A Lei Interna, ressalte-se, já anteriormente à Lei Uniforme, admitia o cheque em branco ou incompleto, como, aliás, põe em relevo Othon Sidou: "A lei brasileira específica também convalida o cheque em branco, *a contrario sensu*, ao sancionar com multa o título sem data; se o faz, é porque reputa válido o cheque a que falta algum dos requisitos posteriormente supríveis, menos, por óbvio, a palavra 'cheque' e a assinatura do sacador".

Nesse mesmo sentido Pontes de Miranda: "antes do Direito Uniforme (art. 13), já o direito brasileiro admitia o cheque em branco".

Assim, como ressaltou julgado do Egrégio Tribunal de Justiça do Estado de São Paulo:

> "O instrumento é, apenas, ineficaz enquanto não se enche, sendo que o preenchimento do cheque pode ser por outrem; a olografia só se refere à assinatura.
>
> O subscritor assume o risco do título a que deu vida; o possuidor de boa-fé é prestigiado, só se admitindo exceções pessoais contra os possuidores de má-fé" (*Rev. dos Tribs.*, 271/374).

69. CHEQUE COM PLURALIDADE DE EXEMPLARES — Em princípio, o cheque só pode ser emitido (sacado) em uma única via, seja ele ao portador ou nominal.

Em consequência, cada cheque consubstancia uma obrigação autônoma, para utilizarmos a expressão de Paulo Restiffe Neto.

Contudo, abre a Lei Uniforme uma exceção, admitindo a emissão de cheque com pluralidade de exemplares. Isso ocorre tão somente com o cheque nominal, emitido em um país para ser pago em outro.

Portanto, em se tratando de um cheque nominal, emitido em um país para ser pago em outro, facultada é a emissão com vários exemplares.

É o que dispõe o art. 49 da lei nominada:

> "Excetuado o cheque ao portador, qualquer outro cheque emitido num país e pagável noutro país ou numa possessão ultramarina desse país, e vice-versa, ou ainda emitido e pagável na mesma possessão ou em diversas possessões ultramarinas do mesmo país, pode ser passado em vários exemplares..."

Nessa hipótese, devem os exemplares ser numerados no próprio texto do título, representando todos os exemplares *uma só obrigação ou valor*, e o pagamento de um dos exemplares libera o emitente ou sacador do resgate dos demais, ainda que não esteja estipulado neles que esse pagamento anula o efeito dos outros.

Não numerados os exemplares, cada um deles será considerado um cheque distinto:

> "Art. 49. (Lei Uniforme) ... quando um cheque é passado em vários exemplares, esses exemplares devem ser numerados no texto do próprio título, pois do contrário cada um será considerado como sendo um cheque distinto".

> "Art. 50. O pagamento efetuado contra um dos exemplares é liberatório, mesmo quando não esteja estipulado que este pagamento anula os efeitos dos outros..."

Tendo em vista que os diversos exemplares do cheque, na modalidade mencionada, representam todos uma só obrigação, constituindo "juridicamente um todo", como afirma Othon Sidou, fica o endossante originário ou subsequente, que tenha transmitido as diversas vias a várias pessoas, responsável por todos os exemplares por eles assinados e que não forem restituídos:

> "Art. 50. ... O endossante que transmitiu os exemplares do cheque a várias pessoas, bem como os endossantes subsequentes, são responsáveis por todos os exemplares por eles assinados que não forem restituídos".

Não há reserva aos dispositivos legais acima transcritos, razão por que o princípio vige entre nós, conquanto circunscrito ao âmbito internacional — cheque emitido em um país e pagável em outro, como, aliás, proclama o art. 56 da Lei nº 7.357/85.

70. RESUMO

Conceito:

O cheque é uma ordem de pagamento à vista, em favor próprio ou de terceiros, contra fundos disponíveis em poder do sacado.

Natureza jurídica:

"O cheque — que não é título de crédito e muito menos título de crédito causal — é instrumento de pagamento que se exaure com o recebimento do seu valor" (Paulo Restiffe Neto).

Requisitos essenciais:

a) denominação "cheque";

b) indicação em cifra e por extenso da soma a pagar;

c) o nome da pessoa que deve pagar, isto é, do sacado, do estabelecimento bancário;

d) o nome do beneficiário, portador ou tomador, admitindo-se o cheque ao portador;

e) a data, compreendendo o lugar, dia, mês e ano da emissão, sendo o mês por extenso;

f) assinatura do sacador ou emitente, que pode ser substituída pela do mandatário especial.

Vigência da Convenção de Genebra:

No Recurso Extraordinário nº 71.154, decidiu o Supremo Tribunal Federal que a Lei Uniforme sobre cheques está em pleno vigor no Brasil, aprovada que foi pelo Decreto Legislativo nº 54, de 8 de setembro de 1974, e promulgada pelo Decreto nº 57.595, de 7 de janeiro de 1966.

Figuras intervenientes:

I — O *sacador*, aquele que emite o cheque, que dá ou passa a ordem de pagamento, assinando-a.

II — O *beneficiário*, o portador, também chamado tomador, que é a pessoa em favor da qual é emitido o cheque.

III — O *sacado*, ou seja, o estabelecimento bancário em poder do qual se acham os fundos, e que tem de efetuar o pagamento.

Apresentação:

A apresentação é sumamente importante. Tardia faz o cheque perder sua eficácia executiva contra os endossantes e seus avalistas. Os prazos para apresentação são aqueles da Lei interna (Lei nº 7.357/85):

— *um mês*, quando passado na praça onde deva ser pago;

— *sessenta dias*, quando passado em outra praça ou em outro país.

A apresentação do cheque a uma *câmara de compensação* equivale à apresentação a pagamento, nos termos do art. 31 da Lei Uniforme e art. 34 da Lei nº 7.357/85.

Prescrição:

Toda a ação do portador contra os endossantes, contra o sacador ou contra os demais coobrigados prescreve decorridos que sejam *seis meses*, contados do termo do prazo de apresentação.

Toda a ação de um dos coobrigados no pagamento de um cheque contra os demais prescreve no prazo de *seis meses*, contados do dia em que ele tenha pago o cheque ou do dia em que ele próprio foi acionado.

A interrupção da prescrição só produz efeito em relação à pessoa para a qual a interrupção foi feita.

O cheque pode ser emitido:

a) nominativo ***com*** *cláusula à ordem*;

b) nominativo ***sem*** *cláusula à ordem*;

c) nominativo ***com*** *cláusula* ***não à ordem***;

d) ***ao portador***.

O cheque nominativo, com ou sem cláusula à ordem, é transmissível por via de endosso, já que o cheque é um título à ordem por natureza. O cheque com a cláusula *não à ordem* é insuscetível de transferência por endosso, e sua transmissão é considerada *cessão civil*, perdendo, por via de consequência, sua eficácia executiva. O cheque ao portador é transmissível pela simples tradição.

Cheque ao portador:

Cheque ao portador é aquele que não indica o beneficiário, ou que em seu lugar tem inserida a expressão *ao portador*.

> "Art. 5º (Lei Uniforme) — O cheque sem indicação do beneficiário é considerado como cheque ao portador".

O cheque ao portador é pagável a quem o apresenta ao sacado, sendo transferível mediante a simples tradição.

Cheque nominal:

Cheque nominal, também denominado *nominativo*, é aquele que consigna o nome do tomador ou beneficiário.

Note-se que o cheque pode consignar o nome do beneficiário e, ainda assim, ser considerado ao portador, bastando que se acrescente ao nome do tomador a expressão *ou ao portador*.

Cheque com ou sem a cláusula "à ordem":

Cheque com a cláusula "à ordem" é aquele suscetível de transferência por via de endosso. É, portanto, o cheque endossável.

O cheque é, por natureza, um título à ordem. Assim, existindo ou inexistindo a cláusula nominada, o cheque é considerado à ordem. Somente a inserção da cláusula "não à ordem" é que efetivamente o torna intransferível por via de endosso.

Cheque com a cláusula "não à ordem":

O cheque pode, em lugar da cláusula "à ordem", conter a cláusula "não à ordem".

Nessa hipótese, ao contrário do que ocorre com o cheque "à ordem", não poderá ser transferido a terceiro por via de endosso, só sendo transmissível por *cessão civil*, perdendo o título sua eficácia executiva.

Cheque "pós-datado":

O art. 32 da Lei nº 7.357/85 e o art. 28 da Lei Uniforme vedam o cheque *pós-datado*:

> "O cheque apresentado a pagamento antes do dia indicado como data da emissão é pagável no dia da apresentação".

Deve-se observar as redações das Súmulas 37, 370 e 388 do STJ.

Cheque cruzado:

O cheque cruzado, ou seja, atravessado por dois paralelos, só pode ser pago a um banco.

O cruzamento é faculdade exclusiva do portador (beneficiário) e do sacador (emitente).

Duas são as espécies de cruzamento:

a) cruzamento ao portador, também chamado geral, não designa o banco a ser pago;

b) cruzamento nominal, também denominado especial, que designa o banco ao qual deve ser pago.

Cheque para creditar:

O cheque para creditar foi admitido pela Lei nº 7.357/85, sob a denominação de *cheque para ser creditado em conta.* Tal cheque não pode ser pago em dinheiro, devendo ser creditado em conta do beneficiário.

Cheque visado:

"A função do visto deve circunscrever-se à demonstração de estar a provisão à disposição do tomador, que será pago de preferência a qualquer outro, sem perder o sacado a sua posição de *adjectus* do emitente" (*Rev. dos Tribs.*, 252/485).

Cheque marcado:

O cheque marcado pelo sacado (banco): "bom para o dia..." não é admitido pela Lei Uniforme (art. 4º) e tampouco pela legislação interna — Lei nº 7.357/85 (art. 6º).

Cheque de turismo:

"O cheque de viagem, que o Prof. Waldemar Ferreira denomina de 'cheque viageiro', é o *traveller's check* na sua língua de origem. Para facilitar a segurança dos recursos que o viajante ou turista transporta consigo, instituiu-se um sistema de cheque de grande utilidade e conforto. Os estabelecimentos bancários que com eles operam, vendem o cheque isolado ou em talonários, de importâncias fixas, impressas no seu texto. Na presença do banqueiro ou de funcionário seu, o emitente — após identificar-se — apõe a sua assinatura na parte superior de cada cheque, ali ficando ela registrada. A qualquer momento, em praça diferente ou na mesma praça, o viajante emite o cheque, identificando-se perante o estabelecimento bancário ou casa de câmbio, assinando-o novamente, ao pé, em lugar indicado. Conferindo a assinatura aposta anteriormente no alto do cheque com a segunda assinatura lançada na parte inferior, de modo a permitir a sua conferência, está o cheque emitido pronto para ser pago" (Rubens Requião).

Cheque postal:

No cheque postal, os correios, por suas agências, fazem as vezes dos bancos, pagando os cheques contra eles emitidos.

Visa tal espécie de cheque, como obtempera Carvalho de Mendonça, "proporcionar aos particulares, qualquer que seja a distância que os separe, um meio simples, garantido, rápido e econômico para cobrar créditos e pagar débitos, pôr à disposição dos industriais e comerciantes um aparelho que lhes poupe o trabalho, os cuidados e os riscos do seu serviço de caixa, e drenar as economias improdutivas, disseminadas pelos países, tornando-as frutíferas para maior proveito da nação".

A atual legislação brasileira (Lei nº 7.357/85) admite o cheque postal — art. 66.

Cheque fiscal:

É aquele emitido pelo Poder Público para a restituição de tributos recolhidos em excesso ou destinado à poupança (Fundo 157).

Há duas espécies de cheque fiscal:

a) de restituição de imposto de renda (pessoa física) retido na fonte;

b) de poupança.

Cheque administrativo:

Também denominado *cheque passado sobre o próprio sacado, à ordem de pagamento contra o ordenador, cheque bancário, cheque de caixa* ou *cheque de direção*, é o cheque emitido pelo próprio banco contra si mesmo, ou seja, contra um dos seus estabelecimentos, em favor de terceiro.

Nele, sacador e sacado se confundem, devendo ser, necessariamente, nominal ou nominativo.

Cheque em branco ou incompleto:

É aquele preenchido de forma incompleta ou sacado em branco, e que posteriormente, antes da sua apresentação ao sacado (banco), é completado pelo beneficiário.

Pressupõe, tal como a letra de câmbio ou nota promissória em branco, a existência do chamado *contrato de preenchimento*, pelo qual fica o beneficiário autorizado a completá-lo oportunamente.

Cheque com pluralidade de exemplares:

O cheque, seja ele ao portador ou nominal, deve ser emitido em uma única via. Contudo, em se tratando de cheque nominal, *emitido em um país para ser pago em outro*, facultado é ao sacador emitir vários exemplares.

Todos esses exemplares reunidos, necessariamente numerados, representam uma só obrigação, um só valor, e o pagamento de uma via quita todas as outras.

71. TESTES DE APROVEITAMENTO DA MATÉRIA EXAMINADA

Assinale a alternativa correta nas seguintes questões:

1. O cheque é:

   ( ) promessa de pagamento;

   ( ) estipulação em favor de terceiro;

   ( ) ordem de pagamento.

2. O cheque pode ser sacado contra:

   ( ) bancos e instituições financeiras assemelhadas;

   ( ) industriais e comerciantes.

3. O emitente de cheque é denominado:

( ) sacado;

( ) tomador;

( ) sacador.

4. A emissão de cheque pressupõe:

( ) provisão em poder do sacado;

( ) provisão e disponibilidade.

5. O cheque que não especifica o lugar do pagamento:

( ) deve ser pago no lugar designado ao lado do nome do sacado;

( ) só é pago mediante compensação.

6. O cheque que não indique o lugar da emissão:

( ) é considerado emitido no lugar mencionado junto ao nome do sacador;

( ) não tem efeito de cheque, representando mera confissão ordinária de dívida.

7. A data da emissão do cheque:

( ) é requisito essencial ligado ao prazo para apresentação ao sacado;

( ) é mera formalidade sem qualquer resultado prático.

8. Na ocorrência de divergência entre o valor por extenso e em algarismo:

( ) prevalece o valor por extenso;

( ) subsiste o valor em algarismo.

9. O analfabeto:

( ) pode emitir cheque, apondo, no lugar da assinatura, sua impressão digital, ou mediante assinatura a rogo;

( ) só pode fazê-lo por procurador munido de poderes especiais para sacar cheques com mandato por instrumento público.

10. O cheque sem a cláusula "à ordem":

( ) é intransferível por endosso;

( ) é transmissível por endosso.

11. O cheque emitido no lugar onde deva ser pago, tem de ser apresentado ao sacado em:

( ) oito dias;

( ) vinte dias;

( ) trinta dias.

12. Emitido no estrangeiro, o prazo de apresentação é de:

( ) sessenta dias;

( ) setenta dias;

( ) cento e vinte dias.

13. A apresentação do cheque ao sacado:

( ) é de suma importância para sua eficácia executiva contra endossantes e seus respectivos avalistas;

( ) é mero ato formal sem qualquer consequência prática.

14. O cheque não apresentado em tempo hábil, se o emitente, com fundos em poder do sacado no período da apresentação, deixa de tê-los por razões que não lhe possam ser imputáveis:

( ) perde a eficácia executiva;

( ) conserva o direito de execução.

15. O cheque sem indicação do tomador:

( ) é considerado ao portador;

( ) é considerado endossado em branco.

16. O cheque:

( ) é transmissível pela via do endosso;

( ) como pagamento à vista, é insuscetível de endosso.

17. O cheque nominal com a cláusula "não à ordem":

( ) não pode ser transferido por endosso;

( ) pode ser transmitido por endosso, equivalendo, porém, à mera cessão civil.

18. O cheque pós-datado, vulgarmente denominado "pré-datado":

( ) só é pagável no dia indicado como data de emissão;

( ) é pagável no dia da apresentação.

19. O cheque cruzado:

( ) só pode ser pago a um banco ou a um cliente do banco sacado;

( ) pode ser pago ao portador.

20. A faculdade de cruzar o cheque:

( ) é exclusiva do emitente;

( ) é do emitente e do portador;

( ) é do sacado.

21. Havendo o nome de um banco entre as linhas paralelas de um cheque cruzado, deve este:

( ) ser pago exclusivamente ao banco nominado nas linhas paralelas;

( ) a qualquer estabelecimento bancário.

22. O cruzamento de um cheque:

( ) permite retratação;

( ) é irretratável.

23. O cheque para creditar:

( ) pode ser pago ao portador;

( ) só pode ser creditado na conta corrente do portador.

24. A Lei nº 7.357/85 (Lei do Cheque):

( ) acolheu o cheque para creditar;

( ) não o adotou entre nós.

25. O cheque visado:

( ) implica reserva do valor a ele correspondente, em benefício do portador legitimado, no prazo da apresentação;

( ) implica que o valor permaneça na conta corrente do emitente até a apresentação do cheque ao sacado.

26. O cheque visado:

( ) vincula o sacado ao tomador, exonerando o emitente;

( ) não vincula o sacado ao tomador, continuando o sacador responsável pelo pagamento do cheque.

27. A ordem de pagamento do cheque:

( ) pode ser revogada pelo sacador;

( ) não admite revogação.

28. O cheque de turismo, também denominado cheque de viagem, pressupõe:

( ) duas assinaturas do sacador, uma no momento de sua aquisição no estabelecimento bancário, outra por ocasião do recebimento do valor do cheque onde é apresentado;

( ) uma só assinatura, quando do recebimento da quantia correspondente.

29. O cheque postal:

( ) não é admitido na legislação brasileira;

( ) é admitido, regendo-se pelas disposições especiais a ele referentes.

30. O cheque fiscal é normalmente utilizado:

( ) na restituição do indébito;

( ) nas transações ou pagamentos efetuados pela Fazenda Pública;

( ) nos pagamentos dos vencimentos dos servidores públicos.

31. O cheque administrativo é sacado:

( ) por um banco contra um dos seus próprios estabelecimentos ou filiais, em favor de terceiros;

( ) pela administração pública a seus fornecedores.

32. A emissão de um cheque em branco ou incompleto:

( ) autoriza o portador a preenchê-lo ou completá-lo;

( ) veda o seu preenchimento ao portador, só o sacador podendo fazê-lo;

( ) torna o seu preenchimento de exclusiva iniciativa do sacado.

33. O cheque nominal emitido num país para ser pago em outro:

( ) pode ser passado em vários exemplares;

( ) só pode ser emitido num único exemplar.

34. Na pluralidade de exemplares:

( ) o pagamento de um dos exemplares libera o sacador do pagamento dos demais;

( ) o pagamento de um dos exemplares não tem efeito liberatório.

35. A prescrição no cheque é de:

( ) trinta dias;

( ) sessenta dias;

( ) seis meses.

36. Na ocorrência de prescrição:

( ) o direito se extingue;

( ) cessa exclusivamente a eficácia executiva, sobrevivendo o crédito a ser cobrado em ação ordinária.

MODELO DE CHEQUE

Nº ______ Banco ______ $ ______

(Área destinada à identificação do banco)

PAGUE POR ESTE
CHEQUE A QUANTIA DE ______

A ______ OU À SUA ORDEM

______, ______ DE ______ DE ______

(Área reservada à identificação do sacado)

(Área destinada à magnetização)

MODELO DE CHEQUE CRUZADO

Nº ______ Banco ______ $ ______

(Área destinada à identificação do banco)

PAGUE POR ESTE
CHEQUE A QUANTIA DE ______

A ______ OU À SUA ORDEM

______, ______ DE ______ DE ______

(Área reservada à identificação do sacado) ______

(Área destinada à magnetização)

MODELO DE CHEQUE VISADO (no verso)

Gerente	Contador

BANCO ....
Em .... de .... de ....
VISADO

MODELO DE CHEQUE MARCADO
(no verso ou no anverso)

Visto, p/ pagamento no dia ... de ... de ...

BANCO ....

Gerente	Contador

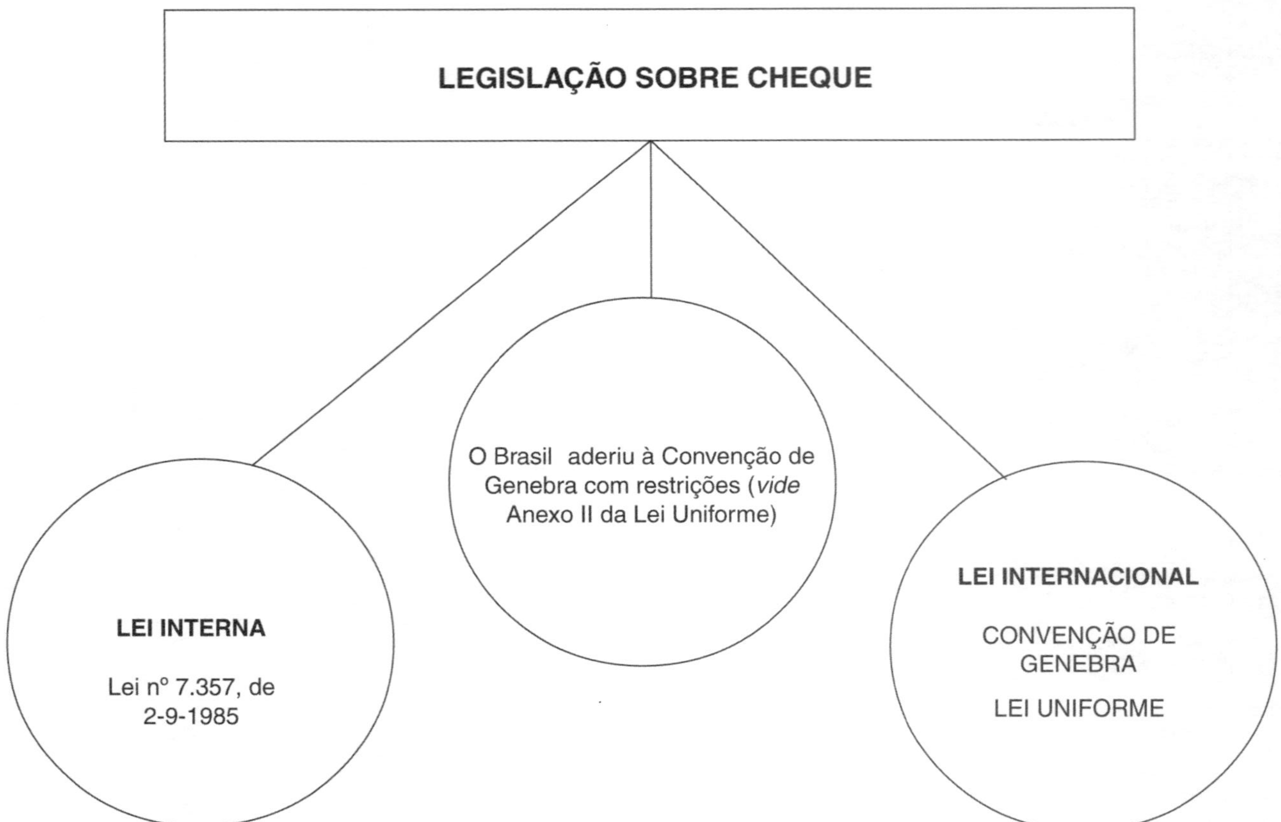
LEGISLAÇÃO SOBRE CHEQUE
LEI INTERNA
Lei nº 7.357, de 2-9-1985
O Brasil aderiu à Convenção de Genebra com restrições (vide Anexo II da Lei Uniforme)
LEI INTERNACIONAL
CONVENÇÃO DE GENEBRA
LEI UNIFORME

Capítulo V

DUPLICATA

72. A fatura. 73. A duplicata. 74. Conceito de duplicata. 75. Requisitos essenciais. 76. Vencimentos. 77. Figuras intervenientes. 78. Da remessa e da devolução da duplicata. 79. O aceite. 80. Suprimento do aceite. 81. Aceite presumido. 82. Aceite em branco. 83. Recusa do aceite. 84. Do pagamento. 85. Do protesto. 86. Da ação para a cobrança da duplicata: a duplicata sem aceite, mas acompanhada da nota de entrega da mercadoria. 87. Da prescrição. 88. Da duplicata de prestação de serviços. 89. Duplicata escritural. 90. Da triplicata e sua eficácia executiva. 91. Da duplicata simulada. 92. Resumo. 93. Testes de aproveitamento da matéria examinada.

72. A FATURA — A fatura é uma nota do vendedor, descrevendo a mercadoria, discriminando a sua qualidade e quantidade, fixando-lhe o preço. É, portanto, uma prova do contrato de compra e venda mercantil. Daí dizer Carvalho de Mendonça que a fatura é escrito unilateral do vendedor e acompanha as mercadorias, objeto do contrato, a serem entregues ou expedidas.

Não constitui título representativo da mercadoria, mas documento que positiva contrato de compra e venda mercantil ou prestação de serviços.

Em consonância com a legislação em vigor — Lei nº 5.474, de 18 de julho de 1968, com as alterações introduzidas pelo Decreto-lei nº 436, de 27 de janeiro de 1969 — em se tratando de venda a prazo não inferior a trinta dias, *é obrigatória a extração da fatura*, que conterá a discriminação da mercadoria transacionada com o número e valor da nota fiscal:

"Art. 1º Em todo o contrato de compra e venda mercantil entre partes domiciliadas no território brasileiro, com prazo não inferior a 30 (trinta) dias, contado da data da entrega ou despacho das mercadorias, *o vendedor extrairá** a respectiva fatura para apresentação ao comprador".

A fatura, em se tratando de prestação de serviços, é facultativa, salvo se emitida duplicata:

"Art. 20. As empresas, individuais ou coletivas, fundações ou sociedades civis, que se dediquem à prestação de serviços, *poderão***, também, na forma desta Lei, emitir fatura e duplicata".

Em conformidade, pois, com a legislação vigente — Lei nº 5.474, de 18 de julho de 1968, com as alterações introduzidas pelo Decreto nº 436, de 27 de janeiro de 1969 — em se tratando de venda a prazo não inferior a trinta dias, é obrigatória a extração da fatura que conterá a discriminação da mercadoria transacionada com o número e valor da nota fiscal.

Convênio com a Fazenda Pública permite seja a fatura inserida na própria nota fiscal, servindo como nota fiscal fatura.

73. A DUPLICATA — A duplicata é título brasileiro de criação indígena e difusa, como acentua Pontes de Miranda***. No

---

* Grifos nossos.

** Grifos nossos.

*** Conquanto um título genuinamente brasileiro, há similares no estrangeiro: Portugal, pelo Decreto nº 19.490, de 21 de março de 1931, instituiu o denominado *extracto de factura*, obrigatoriamente emitido nas vendas a prazo entre os comerciantes; a Itália adotou, com o mesmo objetivo, a *fattura acettata* (art. 44 do Código de Comércio de 1882); mais tarde substituída pelo *stabilito*, que assegura ao comprador quantidade e qualidade de mercadorias, em condições e preços pré-ajustados; não se olvide, ainda na Itália, *la cambiale tratta* (Lei nº 48, de 15-1-1939); na França foi instituída a *fatura e borderô protestável*; na Argentina, as denominadas *facturas conformadas* (Decreto nº 6.601/63) etc.

sentido etimológico significa cópia, traslado, duplicado. Tal duplicação, bem se vê, conquanto facultativa — art. 2º da Lei nº 5.474/68 — não é uma mera reprodução, pois visa dotar o comerciante de título líquido e certo, facilmente negociável.

Admitia o art. 219 do Código Comercial o traslado da fatura (cópia), utilizando-se da expressão *duplicado*, isto é, multiplicado por dois.

Assim, fácil é verificar que, embora muito longe do título dos dias atuais, a duplicata já existia no Direito brasileiro desde 1850, pois duplicata não é senão cópia, traslado, qualquer dos dois exemplares de uma peça escrita.

Por outro lado, o próprio Código Comercial já cercava tal título de liquidez, na hipótese de ser o mesmo assinado ... "os quais serão por ambos assinados" ..., não ocorrendo, outrossim, reclamação no decêndio subsequente à entrega e recebimento das mercadorias transacionadas.

À fatura-duplicata, por força do art. 427, do Título XVI do Código Comercial, eram estendidas as disposições da Letra de Câmbio:

> "Art. 427. Tudo quanto neste título fica estabelecido a respeito das letras de câmbio, servirá igualmente para as letras da terra, para as notas promissórias e para os créditos mercantis, tanto quanto possa ser aplicável".

Com a revogação de todo o Título XVI do Código Comercial, substituído que foi pelo Decreto nº 2.044, de 31 de dezembro de 1908 (Lei Cambial), a fatura-duplicata, de tão pouca utilização, só voltou a ser objeto de preocupação por volta de 1913, quando, na expressão de Eunápio Borges, "o comércio aliou-se ao Fisco, pleiteando fossem as contas assinadas pelos compradores o instrumento da cobrança do imposto de vendas mercantis", surgindo, em consequência, o Decreto nº 16.041, de 22 de maio de 1923, de natureza eminentemente tributária, fazendo expressa menção à duplicata ou conta assinada.

Seguiram-se ao Decreto mencionado outros diplomas, até o advento da Lei nº 187, de 15 de janeiro de 1936, que prevaleceu até a promulgação da Lei nº 5.474, de 18 de julho de 1968, em vigor com as alterações decorrentes do Decreto-lei nº 436, de 27 de janeiro de 1969.

74. CONCEITO DE DUPLICATA — A duplicata, em um enunciado simples, pode ser conceituada como um título de crédito que emerge de uma compra e venda mercantil ou da prestação de serviços, na forma do que dispõem os arts. 2º e 20 da Lei nº 5.474/68.

Título eminentemente causal, tem seu alicerce no contrato de compra e venda mercantil ou na prestação de serviços. Sem estes, como adverte Carlos Fulgêncio da Cunha Peixoto, é inexistente. Conquanto mantenha traços comuns com a letra de câmbio, desta distingue-se por ter a sua origem necessariamente presa a um contrato mercantil — disso decorrendo sua natureza causal. Daí só admitir, com relação ao sacador, as exceções que se fundarem em devolução da mercadoria, vícios, diferenças de preços etc., exceções, entretanto, jamais arguíveis contra terceiros. Todavia, de causal torna-se abstrato por força do aceite, desvinculando-se do negócio subjacente sobretudo quando se estabelece a circulação por meio do endosso.

No magistério de Hilário de Oliveira, *títulos de créditos causais* são os instrumentos creditícios *pro solvendo*, que têm a sua origem declarada em fato gerador e causa anteriores ao ato de criação da própria cártula. A preexistência de contratos fundamenta a emissão desses papéis e o direito deles resultante é questionado da própria negociação explicitada no seu contexto descritivo.

Não sem razão lembra Roberto Barcellos de Magalhães que, "com o ato do aceite e devolução, imprime-se-lhe o caráter de liquidez e certeza cambiárias, insuscetível de ser revogado ou restringido quanto aos seus efeitos pelo devedor comprador, nem atacado com fundamento em falta de causa, posto que já reconhecida esta em virtude daquele mesmo ato".

Contudo, têm admitido os tribunais a discussão da *causa debendi* entre as figuras intervenientes principais, ou seja, comprador e vendedor, fato esse, aliás, plenamente aceito por Pontes de Miranda: "Apenas entre os figurantes imediatos, isto é, entre os que estiverem em contato, no negócio jurídico subjacente, é possível trazerem-se esse e a sua causa, ou só a sua causa, à discussão. O título não deixou de ser abstrato. O processo é que permite exceções de natureza pessoal ou causal, como algo que emerge durante o processo ou durante o exercício da pretensão".

A nosso ver, entretanto, redundando do aceite presunção favorável à existência de causa, só excessivo liberalismo admitirá a discussão da *causa debendi*, sobretudo se se tratar de duplicata aceita, que é a que nos referimos, ponto de vista, aliás, de que não discrepa Luiz de Freitas Lima, que afirma textualmente: "Creio não ser mais viável discussão sobre a *causa debendi*, pois os arts. 7º e 8º da Lei nº 5.474, de 1968, dão ensejo à recusa justificada do aceite. Com efeito, desde que haja aceitação da duplicata, esta se torna abstrata, não mais admitindo oposição ao seu pagamento".

75. REQUISITOS ESSENCIAIS — Título formal que é, a duplicata, na forma do art. 2º, § 1º, da Lei nº 5.474/68, conterá, necessariamente:

I — a denominação "duplicata", a data de sua emissão e o número de ordem;

II — o número da fatura;

III — a data certa do vencimento ou a declaração de ser a duplicata à vista;

IV — o nome e o domicílio do vendedor e do comprador;

V — a importância a pagar, em algarismo e por extenso;

VI — a praça do pagamento;

VII — a cláusula à ordem;

VIII — a declaração do reconhecimento de sua exatidão e da sua obrigação de pagá-la, a ser assinada pelo comprador, como aceite cambial;

IX — a assinatura do emitente.

Dos requisitos mencionados, merecem destaque especial os seguintes: *a denominação* e o *número da fatura*. De todo conveniente assinalar a necessidade de não se confundir a "duplicata mercantil" com a "duplicata da letra de câmbio", a que se refere o art. 16 do Decreto nº 2.044/1908. A duplicata mercantil, como já se observou, tem esse nome por se constituir em um traslado, em uma cópia da fatura, enquanto a duplicata da letra de câmbio, como o próprio nome indica, se constitui em uma cópia da própria cambial. À duplicata, cópia ou via, traslado da duplicata mercantil dá-se o nome de triplicata.

O número da fatura está intimamente ligado às exigências contidas no art. 1.179 do Código Civil (Direito de Empresa):

> "O empresário e a sociedade empresária são obrigados a seguir um sistema de contabilidade, mecanizado ou não, com base na escrituração uniforme de seus livros, em correspondência com a documentação respectiva, e a levantar anualmente o balanço patrimonial e o de resultado econômico".

Outrossim, tem estreita relação com o Livro de Registro de Duplicatas (Lei nº 5.474/68):

> "No Registro de Duplicatas serão escrituradas, cronologicamente, todas as duplicatas emitidas, com o número de ordem, data e valor das faturas originárias e data de sua expedição; nome e domicílio do comprador; anotações das reformas; prorrogações e outras circunstâncias necessárias" (art. 19, § 1º).

E, finalmente, da Escritura Especial:

> "Art. 19. A adoção de regime de vendas de que trata o art. 2º desta lei obriga o vendedor a ter e a escriturar o Livro de Registro de Duplicatas".

Ademais disto, a duplicata está umbilicalmente vinculada à fatura. A cada fatura corresponderá uma duplicata, conquanto possa haver várias duplicatas para uma só fatura. O que não pode existir é duplicata sem fatura.

Como já se observou, a fatura é obrigatória na compra e venda mercantil (art. 1º); facultativa na prestação de serviços (art. 20); a duplicata, quer de venda e compra, quer de prestação de serviços é facultativa — "no ato da emissão da fatura, dela *poderá ser extraída uma duplicata*"*.

76. VENCIMENTOS — "A data certa do vencimento ou a declaração de ser a duplicata à vista." A obrigação impõe um termo para cumprimento. Este termo ou vencimento decorre de disposição entre as partes ou de lei, esta última decorrendo da falência — art. 77 da Lei nº 11.101/2005 (Lei de Falências e Recuperação de Empresas —, e pela falta do aceite, por força da aplicação subsidiária da Lei Cambial, na forma do que estabelece o art. 25 da Lei das Duplicatas.

Por disposição entre as partes o vencimento se dará:

I — à vista;

II — a dia certo.

À vista será paga no ato da apresentação; a dia certo terá data certa de vencimento. A falência produz o vencimento antecipado de todas as dívidas do falido, considerando-se vencida a letra pela falta ou recusa do aceite (art. 19 do Decreto nº 2.044/1908).

77. FIGURAS INTERVENIENTES — Intervêm, em princípio, na duplicata, o vendedor e o comprador, ou a empresa prestadora de serviços e o que se utiliza desses serviços. O primeiro, isto é, o vendedor, há de ser sempre um empresário mercantil (individual ou coletivo) e a empresa prestadora de serviços. Só estes podem emitir duplicatas, sendo nulo o título emitido por quem não se revestir dessas condições. O comprador ou o que se utiliza

---

* Grifos nossos.

dos serviços prestados é quem aceita a duplicata, obrigando-se pelo seu resgate, na época do vencimento.

As duas figuras intervenientes mencionadas, sacador e sacado, são imprescindíveis à existência da duplicata, muito embora possa essa existir com ou sem o aceite do devedor, segundo observações transcritas no nº 79.

Por um lado, eventualmente poderão intervir na duplicata o endossante e o avalista. Com efeito, prescreve o art. 12 da Lei nº 5.474/68 que o pagamento da duplicata poderá ser assegurado por aval, sendo o avalista equiparado àquele cujo nome indicar; na falta da indicação, àquele abaixo de cuja firma lançar a sua; fora desses casos, ao comprador. Por outro lado, em conformidade com o que dispõe o parágrafo único, o aval dado posteriormente ao vencimento do título produzirá os mesmos efeitos que o prestado anteriormente, distanciando-se assim a Lei das Duplicatas da discussão doutrinária que estabelece controvérsias acerca da eficácia do aval posterior ao vencimento.

78. DA REMESSA E DA DEVOLUÇÃO DA DUPLICATA — Segundo o que dispõe o art. 6º da Lei nº 5.474/68, o vendedor terá **trinta dias**, a contar da emissão, para remeter a duplicata ao comprador, podendo valer-se de representantes, instituições financeiras ou correspondentes.

Se a remessa for feita por intermédio de mandatários, estes deverão apresentar o título ao comprador dentro de **dez dias**, contados da data do seu recebimento na praça do pagamento. Remetida a duplicata ao comprador, este, aceitando-a ou não, devolvê-la-á em **dez dias**. Não a aceitando, não basta a simples devolução, havendo necessidade de justificação da recusa por declaração escrita.

Havendo expressa concordância do vendedor ou de seu mandatário, o comprador poderá reter a duplicata até a data de seu vencimento, hipótese em que deverá comunicar, por escrito, ao vendedor, a retenção e o aceite. Esta comunicação constituir-se-á na garantia do credor, em caso de protesto e execução, substituindo a duplicata.

79. O ACEITE — A duplicata é, em sua criação, um título causal, isto é, está subordinada à existência de compra e venda ou à prestação de serviços. Somente após o aceite se reveste da liquidez e certeza, representando obrigação cambial abstrata. Antes do aceite, portanto, não há cogitar-se dos efeitos cambiários. Assim sendo, sua emissão deve corresponder sempre a uma venda de mercadoria ou à efetiva prestação de serviços.

O aceite é, pois, imprescindível para que a duplicata se revista de abstração. Uma vez aceita, desprende-se da sua origem. É bem verdade que o art. 15, I, *b*, da Lei das Duplicatas enseja ação executiva à duplicata sem aceite mas acompanhada da nota de entrega da mercadoria. A nota de entrega da mercadoria supre, pois, o aceite, cercando de liquidez, certeza e exigibilidade a duplicata, possibilitando, outrossim, a execução judicial e, inclusive, pedido de falência. Nos termos do art. 784, I, CPC/2015, são títulos executivos extrajudiciais: a letra de câmbio, a nota promissória, **a duplicata**, a debênture e o cheque.

80. SUPRIMENTO DO ACEITE — Não raras vezes o comprador ou não aceita a duplicata ou não a devolve. Retendo-a com o consentimento do credor, deve comunicar a este último a retenção e aceite, por escrito, consoante prescreve o art. 7º, § 1º, da Lei nº 5.474/68.

A comunicação, nesse sentido, na forma do que prescreve o § 2º do art. 7º da Lei nº 5.474/68, substitui a duplicata, "no ato do protesto ou na ação executiva da cobrança".

No extravio ou retenção indevida da duplicata poderá o credor emitir uma triplicata que, na realidade, é uma duplicata da verdadeira duplicata, constituindo-se em triplicata da fatura.

81. ACEITE PRESUMIDO — O protesto da duplicata não aceita ou não devolvida, desde que tirado mediante indicação do credor ou do apresentante do título, supre o aceite e, inclusive, a duplicata retida. Em tal hipótese deve o instrumento de protesto conter os requisitos enumerados no art. 29 do Decreto nº 2.044/1908 — Lei Cambial. Nesta circunstância, a transcrição mencionada no inciso II do dispositivo legal será substituída pela reprodução das indicações feitas pelo portador do título, segundo o disposto no art. 14 da Lei das Duplicatas.

O aceite presumido, pois, severamente combatido por inúmeros doutrinadores, foi acolhido pela Lei nº 5.474/68. Todavia, em face da atual sistemática processual, não se revestirá o título nessas circunstâncias da necessária liquidez e certeza.

82. ACEITE EM BRANCO — Não se admite emissão de duplicata que não corresponda a uma efetiva venda e compra ou prestação de serviços, não se permitindo, outrossim, a extração do título nominado para entrega futura da mercadoria.

A duplicata há, necessariamente, de corresponder a uma venda efetiva e esta, na lição de Carlos Fulgêncio da Cunha Peixoto, "só se concretiza com a tradição da mercadoria, de sorte que, para a emissão da duplicata, não basta haver um contrato de compra e venda, é preciso a remessa da mercadoria, acompanhada da respectiva fatura".

Contudo, em determinadas circunstâncias, dá-se o que se denomina *tradição simbólica*.

Fran Martins, com clareza cristalina, ensina que "simbólica ou virtual é a tradição em que a entrega da coisa não se faz efetivamente e sim por meio de um símbolo que representa aquela coisa".

A Lei nº 187, de janeiro de 1936, que antecedeu o Decreto-lei nº 265, de 28 de fevereiro de 1967, que posteriormente foi substituído pela atual Lei das Duplicatas (Lei nº 5.474/68), admitia o chamado *aceite em branco*. Tratando-se de entrega simbólica da mercadoria, uma vez aceita a duplicata, configurava-se o aceite em branco. Aceitando a duplicata em branco, responsabilizava-se o comprador em pagar as mercadorias que lhe fossem entregues.

Todavia, persistia, como não poderia deixar de ser, a responsabilidade do vendedor pela efetiva entrega da mercadoria, já que a duplicata comprova obrigação ou crédito preexistente:

> "Se o comprador aceitou a duplicata antes do recebimento da mercadoria, tem-se um caso típico de entrega simbólica, incumbindo, assim, ao vendedor fazer a prova da entrega efetiva da coisa vendida" (*Rev. dos Tribs.*, 291/669).

A atual Lei das Duplicatas silenciou-se quanto ao aceite em branco.

83. RECUSA DO ACEITE — Em face do que dispõe o art. 8º da Lei nº 5.474/68, o comprador poderá deixar de aceitar a duplicata pelos seguintes motivos:

I — avaria ou não recebimento das mercadorias, quando não expedidas ou não entregues por sua conta e risco;

II — vícios, defeitos e diferenças na qualidade ou na quantidade das mercadorias, devidamente comprovados;

III — divergência nos prazos ou nos preços ajustados.

Na ocorrência de tais hipóteses, lícito é ao comprador recusar-se ao aceite da duplicata. Note-se que, se a mercadoria corresponde efetivamente, quer quantitativa quer qualitativamente, às condições previstas e acordadas anteriormente, não é lícito ao comprador recusar-se ao aceite. Por outro lado, se o vendedor deixa de entregar a mercadoria no prazo fixado, facultado é ao comprador rescindir o contrato ou demandar o seu cumprimento com os danos da mora.

Em conformidade com o disposto no art. 492 do Código Civil de 2002, correm por conta do vendedor os danos que as mercadorias vendidas venham a sofrer antes da sua entrega. Colocadas, entretanto, à disposição do comprador, são por conta deste todos os riscos dos bens transacionados e as despesas que se fizerem com a sua conservação.

A justa causa para recusa do aceite, a nosso ver, não exime o comprador de certas providências, impondo-lhe a devolução da duplicata acompanhada de documento escrito explicando convenientemente sua atitude, procedendo concomitantemente à consignação judicial da mercadoria, sob pena de considerar-se perfeito e acabado o negócio.

84. DO PAGAMENTO — Estabelece o art. 9º da Lei das Duplicatas que a prova do pagamento é o recibo firmado pelo credor — legítimo portador — ou seu representante no verso do título ou em documento em separado, com referência expressa à duplicata, admitindo-se autenticação mecânica.

Igualmente constituirá prova de pagamento a liquidação de cheque, a favor do estabelecimento endossatário, no qual conste no verso que seu valor se destina à amortização ou liquidação da duplicata nele caracterizada.

Outrossim, admite-se reforma ou prorrogação do prazo do vencimento, mediante declaração em separado ou nela escrita, assinada pelo vendedor ou endossatário, ou por representante com poderes especiais. Tal reforma, entretanto, para manter a coobrigação dos demais intervenientes, por endosso ou aval, requer a anuência expressa destes.

85. DO PROTESTO — O protesto é declaração solene e de caráter probatório, como ensina Pontes de Miranda. É o meio legal de assegurar o direito de regresso contra duas classes de coobrigados: os endossantes e seus respectivos avalistas.

A duplicata é protestável por:

a) falta de aceite;

b) devolução;

c) falta de pagamento.

O protesto deve ser tirado na praça do pagamento, mediante apresentação da duplicata, da triplicata ou por simples indicações do portador, na falta de devolução do título.

Em conformidade com o art. 13, § 2º, da Lei nº 5.474/68, a falta de protesto por aceite ou devolução não elide a possibilidade de protesto por falta de pagamento, sendo de todo conveniente lembrar que o protesto por falta de aceite ou devolução supre o protesto por falta de pagamento.

86. DA AÇÃO PARA A COBRANÇA DA DUPLICATA: A DUPLICATA SEM ACEITE, MAS ACOMPANHADA DA NOTA DE ENTREGA DA MERCADORIA — Com a unificação do processo de execução pelo Código de Processo Civil e consequente revogação do rito executivo especial estabelecido para a cobrança da duplicata (arts. 15 a 17 da Lei nº 5.474/68), em face da regra estabelecida no **art. 783 do CPC/2015**:

> "A execução para cobrança de crédito fundar-se-á sempre em título de obrigação certa, líquida e exigível".

Concluindo pela eficácia executiva da duplicata sem aceite, mas acompanhada da nota de entrega da mercadoria, o Supremo Tribunal Federal, no Recurso Extraordinário nº 82.514 (17-2-1976), de que foi relator o Min. Moreira Alves, nos seguintes termos:

> "Segundo o *caput* do art. 15 da Lei nº 5.474, de 18 de julho de 1968 (com as modificações determinadas pelo Dec.lei nº 436, de 27-1-1969), seria executiva a ação do credor, quer a duplicata ou triplicata fosse aceita pelo devedor, protestada ou não, quer não fosse por este aceita, desde que, acompanhada de qualquer documento comprobatório da remessa ou da entrega da mercadoria, tivesse sido protestada.
>
> Em face do atual Código de Processo Civil, unificou-se a execução no tocante a títulos executivos judiciais ou extrajudiciais, razão por que não mais trata o Código da ação executiva, supressa que foi como ação autônoma.
>
> Por outro lado, as Leis nsº 6.014, de 27 de dezembro de 1973, e 6.071, de 3 de julho de 1974, que adaptaram ao nosso Código leis especiais a que ele não se referiu, silenciou — ao contrário do que

ocorreu no concernente à ação executiva hipotecária proposta por entidades vinculadas ao Sistema Financeiro da Habitação (art. 14 da Lei nº 6.014) — quanto às ações executivas especiais como as relativas às duplicatas, nos termos do referido art. 15 da Lei nº 5.474.

No tocante à duplicata ou triplicata aceita, protestada ou não, dúvida não há de que esses títulos se enquadram no inciso I do art. 585 do Código de Processo Civil — que se refere, expressamente, às duplicatas como títulos executivos extrajudiciais (**art. 784 do CPC/2015**), certo como é que, inequivocamente, são títulos — como exigido pelo art. 586, *caput*, do mesmo Código — líquidos, certos e exigíveis (**art. 783 do CPC/2015**).

A divergência — e, no caso, o dissídio jurisprudencial está perfeitamente demonstrado — existe quanto à duplicata ou triplicata não aceita e protestada, acompanhada de documento comprobatório da remessa ou da entrega da mercadoria. Está sendo reexaminada pelo Plenário desta Corte sua orientação no sentido de que títulos dessa natureza não são hábeis para a declaração de falência, porquanto não seriam líquidos em face de disposto no art. 1.533 do Código Civil, o qual engloba na obrigação líquida a certeza quanto à sua existência e a determinação quanto ao seu objeto, ao invés de distinguir liquidez de certeza, distinção importante, pois obrigações há — como as representadas por duplicatas ou triplicatas da espécie acima referida — que são determinadas quanto ao seu objeto, mas não certas quanto à sua existência.

Na questão processual, sob exame, esse problema perde seu interesse, porquanto o art. 586 do Código de Processo Civil (**art. 783 do CPC/2015**) distingue a liquidez da certeza, já que exige que o título seja líquido, certo e exigível. O que demonstra que os títulos aludidos no inciso I do art. 585 (**art. 784, I, do CPC/2015**), embora enunciados sem qualquer distinção (como ocorre com a duplicata, que não vem restrita à aceita), só serão executivos e líquidos, certos e exigíveis. E as duplicatas ou triplicatas não aceitas não são títulos representativos de obrigação certa.

Sucede, porém, que no inciso VIII do art. 585 do Código de Processo Civil (**art. 784, XII, do CPC/2015**) se consideram também títulos executivos extrajudiciais 'todos os demais títulos, a que, por disposição expressa, a lei atribuir força executiva'. Nesse inciso, a meu ver, incluem-se as duplicatas ou triplicatas não aceitas a que se refere a parte final do *caput* da Lei nº 5.474/68. A regra geral do *caput* do art. 586 (a execução para cobrança de crédito fundar-se-á sempre em título líquido, certo e exigível, **art. 783 do CPC/2015**) não se aplica, evidentemente, àqueles títulos que, embora não representativos de obrigação certa, lei especial, por exceção, deu força executiva. Essa legislação anterior continua vigente, pois o que importa na lei não é sua literalidade, mas o seu espírito, e 'atribuir ação executiva ao credor de um determinado título' nada mais é do que dar a esse título força executiva. O inciso VIII do art. 585 do atual Código de Processo Civil (**art. 784, XII, do CPC/2015**) é uma verdadeira norma processual em branco, cujo conteúdo é preenchido inclusive por leis preexistentes a ele, se não foram, obviamente, com ele incompatíveis". Correspondências com o CPC/2015 realizadas pelo autor.

A duplicata é um título especialíssimo que se cerca, por isso mesmo, de peculiaridades que lhe são exclusivas. Nela, ao contrário do que sucede na letra de câmbio, a recusa do aceite há de ser fundada nas hipóteses previstas no art. 8º da Lei nº 5.474/68, a saber:

> I — avaria ou não recebimento das mercadorias, quando não expedidas ou não entregues por sua conta e risco;
> II — vícios, defeitos e diferenças na qualidade ou na quantidade das mercadorias, devidamente comprovados;
> III — divergência nos prazos ou nos preços ajustados.

Na inexistência de tais ocorrências, se o comprador recebe a mercadoria sem formular qualquer protesto, assinando devidamente o comprovante da entrega, concretizada está a transação, perfeita e acabada.

Nessa hipótese, o comprovante da entrega da mercadoria supre o aceite, revestindo-se, pois, a duplicata, nessas condições, de todas as exigências previstas no **art. 784 do CPC/2015**:

liquidez,

certeza,

exigibilidade.

A duplicata, ainda que sem aceite, mas acompanhada de nota de entrega da mercadoria, é título executivo, como já afirmara o STF no RE acima transcrito, da lavra do Ministro Moreira Alves.

O protesto, na ocorrência de falta de aceite, se nos afigura indispensável, como deixa claro o v. acórdão do STJ:

> "A duplicata sem aceite, desde que devidamente protestada e acompanhada do comprovante de entrega da mercadoria, é instrumento hábil a embasar a execução" (STJ, Ag. Rg. no REsp 11.022 de 06/SP, 4ª T., Rel. Min. Marco Buzzi, *DJ* 30-8-2013).

É de se observar, por outro lado, que a Lei nº 6.458, de 1º-11-1968, que alterou o art. 15 da Lei nº 5.474/68, dispõe que:

> "Art. 15. A cobrança judicial de duplicata ou triplicata será efetuada de conformidade com o processo aplicável aos títulos executivos extrajudiciais, de que cogita o Livro II do Código de Processo Civil, quando se tratar:
>
> I — de duplicata ou triplicata aceita, protestada ou não;
>
> II — de duplicata ou triplicata não aceita, contanto que, cumulativamente:
>
> *a*) haja sido protestada;
>
> *b*) esteja acompanhada de documento hábil comprobatório da entrega e recebimento da mercadoria; e
>
> *c*) o sacado não tenha, comprovadamente, recusado o aceite, no prazo, nas condições e pelos motivos previstos nos arts. 7º e 8º desta Lei.

§ 1º Contra o sacador, os endossantes e respectivos avalistas caberá o processo de execução referido neste artigo, quaisquer que sejam a forma e as condições do protesto.

§ 2º Processar-se-á também da mesma maneira a execução de duplicata ou triplicata não aceita e não devolvida, desde que haja sido protestada mediante indicações do credor ou do apresentante do título, nos termos do art. 14, preenchidas as condições do inciso II deste artigo.

Art. 16. Aplica-se o procedimento ordinário previsto no Código de Processo Civil à ação do credor contra o devedor, por duplicata ou triplicata que não preencha os requisitos do art. 15, incisos I e II, e §§ 1º e 2º, bem como à ação para ilidir as razões invocadas pelo devedor para o não aceite do título, nos casos previstos no art. 8º.

Art. 17. O foro competente para a cobrança judicial da duplicata ou da triplicata é o da praça de pagamento constante do título, ou outra de domicílio do comprador e, no caso de ação regressiva, a dos sacadores, dos endossantes e respectivos avalistas.

Art. 18. A pretensão à execução da duplicata prescreve:

I — contra o sacado e respectivos avalistas, em 3 (três) anos, contados da data do vencimento do título;

II — contra endossante e seus avalistas, em 1 (um) ano, contado da data do protesto;

III — de qualquer dos coobrigados contra os demais, em 1 (um) ano, contado da data em que haja sido efetuado o pagamento do título.

§ 1º A cobrança judicial poderá ser proposta contra um ou contra todos os coobrigados, sem observância da ordem em que figurem no título.

§ 2º Os coobrigados da duplicata respondem solidariamente pelo aceite e pelo pagamento.

...

Art. 22. ...

§ 4º O instrumento do protesto, elaborado com as cautelas do art. 14, discriminando a fatura ou conta original ou a certidão do Cartório de Títulos e Documentos, autorizará o ajuizamento do competente processo de execução na forma prescrita nesta Lei".

Art. 2º Para os efeitos do **art. 783 do CPC/2015**, considera-se título líquido, certo e exigível a duplicata ou a triplicata que, nos termos da Lei nº 5.474, de 18 de julho de 1968, com as alterações introduzidas por esta Lei, legitimar o processo de execução.

Art. 3º Fica acrescentado ao art. 1º do Decreto-lei nº 7.661, de 21 de junho de 1945, Lei de Falências, o seguinte parágrafo:

"Art. 1º ...

§ 3º Para os efeitos desta Lei, considera-se obrigação líquida, legitimando o pedido de falência, a constante dos títulos executivos extrajudiciais mencionados no art. 15 da Lei nº 5.474, de 18 de julho de 1968".

Art. 4º Esta Lei entrará em vigor na data de sua publicação.

Art. 5º Revogam-se as disposições em contrário.

ERNESTO GEISEL — Presidente da República.

Armando Falcão

*O **art. 784 do CPC/2015** declara títulos executivos extrajudiciais "a letra de câmbio, a nota promissória, **a duplicata**, a debênture e o cheque".*

A Lei de Falência foi substituída pela Lei nº 11.101, de 9-2-2005, a ela se aplicando o disposto no § 3º da Lei nº 6.458, acima transcrita.

87. DA PRESCRIÇÃO — A ação de cobrança da duplicata prescreve:

I — *contra o sacado*, isto é, o devedor, o aceitante, em *três anos* contados da data do vencimento do título;

II — *contra o respectivo avalista* em igual prazo, ou seja, em *três anos*;

III — *contra o endossante e seus avalistas*, em *um ano*, contado da data do protesto;

IV — *de qualquer dos coobrigados contra os demais* em *um ano*, contado da data em que haja efetuado o pagamento do título.

88. DA DUPLICATA DE PRESTAÇÃO DE SERVIÇOS — Nos termos do art. 20 da Lei das Duplicatas, as empresas individuais ou coletivas, fundações ou sociedades civis que se dediquem à prestação de serviços poderão emitir fatura e duplicata.

Equiparam-se às entidades mencionadas os profissionais liberais e os que prestam serviços de natureza eventual, podendo igualmente efetuar emissão de fatura e duplicata, desde, porém, que o valor do serviço ultrapasse a soma de cem cruzeiros novos*. À fatura e duplicata emitidas por estas empresas aplicam-se as disposições referentes à fatura e duplicata mercantis, inclusive quanto à eficácia executiva, ainda que não aceita, desde, porém, que acompanhada da prova efetiva da prestação de serviço:

"suficiente, para ensejar execução, seja o título protestado e que se instrua a inicial com documento comprobatório da existência de

* De acordo com a redação do art. 22 da Lei nº 5.474, de 18 de julho de 1968.

vínculo. A lei pretendeu aplicar às duplicatas oriundas de prestação de serviço o mesmo tratamento conferido às sacadas em virtude de compra e venda. Abolida a necessidade de transcrição do documento comprobatório da entrega da mercadoria, no instrumento de protesto, há que se entender que a formalidade é dispensável também quando se cuide de duplicata decorrente de prestação de serviço" (STJ, RMS nº 2.340-0 — PE, Rel. Min. Eduardo Ribeiro, 3ª T., *Ementário da Jurisprudência do Superior Tribunal de Justiça*, nº 9, ementa nº 279).

Ementa: DIREITO COMERCIAL. DUPLICATA DE PRESTAÇÃO DE SERVIÇOS. EMISSÃO IRREGULAR. SIMULAÇÃO. INOPONIBILIDADE DAS EXCEÇÕES PESSOAIS A ENDOSSATÁRIOS DE BOA-FÉ. NÃO APLICAÇÃO. VÍCIO FORMAL INTRÍNSECO. 1. O que o ordenamento jurídico brasileiro veda — e isso desde o Decreto nº 2.044 /1908, passando-se pelo Código Civil de 1916 e, finalmente, chegando-se à Lei Uniforme de Genebra — é a oposição de exceções de natureza pessoal a terceiros de boa-fé, vedação que não abarca os vícios de forma do título, extrínsecos ou intrínsecos, como a emissão de duplicata simulada, desvinculada de qualquer negócio jurídico e, ademais, sem aceite ou protesto a lhe suprir a falta. 2. Em relação à Duplicata — é até ocioso ressaltar —, a Lei nº 5.474 /68 condiciona a sua emissão à realização de venda mercantil ou prestação de serviços, bem como a aceitação do sacado ou, na ausência, o protesto acompanhado de comprovante da realização do negócio subjacente, sem os quais estará configurado o vício de forma intrínseco, o qual poderá ser oposto pelo sacado a qualquer endossatário, ainda que de boa-fé. 3. Recurso especial conhecido e improvido.

Encontrado em: 00025 DUPLICATA — REQUISITOS DA EMISSÃO — VÍCIO DE FORMA — OPOSIÇÃO PELO SACADO STJ — RESP 592.939 (STJ — RECURSO ESPECIAL REsp 774.304-MT 2005/0132483-5 (STJ) Data de publicação: 14-10-2010).

A **Súmula 248 do STJ**, proclamando a eficácia executiva da duplicata por prestação de serviços, dispõe que:

"Comprovada a prestação dos serviços, a duplicata não aceita, mas protestada, é título hábil para instruir pedido de falência".

89. DUPLICATA ESCRITURAL — A simplificação no sistema de cobrança efetuada pelos estabelecimentos bancários fez surgir, entre nós, a chamada "duplicata escritural", que consiste na extração de fitas magnéticas, onde são gravados os principais dados da venda mercantil: preço, vencimento, condições de pagamento etc.

Uma vez ultimadas tais fitas, que ficam em poder do estabelecimento bancário encarregado da cobrança (não há emissão de duplicata), este último remete ao devedor um *boleto bancário*, dando-lhe conta do valor, das condições e local de pagamento e do respectivo vencimento.

Efetuado o pagamento, o estabelecimento bancário devolve ao credor as fitas magnéticas, com fiel demonstrativo das operações levadas a efeito.

Em tal sistema, como já se observou, não há a emissão da duplicata propriamente dita, substituída que é pelas fitas magnéticas. Não existe, pois, em tal operação, o *documento*, o que, na prática, sobretudo na ocorrência de inadimplemento do devedor, pode ensejar uma série de problemas. É que, em razão do princípio da cartularidade, para que se consubstancie o título de crédito, fundamental é a existência de um documento. Como preleciona Cesare Vivante, "título de crédito é o *documento* necessário para o exercício do direito literal e autônomo, nele mencionado".

Na lição de Fran Martins, "para se ter um título de crédito, é indispensável que exista um *documento*, isto é, um escrito em algo material, palpável, corpóreo". Por isso, ou seja, exatamente por faltar-lhe um documento, é que a chamada "duplicata escritural" duplicata não é, não podendo, por isso mesmo, ser vista como título de crédito.

Em tais circunstâncias, na ocorrência de inadimplemento do devedor, não ensejará a "duplicata escritural" processo de execução, não facultando senão a cobrança ordinária.

Ademais disto, não é, igualmente, suscetível de endosso, não podendo, também, ser objeto de aval ou, ainda, de protesto.

Todavia, em decorrência dos excelentes resultados práticos obtidos em virtude da simplificação da cobrança e manifesta redução de gastos, vem a "duplicata escritural" encontrando grande receptividade nas praças brasileiras, levando alguns estudiosos a sugerir uma série de providências, pondo fim aos inconvenientes acima citados.

Mario Sergio Tognollo, em excelente artigo inserido em *O Estado de S. Paulo*, preconiza as seguintes medidas:

> "como sugestão, poderíamos imaginar a emissão da triplicata tendo em vista que ela nada mais representa do que uma cópia da duplicata extraviada. Como já referido, a prática bancária diverge em muito das disposições contidas na Lei de Duplicatas, eis que o dispositivo legal determina ao banco portador a remessa do título ao sacado para o aceite, ou a declaração do porquê assim não o fazer, devolvendo-o em seguida ao remetente. O dia a dia mostra que o cliente, por desconhecimento, não devolve o título ao banco, obrigando-o, na hipótese de inadimplemento da obrigação, a efetuar o protesto por indicação, ou baixar o título, obrigando o vendedor a emitir uma triplicata. Na espécie, poderíamos comparar as situações, o que autorizaria a extração da triplicata.
>
> Outra hipótese seria a emissão do boleto bancário com as características e dimensões da duplicata mercantil. A legislação não determina que o título deva ter o logotipo do vendedor, ou configurações que visam apenas destacá-lo. Por isso, cumpridas as exigências legais, com a impressão dos requisitos necessários à validade do título, não vemos impedimento para que o banco cobrador, devidamente autorizado, transforme aquele boleto, cuja emissão em qualquer hipótese deverá ocorrer, numa duplicata mercantil, com base nos dados gravados na fita".

A extração da triplicata, *data venia*, não se nos afigura a solução ideal. Como se sabe, a duplicata deve ser apresentada ao comprador na praça ou no lugar do seu estabelecimento (art. 6º da lei respectiva), que, por sua vez, a devolverá ao banco cobrador ou ao vendedor, devidamente aceita ou com declaração escrita, dando as razões para a falta de aceite, salvo quando à vista.

Com a expressa concordância do banco cobrador ou do vendedor, o devedor poderá reter a duplicata em seu poder até o vencimento, desde que isso seja levado ao conhecimento deles, por escrito.

Na prática, essa comunicação escrita não é feita: o devedor (sacado) retém a duplicata, até o vencimento, quando, normalmente, o pagamento é efetuado.

A remessa da duplicata ao devedor é, pois, exigência legal, que não é atendida quando se adota a chamada "duplicata escritural", que, como já se observou, duplicata verdadeiramente não é.

Note-se que nem mesmo o boleto bancário preenche a exigência, já que não pode ser confundido com a duplicata propriamente dita.

Por outro lado, para que se extraia uma triplicata, é indispensável a perda ou extravio da duplicata (art. 23 da Lei nº 5.474/68).

A extração da triplicata está, portanto, condicionada à perda ou extravio da duplicata, o que pressupõe tenha sido esta regularmente emitida, remetida ao devedor e, portanto, em circulação.

Ora, na adoção da "duplicata escritural", não há falar em perda, extravio ou circulação de duplicata, que sequer foi extraída.

Em tais circunstâncias, a segunda sugestão parece-nos mais adequada. O boleto bancário seria emitido com todas as características e dimensões da duplicata propriamente dita, contendo, outrossim, todos os requisitos do art. 2º, § 1º, da Lei nº 5.474, de 18 de julho de 1968, e, a rigor, deixaria de ser mero boleto para transformar-se em verdadeira duplicata, cercando o titular do crédito de todas as garantias, dentre as quais cumpre pôr em relevo a eficácia executiva.

Observe-se que o Código Civil de 2002, no seu art. 889, § 3º, faculta a emissão de títulos de crédito (não discrimina quais) por computador ou meio técnico equivalente, observados os requisitos mínimos: data da emissão, valor respectivo, data do vencimento, nomes do devedor e credor.

Obviamente, em se tratando de duplicata mercantil, indispensável a observância dos requisitos desta.

90. DA TRIPLICATA E SUA EFICÁCIA EXECUTIVA — Como já verificamos ao cuidarmos da remessa e devolução da duplicata (nº 78), havendo expressa concordância do credor ou de seu representante, o sacado poderá reter a duplicata em seu poder até a data do vencimento, desde que comunique, por escrito, a retenção e o aceite. Nessa hipótese, a comunicação em apreço substituirá, se necessário, a duplicata, garantindo assim o credor.

Retida, porém, pelo sacado, sem aceite e sem pagamento, vedando-se com isso a circulação do título, lícita a emissão da triplicata:

> "sendo a duplicata retida pelo sacado, sem aceite e sem pagamento, inibindo-se a circulação do crédito pelo sacador, admite-se a emissão de triplicata em substituição. O art. 23, da Lei nº 5.474/68, obriga o vendedor a extrair triplicata nos casos de perda ou extravio da duplicata, mas não impede que isso ocorra em outras hipóteses e a critério do sacador" (STJ, RE nº 1.493-PR, Reg. nº 8.900.120.735, Rel. Min. Gueiros Leite, 3ª T., *Ementário da Jurisprudência do Superior Tribunal de Justiça*, nº 2, ementa nº 151).

Em caso de extravio ou perda da duplicata, assegura a lei ao credor, para resguardo dos seus direitos, a extração de triplicata, que conterá os mesmos requisitos do título original, substituindo-o.

A triplicata assim extraída, acompanhada das respectivas notas fiscais e do comprovante de entrega da mercadoria, cerca-se de eficácia executiva, ensejando, outrossim, processo de execução ou pedido de falência, como bem ressalta o Des. Osvaldo da Silva Rico, do Tribunal de Justiça do Estado de São Paulo, em erudito artigo publicado no Jornal *Tribuna do Direito*, set. 1998, p. 6:

"Alguns magistrados ilustres do primeiro grau de jurisdição — felizmente uma minoria —, entendendo que o postulante não possui título hábil para embasar o pedido de falência, sob o fundamento de que as triplicatas em que se funda são nulas, porque não consta que foram extraídas nas duas hipóteses permitidas pelo artigo 23, da Lei nº 5.474/68, e o protesto foi tirado por falta de pagamento, e não por falta de devolução, têm indeferido a petição inicial.

Fundamentam que, além do instrumento de protesto e da comprovação da entrega e recebimento da mercadoria ao sacado, indispensável que se comprove que a duplicata foi remetida a este para aceite ou recusa, forma pela qual se entende cumprido o que estabelece o § 2º, do artigo 15, da Lei de Duplicatas.

Chegam a citar doutrina e jurisprudência em prol de sua fundamentação.

Em havendo retenção, por parte do devedor, das duplicatas enviadas para aceite, o credor está autorizado a emitir triplicatas, e protestá-las por falta de pagamento, tiradas por indicação.

Destarte, instruindo a inicial com os respectivos títulos, as notas fiscais, os comprovantes de entrega e recebimento das mercadorias, devem os quirógrafos extraídos — triplicatas — ser considerados extrajudiciais líquidos, certos e exigíveis, apresentando-se hábeis ao requerimento da falência.

Preceitua o artigo 15, da Lei nº 5.474, de 18-7-1968: 'A cobrança judicial de duplicata ou triplicata será efetuada de conformidade com o processo aplicável aos títulos executivos extrajudiciais, de que cogita o Livro II do Código de Processo Civil, quando se tratar: II — de duplicata ou triplicata não aceita, contanto que, cumulativamente: *a*) haja sido protestada; *b*) esteja acompanhada de documento hábil comprobatório da entrega e recebimento da mercadoria; e *c*) o sacado não tenha, comprovadamente, recusado o aceite, no prazo, nas condições e pelos motivos previstos nos arts. 7º e 8º desta lei'.

Está evidente que o requisito sob a letra 'c' compete ao sacado alegar, através de embargos do devedor, em se tratando de processo de execução contra devedor solvente, ou em sua defesa no processo falimentar, se já não o tiver feito por ocasião do protesto.

O ônus da prova, na espécie, está afeto ao devedor, a teor do **art. 372, II, do CPC/2015**, pois a comprovação de não ter o sacado recusado o aceite no prazo é requisito impossível de ser cumprido pelo credor, porque se trata de comprovação que incumbe àquele que assumiu a obrigação, consoante saudável doutrina: 'Finalmente, a condição de que o sacado não tenha, comprovadamente, recusado o aceite, no prazo e nas condições da lei, é requisito impossível de ser examinado no limiar da execução, já que esta comprovação incumbe ao executado e não ao exequente' (*Processo de Execução*, Humberto Theodoro Júnior, 14ª edição atualizada, Edição Universitária de Direito, pág. 111).

Se o cartório efetuar o protesto por indicação, foi porque a duplicata estava, de fato, retida pelo sacado, o que significa uma robusta presunção de regularidade do protesto, que só pode ser elidida pela defesa da requerida, como lhe faculta o art. 4º da Lei Falimentar.

Frise-se que a assinatura aposta no comprovante de entrega da mercadoria, por si só, é suficiente para suprir o aceite, vez que, consumada a tradição, o silêncio do comprador, no prazo legal, faz presumir a regularidade da mercadoria adquirida, surgindo, portanto, para este, o dever de pagar o débito no prazo convencionado.

Rubens Requião ensina que bastam os requisitos sob as alíneas 'a' e 'b', para suprir o aceite. E mais: 'Assim, após avanços e recuos, a jurisprudência nacional pôs fim à grave controvérsia, em benefício da ética dos negócios mercantis. Mas a legislação acompanhou-a, desestimulando alguns juristas renitentes, com promulgação da Lei nº 6.458, de 1º de novembro de 1997, no sentido de regular a falência com fundamento em duplicata sem aceite protestada com a prova da entrega da mercadoria. O pedido pode ser requerido com base na própria duplicata ou triplicata que tenha sido protestada por indicação de seus elementos' (*Curso de direito comercial*, 20ª ed., Saraiva, 1995, 2º vol., pág. 451).

Não é outro o posicionamento do mestre Amador Paes de Almeida, ao comentar referida lei, pontificando: 'Assim, toda a polêmica travada em torno do assunto perde qualquer consistência, não tendo senão curiosidade de natureza doutrinária, cercando-se a duplicata sem aceite, desde que acompanhada de nota de entrega de mercadoria, da necessária liquidez, certeza e exigibilidade, de molde a ensejar o processo de execução (ação executiva), legitimando pedido de falência' (*Curso de falência e concordata*, Saraiva, 15ª ed., 1997, pág. 36).

Convém que se registre a opinião de um dos mais conceituados e ilustres ministros do Supremo Tribunal Federal, Sydney Sanches, ainda quando ornamentava o Egrégio Tribunal de Justiça, e que põe termo a qualquer controvérsia a respeito: 'Conjugados o art. 14 da Lei de Duplicatas (nº 5.474, de 18-7-1968, alterada pelo Decreto-Lei nº 436, de 27-1-1969) e o art. 29 da Lei Cambiária (Decreto nº 2.044, de 31-12-1908), temos que um dos requisitos do instrumento do protesto é a resposta dada pelo sacado'.

Dispõe, por outro lado, o art. 16 da nova Lei de Duplicatas que 'será processada pela forma ordinária a ação para ilidir as razões invocadas pelo devedor para o não aceite do título nos casos previstos no art. 8º'.

Disso se extrai que, não havendo resposta do sacado, quando da intimação do protesto, presumida fica a liquidez da obrigação.

Ora, se a obrigação é presumidamente líquida e o título legitima ação executiva (art. 15 da Lei de Duplicatas), preenchidos estão os requisitos do art. 1º da Lei de Falências para justificar o pedido de quebra, instruído com a prova da impontualidade, com o protesto por falta de pagamento.

Razões de ordem político-econômico-social também influem no entendimento de que a liquidez se deve presumir em casos que tais.

Muito maior é a segurança do comércio quando as operações realizadas possibilitam a extração de duplicatas que legitimem não só ações executivas de cobrança, mas também pedidos de falência.

É que estes contêm inequívoco efeito intimidativo, que compele os devedores, ainda solventes, ao adimplemento da obrigação.

Por isso mesmo, as duplicatas aceitas circulam no tráfico dos negócios, com muito maior facilidade que as não aceitas, dependendo, neste último caso, da idoneidade econômica do sacador-endossante.

Ora, se se entender que, mesmo em face da lei atual, duplicatas não aceitas não legitimam pedido de falência (por não se presumir a liquidez da obrigação correspectiva), dia virá em que nenhum comerciante se disporá a aceitá-las. Com isso evitará futuros pedidos de quebra, nelas embasados. E a circulação de tais títulos estará dificultada, com graves prejuízos para a economia nacional, a que o julgado não pode se mostrar indiferente.

Ocorrerá, ademais, o seguinte: a Lei de Duplicatas, que visou facilitar a circulação de créditos por ela representados, emprestando até o rito executivo às ações de cobrança, mesmo dos não aceitos, acabará alcançando efeito contrário.

A renitência dos compradores, em aceitarem duplicatas, convidará os vencedores a expedientes outros, destinados a preservar-lhes a segurança. Tudo à margem da lei e sempre em detrimento da economia do País.

Por entender que o novo diploma estabelece uma presunção de liquidez da obrigação representada por duplicata não aceita, mas protestada sem objeção do devedor, desde que acompanhada do comprovante de entrega de mercadorias (como no caso) (razão de ordem jurídica) e por considerar de toda conveniência que assim se interprete o texto, também por razões de ordem político-econômico-social, é que o juízo admite o pedido de falência (*RT*, 446/126).

Em suma: estando o aceite formalizado no recebimento das mercadorias; na retenção imotivada das duplicatas; e no silêncio quanto ao protesto por falta de pagamento, o pedido de quebra se exibe idôneo".

91. DA DUPLICATA SIMULADA — Alterado pela Lei nº 8.137, de 27 de dezembro de 1990, o art. 172 do Código Penal passou a ter a seguinte redação:

> "Emitir fatura, duplicata ou nota de venda que não corresponda à mercadoria vendida, em quantidade ou qualidade, ou ao serviço prestado.
>
> Pena — detenção, de 2 (dois) a 4 (quatro) anos, e multa".

O referido art. 172 diz em seu parágrafo único: "Nas mesmas penas incorrerá aquele que falsificar ou adulterar a escrituração do Livro de Registro de Duplicatas", parágrafo este com redação dada pela Lei nº 5.474, de 18 de julho de 1968.

O crime de emissão de duplicata que não corresponda a uma efetiva compra e venda mercantil, ou a serviços prestados, já muito anteriormente à Lei das Duplicatas preocupava o legislador brasileiro, uma vez que o objeto do Decreto nº 5.746, de 29 de dezembro de 1929, no seu art. 168, VIII, considerava culposa a falência, positivada a existência da duplicata simulada.

A Lei nº 187, de 15 de janeiro de 1937, que antecedeu a atual Lei das Duplicatas, por sua vez impunha pena restritiva da liberdade àquele que expedisse duplicata que não correspondesse a uma efetiva venda de mercadorias.

Observe-se que a simulação há de traduzir sempre uma inverdade, por isso que é a declaração enganosa da vontade, objetivando produzir efeito distinto do ostensivamente indicado. É, por outro lado, bilateral, conquanto possa, excepcionalmente, revestir-se de caráter unilateral. Por outro lado, é levada a efeito visando iludir terceiros.

Tais características deixam entrever, de forma iniludível, como elemento caracterizador do delito, a vontade conscientemente dirigida à emissão da duplicata, ciente de não corresponder a uma venda e compra ou à efetiva prestação de serviços.

Ressalte-se que se equipara ao sacador o sacado que aceita a duplicata simulada, tornando-a perfeita e acabada, facilitando-lhe o desconto para enganar terceiro.

92. RESUMO

Fatura:

É uma nota do vendedor, descrevendo a mercadoria, discriminando sua qualidade e quantidade, fixando-lhe o preço. É uma prova do contrato de compra e venda mercantil, facultado ao vendedor indicar somente os números e valores das notas parciais expedidas por ocasião das vendas, despachos ou entregas das mercadorias.

A fatura é obrigatória em todo contrato de compra e venda mercantil entre partes domiciliadas no território brasileiro.

Duplicata:

É um título de crédito de natureza mercantil, facultativamente emitido pelo vendedor (ou prestador de serviços) na compra e venda a prazo.

Em se tratando de pagamentos em parcelas, pode constituir-se em:

a) duplicata única, fazendo expressa menção às prestações e respectivos vencimentos;

b) duplicatas em série, destacando-se o número de ordem.

"A duplicata é um saque representativo de um negócio preexistente, comprobatório de uma compra e venda mercantil, constante de fatura discriminada a que ela corresponde" (*Rev. dos Tribs.*, 307/283).

Requisitos essenciais:

A duplicata conterá:

I — a denominação "duplicata", a data de sua emissão e o número de ordem;

II — o número da fatura;

III — a data certa do vencimento ou a declaração de ser a duplicata à vista;

IV — o nome e o domicílio do vendedor e do comprador;

V — a importância a pagar, em algarismo;

VI — a praça do pagamento;

VII — a cláusula à ordem;

VIII — a declaração do reconhecimento de sua exatidão e da sua obrigação de pagá-la, a ser assinada pelo comprador, como aceite cambial;

IX — a assinatura do emitente.

Ressalte-se que o reconhecimento da exatidão da duplicata e da obrigação de pagá-la, que se traduz no *aceite*, não é imprescindível à existência do título, que poderá existir sem ele — a duplicata sem aceite.

Vencimentos:

a) à vista;

b) a dia certo.

Figuras intervenientes:

I — o vendedor ou prestador de serviço (sacador);

II — o comprador ou beneficiário dos serviços (sacado, também chamado aceitante);

Eventualmente:

III — o avalista;

IV — o endossante.

Da remessa e devolução:

A duplicata deve ser apresentada ao comprador, para aceite:

a) pelo sacador em trinta dias da emissão;

b) por mandatários em dez dias do recebimento do título na praça de pagamento.

A devolução dar-se-á em dez dias, contados da apresentação.

O aceite:

"É a declaração unilateral, facultativa, pela qual o sacado assume a obrigação de realizar o pagamento da soma indicada no título, dentro do prazo ali especificado, tornando-se, assim, responsável direto pela execução de obrigação incondicional" (Theóphilo de Azeredo Santos).

Suprimento do aceite:

Havendo expressa concordância do sacador ou de mandatário deste, o sacado poderá reter a duplicata em seu poder até a data do vencimento, desde que comunique, por escrito, o aceite e a retenção. Esta comunicação substituirá, quando necessário, a duplicata que, entretanto, ao contrário do que estabelece o § 2º do art. 7º da Lei nº 5.474/68, não terá eficácia executiva (Rec. Extr. nº 70.057 do Supremo Tribunal Federal, *DJU* de 20-3-1974).

Recusa do aceite:

O comprador só poderá deixar de aceitar a duplicata por motivo de:

I — avaria ou não recebimento das mercadorias, quando não expedidas ou não entregues por sua conta e risco;

II — vícios, defeitos e diferenças na qualidade ou na quantidade das mercadorias, devidamente comprovados;

III — divergência nos prazos ou nos preços ajustados.

Na duplicata de prestação de serviços, é lícita a recusa do aceite nas seguintes ocorrências:

a) não correspondência com os serviços efetivamente contratados;

b) vícios ou defeitos na qualidade dos serviços prestados, devidamente comprovados;

c) divergência nos prazos ou nos preços ajustados.

Do protesto:

A duplicata pode ser protestada:

I — por falta de aceite;

II — por falta de devolução (substituída por indicações do portador ou pela triplicata);

III — por falta de pagamento.

O portador que não tirar o protesto da duplicata, em forma regular e dentro do prazo de *trinta dias*, contados da data do seu vencimento, perderá o direito de regresso contra os endossantes e respectivos avalistas.

Da ação para cobrança da duplicata:

A duplicata não aceita mas acompanhada de comprovante da entrega da mercadoria, devidamente protestada, é título executivo cambial e, como tal, hábil a ensejar execução (art. 15, II, da Lei nº 5.594/68, c/c o **art. 784, I, do CPC/2015**).

Da prescrição:

A ação de cobrança da duplicata prescreve:

I — em ***três anos***, contra o sacado e respectivos avalistas;

II — em ***um ano***, contra endossante e seus avalistas;

III — em ***um ano***, de qualquer dos coobrigados contra os demais.

Da triplicata:

Triplicata é o título mercantil sacado na perda ou extravio da duplicata:

> "Art. 23. A perda ou extravio da duplicata obrigará o vendedor a extrair triplicata, que terá os mesmos efeitos e requisitos e obedecerá às mesmas formalidades daquela".

"A triplicata não visa facilitar nem tornar mais segura a circulação do título, mas substituir o título primitivo" (Carlos Fulgêncio da Cunha Peixoto).

93. TESTES DE APROVEITAMENTO DA MATÉRIA EXAMINADA

Assinale a alternativa correta nas seguintes questões:

1. A fatura é:

   ( ) título de crédito;

   ( ) nota do vendedor, discriminando as mercadorias vendidas, qualidade e quantidade, com o respectivo preço.

2. A fatura é:

   ( ) obrigatória nas compras e vendas mercantis com prazo não inferior a trinta dias;

   ( ) facultativa.

3. A duplicata:

   ( ) é extraída, facultativamente, da fatura;

   ( ) é de extração obrigatória.

4. Constitui-se a duplicata, outrossim, em:

( ) mera cópia da fatura;

( ) título de crédito com eficácia executiva, transmissível pela via do endosso.

5. A duplicata é, originariamente, título:

( ) abstrato;

( ) causal.

6. A natureza causal da duplicata decorre:

( ) da sua vinculação obrigatória a uma compra e venda mercantil ou prestação de serviços;

( ) de operação de crédito concedida por instituição financeira a quem se dedique à atividade mercantil em geral.

7. A duplicata:

( ) está, necessariamente, vinculada à fatura que lhe deu origem;

( ) não tem com a fatura qualquer vinculação.

8. A duplicata distingue-se da letra de câmbio:

( ) por envolver uma promessa de pagamento;

( ) por sua origem causal, vinculada à compra e venda mercantil ou prestação de serviços.

9. A duplicata é de emissão do:

( ) tomador;

( ) sacado;

( ) sacador.

10. O emitente é, necessariamente:

( ) empresário mercantil ou prestador de serviços;

( ) qualquer espécie de credor.

11. A cláusula "à ordem" é:

( ) facultativa;

( ) essencial.

12. Nas vendas a prestações:

( ) só pode ser emitida a fatura;

( ) pode ser emitida, igualmente, uma duplicata, com a discriminação das prestações e seus respectivos vencimentos, ou uma série de duplicatas para cada uma das prestações.

13. A duplicata:

( ) pode ser garantida por aval;

( ) não admite garantia firmada por terceiro.

14. O aval póstumo, ou seja, aquele firmado após o vencimento da duplicata:

( ) tem o mesmo efeito do aval firmado anteriormente;

( ) equivale à cessão civil, não se cercando de eficácia executiva.

15. A duplicata envolve obrigação:

( ) *quérable*;

( ) *portable*.

16. A apresentação da duplicata ao sacado objetiva:

( ) o exame da sua exatidão;

( ) o reconhecimento da sua exatidão e o lançamento do aceite.

17. A apresentação da duplicata:

( ) só pode ser feita pelo sacador;

( ) pode ser feita pelo sacador, seus respectivos representantes ou por instituições financeiras.

18. O prazo para apresentação da duplicata ao sacado é de:

( ) trinta dias;

( ) sessenta dias;

( ) noventa dias.

19. O prazo para apresentação da duplicata é contado a partir:

( ) da venda e compra ou prestação de serviços;

( ) da data da emissão.

20. Na eventualidade do sacador utilizar-se de representantes ou instituições financeiras, o prazo é de:

( ) dez dias;

( ) vinte dias;

( ) trinta dias.

21. O aceite consiste:

( ) na assinatura do sacado, reconhecendo a validade do débito;

( ) no ato do simples recebimento.

22. O aceite na duplicata é:

( ) facultativo, tal como ocorre na letra de câmbio;

( ) obrigatório.

23. A obrigatoriedade do aceite na duplicata:

( ) é absoluta;

( ) é relativa, admitindo recusa unicamente nas hipóteses de avaria ou não recebimento das mercadorias, vícios, defeitos e diferenças na qualidade e quantidade, ou divergência de prazos ajustados.

24. A duplicata, originariamente causal:

( ) não se altera por força do aceite;

( ) desvincula-se da *causa debendi*, por força do reconhecimento de sua exatidão pelo devedor.

25. Apresentada diretamente a duplicata ao devedor:

( ) deve este devolvê-la ao sacador, com ou sem aceite, nessa última hipótese justificando a recusa;

( ) poderá retê-la, não a devolvendo ao credor.

26. Na apresentação da duplicata por instituições financeiras:

( ) não poderá o sacado retê-la;

( ) poderá retê-la até o vencimento, comunicando à instituição tanto o aceite quanto a retenção.

27. Na eventualidade do não pagamento:

( ) a comunicação de aceite e retenção substituirá a duplicata, ensejando o protesto e a respectiva ação cambial;

( ) a comunicação de aceite e retenção constituir-se-á em simples título da dívida ordinária.

28. A liquidação do cheque passado em favor do estabelecimento bancário encarregado da cobrança:

( ) constitui-se em forma de pagamento da duplicata;

( ) é forma de pagamento quando conste do verso do cheque que seu valor se destina à liquidação da duplicata nele mencionada.

29. A duplicata sem aceite, mas acompanhada da nota da entrega da mercadoria:

( ) enseja ação executiva de cobrança;

( ) não se reveste de eficácia executiva.

30. A prescrição da duplicata é, em relação ao sacado e respectivo avalista, de:

( ) três anos;

( ) um ano;

( ) seis meses.

31. A prescrição da duplicata contra endossantes e seus avalistas é de:

( ) três anos;

( ) um ano;

( ) seis meses.

32. A duplicata por prestação de serviços pode ser emitida:

( ) somente por empresas individuais prestadoras de serviço;

( ) por empresas individuais, fundações ou sociedades civis que se dediquem à prestação de serviços.

33. Os profissionais liberais:

( ) podem sacar duplicata pelos serviços prestados;

( ) não podem fazê-lo, estando restritos aos contratos de honorários.

34. Na eventualidade de o sacado reter a duplicata, sem comunicar o fato ao sacador:

( ) é lícito ao sacador extrair triplicata;

( ) a extração da triplicata só é admitida na perda ou extravio da duplicata.

35. A Lei das Duplicatas prevê o protesto:

( ) por falta de pagamento;

( ) por falta de pagamento e por falta de aceite;

( ) por falta de pagamento, por falta de aceite e por falta de devolução.

36. Na falta de devolução da duplicata, o protesto será tirado:

( ) por indicação;

( ) por indicação ou com extração da triplicata.

37. O protesto para a ação de regresso contra endossantes e seus respectivos avalistas é:

( ) facultativo;

( ) obrigatório, no prazo de trinta dias contado da data do vencimento.

38. A cobrança judicial da duplicata aceita pelo devedor fazer-se-á:

( ) pelo procedimento ordinário;

( ) pelo processo aplicável aos títulos executivos extrajudiciais.

MODELOS DE DUPLICATA MERCANTIL

MODELO N. 1 (Venda Mercantil)

(DADOS RELATIVOS À FIRMA EMITENTE)

(ENDEREÇO DO EMITENTE)

(MUNICÍPIO) (ESTADO)

INSCRIÇÃO NO C N P J Nº

INSCRIÇÃO ESTADUAL Nº

DATA DA EMISSÃO

FATURA Nº	FATURA/DUPLICATA VALOR $	DUPLICATA Nº DE ORDEM	VENCIMENTO

PARA USO DA INSTITUIÇÃO FINANCEIRA

DESCONTO DE ATÉ

CONDIÇÕES ESPECIAIS

NOME DO SACADO

ENDEREÇO

MUNICÍPIO ESTADO

PRAÇA DO PAGAMENTO

INSCR. NO C N P J Nº INSCR. ESTADUAL Nº

VALOR POR EXTENSO

Reconheço(emos) a exatidão desta duplicata de VENDA MERCANTIL na importância acima que pagarei(emos) a (nome do emitente) ou à sua ordem na praça e vencimento indicados.

EM ____/____/________
DATA DO ACEITE

ASSINATURA DO SACADO

ASSINATURA DO EMITENTE

Anexo à Resolução nº 102, de 26.11.68, do Banco Central do Brasil.

MODELO N. 2 (Venda Mercantil)

(DADOS RELATIVOS À FIRMA EMITENTE)

(ENDEREÇO DO EMITENTE)

(MUNICÍPIO) (ESTADO)

INSCRIÇÃO NO C N P J Nº

INSCRIÇÃO ESTADUAL Nº

DATA DA EMISSÃO

FATURA		DUPLICATA		VENCIMENTO
VALOR R$	NÚMERO	VALOR $	Nº DE ORDEM	

PARA USO DA INSTITUIÇÃO FINANCEIRA

DESCONTO DE ATÉ

CONDIÇÕES ESPECIAIS

NOME DO SACADO

ENDEREÇO

MUNICÍPIO ESTADO

PRAÇA DO PAGAMENTO

INSCR. NO C N P J Nº INSCR. ESTADUAL Nº

VALOR POR EXTENSO

Reconheço(emos) a exatidão desta duplicata de VENDA MERCANTIL COM PAGAMENTO PARCELADO na importância acima que pagarei(emos) a (nome do emitente) ou à sua ordem na praça e vencimento indicados.

EM ____/____/ ________

DATA DO ACEITE

ASSINATURA DO SACADO

ASSINATURA DO EMITENTE

Anexo à Resolução nº 102,
de 26.11.68, do Banco Central do Brasil.

MODELO N. 3 (Venda Mercantil)

(DADOS RELATIVOS À FIRMA EMITENTE)

(ENDEREÇO DO EMITENTE)

(MUNICÍPIO) (ESTADO)

INSCRIÇÃO NO C N P J Nº

INSCRIÇÃO ESTADUAL Nº

DATA DA EMISSÃO

PARA USO DA INSTITUIÇÃO FINANCEIRA

FATURA		DUPLICATA
VALOR $	NÚMERO	Nº DE ORDEM

LETRA	VENCIMENTO	VALOR

NOME DO SACADO

ENDEREÇO

MUNICÍPIO ESTADO

PRAÇA DO PAGAMENTO

INSCR. NO C N P J Nº INSCR. ESTADUAL Nº

VALOR POR EXTENSO

ASSINATURA DO EMITENTE

Reconheço(emos) a exatidão desta duplicata de VENDA MERCANTIL COM PAGAMENTO PARCELADO na importância acima que pagarei(emos) a (nome do emitente) ou à sua ordem na praça e vencimento indicados.

EM ____/____/____ DATA DO ACEITE

________________ ASSINATURA DO SACADO

Anexo à Resolução nº 102,
de 26.11.68, do Banco Central do Brasil.

MODELOS DE PRESTAÇÃO DE SERVIÇO

MODELO N. 1-A (Prestação de Serviço)

(DADOS RELATIVOS À FIRMA EMITENTE)

(ENDEREÇO DO EMITENTE)

(MUNICÍPIO) (ESTADO)

INSCRIÇÃO NO C N P J Nº

INSCRIÇÃO ESTADUAL Nº

DATA DA EMISSÃO

FATURA	FATURA/DUPLICATA VALOR $	DUPLICATA Nº DE ORDEM	VENCIMENTO

PARA USO DA INSTITUIÇÃO FINANCEIRA

DESCONTO DE ATÉ

CONDIÇÕES ESPECIAIS

NOME DO SACADO

ENDEREÇO

MUNICÍPIO ESTADO

PRAÇA DO PAGAMENTO

INSCR. NO C N P J Nº INSCR. ESTADUAL Nº

VALOR POR EXTENSO

Reconheço(emos) a exatidão desta duplicata de PRESTAÇÃO DE SERVIÇO na importância acima que pagarei(emos) a (nome do emitente) ou à sua ordem na praça e vencimento indicados.

EM ______/______/ ______________
DATA DO ACEITE

____
ASSINATURA DO SACADO

ASSINATURA DO EMITENTE

Anexo à Resolução nº 102.
de 26.11.68, do Banco Central do Brasil.

MODELO N. 2-A (Prestação de Serviço)

(DADOS RELATIVOS À FIRMA EMITENTE)

(ENDEREÇO DO EMITENTE)

(MUNICÍPIO) (ESTADO)

INSCRIÇÃO NO C N P J Nº

INSCRIÇÃO ESTADUAL Nº

DATA DA EMISSÃO

FATURA		DUPLICATA		VENCIMENTO
VALOR R$	NÚMERO	VALOR $	Nº DE ORDEM	

PARA USO DA INSTITUIÇÃO FINANCEIRA

DESCONTO DE ATÉ

CONDIÇÕES ESPECIAIS

NOME DO SACADO

ENDEREÇO

MUNICÍPIO ESTADO

PRAÇA DO PAGAMENTO

INSCR. NO C N P J Nº INSCR. ESTADUAL Nº

VALOR POR EXTENSO

Reconheço(emos) a exatidão desta duplicata de PRESTAÇÃO DE SERVIÇO COM PAGAMENTO PARCELADO na importância acima que pagarei(emos) a (nome do emitente) ou à sua ordem na praça e vencimento indicados.

EM ______/______/ ______________

DATA DO ACEITE

ASSINATURA DO SACADO

ASSINATURA DO EMITENTE

Anexo à Resolução nº 102,
de 26.11.68, do Banco Central do Brasil.

MODELO N. 3-A (Prestação de Serviço)

(DADOS RELATIVOS À FIRMA EMITENTE)

(ENDEREÇO DO EMITENTE)

(MUNICÍPIO) (ESTADO)

INSCRIÇÃO NO C N P J Nº

INSCRIÇÃO ESTADUAL Nº

PARA USO DA INSTITUIÇÃO FINANCEIRA

DATA DA EMISSÃO

FATURA		DUPLICATA
VALOR $	NÚMERO	Nº DE ORDEM

LETRA	VENCIMENTO	VALOR

NOME DO SACADO

ENDEREÇO

MUNICÍPIO ESTADO

PRAÇA DO PAGAMENTO

INSCR. NO C N P J Nº INSCR. ESTADUAL Nº

VALOR POR EXTENSO

ASSINATURA DO EMITENTE

Reconheço(emos) a exatidão desta duplicata de PRESTAÇÃO DE SERVIÇO COM PAGAMENTO PARCELADO na importância acima que pagarei(emos) a (nome do emitente) ou à sua ordem na praça e vencimento indicados.

EM ____/____/________

DATA DO ACEITE

ASSINATURA DO SACADO

Anexo à Resolução nº 102,
de 26.11.68, do Banco Central do Brasil.

(*D.O.*, Parte II, de 4 de dezembro de 1968, págs. 2.729 a 2.734.)

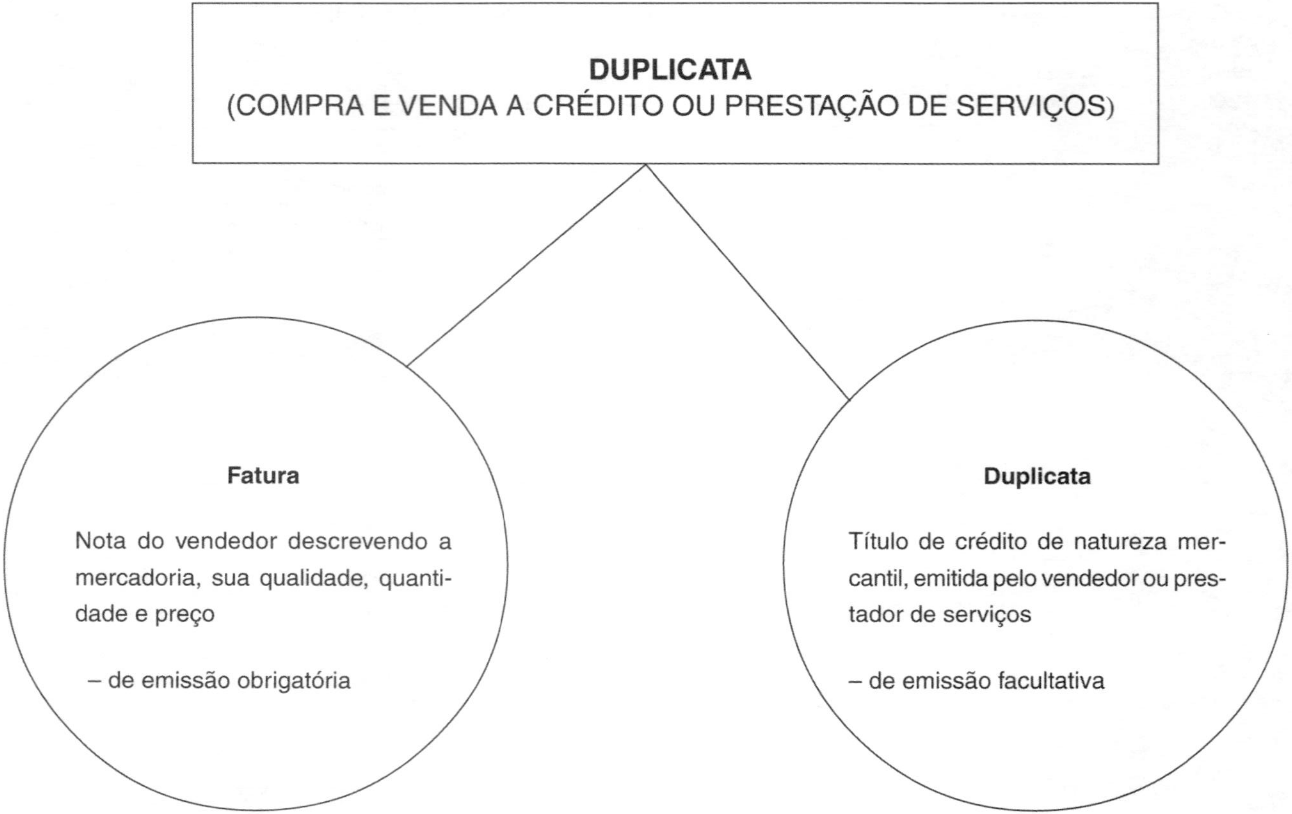
DUPLICATA
(COMPRA E VENDA A CRÉDITO OU PRESTAÇÃO DE SERVIÇOS)
Fatura
Nota do vendedor descrevendo a mercadoria, sua qualidade, quantidade e preço
– de emissão obrigatória
Duplicata
Título de crédito de natureza mercantil, emitida pelo vendedor ou prestador de serviços
– de emissão facultativa

LIVRO II

CAPÍTULO VI

TÍTULOS DE CRÉDITO RURAL

94. O crédito rural. 95. Espécies de títulos de crédito rural. 96. A nota promissória rural. 97. A duplicata rural. 98. A cédula rural pignoratícia. 99. A cédula rural hipotecária. 100. A cédula rural pignoratícia e hipotecária. 101. A nota de crédito rural. 102. A cédula de produto rural. 102-A. Da eficácia executiva dos títulos de crédito rural (a venda antecipada dos bens constitutivos da garantia real). 103. Resumo. 104. Testes de aproveitamento da matéria examinada.

94. O CRÉDITO RURAL — Os títulos de crédito rural destinam-se exclusivamente ao financiamento de atividades rurais, objetivando suprir de recursos os produtores e as cooperativas agrícolas. Instituído pela Lei Federal nº 4.829, de 5 de novembro de 1965, regulamentada pelo Decreto nº 58.380, de 10 de maio de 1966, o crédito rural atende à inegável necessidade de estímulo e incremento aos investimentos agrícolas e à produção agropecuária por parte do produtor, favorecendo outrossim o seu desenvolvimento e comercialização, com o consequente fortalecimento econômico-financeiro dos pequenos investidores.

De âmbito restrito, como já se acentuou, os títulos de crédito rural obrigam o emitente a comprovar sua efetiva aplicação no financiamento e exploração de propriedades rurais.

Tais títulos, nas suas diversas modalidades (nota promissória rural, duplicata rural, cédula rural pignoratícia, cédula rural hipotecária, nota de crédito rural, cédula de produto rural), são *títulos causais*, como, aliás, põe em relevo o art. 1º do Decreto-lei nº 167/67, porque necessariamente vinculados a financiamentos da atividade rural. Como preleciona Waldirio Bulgarelli: "há que, na análise desses títulos, levar-se em conta a finalidade para que foram criados e as peculiaridades de que se revestem. Assim, não seria demais a advertência de que eles estão jungidos a certos tipos de operações (mútuo, abertura de crédito, compra e venda, entrega de produção, recebimento de insumos), presos subjetivamente aos que produzem (produtores rurais e suas cooperativas, compreendidos, aí, tanto proprietários como meeiros e arrendatários) e aos que atuam no financiamento rural (instituições financeiras ligadas ao sistema de crédito rural)".

95. ESPÉCIES DE TÍTULOS DE CRÉDITO RURAL — São títulos de crédito rural:

a) Nota Promissória Rural;

b) Duplicata Rural;

c) Cédula Rural Pignoratícia;

d) Cédula Rural Hipotecária;

e) Cédula Rural Pignoratícia e Hipotecária;

f) Nota de Crédito Rural;

g) Cédula de Produto Rural.

Os dois primeiros dizem respeito a contratos de venda a prazo de bens agrícolas. Os demais relacionam-se, tão somente, a financiamentos ou instituições financeiras.

Conquanto títulos líquidos e certos, são considerados pelo Decreto-lei nº 167/67 como ***títulos civis*** e não comerciais, malgrado, como afirma Waldemar Ferreira, destinem-se a uma função econômico-financeira no âmbito do comércio.

96. A NOTA PROMISSÓRIA RURAL — A Nota Promissória Rural é uma das espécies de títulos de crédito rural. Nos termos do Decreto-lei nº 167/67 (art. 41, § 1º), constitui-se em título líquido e certo, ensejando ação executiva, com as restrições decorrentes da promulgação do Código de Processo Civil de 1973, cuja redação consta do **art. 783 do CPC/2015**.

Constituindo-se numa espécie do gênero *Nota Promissória*, desta distingue-se por detalhes que lhe confere matiz especial. Assim é que deve conter no seu texto a descrição dos produtos negociados, o que, de certa forma, lhe confere uma natureza causal, acarretando-lhe, obviamente, entre as partes diretas, a discussão do negócio jurídico subjacente.

Admitir-se o contrário é negar a própria essência da promissória rural, que objetiva a mobilização dos recursos rurais. Não fora assim, desnecessária seria a sua criação.

Tanto a Nota Promissória Rural quanto a Duplicata Rural gozam de privilégio especial sobre os bens disciplinados no art. 964 do Código Civil.

Aberto o concurso de credores atende-se à ordem de preferência estabelecida em lei — arts. 955 e segs. do Código Civil — levando-se em conta a distinção entre crédito especial e crédito por privilégio geral. Enquanto o primeiro, *crédito especial*, refere-se a determinados bens (art. 964), o segundo a todos os bens não sujeitos a crédito real ou especial.

São requisitos essenciais da Nota Promissória Rural:

a) a denominação "Nota Promissória Rural";

b) a data do pagamento;

c) o nome do emitente;

d) a cláusula à ordem;

e) o nome do credor ou a quem deve ser paga;

f) a praça de pagamento;

g) a soma a pagar em algarismo e por extenso;

h) a discriminação dos produtos objetos da venda e compra;

i) a data e localidade da emissão;

j) a assinatura do próprio punho do emitente ou de mandatário especial.

A Nota Promissória Rural, como obtempera Theóphilo de Azeredo Santos, atende aos seguintes casos:

I — vendas a prazo de bens de natureza agrícola extrativa ou pastoril, representando a obrigação do emitente comprador para com o vendedor beneficiário, seja este produtor rural ou cooperativa;

II — entregas, por cooperado, de produtos da mesma natureza a cooperativas, para comercialização e/ou beneficiamento, como obrigação da cooperativa emitente para com o seu associado beneficiário;

III — fornecimentos, por cooperativas, de bens de produção e/ou consumo a associados, como obrigação do cooperado emitente para com sua cooperativa beneficiária.

97. A DUPLICATA RURAL — Tal como a Nota Promissória Rural, é um título de crédito rural utilizado na compra e venda de bens agropastoris, por produtores rurais e cooperativas agrícolas.

Título líquido e certo é de iniciativa do próprio produtor ou da cooperativa, que nela figura como sacador, aparecendo como sacado ou aceitante o comprador de bens de natureza agropastoril.

São requisitos da Duplicata Rural:

a) a denominação "Duplicata Rural";

b) a data do vencimento ou a expressão "à vista", se o for;

c) o nome e endereço do sacador;

d) o nome e endereço do sacado;

e) a importância a ser paga, em algarismos e por extenso;

f) a discriminação dos produtos vendidos;

g) a praça de pagamento;

h) a data e a localidade da emissão;

i) a cláusula "à ordem";

j) a assinatura do próprio punho de emitente ou de mandatário especial;

k) a assinatura — aceite — do comprador.

98. A CÉDULA RURAL PIGNORATÍCIA — A Cédula Rural Pignoratícia é título representativo de constituição de dívida "obrigatoriamente lastreada por garantia real":

> "A Cédula Rural Pignoratícia se caracteriza pelo fato de o crédito ser incorporado no título com a garantia de penhor rural ou de penhor mercantil. O devedor será sempre um ruralista ou pecuarista e a garantia oferecida poderá ser de bens móveis relacionados com a atividade rural ou comercial" (Rubens Requião).

Os bens dados em penhor agrícola ou pecuário permanecem em poder do produtor ou cooperativa, que responde por sua guarda e conservação como fiel depositário. Outrossim, podem servir de garantia os próprios bens adquiridos ou pagos com o financiamento.

São requisitos essenciais da Cédula Rural Pignoratícia:

I — a denominação "Cédula Rural Pignoratícia";

II — a data e condição do pagamento;

III — o nome do credor;

IV — a cláusula "à ordem";

V — o valor do crédito, em algarismos e por extenso, com a expressa menção do fim a que se destina o financiamento;

VI — a descrição dos bens dados em penhor, com discriminação da espécie, qualidade e quantidade;

VII — a taxa de juros;

VIII — a praça de pagamento;

IX — a data e localidade da emissão;

X — a assinatura do aceitante.

99. A CÉDULA RURAL HIPOTECÁRIA — A Cédula Rural Hipotecária, como declara o art. 24 do Decreto-lei nº 167/67, representa não só o crédito, como também a garantia hipotecária dada pelo devedor, aplicando-se a ela os princípios da legislação ordinária sobre hipoteca, desta distanciando-se, todavia, no que diz respeito à inscrição. Com efeito, enquanto fundamental na hipoteca, não é constitutiva de direito na cédula rural, que tem como requisitos:

a) a denominação "Cédula Rural Hipotecária";

b) a data e condições de pagamento;

c) o nome do credor;

d) a cláusula "à ordem";

e) o valor do crédito, em algarismos e por extenso, com indicação da finalidade a que se destina o empréstimo;

f) descrição do imóvel hipotecado;

g) taxas dos juros a serem pagos e comissões, se houver;

h) a praça de pagamento;

i) a data e lugar da emissão;

j) a assinatura do emitente.

100. A CÉDULA RURAL PIGNORATÍCIA E HIPOTECÁRIA — O penhor, como se sabe, é o direito real que submete uma coisa móvel ao pagamento de um débito. A hipoteca, ao revés, é direito real constituído em favor do credor sobre coisa imóvel do devedor. Assim, se o produtor, para garantia de empréstimo, vincula bens móveis, obrigar-se-á por *Cédula Rural Pignoratícia*; se vincula bens imóveis, obrigar-se-á por *Cédula Rural Hipotecária.*

Todavia, como adverte Rubens Requião, "pode acontecer que a garantia oferecida pelo emitente do título abranja tanto bens móveis como imóveis", hipótese em que obrigar-se-á por *Cédula Rural Pignoratícia e Hipotecária.* Esta, como requisitos essenciais, conterá:

I — a denominação "Cédula Rural Pignoratícia e Hipotecária";

II — a data e condições de pagamento;

III — o nome do credor;

IV — a cláusula "à ordem";

V — o valor do crédito e a finalidade do empréstimo;

VI — descrição detalhada dos bens móveis dados em penhor;

VII — discriminação circunstanciada do imóvel hipotecado;

VIII — taxa de juros a pagar e comissões, se houver;

IX — praça de pagamento;

X — a data e lugar da emissão;

XI — a assinatura do próprio punho do emitente.

101. A NOTA DE CRÉDITO RURAL — A Nota de Crédito Rural, não se revestindo de garantia pignoratícia nem hipotecária, goza do privilégio especial sobre os bens discriminados no art. 964 do Código Civil, tal como a Nota Promissória Rural e a Duplicata Rural. Todavia, em que pese tal característica, não se confunde com estes dois últimos, pois que, enquanto estes dizem respeito à compra e venda de bens agropecuários, a Nota de Crédito Rural representa financiamento. Tem como requisitos essenciais:

a) a denominação "Nota de Crédito Rural";

b) data e condições de pagamento;

c) o nome do credor;

d) cláusula "à ordem";

e) o valor do crédito em algarismo e por extenso;

f) finalidade do empréstimo e sua utilização;

g) taxa de juros e comissões, se houver;

h) a praça de pagamento;

i) a assinatura do próprio punho do emitente ou de representante com poderes especiais.

102. A CÉDULA DE PRODUTO RURAL — A Cédula de Produto Rural é, também, uma espécie de título de crédito rural, instituído pela Lei nº 8.929, de 22 de agosto de 1994. É título de crédito representativo de promessa de entrega de produtos rurais.

Tal como ocorre com os títulos de crédito rurais em geral, a Cédula de Produto Rural objetiva estimular e incrementar os investimentos agrícolas.

Por força do título nominado, fica o emitente (necessariamente produtor rural, suas associações ou cooperativas) obrigado a entregar, em local e data prefixados, ao credor (ou à sua ordem), o produto rural indicado, na qualidade e quantidade especificadas.

Título formal e solene há de conter, lançados em seu contexto, os seguintes requisitos:

I — a denominação "Cédula de Produto Rural";

II — a data da entrega;

III — o nome do credor e cláusula "à ordem";

IV — promessa pura e simples de entregar o produto, sua indicação e as especificações de qualidade e quantidade;

V — o local e condições da entrega;

VI — descrição dos bens cedularmente vinculados em garantia;

VII — a data e lugar da emissão;

VIII — a assinatura do emitente.

Como se verifica da leitura dos requisitos, notadamente do inciso VI (descrição dos bens cedularmente vinculados), a Cédula de Produto Rural, constituindo-se em *promessa de entrega de produtos rurais*, há de ter, necessariamente, bens vinculados em garantia, sejam imóveis ou móveis.

A garantia cedular pode consistir em:

I — hipoteca;

II — penhor;

III — alienação fiduciária.

Na primeira hipótese (hipoteca), os bens dados em garantia por Cédula de Produto Rural hão de ser *imóveis rurais ou urbanos*, tal, aliás, como ocorre com a Cédula Rural Hipotecária, a ela se aplicando os preceitos da legislação sobre hipoteca, salvo quando colidentes com a Lei nº 8.929/94.

A garantia pignoratícia é, em tudo, semelhante àquela dada na Cédula Rural Pignoratícia — bens suscetíveis de penhor rural e mercantil.

Tais bens dados em garantia permanecem em poder do emitente da Cédula, que, tal como ocorre na Cédula Rural Pignoratícia, responde por sua guarda e conservação, como fiel depositário.

Na eventualidade de o penhor recair sobre títulos de crédito, estes permanecem em poder do credor.

A alienação fiduciária na clássica conceituação de Orlando Gomes:

> "é o negócio jurídico pelo qual uma das partes adquire, em confiança, a propriedade de um bem, obrigando-se a devolvê-la quando se verifique o acontecimento a que se tenha subordinado tal obrigação, ou lhe seja pedida a restituição".

No caso da Cédula de Produto Rural, a alienação fiduciária é utilizada para garantia da promessa nela contida — de entregar ao credor um produto rural na forma especificada no Título.

Tanto na hipoteca quanto na penhora e na alienação fiduciária, os bens dados em garantia podem ser discriminados no contexto da Cédula ou em documento à parte assinado pelo emitente (devedor), com menção, na Cédula, dessa circunstância.

A Cédula de Produto Rural admite aditamento e retificação, datados e assinados pelo emitente (devedor) e credor, e consignados na Cédula.

Para valer contra terceiros, a Cédula de Produto Rural deve estar inscrita no Cartório de Registro de Imóveis do domicílio do emitente, além de averbada na matrícula do imóvel, se se tratar de garantia hipotecária.

Por conter *promessa de entrega de produto rural*, na eventualidade de o emitente não cumprir o avençado, pode o credor intentar ação de execução para entrega de coisa incerta, na forma prevista no **art. 811 do CPC/2015**.

A Cédula de Produto Rural goza de privilégio especial, de vez que é impenhorável, tampouco podendo ser objeto de sequestro por outras dívidas do emitente (devedor).

De outro lado, pode ser negociada nos mercados de bolsas e de balcão.

102-A. DA EFICÁCIA EXECUTIVA DOS TÍTULOS DE CRÉDITO RURAL (A VENDA ANTECIPADA DOS BENS CONSTITUTIVOS DA GARANTIA REAL) — Os arts. 41, 44 e 52 do Decreto-lei nº 167/67 deixam patente a eficácia executiva dos títulos de crédito rural, sendo de todo conveniente pôr em relevo que o **art. 784, XII, do CPC/2015** reconhece como títulos executivos extrajudiciais, além daqueles expressamente enumerados, "todos os demais títulos aos quais, por disposição expressa, a lei atribuir força executiva".

Controvérsia há, porém, quanto ao procedimento a ser adotado, ou seja, aquele previsto expressamente no art. 41 do Decreto-lei nº 167/67 (que admite a venda antecipada de bens pelo credor), ou o procedimento de execução adotado pelo art. 784, do CPC/2015.

Prevalente o processo de execução do Código de Processo Civil, revogada estaria a faculdade atribuída ao credor de venda antecipada dos bens constitutivos da garantia real.

Sady Dornelles Pires, assistente jurídico do Banco do Brasil, em erudito artigo publicado na *Revista dos Tribunais*, 606/35, sustenta com veemência a subsistência do rito previsto no art. 41 do Decreto-lei nº 167/67, afirmando textualmente:

"a nosso ver, persiste o direito do credor de promover a venda dos bens penhorados constitutivos da garantia real, a qualquer tempo após a sua penhora".

Idêntica opinião tem Arruda Alvim (*Rev. dos Tribs.*, 461/48):

"... a circunstância de haver uma lei geral, como é o caso do Código de 1973 — tal como era, aliás, a mesma hipótese do Código de 1939 — não elimina a vigência simultânea à da lei geral, de dispositivos especiais, e, um desses casos, é o do art. 41, § 1º, do Dec.-Lei 167/67.

Assim, sendo compatíveis a norma geral (Código de 1973) e a especial (Decreto-Lei 167), ambas hão de sobreviver, aplicando-se a especial, desde que correntes os pressupostos respectivos, nos casos restritos e especiais de sua abrangência, e a geral, nos casos gerais".

A mesma argumentação é sustentada por Humberto Theodoro Jr. (*Processo de Execução*, 7ª ed., p. 133):

"Deve-se considerar em vigor as normas processuais de caráter especial do Dec.-Lei 167, naquilo que não conflitar com o regime do Código. Subsiste, por isso, o direito do credor de promover a venda dos bens constitutivos da garantia cedular, a qualquer tempo depois da penhora, sem necessidade de audiência do devedor sobre esta pretensão".

Não tem sido este, todavia, o entendimento esposado pelo Superior Tribunal de Justiça, como se depreende dos V. Acórdãos que transcrevemos:

"Considerando-se revogado o art. 41 do Decreto-lei nº 413/69 pelas normas procedimentais alusivas à execução, introduzidas pelo Código de Processo Civil, o prazo para oposição de embargos é de 10 (dez) dias, consoante preceitua o art. 738 **(art. 915 do CPC/2015)**.

Recurso conhecido e provido" (STJ, REsp nº 38.392-7–RJ, Rel. Min. Cláudio Santos, 3ª T., U, *DJ*, 29 ago. 1994, *Ementário da Ju-*

risprudência do Superior Tribunal de Justiça, Ano 4, nº 10, ementa nº 451, p. 194).

Assim, afastada estaria a venda antecipada dos bens constitutivos da garantia real, salvo a ocorrência das hipóteses previstas no **art. 730 do CPC/2015**; bens de fácil deterioração, avariados ou que exijam grandes despesas para a sua guarda, como deixa claro V. Acórdão da mesma Corte de Justiça:

> *"Execução — Venda antecipada — Cédula de Crédito Rural.*
>
> Oferecidos embargos pelo devedor, a venda antecipada do bem penhorado somente cabe quando indispensável (art. 1.113 do CPC; **art. 730 do CPC/2015**)" (STJ, REsp 31.719-1-GO, Rel. Min. Ruy Rosado de Aguiar, 4ª T., U., *DJ*, 13 jun. 1994, *Ementário de Jurisprudência do Superior Tribunal de Justiça*, Ano 4, nº 10, p. 198, ementa nº 464).

Sustentando a revogação dos ritos executivos estabelecidos nas leis mencionadas (Decretos-leis nº 167/67 e 143/69), em face da unificação do processo de execução instituído pelo Código de Processo Civil, proclamou o Superior Tribunal de Justiça, em lúcido voto do Min. Sálvio de Figueiredo:

> *"Cédula de Crédito Rural — Execução — Embargos do devedor — Efeito suspensivo — Impossibilidade da venda antecipada dos bens penhorados prevista no art. 41, § 1º, do Decreto-lei nº 167/67* — Ressalva das providências cautelares urgentes (**art. 923 do CPC/2015**). *Execução.* A ação regida por lei especial — confronto, porém, com modelo disciplinado posteriormente em legislação codificada — Hipótese em que se impõe exegese sistemática, afastando daquela o que conflita e não se harmoniza com as normas do código.
>
> *Ementa oficial:* oferecidos embargos do devedor, o efeito suspensivo destes tem o condão de impedir a venda antecipada dos bens penhorados prevista no art. 41, § 1º, do Decreto-lei nº 167/67, salvo se presentes circunstâncias ensejadoras de providên-

cias cautelares urgentes (CPC, art. 793; **art. 923 do CPC/2015**), a exemplo das contempladas no art. 1.113, CPC" (STJ, REsp 22.486-3-GO, 4ª T., Rel. Min. Sálvio de Figueiredo, *DJU*, 29 jun. 1992). Informações do atual CPC incluídas pelo autor.

Na verdade, a venda antecipada de bens, prevista no art. 41, § 1º, do Decreto-lei nº 167/67, está em manifesto conflito com a regra instituída no **art. 921, II, do CPC/2015**, que determina a suspensão da execução, no todo ou em parte, quando recebidos os embargos à execução, e, suspensa a execução, "é defeso praticar quaisquer atos processuais", podendo o juiz ordenar providências cautelares urgentes (**art. 923 do CPC/2015**).

103. RESUMO

Crédito rural:

"Considera-se crédito rural o suprimento de recursos financeiros por entidades públicas e estabelecimentos de crédito particulares a produtores rurais ou a suas cooperativas para aplicação exclusiva em atividades que se enquadrem nos objetivos indicados:

a) estímulo ao incremento ordenado dos investimentos rurais, inclusive para armazenamento, beneficiamento e industrialização dos produtos agropecuários, quando efetuados por cooperativas ou pelo produtor na sua propriedade rural;

b) favorecimento do custeio oportuno e adequado da produção e da comercialização de produtos agropecuários;

c) possibilidade do fortalecimento econômico dos produtores rurais, notadamente pequenos e médios;

d) incentivo à introdução de métodos racionais de produção, visando ao aumento da produtividade e à melhoria do padrão de vida das populações rurais e à adequada defesa do solo" (Theóphilo de Azeredo Santos).

Espécies de Título de Crédito Rural:

Nota Promissória Rural; Duplicata Rural; Cédula Rural Pignoratícia; Cédula Rural Hipotecária; Cédula Rural Pignoratícia e Hipotecária; Nota de Crédito Rural; Cédula de Produto Rural.

Nota Promissória Rural e Duplicata Rural:

São utilizadas nas vendas e compras a prazo de bens agropecuários efetuadas diretamente pelo produtor ou cooperativas.

Cédula Rural Pignoratícia:

O financiado garante o seu débito com penhor rural: "Os bens adquiridos ou pagos com o financiamento decorrente da cédula rural pignoratícia podem se servir de garantia pignoratícia da própria operação" (Rubens Requião).

Cédula Rural Hipotecária:

O título mencionado representa não só o crédito, mas também a garantia hipotecária.

Cédula Rural Pignoratícia e Hipotecária:

Ocorre quando o devedor dá em garantia bens móveis (penhor) e bens imóveis (hipoteca).

Nota de Crédito Rural:

Distingue-se da Nota Promissória Rural e da Duplicata Rural por representar financiamento — goza de privilégio especial sobre os bens discriminados no art. 964 do Código Civil.

Cédula de Produto Rural:

A Cédula de Produto Rural é título representativo de promessa de entrega de produto rural, com ou sem garantia cedularmente constituída, tal como hipoteca, penhor ou alienação fiduciária.

104. TESTES DE APROVEITAMENTO DA MATÉRIA EXAMINADA

Assinale a alternativa correta nas seguintes questões:

1. Os títulos denominados "créditos rurais" destinam-se:

   ( ) ao financiamento de comerciantes e industriais;

   ( ) ao financiamento de produtores e cooperativas agrícolas.

2. A nota promissória rural é emitida:

   ( ) pelo produtor rural;

   ( ) pelo comprador de bens de natureza agrícola ou pelas cooperativas rurais.

3. A vinculação à compra e venda de produtos agrícolas confere à nota promissória rural natureza de:

   ( ) título causal;

   ( ) título abstrato.

4. A nota promissória rural:

   ( ) não faz menção à *causa debendi*;

   ( ) necessariamente transcreve os produtos objeto da compra e venda ou da entrega da mercadoria à cooperativa.

5. A nota promissória rural:

   ( ) tem eficácia executiva;

   ( ) é título de dívida ordinária.

6. A cédula pignoratícia é título:

   ( ) de crédito pessoal;

   ( ) garantido por bens móveis.

7. Os bens dados em garantia, na cédula rural pignoratícia:

   ( ) são entregues ao credor;

   ( ) permanecem na posse do produtor ou da cooperativa, que respondem por sua guarda e conservação.

8. A cédula rural hipotecária caracteriza-se:

( ) pela garantia hipotecária dada pelo devedor;

( ) pela garantia de um bem móvel entregue ao credor.

9. À cédula rural hipotecária:

( ) aplicam-se as regras comuns sobre hipoteca;

( ) aplicam-se regras próprias que se distinguem fundamentalmente da hipoteca do direito civil.

10. As benfeitorias realizadas no imóvel dado em garantia hipotecária:

( ) incorporam-se à hipoteca;

( ) não fazem parte da hipoteca.

11. Na eventualidade do devedor dar em garantia bens móveis e imóveis, o título a ser emitido será:

( ) cédula rural pignoratícia;

( ) cédula rural hipotecária;

( ) cédula rural pignoratícia e hipotecária.

12. A nota de crédito rural reveste-se de:

( ) garantia pignoratícia;

( ) garantia hipotecária;

( ) privilégio especial sobre os bens discriminados no art. 964 do Código Civil.

13. Na cédula de produto rural:

( ) o emitente obriga-se a pagar ao credor a soma em dinheiro declinada no título;

( ) o emitente fica obrigado a entregar ao credor, em local e data prefixados, o produto rural indicado no título, na qualidade e quantidade especificadas.

14. A cédula de produto rural:

( ) pressupõe, necessariamente, bens vinculados em garantia;

( ) não admite bens vinculados em garantia.

15. Os bens dados em garantia na cédula de produto rural:

( ) são entregues ao credor;

( ) permanecem em poder do devedor, que responde por sua guarda e conservação.

16. Para valer contra terceiros, a cédula de produto rural:

( ) deve estar inscrita no registro de imóveis do domicílio do emitente e averbada na matrícula do imóvel;

( ) dispensa a inscrição no registro de imóveis.

17. A duplicata rural, nas vendas a prazo, de bem de natureza agrícola, extrativa ou pastoril:

( ) está subordinada à fatura;

( ) é título autônomo, não sendo obrigatória a extração da fatura nas vendas agrícolas efetuadas diretamente por produtores rurais ou cooperativas.

MODELO DE NOTA PROMISSÓRIA RURAL

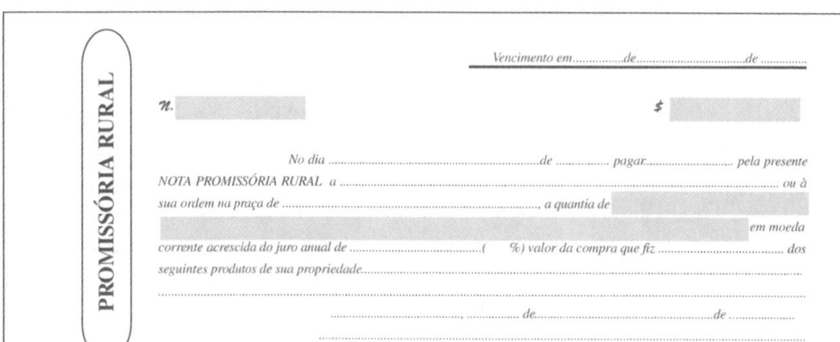
PROMISSÓRIA RURAL

Vencimento em..............de..............................de ....

n. $

No dia ....de .... pagar......................... pela presente NOTA PROMISSÓRIA RURAL a .... ou à sua ordem na praça de ...., a quantia de

em moeda corrente acrescida do juro anual de ....(%) valor da compra que fiz .... dos seguintes produtos de sua propriedade...

....

..................................., ... de...de ....

....

MODELO DE DUPLICATA RURAL

DUPLICATA RURAL

Nº.. Vencimento em .... de .... de ....

$ [redacted]

....,

estabelecid........ em .... , deve .... a

....,

estabelecid.......em.., a importância de

valor da compra dos seguintes bens:

....

Local e data

....

Assinatura do vendedor

Reconhe................ a exatidão desta DUPLICATA RURAL, na importância acima, que pagar .... a ....

.... ou à sua ordem,

na praça de ....

....

Local e data

....

Assinatura do comprador

MODELO DE CÉDULA RURAL*

CÉDULA RURAL .... *

Nº .... Vencimento em .... de .... de ....

$

A .... de .... de .... pagar .... por esta CÉDULA RURAL* ....

....

a ....

.... ou à sua ordem, a quantia de

em moeda corrente, valor do crédito deferido para financiamento de

....

....

....

....

.... e que será utilizado dos seguinte modo:

....

....

....

....

Os juros são devidos à taxa de .... ao ano

....

....

sendo de .... a comissão de fiscalização

....

....

O pagamento será efetuado na praça de ....

Os bens vinculados são os seguintes:

---

* Indicar se PIGNORATÍCIA, se HIPOTECÁRIA ou se PIGNORATÍCIA HIPOTECÁRIA.

MODELO DE NOTA DE CRÉDITO RURAL

NOTA DE CRÉDITO RURAL

Nº........................ Vencimento em .... de .... de ....

$.......................

A......... de .... de ...., pagar ....
por esta nota de crédito rural a ....
.... ou à sua ordem
a quantia de ....
....
em moeda corrente, valor recebido para financiamento de ....
....
....
e que será utilizado do seguinte modo: ....
....
....
....
Os juros são devidos à taxa de .... ao ano
e pagáveis em ....
....
sendo de .... a comissão de fiscalização exigível
em ....
....
....
O pagamento será efetuado na praça de ....
....
....
....

(Formato 22 x 33)

MODELO DE CÉDULA DE PRODUTO RURAL

CÉDULA DE PRODUTO RURAL

A................ de .... de .... entregar................

a .... ou

à sua ordem, ... sacas

de café em grão, de sessenta quilos cada uma, a serem entregues na cidade de..................

...., no Estado de ...., na

Rua .... , com garantia

cedularmente constituída consistente na hipoteca do imóvel descrito em anexo, situado

nesta cidade, na Rua ...., nº ....,

devidamente inscrito no Cartório de Registro de Imóveis desta cidade sob o nº................,

livro ....

....

Local e data

....

Assinatura do emitente

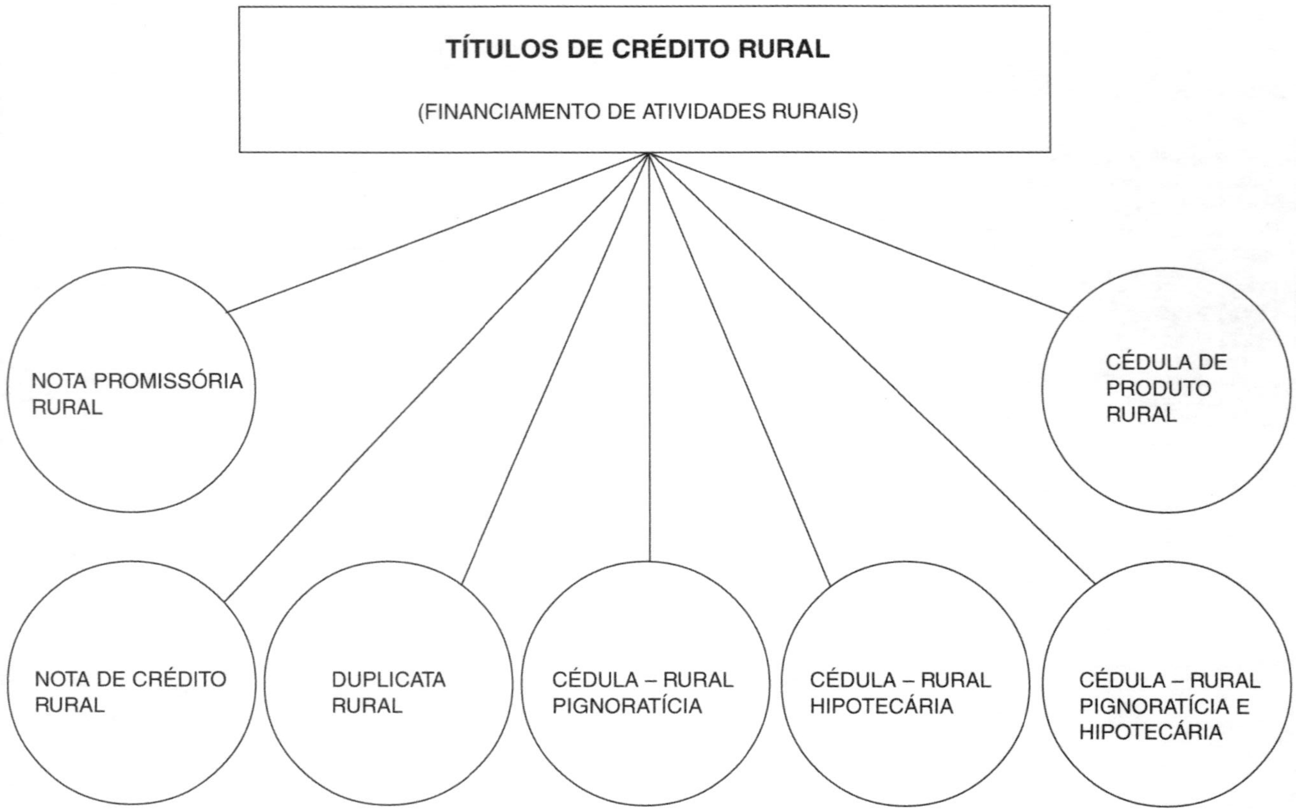
TÍTULOS DE CRÉDITO RURAL
(FINANCIAMENTO DE ATIVIDADES RURAIS)
NOTA PROMISSÓRIA RURAL
CÉDULA DE PRODUTO RURAL
NOTA DE CRÉDITO RURAL
DUPLICATA RURAL
CÉDULA – RURAL PIGNORATÍCIA
CÉDULA – RURAL HIPOTECÁRIA
CÉDULA – RURAL PIGNORATÍCIA E HIPOTECÁRIA

LIVRO III

CAPÍTULO VII

TÍTULOS DE CRÉDITO INDUSTRIAL, COMERCIAL E À EXPORTAÇÃO

105. Crédito industrial. 106. A cédula de crédito industrial. 106-A. A responsabilidade da instituição financeira. 107. A nota de crédito industrial. 108. Títulos de crédito comercial (cédula de crédito e nota de crédito) e títulos de crédito à exportação (cédula de crédito e nota de crédito). 109. Título de desenvolvimento econômico. 110. Resumo. 111. Testes de aproveitamento da matéria examinada.

105. CRÉDITO INDUSTRIAL — A retração econômico-financeira e a contenção creditícia que se seguiram às drásticas medidas estabelecidas pelo Poder Público, objetivando pôr fim à inflação, forçaram-no a colocar à disposição da indústria nacional instrumentos de crédito que lhe possibilitassem obtenção de empréstimos, indispensáveis ao desenvolvimento da produção. Surgiu, assim, o Decreto-lei nº 413, de 9 de janeiro de 1969, criando a *Cédula de Crédito Industrial* e a *Nota de Crédito Industrial.*

106. A CÉDULA DE CRÉDITO INDUSTRIAL — A Cédula de Crédito Industrial, criada pelo Decreto-lei nº 413, de 9 de janeiro de 1969, tem finalidade específica — financiamento de atividades industriais, o que a aproxima, sem dúvida, da Cédula de Crédito Rural que, por sua vez, se destina a financiamento da atividade rurícola.

É, portanto, um título representativo de financiamento concedido por instituições financeiras à pessoa física ou jurídica que se dedique à atividade industrial, como, aliás, enfatiza o art. 1º do Decreto-lei nº 413/69:

> "O financiamento concedido por instituições financeiras a pessoa física ou jurídica que se dedique à atividade industrial..."

Conceituada como uma promessa de pagamento com garantia real cedularmente constituída (penhor, alienação fiduciária ou hipoteca cedular), consubstancia, de forma inequívoca, um contrato de financiamento para fins específicos, de vez que o empreiteiro se condiciona a orçamento prévio, assinado pelo emitente e credor, a teor do que dispõem os arts. 2º e 3º do Decreto-lei nº 413/69 — "o emitente da cédula fica obrigado a aplicar o financiamento nos fins ajustados..." — "a aplicação do financiamento ajustar-se-á em orçamento..."

O orçamento e consequente organograma do investimento, por sua vez, são requisitos prévios indispensáveis à concessão do financiamento.

Como observa Sebastião José Roque (*Títulos de Crédito*, Cone Editora, 1997, p. 185):

> "a emissão de cédula de crédito industrial deve ser antecedida de outras operações, *às quais ficará ligada, pois é o coroamento de um conjunto de ações referentes a um financiamento industrial.* O emitente da cédula de crédito industrial, a princípio, obtém de um banco um empréstimo de dinheiro, a ser aplicado numa operação industrial prevista num orçamento elaborado pelo financiado e aprovado pelo financiador".

Fácil é verificar, portanto, que, vinculada a determinado negócio subjacente, é a Cédula de Crédito Industrial, tal como suas similares, um ***título causal***.

Com efeito, conquanto definida como promessa de pagamento, tal como a nota promissória (art. 54 do Dec. nº 2.044/1908), desta se distingue fundamentalmente, já que, ao revés da cambial nominada, está ungida a operação específica — o financiamento de atividade industrial, por instituição financeira, como põe em relevo o art. 1º do Decreto-lei nº 413/69.

A natureza causal da Cédula de Crédito Industrial resulta da sua vinculação ao negócio subjacente, patenteando-se, outrossim, por certos caracteres que lhes são próprios, a saber: emissão exclusiva de industriais; beneficiário original, necessariamente instituição financeira; vinculação ao orçamento e organograma dos investimentos; utilização e disponibilidade em parcelas do crédito respectivo; faculdade concedida ao credor de fiscalizar o emprego das parcelas adiantadas e o andamento dos investimentos; vencimento antecipado, independentemente de aviso ou interpelação judicial; e, finalmente, sua inscrição no Registro Imobiliário.

Tais elementos cercam a Cédula de Crédito Industrial de características que lhe conferem, de forma absoluta, natureza causal.

É o que afirma Waldirio Bulgarelli:

> "a cédula de crédito industrial prende-se a vários documentos, como o orçamento, a descrição de bens, etc., *não podendo assim ser considerada um título independente*, também por razões semelhantes a que aduzimos a respeito das cédulas de crédito rural, podem ser consideradas *títulos causais*" (*Título de crédito*, 14ª ed., Atlas, p. 556).

Como título causal, conquanto cercado de executividade, está a Cédula de Crédito Industrial, intimamente vinculada à relação fundamental que, inegavelmente, interfere na sua autonomia.

Na lição de Newton de Lucca:

> "título causal é aquele no qual o negócio jurídico que lhe deu origem, por força de lei, vincula-se ao título de tal sorte que produz efeitos sobre a sua vida jurídica" (*Aspectos da teoria geral dos títulos de crédito*, Biblioteca Pioneira de Direito Empresarial, 1979, p. 116).

Nos títulos causais, também denominados representativos, o credor (salvo a hipótese de transferência a terceiro de boa-fé, pela via do endosso), como preleciona Tullio Ascarelli, "só pode exigir a prestação mencionada no título, *executando contemporaneamente uma contraprestação*" (*Teoria Geral dos Títulos de Crédito*, Saraiva, 1969, p. 22).

Em consequência, ainda na lição de Tullio Ascarelli:

> "Os direitos cartulares causais são oriundos de um negócio declaratório. Com efeito, eles contêm a referência à causa da relação fundamental, por tal forma que as obrigações declaradas são baseadas sobre uma causa determinada e, portanto, subordinadas à existência desta e às normas que dela derivam" (*Teoria*, cit., p. 129).

Na consagrada obra, o notável comercialista italiano menciona, como exemplo de título causal, a *cambiale agraria*, destinada ao crédito agrícola e em tudo semelhante às Cédulas de Crédito Rural e Industrial da legislação brasileira:

> "as referências exigidas pela lei, na cambial agrícola, não têm significado meramente formal, implicam, justamente, *a possibilidade de opor ao possuidor, ciente dela, a falta da entrega do dinheiro ou a falta de sua entrega para o fim indicado na cambial*. Nos títulos de crédito lembrados nos parágrafos anteriores, a obrigação cartular não prevalecia, no caso de conflito, sobre a oriunda da relação fundamental, exceto quanto ao possuidor de boa-fé que ignorasse o vício".

Assim, claro está que o título causal só se constitui em obrigação autônoma quando em mãos de terceiro de boa-fé, pela via do endosso, pois este (o terceiro) exercita direito próprio, que se desvincula do negócio subjacente, quando, só então, goza de inoponibilidade de exceções.

Inexistindo transferência a terceiros, e subsistindo exclusivamente os intervenientes principais (a instituição financeira e o financiado), a Cédula de Crédito é, nunca é demais repetir, título causal e não abstrato, de vez que necessariamente vinculado a financiamento industrial, exigindo, via de consequência, legitimação especial para emitente e tomador.

Outrossim, consubstanciando um contrato de financiamento, pressupõe, para a sua própria validade, o cumprimento das obrigações bilaterais, que nela se contêm — a apresentação de prévio orçamento dos investimentos; o efetivo emprego do financiamento nas obras constantes do organograma de antemão aprovado pelo credor; e o indispensável fornecimento, por este último, das parcelas correspondentes ao financiamento ajustado. A falta de qualquer desses requisitos, sobretudo da efetiva entrega das parcelas correspondentes ao empréstimo, indispensável à consecução de seus fins, retira do credor os meios de execução pertinentes ao título, implicando, obviamente, a ineficácia das obrigações nele contidas, ensejando-se ao devedor ação por perdas e danos.

Com efeito, apresentado pelo devedor, o plano de investimento, devidamente aprovado pelas partes, formalizada a garantia real (penhor, alienação fiduciária ou hipoteca), com a respectiva especificação dos bens dados em garantia, e consequentemente formalizada a Cédula, cumpre ao financiador fornecer, na forma do avençado, as parcelas correspondentes ao financiamento.

São obrigações que se conjugam e são indispensáveis à validade da Cédula de Crédito Industrial, mormente quanto aos intervenientes principais, credor (instituição financeira) e devedor (emitente).

A Cédula de Crédito Industrial, pois, de natureza causal, necessariamente se vincula a financiamento de instituição financeira, com o consequente adiantamento, por esta última, das parcelas ajustadas.

Observe-se, a respeito, o que dispõe o art. 4º do Decreto-lei nº 413/69:

> "O financiador abrirá, com o valor do financiamento, conta vinculada à operação, que o financiado movimentará por meio de cheques, saques, recibos, ordens, cartas ou quaisquer outros documentos, na forma e no tempo previstos na cédula ou no orçamento".

Assim, fácil é concluir que, na Cédula de Crédito Industrial, a prestação do devedor (emitente) corresponderá, necessariamente, à contraprestação da financiadora (instituição financeira). É o princípio consubstanciado na *exceptio non adimpleti contractus*.

106-A. A RESPONSABILIDADE DA INSTITUIÇÃO FINANCEIRA — A leitura atenta do Decreto-lei nº 413/69 deixa patente que o financiamento à pessoa física ou jurídica, que se dedique à atividade industrial, há de ser feito por *instituições financeiras*, como, aliás, ressalta o seu art. 1º — "o financiamento concedido por instituições financeiras..."

O agente financeiro, nos termos da legislação específica, obriga-se a colocar à disposição do financiado, em conta vinculada à operação, as parcelas em dinheiro a serem liberadas na forma do pactuado — o financiador abrirá com o valor do financiamento conta vinculada à operação, que o financiado movimentará por meio de cheques, saques, recibos, ordens, cartas ou quaisquer outros documentos, na forma e no tempo previstos na cédula ou no orçamento (art. 4º do Decreto-lei nº 413/69).

Trata-se, bem se vê, de uma obrigação de inteira responsabilidade do financiador. Ao financiado cumpre aplicar as parcelas liberadas na mais estreita observância do orçamento e organograma de obras. Ao órgão financiador, *necessariamente instituição financeira*, impõe-se a obrigação de liberar, na forma do avençado, as parcelas em dinheiro pactuadas.

Envolve, pois, a Cédula de Crédito Industrial duas obrigações fundamentais, por isso que, sem sombra de dúvida, pode-se concluir pela existência de um contrato bilateral, oneroso e comutativo.

A Cédula de Crédito Industrial, dada a sua natureza causal, está umbilicalmente vinculada a uma operação bancária na qual:

> "a obrigação do creditador (banco) é a de fornecer o dinheiro, não sendo lícito recusá-lo, ficando sujeito a responder por perdas e danos", observa Waldirio Bulgarelli (*Contratos mercantis*, Atlas, 1979, p. 574).

Traçando o perfil do financiamento bancário, Carlos Alberto Bittar, fazendo expressa menção ao Decreto-lei nº 413/69, escreve:

> "de início, à necessidade de definição de objetivos, que devem compatibilizar-se com a linha de crédito especial existente, seguem-se a elaboração do projeto e a sua programação para a execução, a qual a instituição financeira deve acompanhar, *liberando as verbas do financiamento à medida da respectiva evolução*. A liberação perfaz-se em conta vinculada, devendo a verba ser aplicada nos fins específicos, sob sanções próprias" (*Contratos Comerciais*, Forense, 1990, p. 163).

Nas operações mencionadas, a instituição financeira age em nome próprio, figurando como ***sujeito ativo***, não se podendo admitir a tese de mero intermediário. As instituições em apreço, na verdade, atuam não como intermediárias, mas como ***mobilizadoras de crédito***, nas operações em que figuram como credoras. Ainda que sejam consideradas intermediárias, nas operações de aplicação de crédito, aplicando-as em seu próprio nome, são as únicas responsáveis pelas obrigações assumidas.

Na acurada observação de Fran Martins:

> "deve-se ter em consideração, entretanto, que os bancos não servem de meros intermediários entre os que possuem capital inativo e desejam empregá-lo e os que, não dispondo momentaneamente de capital, dele precisam para atender às suas necessidades. Os bancos, nas operações e nos contratos que realizam, *agem sempre em seu próprio nome*. Ao receberem depósitos pecuniários, constituem-se devedores dos depositantes; assumindo a propriedade desses depósitos, empregando-os em seguida em empréstimos aos que necessitam de capital, dão esses empréstimos não em nome dos depositantes *mas em seu nome próprio*, tornando-se, desse modo, credores dos prestamistas" (Bancos e Operações Bancárias, in *Contratos e Obrigações Mercantis,* 10ª ed., 1990, p. 485).

A ***Cédula de Crédito Industrial*** coloca em um dos polos — o ativo (credor) — a instituição financeira, tornando irrelevante a forma de captação dos recursos. A se admitir a tese da intermediação sem responsabilidade, os estabelecimentos bancários ficariam inteiramente isentos de qualquer ônus pelos danos causados àqueles que com eles contraíssem direitos, o que, por certo, repugna à lei, à moral e aos bons costumes.

Como adverte Carlos Alberto Bittar:

> "amplo é o espectro da aplicação da teoria da responsabilidade civil nas atividades bancárias e nas de instituições do setor financeiro — e bastante protetiva do cliente a orientação dominante na doutrina e na jurisprudência, a qual, aliás, conforma-se com a ideia da socialização dos riscos, que de há muito vem ganhando corpo em seu contexto, a fim de que não se deixe sem reparação o dano sofrido pela vítima" (*Rev. dos Tribs.*, 716/265).

Em suma, estabelecendo a Cédula de Crédito Industrial obrigações recíprocas, em virtude das quais o banco financiador está obrigado a manter à disposição do financiado soma determinada, por isso que verdadeira operação bancária de financiamento à atividade industrial, e, considerando mais, a natureza causal do título nominado, que o vincula inexoravelmente ao negócio subjacente, pode-se concluir serenamente que as obrigações de amortização dos tomadores só podem ser exigidas após a liberação, pelo financiador, das parcelas avençadas.

Figurando o Banco financiador como agente ativo (credor), na Cédula de Crédito Industrial, quando então age em seu próprio nome, não se pode considerá-lo mero intermediário ou repassador de dinheiro, mas como parte integrante do pacto consubstanciado na cédula, não encontrando amparo legal cláusula que o isente de qualquer responsabilidade na ocorrência de retenção de parcelas pela fonte originária de capitação.

São requisitos da Cédula de Crédito Industrial:

a) denominação "Cédula de Crédito Industrial";

b) data do pagamento que poderá ser em parcelas;

c) nome do credor;

d) cláusula "à ordem";

e) valor do crédito em algarismo e por extenso;

f) discriminação dos bens dados em hipoteca ou objeto de penhor ou de alienação fiduciária;

g) taxa de juros a pagar;

h) menção ao seguro obrigatório dos bens dados em garantia;

i) lugar do pagamento;

j) data e lugar da emissão;

k) assinatura de próprio punho do emitente ou de mandatário especial.

107. A NOTA DE CRÉDITO INDUSTRIAL — Promessa de pagamento, a nota de crédito industrial distingue-se da cédula exatamente pela ausência de garantia real. Em consequência, goza de privilégio especial sobre os bens discriminados no art. 964 do Código Civil.

Com exceção da discriminação de bens objeto de garantia real e seu respectivo seguro, inexistentes na Nota de Crédito Industrial, todos os demais requisitos da Cédula de Crédito Industrial são comuns ao título de crédito em exame.

108. TÍTULOS DE CRÉDITO COMERCIAL (CÉDULA DE CRÉDITO E NOTA DE CRÉDITO) E TÍTULOS DE CRÉDITO À EXPORTAÇÃO (CÉDULA DE CRÉDITO E NOTA DE CRÉDITO) — Os títulos de crédito comercial denominados *cédula de crédito comercial* e *nota de crédito comercial* foram instituídos pela Lei nº 6.840, de 3 de novembro de 1980. Representam empréstimos de instituições financeiras a pessoa física ou jurídica que se dedica à atividade mercantil ou à prestação de serviços:

> "as operações de empréstimo concedidas por instituições financeiras a pessoa física ou jurídica que se dedique a atividade comercial ou de prestação de serviços poderão ser representadas por cédula de crédito comercial e por nota de crédito comercial".

Aos títulos nominados aplicam-se as disposições contidas no Decreto-lei nº 413, de 9 de janeiro de 1969 (que disciplina os títulos de crédito industrial), inclusive quanto à forma.

Em consequência, fácil é concluir que a *cédula de crédito comercial*, tal como a industrial, é um título de crédito com garantia real (penhor cedular, alienação fiduciária ou hipoteca cedular), enquanto a nota de crédito comercial, da mesma forma que a nota de crédito industrial, não se cerca de tal garantia.

A cédula de crédito comercial, conquanto título de crédito com garantia real, pode ser instituída por instrumento particular a ser levado a registro no livro próprio:

> "a cédula de crédito comercial com garantia hipotecária, que atenda aos requisitos previstos no art. 14 do Decreto-lei nº 413/69, independe, para validade da garantia real, da constituição por instrumento público, sendo válidos o título de crédito e a garantia firmados por instrumento particular, levados a registro no livro próprio" (STJ, RE nº 34.278-1-ES, Rel. Min. Sálvio de Figueiredo, 4ª T., *Ementário da Jurisprudência do Superior Tribunal de Justiça*, nº 9, ementa nº 265).

Já os *títulos de crédito à exportação* (cédula de crédito à exportação e nota de crédito à exportação), a que também se aplicam as disposições do Decreto-lei nº 413, de 9 de janeiro de 1969, referem-se às operações de financiamento à exportação ou à produção de bens destinados à exportação:

> "as operações de financiamento à exportação, ou à produção de bens para exportação, bem como as atividades de apoio e complementação integrantes e fundamentais da exportação, realizadas por instituições financeiras, poderão ser representadas por cédula de crédito à exportação e por nota de crédito à exportação com características idênticas, respectivamente, à cédula de crédito industrial e à nota de crédito industrial instituídas pelo Decreto-lei nº 413, de 9 de janeiro de 1969".

Assim, tal como ocorre com os títulos de crédito industrial, a cédula de crédito à exportação é um título com garantia real, o que não sucede com a nota de crédito à exportação.

Os modelos são idênticos aos dos títulos de crédito industrial, obviamente com as denominações específicas.

109. TÍTULO DE DESENVOLVIMENTO ECONÔMICO — Criado pelo art. 31 da Lei nº 8.177, de 1º de março de 1991, referido título poderá ser emitido por bancos de desenvolvimento e caixas econômicas com carteira comercial ou de investimento para captação de recursos destinados ao financiamento de projetos no âmbito do Programa de Fomentos à Competitividade Industrial.

E terão as seguintes características:

a) prazo: compatível com o cronograma financeiro dos projetos;

b) remuneração: TR;

c) colocação: por intermédio de instituições financeiras e do mercado de capitais, junto a investidores institucionais, pessoas físicas e jurídicas.

110. RESUMO

Crédito industrial:

A instituição dos chamados títulos de crédito industrial objetivou munir a indústria nacional de instrumentos que lhe possibilitassem obtenção de crédito indispensável ao desenvolvimento da produção. Todavia, como adverte Theóphilo de Azeredo Santos, "na prática, entretanto, tais títulos de crédito têm sido mais utilizados pelo Banco Nacional do Desenvolvimento Econômico — BNDE —, ao passo que às instituições financeiras não são encaminhados negócios baseados nesses novos títulos".

Cédula de crédito industrial:

A cédula de crédito industrial é um título de crédito que incorpora garantia real: *a*) penhor; *b*) hipoteca; *c*) alienação fiduciária.

Averbação da cédula:

Imprescindível a averbação da cédula de crédito industrial no Registro de Imóveis, em livro especial para seu valor *erga omnes.*

Nota de crédito industrial:

Não está alicerçada em garantia real, constituindo-se em promessa de pagamento com privilégio especial sobre os bens discriminados no art. 964 do Código Civil.

Cédula de crédito comercial e nota de crédito comercial:

Representam empréstimos de instituições financeiras a pessoa física ou jurídica que se dedique a atividade mercantil ou a prestação de serviços.

A cédula de crédito comercial é um título que incorpora garantia real. A nota de crédito comercial não se cerca de tal garantia.

Cédula de crédito à exportação e nota de crédito à exportação:

Títulos em tudo semelhantes aos títulos de crédito industrial, com idênticos modelos e aplicação das mesmas disposições contidas no Decreto-lei nº 413, de 9 de janeiro de 1969, que representam, todavia, financiamento à exportação ou à produção de bens destinados ao mesmo fim. A cédula de crédito à exportação se cerca de garantia real, o que não ocorre com a nota de crédito à exportação.

Título de desenvolvimento econômico:

Título destinado ao fomento industrial de emissão de bancos e de caixas econômicas com carteira comercial ou de investimento.

111. TESTES DE APROVEITAMENTO DA MATÉRIA EXAMINADA

Assinale a alternativa correta nas seguintes questões:

1. A cédula de crédito industrial é:

( ) ordem de pagamento;

( ) promessa de pagamento em dinheiro, com garantia real.

2. A garantia real, na cédula de crédito industrial, pode ser:

   ( ) penhor exclusivamente;

   ( ) hipoteca;

   ( ) penhor, hipoteca ou alienação fiduciária.

3. A cédula de crédito industrial é título:

   ( ) "não à ordem";

   ( ) "à ordem".

4. A descrição dos bens dados em garantia:

   ( ) deve ser feita no próprio título;

   ( ) pode ser feita no próprio título como em documento separado, em duas vias assinadas pelo emitente e pelo credor.

5. A cédula de crédito industrial:

   ( ) é transferível pela via do endosso;

   ( ) é insuscetível de transferência pela via do endosso.

6. A nota de crédito industrial:

   ( ) é promessa de pagamento com garantia real, tal como a cédula de crédito;

   ( ) é promessa de pagamento pessoal, sem garantia real.

7. A cédula de crédito comercial representa:

   ( ) operação de empréstimo concedido por instituições financeiras a pessoa jurídica ou física que se dedique à atividade comercial ou de prestação de serviços;

   ( ) qualquer operação de crédito.

8. A cédula de crédito comercial é:

   ( ) título de crédito pessoal;

   ( ) título de crédito com garantia real.

9. A nota de crédito comercial:

( ) é título de dívida pessoal que não incorpora garantia real;

( ) é garantia com penhor cedular, alienação financeira ou hipoteca cedular.

10. Os títulos de créditos à exportação:

( ) representam operação de financiamento à exportação;

( ) representam simples ordem de pagamento.

11. O título de desenvolvimento econômico é de emissão exclusiva:

( ) dos bancos de desenvolvimento e caixas econômicas com carteira comercial ou de investimento para captação de recursos destinados ao financiamento de projetos do programa de fomento à competitividade industrial;

( ) de instituições financeiras em geral.

MODELO DE CÉDULA DE CRÉDITO INDUSTRIAL

Nº .... Vencimento em .... de .... de ....

$ ________________________________

A .... de .... de .... pagar ....

por esta cédula de crédito industrial a ....

.... ou à sua ordem, a quantia de ______

____

____

em moeda corrente, valor do crédito deferido para aplicação na forma do orçamento anexo e que será utilizado do seguinte modo: ....

....

....

....

....

....

....

Os juros são devidos à taxa de .... ao ano exigíveis em trinta (30) de junho, trinta e um (31) de dezembro, no vencimento e na liquidação da cédula ....

....

sendo de ....

a comissão de fiscalização, exigível juntamente com os juros ....

....

O pagamento será efetuado na praça de ....

Os bens vinculados, obrigatoriamente segurados, são os seguintes: ....

....

....

....

....

....

....

....

....

MODELO DE NOTA DE CRÉDITO INDUSTRIAL

Nº .... Vencimento em .... de .... de ....

$ ______________________________

A .... de .... de .... pagar ....

por esta cédula de crédito industrial a ....

.... ou à sua ordem, a quantia de ________

____

____

em moeda corrente, valor do crédito deferido para aplicação na forma do orçamento anexo e que será utilizado do seguinte modo: ....

....

....

....

....

....

....

Os juros são devidos à taxa de .... ao ano exigíveis em trinta (30) de junho, trinta e um (31) de dezembro, no vencimento e na liquidação da cédula ....

....

sendo de ....

a comissão de fiscalização, exigível juntamente com os juros ....

....

O pagamento será efetuado na praça de ....

....

....

....

....

....

....

....

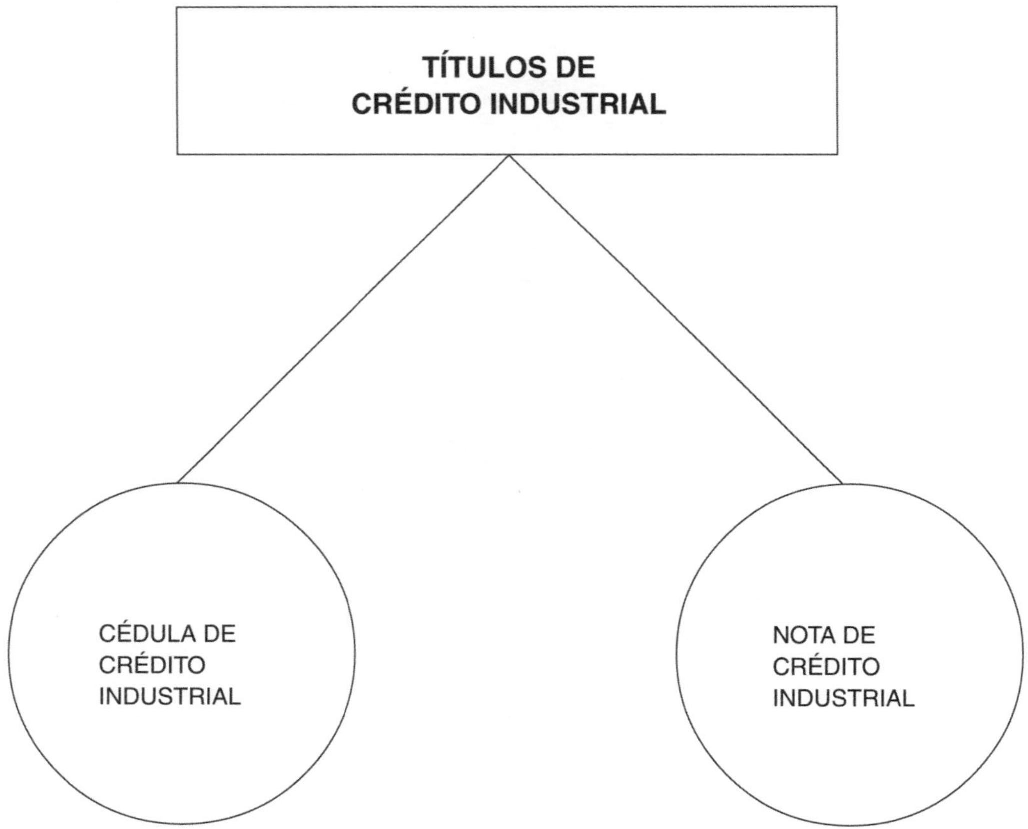
TÍTULOS DE CRÉDITO INDUSTRIAL
CÉDULA DE CRÉDITO INDUSTRIAL
NOTA DE CRÉDITO INDUSTRIAL

LIVRO IV

CAPÍTULO VIII

OUTROS TÍTULOS DE CRÉDITO

DEBÊNTURES

112. Conceito. 113. Espécies de debêntures. 114. Crédito privilegiado. 115. Competência para emissão. 116. As debêntures na Lei das Sociedades Anônimas. 117. Resumo. 118. Testes de aproveitamento da matéria examinada.

112. CONCEITO — As debêntures, também denominadas obrigações, são títulos de crédito emitidos pelas sociedades anônimas, em decorrência de empréstimos por elas obtidos junto ao público. Conquanto autônomos e literais são, como o ***Warrant***, títulos causais, estando, por isso mesmo, vinculados ao negócio jurídico "subjacente".

Os titulares de tais debêntures são, portanto, credores das sociedades anônimas emissoras.

Na lição de Modesto Carvalhosa "constituem as debêntures um direito de crédito do seu titular diante da sociedade emissora, em razão de um contrato de empréstimo por ela concertado; têm a natureza de título de renda, com juros fixos ou variáveis gozando das garantias determinadas nos termos da escritura de emissão".

113. ESPÉCIES DE DEBÊNTURES — Duas são as espécies de debêntures:

a) debêntures comuns;

b) debêntures conversíveis em ações.

As debêntures comuns são títulos ou obrigações que só conferem ao titular um crédito que, conquanto privilegiado, não lhe permite conversão em ações.

De início exclusivamente *ao portador*, enriquecidas mais tarde com obrigações nominativas endossáveis, por força da Lei nº 4.728, de 14 de julho de 1965, as debêntures podem conter a cláusula de correção monetária. Esta mesma lei criou também nova modalidade de obrigações com as debêntures conversíveis em ações. Como o próprio nome indica, podem, após noventa dias da sua emissão, ser convertidas em ações do capital da sociedade emissora. Tal como as debêntures comuns, podem ser ***ao portador*** ou ***nominais***.

A conversão das debêntures em ações não está sujeita a qualquer restrição da sociedade e se fará segundo a opção dos seus titulares.

114. CRÉDITO PRIVILEGIADO — Desde que inscrito o contrato de emissão das debêntures, no Registro de Imóveis da sede da sociedade emissora, gozam as obrigações em apreço de privilégio, tendo por garantia todo o ativo da devedora.

115. COMPETÊNCIA PARA EMISSÃO — Dispunha o § 5º do art. 1º do Decreto nº 177-A, de 15 de setembro de 1893, que não se faria emissão de obrigações sem prévia deliberação da assembleia geral dos acionistas, adotada por tantos sócios quantos representassem, pelo menos, metade do capital social, em reunião a que assistisse número de acionistas correspondente a três quartos deles.

Posteriormente, por força do que dispôs o art. 87, parágrafo único, *c*, do Decreto-lei nº 2.627, de 26 de setembro de 1940 (Lei das Sociedades Anônimas), tal critério foi alterado, competindo exclusivamente à Assembleia Geral dos Acionistas decidir sobre a criação e emissão de debêntures, princípio mantido pela Lei nº 6.404, de 15 de dezembro de 1976 (Lei das Sociedades Anônimas).

116. AS DEBÊNTURES NA LEI DAS SOCIEDADES ANÔNIMAS — Na formulação da legislação, orientou-se o Poder Público no sentido de colocar à disposição do empresário inúmeras opções que lhe assegurassem uma série de valores mobiliários, que pudessem ser utilizados na medida em que se mostrassem convenientes à estruturação financeira das companhias.

Com a finalidade de possibilitar a necessária captação de recursos, indispensáveis à estabilidade das empresas, a Lei das Sociedades Anônimas (Lei nº 6.404, de 15-12-1976) mantém, com ousadas inovações, o instituto das debêntures:

> "Art. 52. A companhia poderá emitir debêntures que conferirão aos seus titulares direito de crédito contra ela, nas condições constantes da escritura de emissão e, se houver, do certificado".

Tais debêntures, quanto à ***forma***, ou são ***ao portador*** ou ***endossáveis***.

As primeiras são aquelas que não trazem no seu bojo o nome do titular, transmissíveis pela simples tradição. As segundas, isto é, as endossáveis, são aquelas que trazem no certificado o nome do debenturista, transferíveis mediante endosso.

A Lei nº 9.457, de 5 de maio de 1997, extinguiu as debêntures ao portador e endossável, proclamando a nominatividade de tais títulos, como, aliás, com os demais títulos de emissão de sociedade anônima, inclusive as ações, estas últimas objeto da Lei nº 8.021, de 12 de abril de 1990.

Quanto à *espécie*, dividem-se em debêntures com *garantia real* ou com *garantia flutuante*.

> "Art. 58. A debênture poderá, conforme dispuser a escritura de emissão, ter garantia real ou garantia flutuante, não gozar de preferência ou ser subordinada aos demais credores da companhia".

As debêntures com garantia real são oponíveis a terceiros, desde que averbadas no Registro de Imóvel competente, que possuirá, para isso, livro especial.

As debêntures com garantia flutuante asseguram privilégio geral sobre o ativo da companhia, muito embora não impeçam a negociação dos bens que componham esse ativo. Terão, outrossim, valor nominal expresso em moeda nacional (salvo nos casos de obrigação que, nos termos da legislação em vigor, possa ter o pagamento estipulado em moeda estrangeira), podendo, inclusive, conter cláusula de correção monetária, aos mesmos coeficientes fixados para a correção dos títulos da Dívida Pública ou com base na variação de taxa cambial.

A respeito da denominação *garantia flutuante*, Modesto Carvalhosa, em seus consagrados *Comentários à Lei de Sociedades Anônimas* (Saraiva, v. 1, p. 567), faz a seguinte crítica:

> "o privilégio geral, que os legisladores pedantemente, como se estivessem descobrindo a lâmpada, chamaram de garantia flutuante, macaqueando o direito norte-americano (*floating security*), é velhíssima modalidade de garantia entre nós, sendo já prevista no Decreto nº 177-A".

A época do seu vencimento deverá constar da escritura da emissão e de certificado, podendo a companhia estipular amortizações parciais, criar fundos de amortização e reservar-se o direito de resgate antecipado, parcial ou total dos títulos da mesma série.

Ao contrário do que ocorre com as ações, a companhia pode adquirir debêntures de sua própria emissão, desde que por valor igual ou inferior ao nominal.

Ponto altamente controvertido na nova Lei, e que, por isso mesmo, vem se constituindo em objeto de controvérsias, é a regra estabelecida no art. 56, que faculta participação nos lucros da companhia ao debenturista. Manifestando-se a respeito, assim se expressou a *Federação do Comércio do Estado de São Paulo*: "A debênture é título característico de empréstimo, sendo os juros e a correção monetária a remuneração a ela peculiar, não se justificando a concessão de vantagens adicionais, dada a natureza do negócio jurídico que origina seu lançamento. Lucro é remuneração de capital de risco e, salvo o caso especial das 'partes beneficiárias', não deve ser estendido a outros títulos que não as ações".

Com alterações do anteprojeto, por inegável influência da *Ordem dos Advogados do Brasil* e com graves reservas da *Federação do Comércio do Estado de São Paulo*, foi mantida na legislação a faculdade de debêntures no exterior, por companhias estrangeiras com filial no Brasil e por companhias brasileiras, desde que, porém, com prévia autorização do Banco Central:

> "Art. 73. Somente com prévia autorização do Banco Central do Brasil as companhias brasileiras poderão emitir debêntures no exterior com garantia real ou flutuante de bens situados no País.
>
> § 1º Os credores por obrigações contraídas no Brasil terão preferência sobre os créditos por debêntures emitidas no exterior por companhias estrangeiras autorizadas a funcionar no País, salvo se a emissão tiver sido previamente autorizada pelo Banco Central do Brasil e o seu produto aplicado em estabelecimento situado no território nacional".

A emissão de debêntures no estrangeiro deve observar os seguintes requisitos:

1) arquivamento no registro do comércio e publicação da ata da assembleia geral que deliberou sobre a emissão;

2) inscrição da escritura de emissão no registro de imóveis do lugar da sede da companhia;

3) constituição das garantias reais, se for o caso.

Requer, igualmente, a inscrição no Registro de Imóveis do local da sede da companhia ou do estabelecimento, dos demais documentos exigidos pelas leis do lugar da emissão, legalizados pelo cônsul brasileiro e acompanhados da respectiva tradução em vernáculo, a ser feita por tradutor público juramentado.

A negociação, no mercado de capitais do Brasil, de debêntures emitidas no estrangeiro, depende de prévia autorização da "Comissão de Valores Mobiliários".

Outra inovação digna de relevo é a presença do *agente fiduciário* que representa, segundo o que dispõe o art. 68, "a comunhão dos debenturistas perante a companhia emissora", com deveres e atribuições rigorosamente disciplinados em lei.

Ressalte-se, finalmente, que as debêntures podem ser objeto de depósito em instituições financeiras (autorizadas pela Comissão de Valores Mobiliários), instituições essas que poderão, por sua vez, emitir *certificados de depósitos*, transferíveis mediante endosso em branco ou em preto, assinado pelo titular ou mandatário especial.

Ampliando sobremaneira os meios de captação de recursos, faculta a nova legislação a criação, pelas companhias, a qualquer tempo, de títulos negociáveis, sem valor nominal e estranhos ao capital social, denominados *partes beneficiárias*:

> "Art. 46. A companhia pode criar, a qualquer tempo, títulos negociáveis, sem valor nominal e estranhos ao capital social, denominados 'partes beneficiárias' ".

Tais títulos conferirão aos seus respectivos titulares direito de crédito eventual contra a companhia emissora, consistente na participação nos lucros, observado o limite de um décimo.

Aos titulares das *partes beneficiárias* é facultado fiscalizar a administração.

Além dos títulos mencionados, *debêntures* e *partes beneficiárias*, as companhias poderão emitir, dentro do limite de aumento do capital autorizado no estatuto, títulos negociáveis denominados *bônus de subscrição*:

> "Art. 75. A companhia poderá emitir, dentro do limite de aumento do capital autorizado no estatuto (art. 168), títulos negociáveis denominados 'bônus de subscrição' ".

Esses bônus conferem a seus titulares direito de subscrição de ações do capital social, direito esse que será exercido mediante apresentação do título à companhia e pagamento do preço de emissão das ações.

Os ***bônus de subscrição*** não só poderão ser alienados pelas companhias como poderão ser atribuídos como vantagem adicional aos subscritores de ações ou debêntures, tendo forma ao portador ou endossável.

117. RESUMO

Conceito:

As debêntures são títulos de crédito de emissão de sociedades anônimas, representativos de empréstimo efetuado por essas espécies societárias. Conferem a seus titulares um crédito contra as companhias emissoras.

Títulos atípicos:

As debêntures são títulos causais porque vinculadas a empréstimos efetuados pelas companhias emissoras e a sua vinculação é necessária à deliberação da assembleia geral (arts. 52 e 59 da Lei nº 6.404/76).

Espécies:

Duas são as espécies de debêntures:

a) comum;

b) conversível em ações.

Crédito privilegiado:

Inscrito no Registro de Imóveis da sede da companhia emissora, o contrato de emissão de debêntures confere privilégio sobre os demais títulos de dívida, tendo por garantia todo o ativo e bens da companhia emissora.

Títulos causais:

Conquanto títulos de crédito revestindo-se de autonomia e literalidade, as debêntures, ao contrário da letra de câmbio e da nota promissória, não se revestem de abstração mas, ao revés, são *causais*, porque vinculadas ao contrato de emissão.

AS DEBÊNTURES NA LEI DAS SOCIEDADES ANÔNIMAS (Lei nº 6.404, de 15-12-1976)

Quanto à espécie:

a) debêntures com garantia real;

b) debêntures com garantia flutuante.

Quanto à forma:

Tais debêntures são necessariamente *nominativas*, por força do que dispõe a Lei nº 9.457, de 5 de maio de 1997.

OUTROS TÍTULOS:

Partes beneficiárias — a qualquer tempo as companhias poderão criar títulos negociáveis, denominados *partes beneficiárias*, que conferirão aos seus titulares crédito contra as sociedades emissoras, consistentes na participação nos lucros.

Bônus de subscrição — poderão, igualmente, emitir, dentro do limite de aumento do capital autorizado no estatuto, títulos negociáveis, denominados *bônus de subscrição*, que conferem a seus titulares direito de subscrição de ações.

118. TESTES DE APROVEITAMENTO DA MATÉRIA EXAMINADA

Assinale a alternativa correta nas seguintes questões:

1. A debênture é:

( ) uma espécie de ação;

( )título de crédito emitido por sociedades anônimas, em decorrência de empréstimos por elas obtidos junto ao público.

2. A debênture confere a seu titular:

( )tão somente um direito de crédito com os respectivos juros;

( )participação no lucro da companhia e prêmio de reembolso.

3. A companhia:

( )não pode adquirir debênture de sua própria emissão;

( )pode adquirir debênture, desde que por valor igual ou inferior ao nominal.

4. A debênture:

( )não pode ser convertida em ações;

( )pode ser convertida, nas condições constantes da escritura de emissão.

5. Os acionistas:

( )não têm qualquer preferência na aquisição de debêntures conversíveis em ações;

( ) têm preferência assegurada na Lei das Sociedades Anônimas.

6. A garantia flutuante assegurada à debênture:

( )confere-lhe privilégio geral sobre o ativo da companhia;

( )confere-lhe garantia real.

7. O privilégio geral sobre o ativo da companhia:

( )impede a negociação dos bens que compõem o ativo;

( )não impede a negociação.

8. A competência para decidir sobre emissão de debênture é:

( )da assembleia geral;

( )do conselho de deliberação;

( )da diretoria;

( ) do Conselho Fiscal.

9. O valor total das emissões das debêntures:

   ( ) pode ultrapassar o capital social da companhia;

   ( ) não pode ultrapassar o capital social da companhia, salvo os casos previstos em lei especial.

10. O agente fiduciário representa:

   ( ) o interesse e comunhão dos debenturistas perante a companhia emissora;

   ( ) o Conselho Fiscal.

11. As debêntures:

   ( ) devem permanecer em depósito na companhia emissora;

   ( ) podem ser objeto de depósito em instituições financeiras autorizadas pela Comissão de Valores Mobiliários.

12. As debêntures endossáveis são transferíveis:

   ( ) mediante simples endosso;

   ( ) por lançamento em livro próprio;

   ( ) por tradição manual.

13. As partes beneficiárias conferem a seu titular:

   ( ) direito de crédito contra a companhia emissora;

   ( ) direito de subscrição de ações.

14. O bônus de subscrição confere:

   ( ) direito e subscrição de ações;

   ( ) direito de voto.

MODELO DE DEBÊNTURE

COMPANHIA...
Sede: ....

Registrada na Junta Comercial do Estado de ....
sob nº................, aos .... de .... de ....

OBRIGAÇÃO AO PORTADOR

Capital: $	Juros de ....% ao ano, pagos por semestre mediante a apresentação do título	*Empréstimo de R$.....*
DEBÊNTURE Nº		$ ....
Resgate em .... anos		*Série Única*

Consoante a deliberação dos acionistas da COMPANHIA......................................, em sessão de Assembleia Geral realizada aos .... de ...... de ...., com ata arquivada na Junta Comercial de .... e publicada no órgão oficial de .... de .... de ...., foi dita Companhia autorizada a emitir .... obrigações ao portador de $............................ cada uma, para resgate em .... anos, a partir do .... ano, em qualquer tempo, vencendo os juros de .... % ao ano e sob garantia de todo o ativo e bens da mesma Companhia.

A ata que autorizou esta emissão
foi arquivada na Junta Comercial .... , ... de .... de ....
sob nº ...., por despacho de .... de
.... de ...... e, como o respectivo
manifesto, foi publicada no órgão .... , diretor-presidente
oficial de .... de .... de ....,
estando dito empréstimo registrado .... , diretor-superintendente
sob nº .... no Livro respectivo
do Cartório de Registro, sob nº .... , ... , diretor-tesoureiro
pág. ......, aos.......... de ..... de ....

CUPÃO Nº	CUPÃO Nº	CUPÃO Nº	CUPÃO Nº ....
(8)	(7)	(6)	(5)
2º semestre	1º semestre	2º semestre	1º semestre
Dez.	Junho	Dez.	Junho ....
Juros $....	Juros $	Juros $	Juros $ ....

CUPÃO Nº	CUPÃO Nº....	CUPÃO Nº	CUPÃO Nº....
(4)	(3)	(2)	(1)
2º semestre	1º semestre	2º semestre	1º semestre
Dez.	Junho	Dez.	Junho ....
Juros $	Juros $	Juros $	Juros $ ....

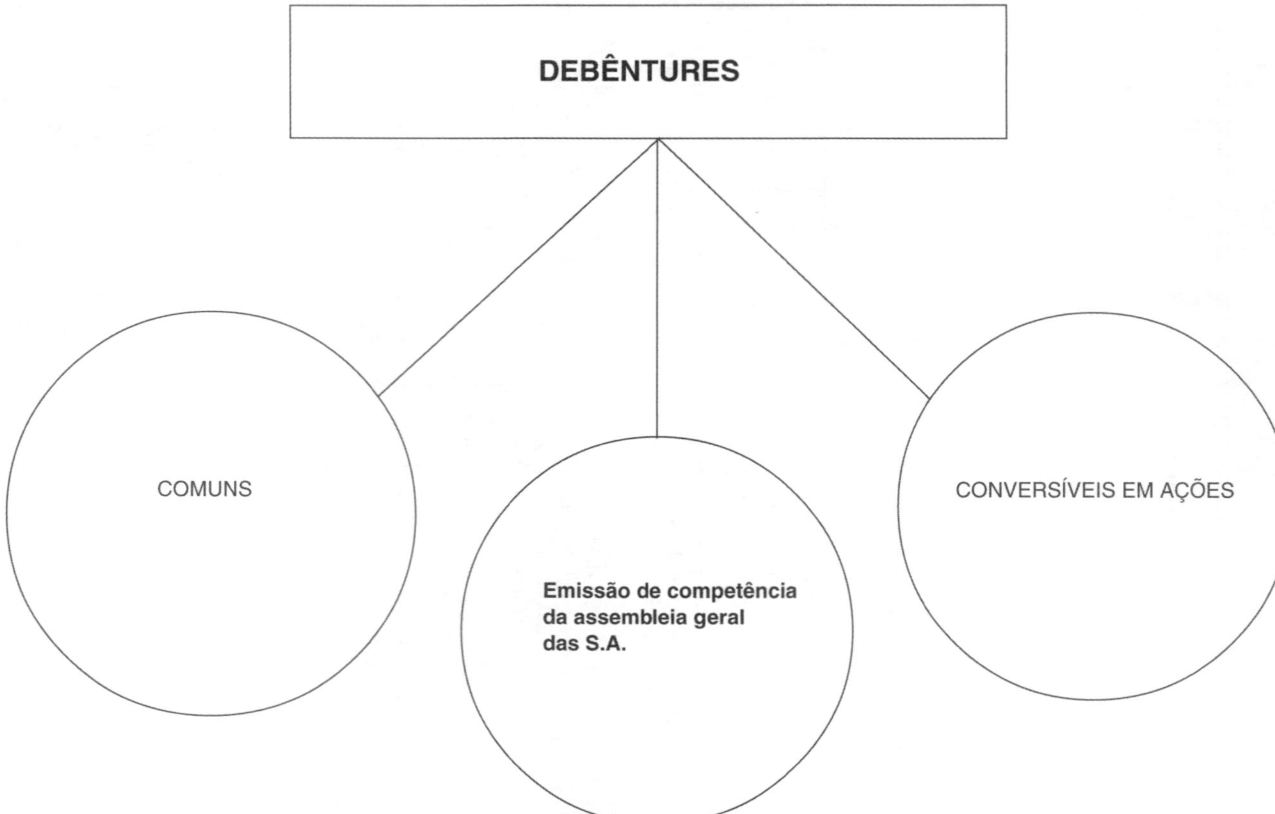
DEBÊNTURES
COMUNS
Emissão de competência da assembleia geral das S.A.
CONVERSÍVEIS EM AÇÕES

WARRANT

119. Os armazéns gerais. 120. O recibo de depósito. 121. O conhecimento de depósito. 122. O *Warrant*. 123. Imunidade patrimonial das mercadorias. 124. Requisitos. 125. Prazo de depósito. 126. Extinção do conhecimento de depósito e do *Warrant*. 127. Resumo. 128. Testes de aproveitamento da matéria examinada.

119. OS ARMAZÉNS GERAIS — De longa data, na realidade já nos primórdios da civilização, os homens cuidaram de armazenar víveres em silos, protegendo-os das intempéries e dos ataques de seus inimigos.

"A necessidade de dispor de um lugar próprio e seguro, para depósito de suas mercadorias ou gêneros, onde pudessem conservá-los, e se fosse o caso consumi-los ou exibi-los aos eventuais compradores ou então introduzi-los no comércio, no momento mais conveniente, fez-se sentir desde os primeiros tempos. Os egípcios, por volta de 1600 a.C., já dispunham, em algumas cidades, de armazéns destinados à guarda e conservação de gêneros alimentícios", lembra Darcy de Arruda Miranda Júnior.

Tais armazéns, de início destinados exclusivamente à guarda e conservação de gêneros alimentícios, tomam, na Idade Média, grande impulso, florescendo sobretudo em decorrência do incremento do comércio marítimo. Na França e na Bélgica são conhecidos com o nome de *magasins généraux*, na Itália denominados *magazzini generali*, na Alemanha *offentliches Lager hauser*, tomam em Portugal o nome de "armazéns gerais".

Sob tal impulso, a simples locação que, de início caracterizara a relação entre o depositante e o depositário, cedeu lugar à mobilização do crédito decorrente das mercadorias em depósito, em razão dos títulos emitidos por seus armazéns, surgindo assim o *conhecimento de depósito* e o *Warrant*, este último oriundo do verbo inglês *To Warrant*, que significa garantir.

No Brasil os armazéns destinados aos depósitos e guarda de mercadorias foram denominados, de início, *trapiches* e *armazéns de depósito*. Trapiches eram os armazéns portuários destinados a receber mercadorias importadas ou a exportar. Todavia, ao contrário dos seus congêneres da Europa, não tinham a faculdade de emitir títulos de conhecimento de depósito e *Warrant* que sequer existiam entre nós.

Em 19 de setembro de 1860 o Decreto nº 2.647 criava o chamado "bilhete de depósito", verdadeiro embrião do conhecimento de depósito e *Warrant*, pois, como assinala Carvalho de Mendonça, "é aí que encontramos, em estado rudimentar e de incubação, os títulos circulantes, emitidos pelos armazéns gerais".

Equiparado ao *conhecimento de carga* (arts. 575-589 do Cód. Comercial) era o bilhete de depósito transferível mediante endosso. E, muito embora título representativo da mercadoria, destinado à mobilização do crédito decorrente dos bens em depósito, não logrou aceitação no comércio, como bem observou o douto Carvalho de Mendonça.

Em 13 de outubro de 1869, sob inegável inspiração da Companhia Docas de Santos, foi promulgada a Lei nº 1.746, concedendo às empresas concessionárias de obras de melhoramento dos portos a faculdade de emitir títulos de garantia das mercadorias em depósito nos seus armazéns, títulos esses denominados *Warrants*.

Leis e decretos se sucederam a este diploma legal, sem que se consagrasse no Brasil o título em questão, até que sobreveio a Decreto nº 1.102, de 21 de dezembro de 1903, da lavra de Carvalho de Mendonça que ainda hoje disciplina a emissão de títulos concernentes às mercadorias em depósito nos armazéns gerais.

Segundo a lei referida, podemos conceituar os armazéns gerais como *estabelecimentos destinados à guarda e conservação de mercadorias, mediante a paga de determinado preço*, no que, a rigor, não se distinguem dos antigos armazéns de depósito e trapiches.

Acrescente-se, contudo, ao conceito acima enunciado, a faculdade de emissão de títulos que não se estendem àqueles e facilmente se concluirá que a principal finalidade de tais armazéns é a mobilização da própria mercadoria com a circulação do conhecimento de depósito e *Warrant*.

120. O RECIBO DE DEPÓSITO — Ao efetuar o depósito das suas mercadorias à guarda de armazéns gerais, o depositante celebra com estes um *contrato de depósito*, definido por Washington de Barros Monteiro como "o contrato pelo qual uma das partes, recebendo de outra uma coisa móvel, se obriga a guardá-la temporariamente, para restituí-la na ocasião aprazada ou quando lhe for exigida".

Gratuito na esfera civil não o é na esfera negocial ou ainda quando o depositário atue por profissão — art. 628 do Código Civil.

Das mercadorias depositadas os armazéns gerais darão recibo:

> "Das mercadorias confiadas à sua guarda os armazéns gerais passarão recibo, declarando nele a natureza, quantidade, número e marcas, fazendo pesar, medir ou contar, no ato de recebimento, as que forem suscetíveis de serem pesadas, medidas ou contadas".

Este recibo, como recibo de depósito, atesta tão só o próprio depósito. Não representa a mercadoria e, portanto, não é suscetível de transferência por endosso, podendo, entretanto, ser substituído pelo conhecimento de depósito e *Warrant*. Estes últimos são emitidos *unidos*, constituindo-se então um só título. Juntos representam propriedade e disposição sobre as mercadorias em depósito. Mas, se originariamente unidos, podem ser separados e, uma vez destacados um do outro, assumem, cada qual, suas próprias características, com efeitos absolutamente distintos.

121. O CONHECIMENTO DE DEPÓSITO — O conhecimento de depósito, unido ou destacado do *Warrant*, representa sempre as mercadorias depositadas, legitimando seu portador. Conjuntamente com o *Warrant* confere a livre disposição dos bens, o que não ocorre quando deste destacado por força do penhor que necessariamente acompanha o *Warrant*.

122. O *WARRANT* — Enquanto o conhecimento de depósito incorpora o direito de propriedade sobre as mercadorias que representa, o *Warrant* — destacado do conhecimento de depósito — diz respeito ao valor e crédito sobre elas mesmas. Unido ao conhecimento de depósito, confere ao portador a livre disposição sobre os bens depositados. Destacado faz surgir o *título de crédito* "destinado a conferir ao portador um direito real de penhor sobre as mercadorias nele especificadas", como ensina Carvalho de Mendonça.

123. IMUNIDADE PATRIMONIAL DAS MERCADORIAS — Nos termos do art. 17 do Decreto nº 1.102/1903, as mercadorias depositadas, uma vez emitidos o conhecimento e o *Warrant*, não podem sofrer embargo, penhora, sequestro ou qualquer embaraço que prejudique a sua disposição por parte de terceiros, estabelecendo-se, assim, o que Carvalho de Mendonça chama de "imunidade patrimonial ou asilo mercantil". Todavia, na forma do art. 17, alínea 2, admite-se penhora, sequestro ou arresto do conhecimento de depósito e do *Warrant* por débitos do portador.

124. REQUISITOS — São requisitos do conhecimento de depósito e do *Warrant*:

I — a denominação do estabelecimento emissor;

II — a sede do armazém geral;

III — nome, domicílio e profissão do depositante ou de seu procurador;

IV — o local e o prazo do depósito;

V — a natureza, a qualidade e quantidade das mercadorias em depósito;

VI — o seguro (obrigatório) contra incêndio;

VII — a menção dos tributos que recaem sobre as mercadorias depositadas;

VIII — a data da emissão dos títulos e respectiva assinatura do emitente.

125. PRAZO DE DEPÓSITO — O prazo de depósito nos armazéns gerais é de *6 meses*, prorrogáveis a juízo das partes. Não havendo prorrogação deve o depositante, mediante a apresentação do conhecimento de depósito e do *Warrant*, retirar as mercadorias. Não o fazendo, fica o armazém geral autorizado a proceder a venda das mercadorias em leilão. Nessa hipótese, destacado o *Warrant* e circulando mediante endossos, o saldo, se houver, será entregue ao seu portador.

126. EXTINÇÃO DO CONHECIMENTO DE DEPÓSITO E DO *WARRANT* — Extinguem-se os títulos mencionados:

1) com a retirada da mercadoria, mediante a restituição dos títulos ao emissor;

2) com o pagamento antecipado da dívida por parte do portador do conhecimento de depósito;

3) com o pagamento do débito no vencimento;

4) com a execução, pelo portador do *Warrant*, na seguinte forma:

a) o portador do *Warrant* que, no dia do vencimento, não receber o que lhe é devido pelo *primeiro endossador*, não estando consignado o valor do seu crédito no armazém geral, deve:

b) tirar o protesto do *Warrant*, na forma e no prazo do protesto da letra de câmbio;

c) determinar a venda das mercadorias.

Do produto da venda pagar-se-á à fazenda pública, ao corretor ou leiloeiro, ao armazém geral e, finalmente, ao portador do *Warrant* que, excetuados os credores mencionados, prefere a todos os outros.

Se o produto da venda for insuficiente para a solução do seu crédito, firmado recibo do pagamento parcial, faculta-lhe a lei ação contra o primeiro endossador, para deste haver o restante.

127. RESUMO

Armazéns gerais:

Os armazéns gerais são estabelecimentos destinados à guarda e conservação de mercadorias, mediante a paga de determinado preço.

Recibo de depósito:

Atesta o contrato de depósito mercantil, firmado entre o depositante e o armazém geral. Não é título representativo da mercadoria nem é suscetível de transferência mediante endosso.

O conhecimento de depósito e o "Warrant" unidos:

Conferem ao portador o direito de dispor livremente das mercadorias em depósito.

Destacados um do outro:

Destina-se o *Warrant* a conferir ao portador um direito real de penhor sobre as mercadorias depositadas, conferindo o conhecimento de depósito, o direito de disponibilidade da mercadoria, condicionado ao resgate do penhor.

"Unidos em sua origem são, entretanto, os dois títulos perfeitamente independentes entre si. Uma vez separados e aplicados às funções a que se destinam, cada um adquire inteira autonomia. Se o primeiro (conhecimento de depósito) dá ao portador o direito de dispor da mercadoria, salvos os direitos do credor, portador do *Warrant*, este último, o *Warrant* lhe confere um direito real de garantia sobre a mercadoria até a concorrência do valor que ela representa, valor enunciado no primeiro endosso" (Carvalho de Mendonça).

128. TESTES DE APROVEITAMENTO DA MATÉRIA EXAMINADA

Assinale a alternativa correta nas seguintes questões:

1. O conhecimento de depósito e *Warrant* juntos:

   ( ) atestam o depósito de mercadorias nos armazéns gerais;

   ( ) representam a propriedade e disposição sobre as mercadorias em depósito.

2. O *Warrant*, destacado do conhecimento de depósito:

   ( ) é título de crédito pessoal;

   ( ) confere ao titular um direito real de penhor sobre as mercadorias em depósito.

3. O conhecimento de depósito e o *Warrant* são títulos de emissão:

   ( ) dos armazéns gerais;

   ( ) das instituições financeiras.

4. O *Warrant*, separado do conhecimento de depósito, é título:

   ( ) transferível por simples traditício;

   ( ) por meio de endosso.

5. Com a emissão do conhecimento de depósito e *Warrant*:

   ( ) os gêneros e as mercadorias em depósito se tornam insuscetíveis de embargo, penhora ou sequestro;

   ( ) podem ser penhorados ou arrestados por dívidas dos titulares dos armazéns gerais.

6. A entrega da mercadoria ao titular legitimado do conhecimento de depósito:

( ) pressupõe o resgate do *Warrant* ou consignação da quantia a ele correspondente;

( ) independe de resgate do *Warrant.*

7. O conhecimento de depósito e o *Warrant,* como títulos formais:

( ) devem, necessariamente, declinar o valor das mercadorias;

( ) apenas especificam a sua natureza e quantidade.

8. Os armazéns gerais pela guarda e conservação das mercadorias em depósito:

( ) recebem um determinado valor pela armazenagem;

( ) têm percentuais sobre a venda das mercadorias.

9. Vencido o prazo do depósito:

( ) com prévio aviso ao depositante, o armazém geral poderá alienar os gêneros e mercadorias depositados, fazendo-o por corretores ou leiloeiros;

( ) deverá acionar o depositante para haver o valor da armazenagem.

10. A emissão de conhecimento de depósito e *Warrant,* sem que a ela corresponda efetivo depósito de gêneros e mercadorias:

( ) implica crime de estelionato;

( ) é mero ilícito civil ensejando indenização por perdas e danos.

MODELO DE CONHECIMENTO DE DEPÓSITO

COMPANHIA ....
Sede ....

RECIBO DE DEPÓSITO

Talão nº........... Nº ....

LIVRO DE ENTRADA E SAÍDA | | PRAZO DE DEPÓSITO

Nº .... Fls. ...... | de ...... de .... de .... a .... de .... de ....

A COMPANHIA....... declara que nesta data recebeu do Sr. ...., domiciliado em ...., as mercadorias abaixo descritas, que ficam depositadas no armazém ....., à rua ...., nº ...., nos termos da Lei nº 1.102, de 21 de novembro de 1903 e do Regulamento dos Armazéns, cujas prescrições o depositante aceita para regular o presente depósito.

Nº do despacho	*Data*	*Procedência*	*Nº do lote*	*Volumes*	*Natureza da mercadoria*	*Peso*	*Estado dos envoltórios e outras indicações*
....	....	....	....	....	....	....	....
....	....	....	....	....	....	....	....
....	....	....	....	....	....	....	....

Seguro contra fogo na importância de $ ....
na COMPANHIA ....

ARTIGO Nº .... DO REGULAMENTO INTERNO

A importância declarada para o seguro indica apenas o valor inicial, garantindo à Cia. a cobertura do seguro conforme as oscilações do mercado.

Em caso de sinistro a indenização será baseada nos preços oficiais da Bolsa de Mercadorias da cidade de ...., do dia do sinistro e de acordo com as condições das apólices respectivas.

Este recibo deverá ser devolvido quando for requisitada a retirada total da mercadoria ou apresentado para anotação no verso se a retirada for parcial.

Aos .... de .... de ....

....
(a.) do Diretor

TAXAS

	$:	$:
Armazenagem		....
Seguro	....	
Carreto	....	....
Ensaque	....	....
Sacos novos		
Rebenefício	....	....

COMPANHIA .... DE ARMAZÉNS GERAIS

"WARRANT" À ORDEM

Nº.................... Data da entrada ..../ ..../ ....

Ficam depositadas sob Nº .... pelo Sr. ...., morador em ...., rua ...., nº ...., as mercadorias abaixo especificadas, procedentes de .... e seguras contra risco de incêndio na Cia. .... sob apólice nº .... de .... propriedade.

Quant., espécie e marca	Núm. e peso bruto dos vols.
....	....
....	....
....	....

Qual. e quant. da merc.	Val. da merc. conf. fat.	Out. ind. de ident. da merc.	Natureza do envoltório
....	....	....	....
....	....	....	....
....	....	....	....

Transcrição do primeiro endosso do "Warrant"
Data da insc. .... / .... / .... Vencimento ...... / ..... / .....
Cessionário ....
Importância garantida ....

O "Warrant" correspondente ao certificado de depósito me foi endossado pela quantia de $ ..... ao juro % pagável ......

O Comissário ....

COMPANHIA .... DE ARMAZÉNS GERAIS
Sede:
Rua ...., nº ....
End. Teleg.: ....

"WARRANT" À ORDEM

Nº.................... Data da entrada ..../ ..../ ....

Ficam depositadas sob Nº .... pelo Sr. ...., morador em ...., rua ...., nº ...., as mercadorias abaixo especificadas, procedentes de .... e seguras contra o risco de incêndio na Cia. .... sob apólice nº .... de .... propriedade.

Quantidade, espécie, marcas	Núm. e peso bruto dos vols.
....	....
....	....
....	....

Quant. e qualidade da mercadoria	Valor da merc. conf. fatura	Outras indicações de ident. da merc.	Nautreza do envoltório
....	....	....	....
....	....	....	....
....	....	....	....

O "Warrant" será liquidado e executado pelos processos extrajudiciais determinados no respectivo reg. ....
Em ....de .... de .....
....

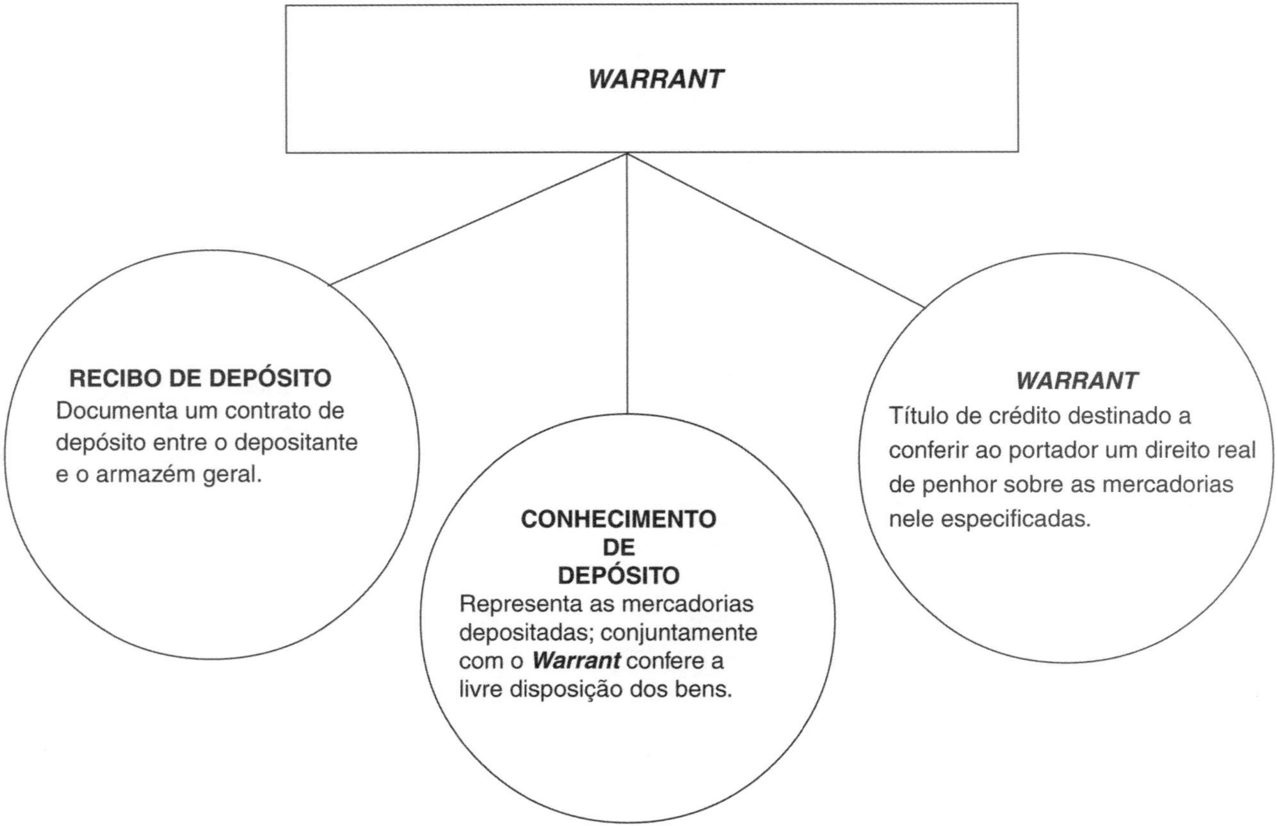
WARRANT
RECIBO DE DEPÓSITO
Documenta um contrato de depósito entre o depositante e o armazém geral.
CONHECIMENTO DE DEPÓSITO
Representa as mercadorias depositadas; conjuntamente com o Warrant confere a livre disposição dos bens.
WARRANT
Título de crédito destinado a conferir ao portador um direito real de penhor sobre as mercadorias nele especificadas.

CONHECIMENTO DE TRANSPORTE

129. Conceito. 130. Presunção de legitimidade favorável ao endossatário. 131. Requisitos essenciais. 132. Resumo. 133. Testes de aproveitamento da matéria examinada.

129. CONCEITO — O conhecimento de transporte, na sua origem, era um título que pertencia, inequivocamente, à categoria dos títulos que não representavam uma dívida, conferindo ao seu titular tão somente o direito de reclamar determinado serviço ou utilidade, como aliás deixava patente o art. 8º do Decreto nº 19.473, de 10 de dezembro de 1930*. Antes, pois, de ser um título de crédito, "o conhecimento de frete original, emitido por empresas de transporte, como lembra Rubens Requião, prova o recebimento da mercadoria e a obrigação de entregá-la no lugar do destino".

A mesma evolução, que de um modo geral deu aos títulos de crédito as suas características atuais, ampliando a circulação do

* Quando promulgado, então sob o respaldo da Constituição Federal de 1891, o Decreto nº 19.473/30 tinha força de Lei Ordinária.

Para uma determinada corrente doutrinária, sua revogação, dada por meio do Decreto s/nº de 25 de abril de 1991, do então Presidente Fernando Collor de Melo, não goza de legalidade, estando, portanto, em plena vigência. Debates à parte, a questão nunca foi provocada perante o Supremo Tribunal Federal, então competente para sanar a divergência.

conhecimento de transporte, fê-lo representativo da mercadoria, podendo ser transferido mediante endosso.

O incipiente transporte terrestre de então não despertou no legislador de 1850 maior atenção, razão por que o Código Comercial pouco cuidou do mesmo, muito embora disciplinasse a atividade dos condutores de gêneros e comissários de transportes (arts. 99 e segs.), estabelecendo, outrossim, os requisitos essenciais da cautela ou recibo.

"Da 'cautela ou recibo' do art. 100 do Código Comercial chegou-se, através de lenta evolução, ao conhecimento de frete que, introduzido pela prática nas estradas de ferro de São Paulo (cujo regulamento geral de transportes foi aprovado em 1912 e 1913 pelo Governo Federal), teve no Decreto nº 19.473, de 10 de dezembro de 1930, a sua consagração legal, decreto este que foi esclarecido e ligeiramente alterado pelos Decretos ns. 19.754, de 18 de março de 1931, 20.454, de 29 de setembro de 1931 (que permitiu e disciplinou o conhecimento emitido com a cláusula não à ordem), 21.736, de 17 de agosto de 1932, e pelo Decreto-lei nº 4.938, de 9 de novembro de 1942" (Eunápio Borges).

130. PRESUNÇÃO DE LEGITIMIDADE FAVORÁVEL AO ENDOSSATÁRIO — Consoante prescreve o art. 906 do Código Civil, ao portador de boa-fé, o subscritor, ou o emissor, não poderá opor outra defesa, além da que assente em nulidade interna ou externa do título ou em direito pessoal ao emissor, ou subscritor, contra o portador.

Este princípio estabelece, em benefício do possuidor, presunção de legitimidade da aquisição do título, favorecendo por isso mesmo a circulação deste.

A lei cambial interna (Dec. nº 2.044/1908) mantém a regra, declarando no seu art. 21 que:

> "na ação cambial, somente é admissível defesa fundada no direito pessoal do réu contra o autor, em defeito de forma do título e na falta de requisito necessário ao exercício da ação".

E a Lei Uniforme, no seu art. 17, enfatiza que:

> "as pessoas acionadas em virtude de uma letra não podem opor ao portador as exceções fundadas sobre as relações pessoais delas com o sacador ou com os portadores anteriores, a menos que o portador ao adquirir a letra tenha procedido conscientemente em detrimento do devedor".

Tais dispositivos encontram o seu suporte fático na necessidade de garantir-se inteira segurança ao terceiro de boa-fé, proporcionando, com isso, ampla circulação dos títulos de crédito. Com inegável propriedade afirma Rubens Requião que "a inoponibilidade das exceções fundadas em direito pessoal do devedor contra o credor constitui a mais importante afirmação do direito moderno em favor da segurança da circulação e negociabilidade dos títulos de crédito".

Daí a regra estabelecida no art. 8º do Decreto nº 19.473/1930:

> "A tradição do conhecimento ao consignatário, ao endossatário ou ao portador, exime a respectiva mercadoria de arresto, sequestro, penhora, arrecadação ou qualquer outro embaraço judicial, por fato, dívida, falência ou causa estranha ao próprio dono atual do título, salvo caso de má-fé provada".

O Código Civil de 2002, nos arts. 743 a 756, cuida do *transporte de coisas*, estabelecendo as obrigações decorrentes do contrato respectivo.

Em conformidade com o disposto no art. 744 — "ao receber a coisa, o transportador emitirá conhecimento com a menção dos dados que a identifiquem, obedecido o disposto em lei especial", de que tratamos neste item.

131. REQUISITOS ESSENCIAIS — O conhecimento de transporte, como título de crédito, submete-se ao formalismo que lhe é inerente, exigindo necessariamente:

a) o nome ou denominação da empresa emissora;

b) o número de ordem;

c) a data, com indicação do dia, mês e ano;

d) os nomes do remetente e do consignatário, por extenso;

e) o lugar da partida e o destino;

f) a espécie e a quantidade ou peso da mercadoria, bem como as marcas, os sinais exteriores dos volumes de embalagem;

g) a importância do frete, com a declaração de que é pago ou a pagar e do lugar e da forma do pagamento;

h) a assinatura do empresário ou seu representante.

132. RESUMO

Conceito:

O conhecimento de transporte é título de crédito representativo da mercadoria, transferível mediante endosso, ou mediante simples tradição, se ao portador.

O endosso no conhecimento de transporte:

Tanto pode ser em branco como em preto, neste último constando o nome por extenso do endossatário. O primeiro endossador há de ser, necessariamente, o remetente ou o consignatário da mercadoria, segundo o disposto no art. 3º do Decreto nº 19.473, de 1930.

Conhecimento de frete nominativo "não à ordem":

Em conformidade com o Decreto nº 20.454, de 29 de dezembro de 1931, é facultada a emissão do conhecimento de frete nominativo "não à ordem", com a impossibilidade, portanto, de endosso translativo da propriedade.

Espécies:

O conhecimento de transporte pode ser: *a*) terrestre; *b*) marítimo; *c*) aéreo.

133. TESTES DE APROVEITAMENTO DA MATÉRIA EXAMINADA

Assinale a alternativa correta nas seguintes questões:

1. O conhecimento de transporte é prova de:

   ( ) contrato de recebimento e transporte de mercadorias e outros bens;

   ( ) depósito de mercadorias.

2. O conhecimento de transporte é emitido por:

   ( ) armazéns gerais;

   ( ) companhias de transporte.

3. O conhecimento de transporte contém obrigação de:

   ( ) entregar a mercadoria a seu destinatário;

   ( ) conservar a mercadoria em depósito.

4. O conhecimento de transporte é:

   ( ) exclusivamente terrestre;

   ( ) terrestre, marítimo ou aéreo.

5. O conhecimento de transporte:

   ( ) é mero comprovante do transporte de mercadorias;

   ( ) é, igualmente, título de crédito representativo das mercadorias.

6. O conhecimento de transporte é título:

   ( ) "à ordem";

   ( ) "não à ordem".

7. A cláusula "não à ordem":

   ( ) é facultativa;

   ( ) é vedada pela legislação específica.

8. Quando da inserção da cláusula *ao portador* no conhecimento de transporte, a mercadoria deverá ser entregue:

   ( ) ao próprio remetente;

( )à pessoa que se apresentar portando o conhecimento.

9. A falta de pagamento do frete à companhia de transporte enseja:

   ( )processo de execução contra o remetente;

   ( )retenção da mercadoria.

10. O conhecimento de frete ou transporte:

    ( )necessariamente especificará o valor da mercadoria;

    ( )só especifica a espécie, a quantidade e a marca.

MODELO DE CONHECIMENTO DE TRANSPORTE

EMPRESA RODOVIÁRIA ....LTDA.

Cargas, encomendas, bagagens, transporte de mercadorias, de domicílio a domicílio, em autocaminhões

FILIAL:	MATRIZ:	AGÊNCIAS:
....	....	....

Em .... de .... de ....

Remetente:

Rua ....N° ....

Destinatário: ....

Rua ....N° ....

Destino: ....

Observações: ....

....

CONHECIMENTO

N° ....

Série ....

ENTREGA

Frete ....

Redespacho ....

Cálculo até ....

....

N°	*Marca*	*Quant.*	*Espécie*	*Designação*	*Quilos*

Frete	$ ....
Taxa mínima	$ ....
Ad Valorem	$ ....
Despacho	$ ....
Imposto	$ ....
Seguro	$ ....
Redespacho	$ ....
Total	$ ....

VALOR: $	Nota Fiscal N°	Guia N°

IMPORTANTE .... no caso de desastre ou incêndio a EMPRESA apenas assumirá responsabilidade pelas mercadorias seguradas por autorização de ambas as partes. Mediante taxa módica, a EMPRESA fará o seguro de suas mercadorias, garantidor desses riscos.

Datilógrafo:	Conferente:	Despachante:
....	....	....

RECEBI da EMPRESA RODOVIÁRIA .... LTDA. as mercadorias constantes do conhecimento n° .... série n° ....

....

(Datar, assinar e devolver pelo portador)

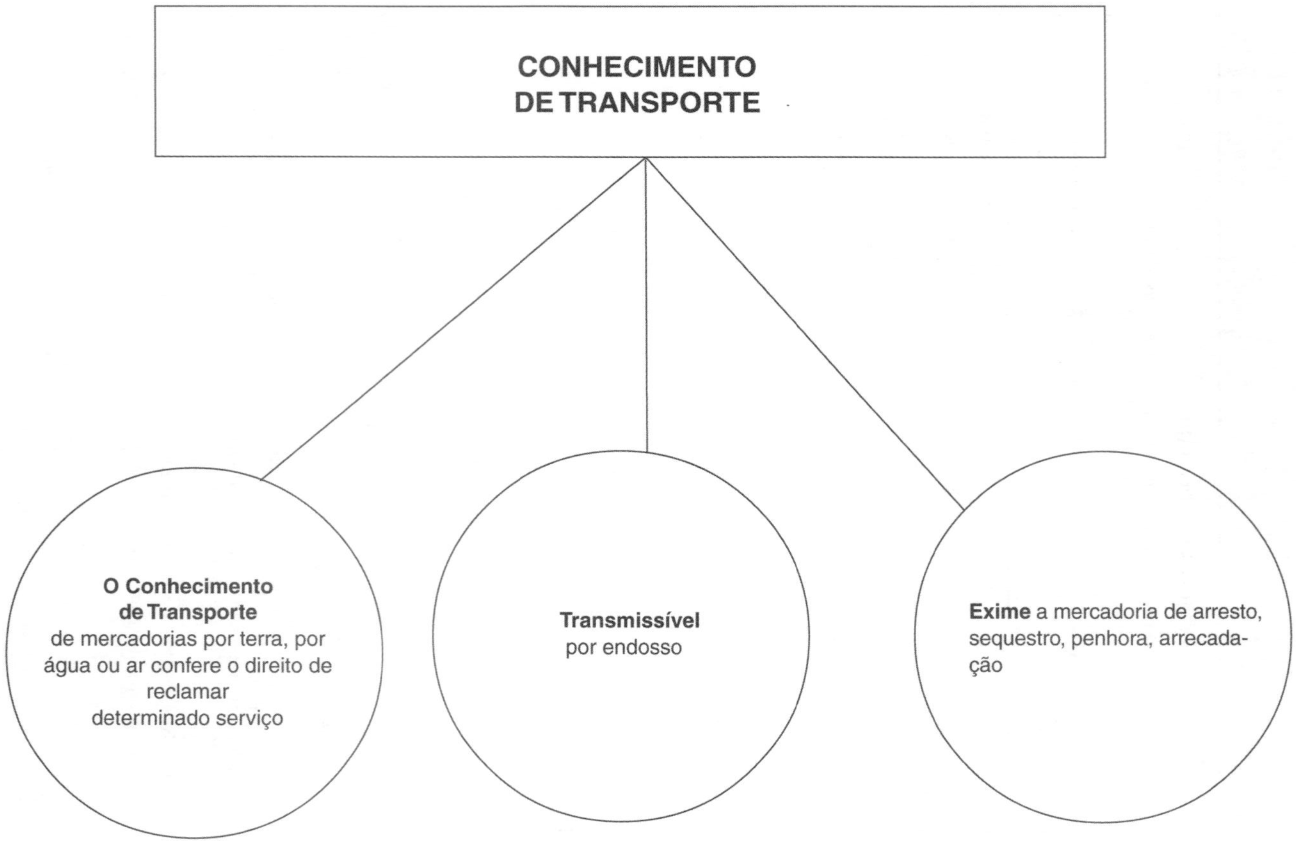

CONHECIMENTO
DE TRANSPORTE
O Conhecimento de Transporte de mercadorias por terra, por água ou ar confere o direito de reclamar determinado serviço
Transmissível por endosso
Exime a mercadoria de arresto, sequestro, penhora, arrecadação

AÇÕES

134. Conceito. 135. Ações quanto à espécie. 136. Ações quanto à natureza. 137. As ações na Lei das Sociedades Anônimas. 138. Resumo. 139. Testes de aproveitamento da matéria examinada.

134. CONCEITO — O capital social de uma sociedade anônima, expresso em moeda nacional, pode compreender qualquer espécie de bens, suscetíveis de avaliação em dinheiro. Esse capital social, por sua vez, divide-se em parcelas. Estas parcelas dividem-se em ações.

A ação, portanto, pode ser conceituada como uma parcela do capital social. Representa, pois, parte do capital social de uma sociedade anônima. Como ensina Eunápio Borges, constitui o título representativo dos direitos e obrigações do acionista. Daí acentuar Miranda Valverde que, incluída, porque se apresenta como valor circulante no mercado, na vasta categoria dos títulos de crédito, não perde, entretanto, o principal característico jurídico, o de conferir ao seu titular um *status*, o estado de sócio, do qual derivam direitos e obrigações.

Há, na verdade, divergência doutrinária sobre a natureza jurídica da ação. Autores dos mais renomados sustentam tratar-se de um título de crédito (Carvalho de Mendonça, Miranda Valverde, Rubens Requião, João Eunápio Borges e outros). No direito italiano sustentam o mesmo ponto de vista autores de renomada expressão, como Ercole Vidari, Umberto Pipia, Cesare Vivante, Tullio Ascarelli.

Sobre comentários à natureza de título creditício, mencionem-se Wilson Batalha, Edwaldo Borba e Américo Luiz Martins, sustentando este último, após exaustiva explanação, que — "a ação não é título de crédito. É, sem sombra de dúvida, um indicativo, por registro ou por cártula, de participação do seu possuidor na sociedade por ações. Quando muito, se considerarmos que o título pode existir, em sentido amplo, com cártula ou sem cártula, poderíamos qualificá-lo como um título de valor" (*As Ações das Sociedades e os Títulos de Crédito*, Forense, 1995, p. 179).

Posicionando-se sobre o tema, escreve Waldirio Bulgarelli:

> "A ação é considerada pela doutrina como título específico de participação, embora incompleto, pois estando os direitos e obrigações do acionista contidos no estatuto, obviamente o próprio título não os exprime totalmente. O fato, portanto, de o título referir-se a elementos que estão fora dele, tornando-o incompleto, não o descaracteriza como título de crédito".
>
> E numa inequívoca advertência, diz o consagrado jurista:
>
> "não se trata, como se vê, de um título exatamente igual ao modelo da letra de câmbio e da nota promissória que serviram de base para a construção da teoria geral dos títulos de crédito e do direito cambiário, mas de um título característico ligado às próprias características da sociedade anônima".

135. AÇÕES QUANTO À ESPÉCIE — As ações ou são *nominativas* ou *ao portador*. As primeiras são aquelas cuja propriedade se estabelece pela inscrição do nome do titular no livro de "Registro das Ações Nominativas". Ao portador as que não mencionam o nome do acionista, transmissíveis pela simples tradição, presumindo-se proprietário o detentor.

A Lei nº 8.021, de 12 de abril de 1990 (que dispõe sobre a identificação dos contribuintes para fins fiscais), pôs fim às ações *ao portador*, instituindo a obrigatoriedade das ações *nominativas*.

136. AÇÕES QUANTO À NATUREZA — O Direito brasileiro, ao contrário de outras legislações, não amparou as chamadas ações de *prêmio*, *industriais* ou de *trabalho*, só admitindo ações que, efetivamente, representem valores incorporados ao capital social, tais como:

a) ações ordinárias ou comuns;

b) preferenciais;

c) de gozo ou fruição.

As primeiras, isto é, as ações ordinárias, conferem ao seu titular os seguintes direitos:

I — participação nos lucros;

II — participação no acervo social, em caso de liquidação da sociedade;

III — direito de fiscalizar os atos da diretoria;

IV — direito de preferência na subscrição de ações, em aumento de capital;

V — direito de voto, o que implica garantir a direção da sociedade.

As ações preferenciais, como o próprio nome deixa entrever, são aquelas que conferem ao seu titular vantagens especiais de ordem material, que podem consistir em:

a) prioridade na distribuição dos dividendos;

b) prioridade no reembolso do capital, com prêmio ou sem ele;

c) acumulação das vantagens enumeradas.

As ações de gozo ou fruição resultam da amortização integral das ações ordinárias ou preferenciais. A amortização, como se sabe, é a operação que objetiva recompensar a demora na restituição do capital aos acionistas e distribuição de lucros, a serem partilhados na eventualidade de liquidação da sociedade. Como preleciona Miranda Valverde, "não se trata de restituição efetiva do capital, mas, tecnicamente, de um adiantamento que se incorpora, definitivamente, no patrimônio do acionista".

Amortizadas as ações ordinárias ou preferenciais, podem elas ser substituídas pelas chamadas ações de gozo ou fruição.

137. AS AÇÕES NA LEI DAS SOCIEDADES ANÔNIMAS — A Lei das Sociedades Anônimas (Lei nº 6.404, de 15-12-1976), a rigor, é uma reformulação do Decreto-lei nº 2.627/1940, constituindo-se em inequívoco esforço no sentido de aperfeiçoar os mecanismos existentes, tendo como objetivo principal orientar o empresariado diante do maior número de opções na emissão de títulos e valores mobiliários como instrumentos de capitalização da empresa, bem como assegurar-lhe liberdade na organização e estruturação financeira da companhia.

Segundo o que pretende o Poder Público, o lineamento da Lei das Sociedades Anônimas assegura às minorias acionárias o direito de dividendos mínimos em dinheiro, evitando, outrossim, valor de mercado superior das ações dos majoritários sobre ações dos minoritários.

No diploma legal as ações estão disciplinadas nas espécies já consagradas na lei anterior, ou seja, *ordinárias*, *preferenciais* e de *gozo ou fruição*, com as modificações que se impunham, procurando construir um sistema de efetiva proteção aos acionistas minoritários, sem sacrificar a liberdade de atuação dos administradores, indispensável ao bom funcionamento da sociedade. Há, contudo, rígida limitação à discricionariedade da administração e da maioria, facilitando a caracterização do abuso de poder.

A Lei das Sociedades Anônimas (Lei nº 6.404, de 15-12-1976) mantém, pois, as três espécies de ações disciplinadas na legislação anterior (Dec.-lei nº 2.267/1940), criando uma nova modalidade — ***a ação sem valor nominativo***.

A antiga legislação estabelecia o valor nominal mínimo de Cr$ 1,00 para a ação:

> "Art. 21. ...
>
> Parágrafo único. Nenhuma ação ou título que a represente poderá ostentar valor nominal inferior a Cr$ 1,00 (um cruzeiro)".

Introduzida pela primeira vez nos Estados Unidos, e já com larga aceitação em diversos países, a ação sem valor nominal é constituída sem valor prévio e fixo, objetivando, como esclarecem os autores do anteprojeto, Alfredo Lamy Filho e José Luiz Bulhões Pedreira, "dar maior flexibilidade aos aumentos do capital social, e a sua existência contribuirá para diminuir a importância atribuída ao valor nominal das ações".

Em se tratando de inovação, absolutamente estranha aos nossos costumes, mereceu a ação sem valor nominal acirradas críticas, conquanto, ainda assim, tenha sido acolhida no contexto da nova legislação.

Prudentemente o legislador tornou a sua adoção optativa:

> "Art. 11. O estatuto fixará o número das ações em que se dividirá o capital social e estabelecerá se as ações terão ou não valor nominal".

Nessas condições, ajusta-se a norma aos reclamos de uma economia em mutação, facultando-se aos empresários a opção entre o sistema tradicional e a adoção de novos princípios, pois, como já acentuava o Prof. Carlo Emilio Ferri, "a sociedade anônima não pode, por certo, cristalizar-se em estrutura imutável, alheia ao mundo econômico circunstante: desse modo, em contínua mutação e em prodigioso transformar-se não pode ela deixar de receber sugestões e impulsos".

Em suma, na Lei das Sociedades Anônimas, as ações estão assim estruturadas:

a) Quanto ao valor:

I — nominativas;

II — sem valor nominativo.

b) Quanto à natureza:

I — ordinárias;

II — preferenciais;

III — de gozo ou fruição.

c) Quanto à forma:

I — nominativas;

II — endossáveis;

III — ao portador.

Relativamente ao valor, pois, as ações ou são ***nominativas*** ou ***sem valor nominal***. As primeiras são aquelas de valor previamente fixado, que não poderá ser inferior ao mínimo estabelecido pela "Comissão de Valores Mobiliários". As segundas, de que já nos ocupamos, são aquelas sem valor prévio e fixo.

No que concerne à natureza, conforme as vantagens que confiram a seus titulares, ou são ***ordinárias***, ou ***preferenciais*** ou de ***gozo*** ou ***fruição***, já analisadas (v. nº 136).

Finalmente, quanto à forma, elas são ***nominativas***, *endossáveis* e *ao portador*. As primeiras, como já se frisou, têm a sua propriedade determinada pela inscrição do nome do titular no *Livro de Registro de Ações Nominativas.* São endossáveis aquelas que, à semelhança das ações ao portador, fazem presumir proprietário o detentor, mas condicionam o exercício de direitos perante a companhia à averbação do nome do acionista no *Livro de Registro de Ações Endossáveis.*

Por outro lado, ao contrário das ações ao portador, a transferência mediante endosso não se reveste de eficácia sem que esteja averbada no livro de registro e no próprio certificado, podendo, entretanto, o endossatário que demonstre ser possuidor do título com base em série regular de endossos obter a averbação, ou a emissão de novo certificado em seu nome.

As ações são ao portador quando fazem presumir proprietário o detentor, o possuidor, não trazendo no seu bojo o nome do titular, sendo transmissíveis pela simples tradição, sem maiores formalidades.

Observe-se, contudo, que a Lei nº 8.021, de 12 de abril de 1990, que dispõe sobre a identificação dos contribuintes, extinguiu as ações *endossáveis* e *ao portador*, dando ao art. 20 da Lei das Sociedades Anônimas a seguinte redação:

> "as ações devem ser nominativas".

Ficam, pois, vedadas as emissões de ações *endossáveis* e *ao portador*, subsistindo unicamente as ações nominativas.

Ressalte-se que todas essas ações, ou uma ou mais classes delas, podem ser mantidas em depósito, em nome dos seus respectivos titulares, em instituições financeiras autorizadas pela "Comissão de Valores Mobiliários", as chamadas *ações escriturais*.

138. RESUMO

Ações:

Chamam-se ações as partes em que se divide o capital das sociedades anônimas. "Constitui-se a ação o título representativo dos direitos e obrigações do acionista na sua qualidade de sócio da sociedade anônima" (Eunápio Borges).

Ações quanto à espécie:

As ações ou são *nominativas* ou *ao portador*. As primeiras são aquelas que trazem o nome do acionista, declarando o titular. As segundas não fazem menção ao nome do seu titular, sendo transmissíveis mediante a simples tradição; estão atualmente vedadas pela Lei nº 8.021, de 12 de abril de 1990.

Ações quanto à natureza:

a) Ações ordinárias ou comuns.

b) Ações preferenciais.

c) Ações de gozo ou fruição.

As ordinárias conferem a seu titular os direitos essenciais de acionista; as preferenciais estabelecem vantagens como prioridade na distribuição de dividendos e no reembolso do capital; as de gozo ou fruição decorrem da amortização das ações preferenciais ou ordinárias.

AS AÇÕES NA LEI DAS SOCIEDADES ANÔNIMAS (Lei nº 6.404/1976)

a) Quanto ao valor:

I — nominativas (com valor prefixado);

II — sem valor nominal (sem valor prévio e fixo).

b) Quanto à natureza:

I — ordinárias (conferem a seu titular os direitos essenciais do acionista);

II — preferenciais (conferem a seu titular vantagens de ordem material);

III — de gozo ou fruição (conservam o direito de voto, participação nos dividendos, no acervo e preferência de aquisição de novas ações).

c) Quanto à forma:

I — nominativas (com o nome do titular inscrito no Livro de Registro de Ações Nominativas);

II — endossáveis (cuja propriedade se presume da posse, com base em série regular de endossos, mas que subordina o exercício dos direitos à averbação do nome do acionista no Livro de Registro de Ações Endossáveis e no certificado)*.

---

* A Lei nº 8.021, de 12 de abril de 1990 (que dispõe sobre a identificação de contribuintes investidores no mercado de capitais), põe fim às ações ao portador e endossáveis, instituindo a obrigatoriedade das *ações nominativas*.

d) Ações escriturais.

Ações mantidas em depósito, em nome de seus titulares, em instituições financeiras autorizadas pela "Comissão de Valores Mobiliários", podendo essas instituições emitir títulos representativos dessas mesmas ações — os *certificados de depósito de ações.*

Transferência:

As ações ao portador são transferíveis mediante simples tradição, sem maiores formalidades, o que não ocorre com as ações nominativas e endossáveis, sujeitas à inscrição nos livros de "Registro de Ações Nominativas" e "Registro de Ações Endossáveis".

Negociação:

É vedado às sociedades anônimas negociar com as próprias ações, nessa proibição não se compreendendo as operações de resgate, reembolso, amortização ou compra, previstas em lei.

139. TESTES DE APROVEITAMENTO DA MATÉRIA EXAMINADA

Assinale a alternativa correta nas seguintes questões:

1. A ação é:

( ) título de crédito representativo da condição de acionista de uma sociedade anônima ou comandita por ações;

( ) título de dívida de companhia.

2. A ação é considerada título de crédito porque:

( ) a legislação assim o determina;

( ) se apresenta como valor circulante no mercado.

3. A ação nominativa:

( ) traz no seu bojo o nome de seu titular;

( ) transcreve, tão somente, o número de emissão.

4. Presume-se a titularidade da ação nominativa:

   ( ) pela inscrição do nome de seu titular no Livro de Registro das Ações Nominativas;

   ( ) pela mera detenção do título.

5. A ação ordinária:

   ( ) só confere a seu titular vantagens materiais;

   ( ) confere pluralidade de direitos, tais como participação nos lucros, preferência na aquisição de ações, na ocorrência de aumento de capital, no direito de voto etc.

6. A ação preferencial assegura a seu titular:

   ( ) prioridade na distribuição de dividendos e no reembolso do capital;

   ( ) antecipação dos valores que lhes seriam devidos na eventual liquidação da companhia.

7. A ação de gozo ou fruição resulta da:

   ( ) amortização das ações ordinárias ou preferenciais;

   ( ) conversibilidade das ações ordinárias em preferenciais.

8. Presume-se a propriedade da ação endossável:

   ( ) pela detenção com base em série regular de endosso;

   ( ) pela inscrição do nome do titular do contexto do título.

9. A transferência da ação endossável se consuma:

   ( ) mediante o simples endosso;

   ( ) pressupõe, necessariamente, averbação no Livro de Registro de Ações Endossáveis.

10. A ação escritural:

    ( ) pressupõe certificado;

    ( ) representa um valor patrimonial, dispensando a emissão de certificado.

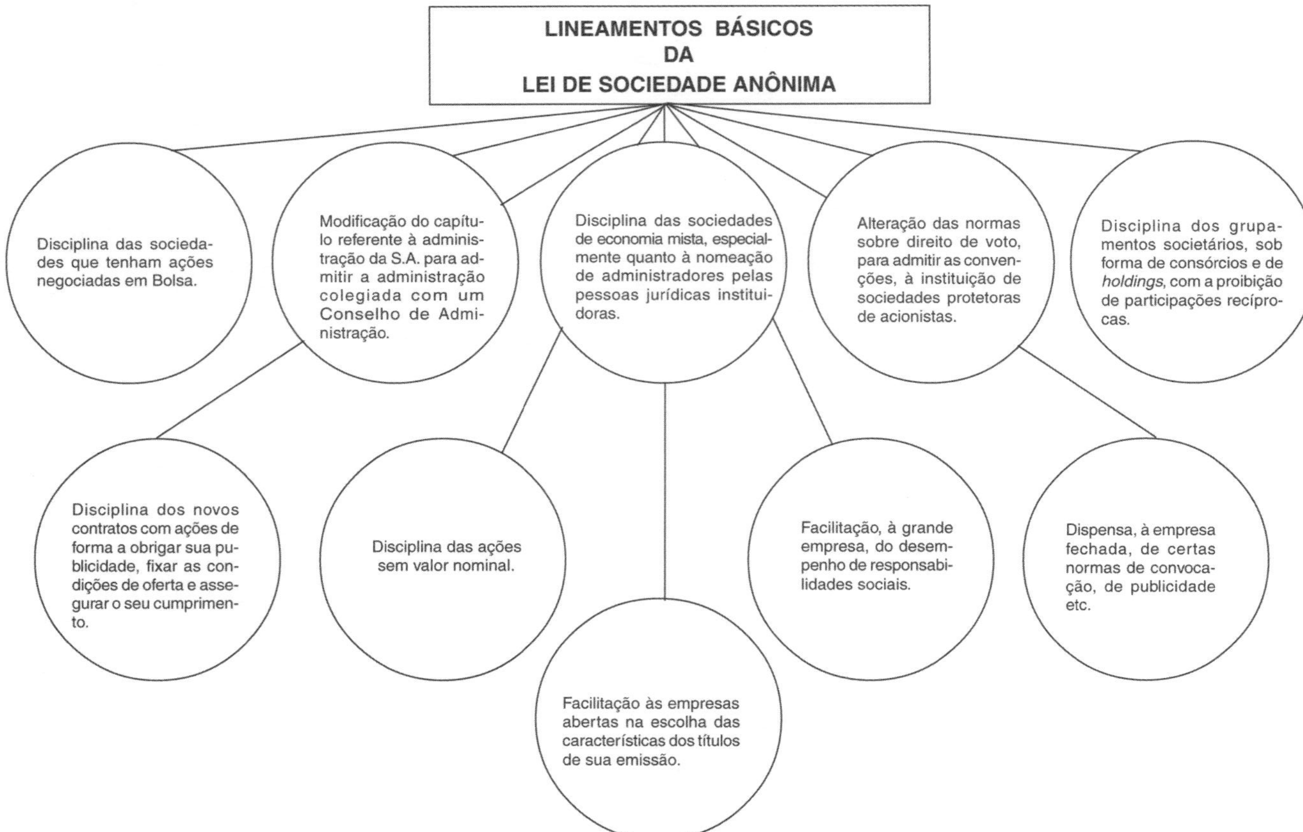
LINEAMENTOS BÁSICOS DA LEI DE SOCIEDADE ANÔNIMA
Disciplina das sociedades que tenham ações negociadas em Bolsa.
Modificação do capítulo referente à administração da S.A. para admitir a administração colegiada com um Conselho de Administração.
Disciplina das sociedades de economia mista, especialmente quanto à nomeação de administradores pelas pessoas jurídicas instituidoras.
Alteração das normas sobre direito de voto, para admitir as convenções, à instituição de sociedades protetoras de acionistas.
Disciplina dos grupamentos societários, sob forma de consórcios e de *holdings*, com a proibição de participações recíprocas.
Disciplina dos novos contratos com ações de forma a obrigar sua publicidade, fixar as condições de oferta e assegurar o seu cumprimento.
Disciplina das ações sem valor nominal.
Facilitação às empresas abertas na escolha das características dos títulos de sua emissão.
Facilitação, à grande empresa, do desempenho de responsabilidades sociais.
Dispensa, à empresa fechada, de certas normas de convocação, de publicidade etc.

TÍTULOS DA DÍVIDA PÚBLICA

140. Dívida pública. 141. Classificação dos empréstimos públicos. 142. Os empréstimos públicos quanto à natureza. 143. Requisito essencial aos empréstimos voluntários. 144. Formas de que se revestem os empréstimos públicos voluntários. 145. Nota do Tesouro Nacional. 146. Ação de cobrança dos títulos da dívida pública. 147. Resumo. 148. Testes de aproveitamento da matéria examinada.

140. DÍVIDA PÚBLICA — Por dívida pública se há de entender os compromissos contraídos pelo Poder Público em decorrência de Empréstimos.

O Estado moderno, para arrecadar bens, se vale de duas atividades fundamentais:

a) atividade econômico-privada dos entes públicos;

b) atividade tributária.

A primeira decorre da exploração pelo Estado dos seus bens particulares. O Estado, como pessoa jurídica de direito público, possui bens imóveis e de produção. Tais bens constituem o chamado domínio nacional. Este divide-se em domínio privado e domínio público. O domínio público constitui-se nos bens de uso comum, especiais e dominicais (art. 99 do Cód. Civil). O domínio privado abrange os bens que o Estado, à semelhança dos indivíduos, possui, podendo explorá-los economicamente, constituindo a chamada ***receita originária***. Caracteriza-se a atividade privada do Estado pela ausência de qualquer privilégio decorrente do ***jus imperii***.

A atividade tributária, ao revés, decorre do poder impositivo que é a faculdade que possui o Estado de exigir dos indivíduos prestações pecuniárias compulsórias denominadas tributos — impostos, taxas, contribuições de melhoria e contribuições parafiscais, estas últimas decorrentes da delegação do poder fiscal do Estado a um órgão oficial ou semioficial autônomo, como, por exemplo, o Instituto Nacional do Seguro Social (INSS).

Quando tais meios se mostram insuficientes, vê-se o Estado constrangido a lançar mão de empréstimos que têm, por assim dizer, o escopo de uma antecipação da receita, muito embora, a rigor, impliquem fatalmente uma diminuição do patrimônio público quando do seu resgate.

Os empréstimos públicos podem objetivar a cobertura de déficits orçamentários, a cobrir deficiências de arrecadação, ou, em determinadas circunstâncias, repartir encargos com gerações futuras, o que ocorre nos chamados empréstimos destinados ao emprego de natureza rentável, realizados quando certos serviços públicos apresentam utilidade que se prolonga no tempo, favorecendo não só no presente, como também no futuro.

141. CLASSIFICAÇÃO DOS EMPRÉSTIMOS PÚBLICOS — Os empréstimos públicos ou são *voluntários* ou são *compulsórios*. Estes últimos, também denominados involuntários ou forçados, numa demonstração eloquente de impropriedade de *nomen juris*, longe estão de se constituírem em empréstimos, faltando-lhes o elemento volitivo essencial.

"Se os empréstimos são acordos de vontades" — argumenta Aliomar Baleeiro — "repugna classificar-se no rol deles a operação em que uma das partes compele a outra, sob ameaça de cobrança efetiva cumulada com sanções, a entregar-lhe dinheiro, quase sempre a juros inferiores aos do mercado".

De natureza jurídica controvertida, uma vez que tributo para uns, mera requisição de dinheiro para outros, o empréstimo público foi, durante largo espaço de tempo, considerado entre nós empréstimo por ser restituível o seu valor (*Rev. dos Tribs.*, 340/406), muito embora compulsório, "visto consultar alto interesse da coletividade em oposição ao interesse da economia privada"!

Na esteira desse julgado a Súmula nº **418** do STF:

> "O empréstimo compulsório não é tributo, e sua arrecadação não está sujeita à exigência constitucional da prévia autorização orçamentária".

Robustecia tal entendimento vasta corrente doutrinária, tendo à frente juristas como Griziotti e Fritz Fleiner, estribados estes na obrigatoriedade de restituição pelo Estado, o que descaracterizaria o aspecto tributário. Entre nós, adepto vigoroso da natureza mutuária do empréstimo compulsório, San Thiago Dantas situa-o no rol dos chamados *contratos coativos*, em que o elemento volitivo cede lugar a determinados princípios estabelecidos por normas legais imperativas.

Opõem-se a essa corrente os que, como Gaston Jèze, veem no empréstimo compulsório mera requisição de dinheiro que encontraria o seu suporte fático no *jus imperii*. O Estado, em determinadas circunstâncias, requisita de seus súditos dinheiro a ser restituído segundo condições por si unilateralmente fixadas.

No direito brasileiro, a natureza jurídica do empréstimo compulsório deixou de ser assunto polêmico quando o constituinte de 1988 (art. 148 da CF/88) declarou aplicáveis a este as disposições constitucionais relativas aos tributos, adotando, assim, a maciça opinião dos mais renomados tributaristas.

Os empréstimos voluntários, estes verdadeiramente empréstimos, ou são internos ou são externos. Internos, quando contraídos dentro das fronteiras políticas do Estado, resgatados, por isso mesmo, em moeda nacional. Externos, obviamente, aqueles efetuados no exterior, a serem pagos em moeda estrangeira.

De natureza jurídica controvertida (contrato de mútuo, contrato de direito público ou de adesão), caracterizam-se os empréstimos públicos voluntários por cláusulas contratuais ditadas pelo interesse público, o que, inquestionavelmente, faz ressaltar o simples consenso do emprestador, com manifesta preponderância do Estado que, previamente, estabelece a forma de amortização, fixação dos juros respectivos etc.

Tais empréstimos, se são contraídos por prazos longos, dão origem à chamada *dívida fundada* ou *consolidada*, normalmente destinada a atender a desequilíbrio orçamentário ou financiamento de obras e serviços públicos. De exigibilidade mais curta, a *dívida flutuante* ou *não consolidada* destina-se a atender insuficiência de caixa em razão de queda de arrecadação.

A dívida fundada subdivide-se em *amortizável* ou *perpétua*, quando o resgate é feito em prestações ou quando contraída por tempo indeterminado, com o pagamento periódico de juros. É ainda *redimível* quando deva ser resgatada em prazo preestabelecido.

142. OS EMPRÉSTIMOS PÚBLICOS QUANTO À NATUREZA — Quanto à natureza, dividem-se os empréstimos públicos em *federais, estaduais, municipais e/ou distritais*, atendendo-se à nossa organização político-administrativa, conforme sejam contraídos pelos governos da União, dos Estados, dos Municípios e/ou do Distrito Federal. Os Estados e os Municípios só podem contrair empréstimos externos quando autorizados pelo Senado Federal, ouvido o Executivo, tal como prescreve o art. 52, VII, da Constituição Federal de 1988:

> "Compete privativamente ao Senado Federal:
>
> VII — dispor sobre limites globais e condições para as operações de crédito externo e interno da União, dos Estados, do Distrito Federal e dos Municípios, de suas autarquias e demais entidades controladas pelo Poder Público Federal".

143. REQUISITO ESSENCIAL AOS EMPRÉSTIMOS VOLUNTÁRIOS — "Os empréstimos lançados pelo governo, como lembra Geraldo Ataliba, dão aos seus subscritores um direito de crédito representado normalmente por um papel: é o título da dívida pública. A conceituação desse título não ficaria completa sem uma referência à legalidade de sua emissão".

Imprescindível à legalidade de emissão dos títulos da dívida pública a autorização legislativa, segundo o disposto no art. 48, II, da Constituição Federal:

> "Cabe ao Congresso Nacional, com a sanção do Presidente da República, não exigida esta para o especificado nos arts. 49, 51 e 52, dispor sobre todas as matérias de competência da União, especialmente sobre:
>
> II — plano plurianual, diretrizes orçamentárias, orçamento anual, operações de crédito, dívida pública e emissão de curso forçado".

A autorização legislativa se manifesta, como lembra o consagrado tributarista paulista, pela própria lei, excetuada a hipótese de se tratar de celebração de mútuo ordinário, em que a autorização é dada por decreto legislativo.

144. FORMAS DE QUE SE REVESTEM OS EMPRÉSTIMOS PÚBLICOS VOLUNTÁRIOS — Os empréstimos públicos revestem-se das mais diversas formas, e podem constituir-se em *apólices*, *bônus*, *letras do tesouro*, *bilhetes*, *cupões* etc.

Tais títulos podem ser *nominativos* ou *ao portador*, transferíveis os primeiros por via de endosso e os segundos por simples tradição, podendo ainda ser negociáveis nas Bolsas do País. Amortizados normalmente em vinte anos, pode o Poder Público resgatá-los antecipadamente se assim convier aos seus interesses. Incidem em prescrição legal as dívidas correspondentes ao resgate dos títulos, sejam federais, estaduais ou municipais, a partir da data em que se tornar público o resgate das respectivas dívidas.

Os títulos da dívida pública podem ser recebidos pelo seu valor nominal:

I — em caução, para garantia de quaisquer contratos de obras e serviços celebrados com o governo;

II — como fiança perante as respectivas repartições;

III — em caução, para garantia de empréstimos em estabelecimentos de crédito autárquicos, paraestatais ou em que o governo seja acionista.

Constituindo uma grande atração para os títulos estatais, podem estes gozar de isenção fiscal ou de determinados benefícios, como ocorre com a retenção na fonte dos juros e prêmios de títulos de dívida pública federal, estadual e municipal.

145. NOTA DO TESOURO NACIONAL — A Nota do Tesouro Nacional (NTN) é típico título da dívida pública.

Instituída pela Lei nº 8.177, de 1º de março de 1991, a NTN é um título de crédito emitido pelo Tesouro Nacional, que objetiva prover a União dos recursos necessários para a cobertura dos seus déficits, como, aliás, enfatiza o art. 1º, I, da Lei nº 10.179/2001:

> "Art. 1º Fica o Poder Executivo autorizado a emitir títulos da dívida pública, de responsabilidade do Tesouro Nacional, com a finalidade de:
>
> I — prover o Tesouro Nacional de recursos necessários para cobertura de seus déficits explicitados nos orçamentos ou para realização de operações de crédito por antecipação de receita, respeitados a autorização concedida e os limites fixados na Lei Orçamentária, ou em seus créditos adicionais".

A Lei nº 10.179/2001 estabeleceu, em seu art. 2º, I, II e III, as seguintes denominações para os títulos de que trata o *caput* de seu art. 1º:

> "I — Letras do Tesouro Nacional — LTN, emitidas preferencialmente para financiamento de curto e médio prazos;
>
> II — Letras Financeiras do Tesouro — LFT, emitidas preferencialmente para financiamento de curto e médio prazos;

III — Notas do Tesouro Nacional — NTN, emitidas preferencialmente para financiamento de médio e longo prazos".

Os títulos da dívida pública adotarão uma das seguintes formas (art. 3º, I a VIII, da Lei nº 10.179/2001):

"I — oferta pública, com a realização de leilões, podendo ser colocados ao par, com ágio ou deságio;

II — oferta pública para pessoas físicas, podendo ser colocados ao par, com ágio ou deságio;

III — direta, em operações com autarquia, fundação, empresa pública ou sociedade de economia mista, integrantes da Administração Pública Federal, mediante expressa autorização do Ministro de Estado da Fazenda, não podendo ser colocados por valor inferior ao par;

IV — direta, nos casos do inciso VIII do art. 1º, podendo ser colocados ao par, com ágio ou deságio;

V — direta, em operações com interessado específico e mediante expressa autorização do Ministro de Estado da Fazenda, não podendo ser colocados por valor inferior ao par, quando se tratar de emissão para atender ao Programa de Financiamento às Exportações — PROEX, instituído pela Lei nº 8.187, de 1º de junho de 1991, e nas operações de troca por "Brazil Investment Bonds — BIB", de que trata o inciso III do art. 1º desta Lei;

VI — direta, em operações com interessado específico e mediante expressa autorização do Ministro de Estado da Fazenda, não podendo ser colocados por valor inferior ao par nas operações de troca para utilização em projetos de incentivo ao setor audiovisual brasileiro e doações ao FNC, de que trata o inciso V do art. 1º desta Lei, e colocados ao par, com ágio ou deságio nas demais operações de troca por títulos emitidos em decorrência dos acordos de reestruturação da dívida externa;

VII — direta, em operações de permuta com o Banco Central do Brasil, mediante expressa autorização do Ministro de Estado da Fazenda, podendo ser colocados ao par, com ágio ou deságio;

VIII — direta, sem contrapartida financeira, mediante expressa autorização do Ministro de Estado da Fazenda, na hipótese de que trata o inciso IX do art. 1º".

146. AÇÃO DE COBRANÇA DOS TÍTULOS DA DÍVIDA PÚBLICA — Não há execução forçada contra o Poder Público, em face da impenhorabilidade dos bens públicos. Nessas condições, em se tratando de execução contra o Estado, há que se observar as regras contidas no art. 100 e parágrafos da Constituição Federal:

"Art. 100. Os pagamentos devidos pelas Fazendas Públicas Federal, Estaduais, Distrital e Municipais, em virtude de sentença judiciária, far-se-ão exclusivamente na ordem cronológica de apresentação dos precatórios e à conta dos créditos respectivos, proibida a designação de casos ou de pessoas nas dotações orçamentárias e nos créditos adicionais abertos para este fim.

§ 1º Os débitos de natureza alimentícia compreendem aqueles decorrentes de salários, vencimentos, proventos, pensões e suas complementações, benefícios previdenciários e indenizações por morte ou por invalidez, fundadas em responsabilidade civil, em virtude de sentença judicial transitada em julgado, e serão pagos com preferência sobre todos os demais débitos, exceto sobre aqueles referidos no § 2º deste artigo.

§ 2º Os débitos de natureza alimentícia cujos titulares, originários ou por sucessão hereditária, tenham 60 (sessenta) anos de idade, ou sejam portadores de doença grave, ou pessoas com deficiência, assim definidos na forma da lei, serão pagos com preferência sobre todos os demais débitos, até o valor equivalente ao triplo do fixado em lei para os fins do disposto no § 3º deste artigo, admitido o fracionamento para essa finalidade, sendo que o restante será pago na ordem cronológica de apresentação do precatório.

§ 3º O disposto no *caput* deste artigo relativamente à expedição de precatórios não se aplica aos pagamentos de obrigações definidas em leis como de pequeno valor que as Fazendas referidas devam fazer em virtude de sentença judicial transitada em julgado.

§ 4º Para os fins do disposto no § 3º, poderão ser fixados, por leis próprias, valores distintos às entidades de direito público, segundo as diferentes capacidades econômicas, sendo o mínimo igual ao valor do maior benefício do regime geral de previdência social.

§ 5º É obrigatória a inclusão, no orçamento das entidades de direito público, de verba necessária ao pagamento de seus débitos, oriundos de sentenças transitadas em julgado, constantes de precatórios judiciários apresentados até 1º de julho, fazendo-se o pagamento até o final do exercício seguinte, quando terão seus valores atualizados monetariamente.

§ 6º As dotações orçamentárias e os créditos abertos serão consignados diretamente ao Poder Judiciário, cabendo ao Presidente do Tribunal que proferir a decisão exequenda determinar o pagamento integral e autorizar, a requerimento do credor e exclusivamente para os casos de preterimento de seu direito de precedência ou de não alocação orçamentária do valor necessário à satisfação do seu débito, o sequestro da quantia respectiva.

§ 7º O Presidente do Tribunal competente que, por ato comissivo ou omissivo, retardar ou tentar frustrar a liquidação regular de precatórios incorrerá em crime de responsabilidade e responderá, também, perante o Conselho Nacional de Justiça.

§ 8º É vedada a expedição de precatórios complementares ou suplementares de valor pago, bem como o fracionamento, repartição ou quebra do valor da execução para fins de enquadramento de parcela do total ao que dispõe o § 3º deste artigo.

§ 9º No momento da expedição dos precatórios, independentemente de regulamentação, deles deverá ser abatido, a título de compensação, valor correspondente aos débitos líquidos e certos, inscritos ou não em dívida ativa e constituídos contra o credor original pela Fazenda Pública devedora, incluídas parcelas vincendas de parcelamentos, ressalvados aqueles cuja execução esteja suspensa em virtude de contestação administrativa ou judicial.

§ 10. Antes da expedição dos precatórios, o Tribunal solicitará à Fazenda Pública devedora, para resposta em até 30 (trinta) dias, sob pena de perda do direito de abatimento, informação sobre os débitos que preencham as condições estabelecidas no § 9º, para os fins nele previstos.

§ 11. É facultada ao credor, conforme estabelecido em lei da entidade federativa devedora, a entrega de créditos em precatórios para compra de imóveis públicos do respectivo ente federado.

§ 12. A partir da promulgação desta Emenda Constitucional, a atualização de valores de requisitórios, após sua expedição, até o efetivo pagamento, independentemente de sua natureza, será feita pelo índice oficial de remuneração básica da caderneta de poupança, e, para fins de compensação da mora, incidirão juros simples no mesmo percentual de juros incidentes sobre a caderneta de poupança, ficando excluída a incidência de juros compensatórios.

§ 13. O credor poderá ceder, total ou parcialmente, seus créditos em precatórios a terceiros, independentemente da concordância do devedor, não se aplicando ao cessionário o disposto nos §§ 2º e 3º.

§ 14. A cessão de precatórios somente produzirá efeitos após comunicação, por meio de petição protocolizada, ao tribunal de origem e à entidade devedora.

§ 15. Sem prejuízo do disposto neste artigo, lei complementar a esta Constituição Federal poderá estabelecer regime especial para pagamento de crédito de precatórios de Estados, Distrito Federal e Municípios, dispondo sobre vinculações à receita corrente líquida e forma e prazo de liquidação.

§ 16. A seu critério exclusivo e na forma de lei, a União poderá assumir débitos, oriundos de precatórios, de Estados, Distrito Federal e Municípios, refinanciando-os diretamente.

§ 17. A União, os Estados, o Distrito Federal e os Municípios aferirão mensalmente, em base anual, o comprometimento de suas respectivas receitas correntes líquidas com o pagamento de precatórios e obrigações de pequeno valor.

§ 18. Entende-se como receita corrente líquida, para os fins de que trata o § 17, o somatório das receitas tributárias, patrimoniais, industriais, agropecuárias, de contribuições e de serviços, de transferências correntes e outras receitas correntes, incluindo as oriundas do § 1º do art. 20 da Constituição Federal, verificado no período compreendido pelo segundo mês imediatamente anterior ao de referência e os 11 (onze) meses precedentes, excluídas as duplicidades, e deduzidas:

I — na União, as parcelas entregues aos Estados, ao Distrito Federal e aos Municípios por determinação constitucional;

II — nos Estados, as parcelas entregues aos Municípios por determinação constitucional;

III — na União, nos Estados, no Distrito Federal e nos Municípios, a contribuição dos servidores para custeio de seu sistema de previdência e assistência social e as receitas provenientes da compensação financeira referida no § 9º do art. 201 da Constituição Federal.

§ 19. Caso o montante total de débitos decorrentes de condenações judiciais em precatórios e obrigações de pequeno valor, em período de 12 (doze) meses, ultrapasse a média do comprometimento percentual da receita corrente líquida nos 5 (cinco) anos imediatamente anteriores, a parcela que exceder esse percentual poderá ser financiada, excetuada dos limites de endividamento de que tratam os incisos VI e VII do art. 52 da Constituição Federal e de quaisquer outros limites de endividamento previstos, não se aplicando a esse financiamento a vedação de vinculação de receita prevista no inciso IV do art. 167 da Constituição Federal.

§ 20. Caso haja precatório com valor superior a 15% (quinze por cento) do montante dos precatórios apresentados nos termos do § 5º deste artigo, 15% (quinze por cento) do valor deste precatório serão pagos até o final do exercício seguinte e o restante em parcelas iguais nos cinco exercícios subsequentes, acrescidas de juros de mora e correção monetária, ou mediante acordos diretos, perante Juízos Auxiliares de Conciliação de Precatórios, com redução máxima de 40% (quarenta por cento) do valor do crédito atualizado, desde que em relação ao crédito não penda recurso ou defesa judicial e que sejam observados os requisitos definidos na regulamentação editada pelo ente federado". *(Os §§ 17 a 20 foram incluídos pela Emenda Constitucional nº 94, de 2016.)*

O **art. 910 do CPC/2015** cuida da execução por quantia certa contra a Fazenda Pública e, em linhas gerais, como não poderia deixar de ser, não oferece fundamental diferença em relação ao que estabelece a Carta Magna.

A provocação do Poder Judiciário é, imprescindível, devendo o credor da Fazenda Pública, munido dos respectivos títulos, acioná-la pleiteando o reconhecimento do seu crédito e seu respectivo pagamento na forma acima transcrita.

147. RESUMO

Atividades exercidas pelo Estado:

O Estado, para arrecadar bens, indispensáveis à consecução dos seus fins, exerce três atividades fundamentais:

a) atividade econômico-privada dos entes públicos;

b) empréstimo público;

c) atividade tributária.

O empréstimo público:

Na insuficiência dos meios regulares de arrecadação, vê-se o Estado obrigado a lançar mão de empréstimos para a obtenção de fundos. Tais empréstimos ou são voluntários ou compulsórios, estes últimos de inequívoca natureza tributária.

Os empréstimos que constituem a dívida pública podem ser a curto ou a longo prazo. Os primeiros compõem a chamada *dívida flutuante* ou não consolidada e os últimos, isto é, contraídos para solução a longo prazo, dão origem à *dívida consolidada* ou fundada.

Nota do Tesouro Nacional:

Títulos de crédito emitidos pelo Tesouro Nacional que objetivam suprir a União dos recursos suficientes para cobrir seus déficits, podendo ser utilizados para (art. 1º da Lei nº 10.179/2001):

> "I — prover o Tesouro Nacional de recursos necessários para cobertura de seus déficits explicitados nos orçamentos ou para realização de operações de crédito por antecipação de receita, respeitados a autorização concedida e os limites fixados na Lei Orçamentária, ou em seus créditos adicionais;
>
> II — aquisição pelo alienante, no âmbito do Programa Nacional de Desestatização — PND, de que trata a Lei nº 9.491, de 9 de setembro de 1997, de bens e direitos, com os recursos recebidos em moeda corrente ou permuta pelos títulos e créditos recebidos por alienantes;
>
> III — troca por Bônus da Dívida Externa Brasileira, de emissão do Tesouro Nacional, que foram objeto de permuta por dívida externa do setor público, registrada no Banco Central do Brasil, por meio do *Brazil Investment Bond Exchange Agreement*, de 22 de setembro de 1988;
>
> IV — troca por títulos emitidos em decorrência de acordos de reestruturação da dívida externa brasileira, a exclusivo critério do Ministro de Estado da Fazenda;
>
> V — troca, na forma disciplinada pelo Ministro de Estado da Fazenda, o qual estabelecerá, inclusive, seu limite anual, por títulos emitidos em decorrência de acordos de reestruturação da dívida externa para utilização em projetos voltados às atividades de produção, distribuição, exibição e divulgação, no Brasil e no exterior, de obra audiovisual brasileira, preservação de sua memória e da documentação a ela relativa, aprovados pelo Ministério da Cultura, bem como mediante doações ao Fundo Nacional da Cultura — FNC, nos termos do inciso XI do art. 5º da Lei n. 8.313, de 23 de dezembro de 1991.

VI — permuta por títulos do Tesouro Nacional em poder do Banco Central do Brasil;

VII — permuta por títulos de responsabilidade do Tesouro Nacional ou por créditos decorrentes de securitização de obrigações da União, ambos na forma escritural, observada a equivalência econômica;

VIII — pagamento de dívidas assumidas ou reconhecidas pela União, a critério do Ministro de Estado da Fazenda;

IX — assegurar ao Banco Central do Brasil a manutenção de carteira de títulos da dívida pública em dimensões adequadas à execução da política monetária".

Os recursos em moeda corrente obtidos com as Notas do Tesouro Nacional poderão ser usados para (parágrafo único do art. 1º da Lei nº 10.179/2001):

"I — amortizar a Dívida Pública Mobiliária Federal de emissão do Tesouro Nacional;

II — custear programas e projetos nas áreas da ciência e tecnologia, da saúde, da defesa nacional, da segurança pública e do meio ambiente, aprovados pelo Presidente da República".

Empréstimos quanto à natureza:

Os empréstimos se dividem em federais, estaduais e municipais, se contraídos respectivamente pela União, pelos Estados e pelos Municípios.

Empréstimos voluntários e compulsórios:

"Em relação ao modo por que são realizados, os empréstimos podem ser voluntários ou forçados. Os voluntários ou ordinários são contratuais ou convencionais. O Estado toma o dinheiro emprestado à taxa de juros e encontra tanto maior ou menor crédito, quer no interior quer no exterior, quanto maior ou menor for a garantia que o aparelho administrativo, político e financeiro oferecer para o empréstimo. As razões de riqueza, administração e moralidade, que o particular oferece como garantia de seu crédito, são idênticas às exigidas para o Estado: riqueza, economia, governo honesto e política estável. O contrato do empréstimo é um contrato de Direito Público".

"Devido ao poder de Império que o Estado tem sobre os cidadãos, ele pode exigir, se prementes as necessidades, lhe antecipem uma soma, proporcional à fortuna de cada e à sua situação econômica, soma essa que será reembolsada quando e como melhor lhe aprouver, com ou sem juros. É o empréstimo forçado, que se pode apresentar de várias maneiras. Pelo método contingente: o Estado distribui o ônus entre os cidadãos e, de acordo com o que cabe a cada um, estabelece a quota. Outras vezes, o empréstimo é um múltiplo de contribuição direta. Esse empréstimo pode ser declarado ou dissimulado. Assim, a emissão de papel-moeda é um empréstimo dissimulado" (Alberto Deodato).

Espécies de empréstimos voluntários:

São eles: apólices, bônus, letras do tesouro, bilhetes, cupões etc.

148. TESTES DE APROVEITAMENTO DA MATÉRIA EXAMINADA

Assinale a alternativa correta nas seguintes questões:

1. O art. 148 da Constituição Federal consagrou:
   ( ) a natureza tributária do empréstimo compulsório;
   ( ) o empréstimo compulsório como mera requisição de dinheiro;
   ( ) o empréstimo compulsório como de natureza mutuária.

2. Os empréstimos públicos voluntários contraídos por prazos longos dão origem à:
   ( ) dívida fundada ou consolidada;
   ( ) dívida flutuante ou não consolidada.

3. Os empréstimos públicos contraídos pelos Estados-membros ou Municípios pressupõem:

( ) prévia autorização das Assembleias Legislativas ou Câmaras Municipais;

( ) autorização do Senado Federal.

4. Os empréstimos públicos voluntários:

( ) não podem assegurar qualquer privilégio ao aplicador;

( ) podem vir cercados de isenção fiscal e outros incentivos.

5. A nota do tesouro nacional, como típico título da dívida pública, objetiva:

( ) prover o Tesouro Nacional de recursos necessários para cobertura de déficits declinados no orçamento ou antecipação da receita;

( ) prover o contribuinte de título hábil à restituição de empréstimo compulsório.

6. A ação de cobrança dos títulos da dívida pública admite:

( ) execução forçada com penhora de bens públicos;

( ) pagamento por intermédio do presidente do tribunal competente por meio de precatório.

7. O pagamento far-se-á:

( ) na ordem de apresentação do precatório;

( ) nos termos dos vencimentos das Notas do Tesouro Nacional.

8. A inobservância do critério legal pelo Poder Público responsável pelo débito:

( ) autoriza a penhora de bens públicos;

( ) autoriza o sequestro da quantia necessária para satisfazer o débito.

9. Os créditos oriundos de Nota do Tesouro Nacional:

( ) têm preferência aos créditos de natureza alimentícia;

( ) cedem lugar à preferência de tais créditos.

10. A inclusão dos débitos constantes de precatório no orçamento:

( ) é facultativa;

( ) é obrigatória, nos débitos constantes de precatórios judiciais apresentados até 1º de julho de cada ano.

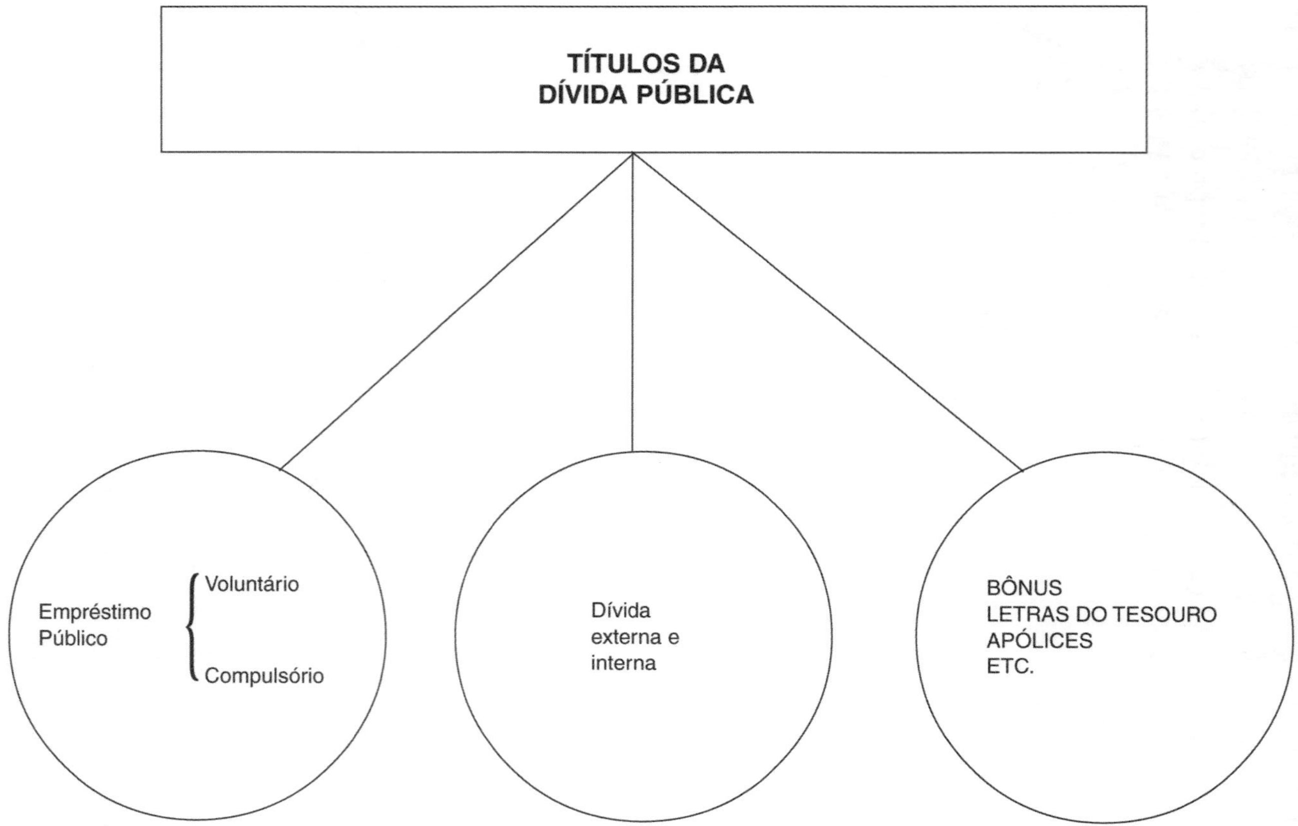
TÍTULOS DA
DÍVIDA PÚBLICA
Empréstimo
Público
Voluntário
Compulsório
Dívida
externa e
interna
BÔNUS
LETRAS DO TESOURO
APÓLICES
ETC.

LETRAS IMOBILIÁRIAS

149. Crédito imobiliário. 150. Sociedades imobiliárias. 151. Letras imobiliárias: conceito e requisitos. 152. Forma e negociação. 153. Tipos de letras imobiliárias. 154. Resumo. 155. Testes de aproveitamento da matéria examinada.

149. CRÉDITO IMOBILIÁRIO — Como observamos ao longo deste trabalho, determinados títulos de crédito destinam-se a fins específicos, atendendo a certas necessidades de interesse inegavelmente público. É o que ocorre, por exemplo, com os chamados títulos de crédito rural que visam estimular e incrementar os investimentos agrícolas e a produção agropecuária por parte do produtor, favorecendo o seu desenvolvimento e comercialização. Ou ainda os títulos de crédito industrial que se constituem em notável instrumento creditício, possibilitando à indústria nacional a obtenção de empréstimos indispensáveis ao desenvolvimento da produção.

Preocupado o Poder Público com a solução (longe de ser alcançada) de um dos mais graves problemas sociais do País — o problema habitacional —, cuidou-se de instituir entre nós um instrumento adequado à aglutinação de recursos destinados à política habitacional, surgindo, em 21 de agosto de 1964, a Lei nº 4.380, que instituiu o sistema financeiro para aquisição da casa própria, quando foi criado o Banco Nacional da Habitação (BNH*), as sociedades de crédito imobiliário e as *Letras Imobiliárias*.

150. SOCIEDADES IMOBILIÁRIAS — Para a consecução dos fins colimados necessitava o Poder Público de órgãos adequados, tendo sido criados o Banco Nacional da Habitação e as Sociedades de Crédito Imobiliário, estas últimas constituídas necessariamente sob a forma de sociedade anônima, sujeitas às normas emanadas do Poder Público. Destinam-se a proporcionar recursos financeiros às operações imobiliárias concernentes à incorporação, construção, venda e compra de habitações.

A estas sociedades incumbe amealhar recursos através das seguintes operações:

a) emissão de *letras imobiliárias*;

b) depósitos em conta, de acionistas ou não, a prazo de, no mínimo, 1 (um) ano, não movimentáveis por cheque, e com garantia de correção monetária e juros de até 6% (seis por cento) ao ano;

c) refinanciamento concedido pela Caixa Econômica Federal;

d) operações de crédito no País ou no exterior, para execução de projetos habitacionais.

151. LETRAS IMOBILIÁRIAS: CONCEITO E REQUISITOS — As letras imobiliárias são títulos de crédito, emitidos exclusivamente pelo Poder Público ou pelas sociedades de crédito imobiliário, contendo uma promessa de pagamento. Gozam de preferência sobre os bens do ativo da sociedade emissora, sobrepujando-se aos demais créditos, inclusive trabalhistas e tributários, e, se emitidas pelo Poder Público, têm garantia do Governo Federal.

A emissão de tais títulos subordina-se à prévia comunicação da sociedade emissora ao Poder Público, dando-lhe conta:

---

* Extinto o BNH pelo Decreto-lei nº 2.291, de 21 de novembro de 1986. Sucede-o a CEF (Caixa Econômica Federal).

I — do valor nominal da emissão;

II — da data do vencimento;

III — da numeração dos títulos e da série;

IV — das condições de resgate.

Tratando-se de título de crédito impõem-lhe a formalidade requisitos essenciais a saber:

1º) a denominação "Letra Imobiliária" e a referência à Lei nº 4.380/64;

2º) a denominação da sociedade emitente, sua sede, os valores constantes do último balanço referentes a capital e total dos recursos de terceiros e de aplicações;

3º) a sua forma, se ao portador ou nominativa, e a data da emissão;

4º) o valor nominal em unidades de Obrigações Reajustáveis do Tesouro Nacional*;

5º) o vencimento, que não poderá ser inferior a doze meses;

6º) a taxa de juros, sua forma e a época de seu pagamento;

7º) a assinatura do representante ou representantes legais da sociedade emitente;

8º) o número de série, de ordem, bem como o livro, folhas e o número de inscrições no livro de registro da sociedade emitente;

9º) a denominação e assinatura da sociedade coobrigada de direito privado, se for o caso.

152. FORMA E NEGOCIAÇÃO — As letras imobiliárias ou são *ao portador* ou *nominativas*. As primeiras são transmissíveis pela simples tradição. As segundas, ao revés, estando escrituradas

* Extinta a ORTN referida.

no Livro de Registro de Letras Imobiliárias Nominativas, pressupõem, para sua transferência, o endosso que, ao contrário do que ocorre com os títulos em geral, não vincula o endossante.

Conquanto só possam ser emitidas pelo Poder Público ou por sociedades de crédito imobiliário, tais títulos podem ser negociados não só pelas emissoras como por outras entidades, tais como estabelecimentos bancários, cooperativas de crédito e Bolsa de Valores, desde que devidamente autorizadas pelo Banco Central.

153. TIPOS DE LETRAS IMOBILIÁRIAS — Há dois tipos padronizados de letras imobiliárias:

1) Tipo C;

2) Tipo D.

As letras imobiliárias do Tipo *C* são títulos de renda que conferem a seu titular o recebimento trimestral de juros, até o máximo de 8% ao ano, e de correção monetária.

As de Tipo *D* também, como não poderia deixar de ser, conferem a seus respectivos titulares juros e correção monetária, mas exclusivamente no vencimento delas.

As letras imobiliárias, como facilmente se percebe, são títulos de larga repercussão na poupança popular e, por isso mesmo, merecedoras de especial atenção, tendo sido objeto de ampla análise por parte de Milton Nobre, titular de Direito Comercial do Centro de Estudos Superiores e da Universidade Federal do Pará, que dedica à matéria objetivas considerações assim divididas: I — Noções Gerais (Conceito, Natureza jurídica, Formas de letras); II — A Emissão (Requisitos legais, Tipos de letras); III — O Endosso (Modalidades, Efeitos, Espécies); IV — O Aceite; V — O Aval; VI — Vencimento e pagamento (Modos de fixação do vencimento, Vencimento antecipado, As cartas de recompra, Apresentação para pagamento, Regras de pagamento); VII — O Protesto; VIII — Ações para cobrança e a perda ou extravio da letra.

154. RESUMO

Letras imobiliárias:

Títulos de crédito emitidos por sociedades de crédito imobiliário ou pelo Poder Público, contendo promessa de pagamento de valor em dinheiro.

Tipos de letras imobiliárias:

As letras imobiliárias são de dois tipos:

1) letra imobiliária de Tipo C;

2) letra imobiliária de Tipo D.

As primeiras conferem a seus titulares juros e correção monetária trimestralmente. As segundas só atribuem tais vantagens nos seus respectivos vencimentos.

As letras imobiliárias de Tipo *C* não podem ter vencimento inferior a três anos, e as de Tipo *D*, a um ano.

Resgate por antecipação:

As letras imobiliárias de Tipo *C*, como já se observou, não podem ter vencimento inferior a três anos, enquanto as de Tipo *D*, a um ano. Podem, contudo, conter cláusula de resgate por antecipação, a critério da sociedade emissora, e que obriga ao portador, mediante prévia autorização do Poder Público.

155. TESTES DE APROVEITAMENTO DA MATÉRIA EXAMINADA

Assinale a alternativa correta nas seguintes questões:

1. As letras imobiliárias objetivam:

( )a aglutinação de recursos destinados à política habitacional;

( )incremento de investimentos agrícolas e produção agropecuária;

( ) empréstimos destinados ao desenvolvimento da produção.

2. As letras imobiliárias são de emissão:

( ) das instituições financeiras em geral;

( ) de entidade pública e das sociedades de crédito imobiliário.

3. As letras imobiliárias:

( ) asseguram a seu titular os direitos atribuídos aos credores quirografários;

( ) estabelecem preferência sobre os bens do ativo da sociedade emitente.

4. Emitidas por sociedades de crédito imobiliário, as letras imobiliárias, na eventualidade de não serem resgatadas pela devedora:

( ) ensejam processo de execução por títulos extrajudiciais na forma do **art. 778 do CPC/2015**;

( ) ensejam ação ordinária de cobrança.

5. As letras imobiliárias nominativas:

( ) pressupõem inscrição em livros de registro próprio;

( ) independem de tal inscrição.

6. As letras imobiliárias ao portador são transferidas:

( ) pela via de endosso;

( ) pela averbação no livro de registro.

7. As letras imobiliárias nominativas:

( ) admitem endosso em branco e endosso em preto;

( ) admitem somente o endosso em preto.

8. O endosso nas letras imobiliárias nominativas:

( ) dispensa a averbação no Livro de Registro de Letras Imobiliárias;

( ) exige a averbação no livro mencionado.

9. O prazo de resgate da letra imobiliária:

   ( ) não pode ser inferior a 5 (cinco) anos;

   ( ) não pode ser inferior a 2 (dois) anos.

10. As cooperativas habitacionais:

   ( ) têm legitimidade para emitir letras imobiliárias;

   ( ) não estão autorizadas a fazê-lo.

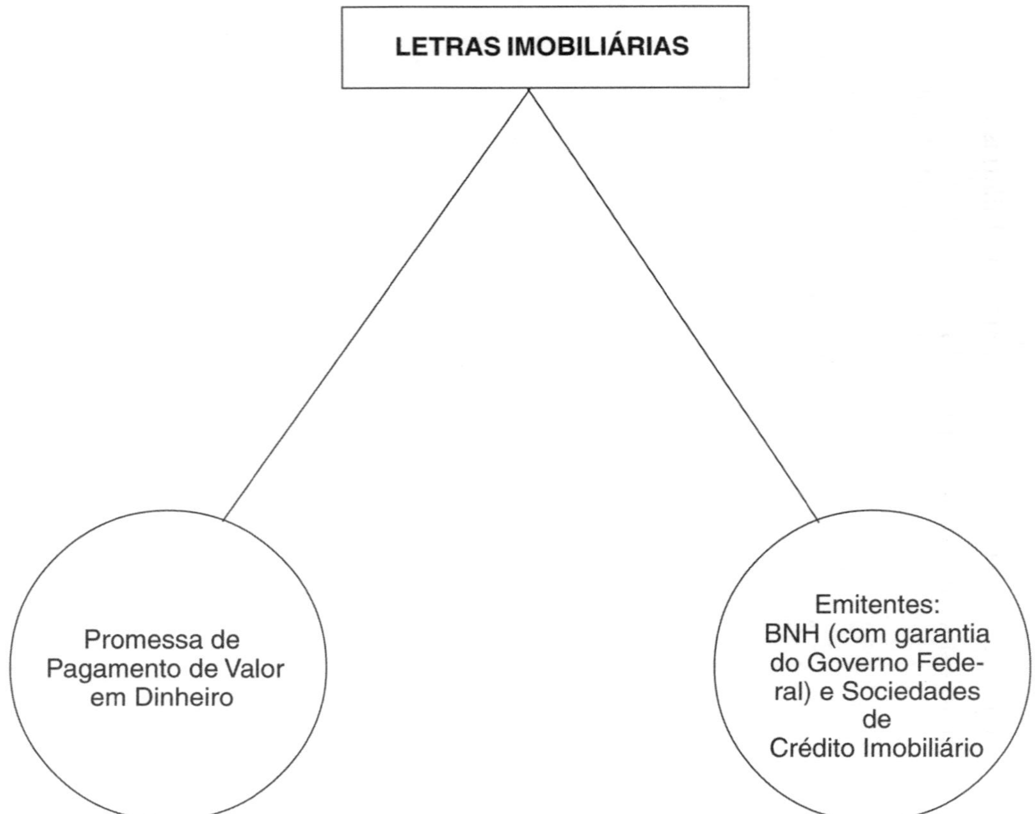
LETRAS IMOBILIÁRIAS
Promessa de Pagamento de Valor em Dinheiro
Emitentes: BNH (com garantia do Governo Federal) e Sociedades de Crédito Imobiliário

CÉDULA HIPOTECÁRIA

156. Conceito. 157. Requisitos. 158. Forma. 159. Resumo. 160. Testes de aproveitamento da matéria examinada.

156. CONCEITO — A cédula hipotecária, instituída pelo Decreto-lei nº 70, de 21 de novembro de 1966, é um título representativo de crédito hipotecário, nas operações compreendidas no Sistema Financeiro de Habitação, podendo ser emitida por bancos de investimento, pela Caixa Econômica Federal, instituições financeiras em geral e companhias de seguro desde que, como observa Theóphilo de Azeredo Santos, "a cédula seja originariamente em favor de instituição financeira". É, pois, um título de crédito causal, porque vinculado à hipoteca.

A cédula hipotecária, uma vez emitida, faz com que a hipoteca em que ela se funda dela passe a fazer parte integrante. "Emitida, diz Theóphilo de Azeredo Santos, passa a hipoteca sobre a qual incidir, a fazer parte integrante dela, acompanhando-a nos endossos subsequentes, sub-rogando-se automaticamente o favorecido ou o endossatário em todos os direitos creditícios respectivos, que serão exercidos pelo último deles, titular pelo endosso em preto."

Poderá, outrossim, representar a integralidade do crédito, como sua parcela apenas, muito embora, obviamente, não possa ultrapassar o valor da hipoteca.

Significa isso ser possível a emissão de diversas cédulas hipotecárias, observado o limite acima mencionado, convindo acrescentar que a faculdade de mais de uma hipoteca, sobre o mesmo imóvel, consubstancia a possibilidade de se emitir cédula hipotecária sobre a hipoteca posterior, uma vez consignada tal circunstância.

157. REQUISITOS — A cédula hipotecária deve, antes de lançada à circulação, ser averbada à margem da inscrição da hipoteca, no Registro de Imóveis, contendo, necessariamente, os seguintes requisitos:

a) no anverso:

I — nome, qualificação e endereço do emitente e do devedor;

II — número, data, livro e folhas do Registro Geral de Imóveis em que foi inscrita a hipoteca e averbada a cédula hipotecária;

III — individualização do imóvel dado em garantia;

IV — o valor da cédula, os juros convencionais e a multa estipulada para o caso de inadimplemento;

V — o número de ordem da prestação a que corresponder a cédula hipotecária, quando houver;

VI — a data do vencimento da cédula ou, quando representativa de várias prestações, os seus vencimentos de amortização e juros;

VII — a autenticação realizada pelo oficial do Registro Geral de Imóveis;

VIII — a data de admissão, e as assinaturas do emitente, com a promessa de pagamento do devedor;

IX — o lugar do pagamento do principal, juros, seguros e taxa.

b) no verso:

I — data de transferência por endosso;

II — nome, qualificação, endereço e assinatura do endossatário;

III — condições do endosso;

IV — designação do agente recebedor e sua comissão.

158. FORMA — Determinados títulos, como as ações, por exemplo, quanto à forma podem ser nominativos, endossáveis ou ao portador. Os primeiros, como já se observou, trazem no seu bojo o nome do titular, ou, no caso específico das ações, têm a sua propriedade determinada pela inscrição do nome do titular no Livro de Registro de Ações Nominativas.

São endossáveis aqueles que, à semelhança dos títulos ao portador, fazem presumir proprietário o detentor, condicionando, em se tratando de ações, o exercício de direitos perante a companhia, à averbação do nome do titular no Livro de Registro de Ações Endossáveis.

Os títulos ao portador não trazem no seu bojo o nome do titular, presumindo-se proprietário o detentor. São transmissíveis pela simples tradição, sem maiores formalidades.

A cédula hipotecária é um título especialíssimo, pois, na verdade, não representa apenas um crédito, abrangendo tudo que forma a integridade e totalidade do imóvel hipotecado. É, pois, um título manifestamente causal.

Cerca-se, por isso mesmo, de cautelas especiais, dentre elas a de não poder revestir a forma ao portador. Ao revés, é sempre *nominativa*, só transferível por *endosso em preto*, isto é, aquele que menciona expressamente o nome do endossatário, ou seja, do beneficiário do endosso.

O endossante vincula-se à obrigação permanecendo solidariamente responsável pela liquidação do crédito, podendo, entretanto, liberar-se desde que, até trinta dias do endosso, notifique ao devedor hipotecário, por carta, mediante recibo, ou através do Cartório de Registro de Títulos e Documentos, ou judicialmente, fornecendo-lhe a exata e completa qualificação e endereço do endossatário.

159. RESUMO

Cédula hipotecária:

A cédula hipotecária é um título de crédito causal, representativo da hipoteca. Consubstancia, pois, uma promessa de pagamento com garantia real.

Por se tratar de título de crédito possui as vantagens da circulação, o que não ocorre com a escritura de hipoteca, constituindo-se, portanto, num processo tendente a "simplificar e flexibilizar a instrumentação dos negócios imobiliários", como ressalta, com manifesta propriedade, Dora Martins de Carvalho (*apud* Theóphilo de Azeredo Santos).

A forma hipotecária é necessariamente nominal, o que equivale dizer que inexiste cédula hipotecária ao portador.

Transferência:

A exigência da averbação do endosso à margem da inscrição da hipoteca indica claramente que a transferência da cédula hipotecária só pode ser feita através do chamado endosso em preto, isto é, aquele que indica o nome do endossatário.

Assim, conquanto seja possível na prática a circulação por endossos em branco, é o endosso em preto o único meio de transferir a terceiro a titularidade da cédula nominada.

160. TESTES DE APROVEITAMENTO DA MATÉRIA EXAMINADA

Assinale a alternativa correta nas seguintes questões:

1. A cédula hipotecária é título representativo:

   ( ) de empréstimo concedido por instituições financeiras à pessoa física ou jurídica que se dedique à atividade comercial ou industrial;

   ( ) de operações compreendidas no Sistema Financeiro de Habitação.

2. Originariamente, a cédula hipotecária é emitida:

( ) em favor de instituição financeira;

( ) em favor de qualquer credor.

3. A hipoteca em que se funda a cédula hipotecária:

( ) dela faz parte integrante;

( ) não a acompanha nos endossos subsequentes.

4. A cédula hipotecária:

( ) pode ser fracionada, observado o limite do valor da hipoteca;

( ) não pode ser fracionada.

5. A cédula hipotecária é:

( ) título abstrato;

( ) título causal.

6. A cédula hipotecária deve, obrigatoriamente:

( ) ser averbada no Registro de Imóveis;

( ) ser averbada no Registro Civil.

7. A cédula hipotecária quanto à forma é:

( ) necessariamente nominal;

( ) nominal ou ao portador.

8. A cédula hipotecária admite transferência por:

( ) endosso em preto;

( ) endosso em preto ou em branco.

9. O endosso para a transferência da titularidade da cédula:

( ) pressupõe averbação à margem da inscrição da hipoteca;

( ) dispensa averbação.

10. A cédula hipotecária distingue-se da escritura de hipoteca:

( ) pela vantagem da circulação;

( ) pela garantia real.

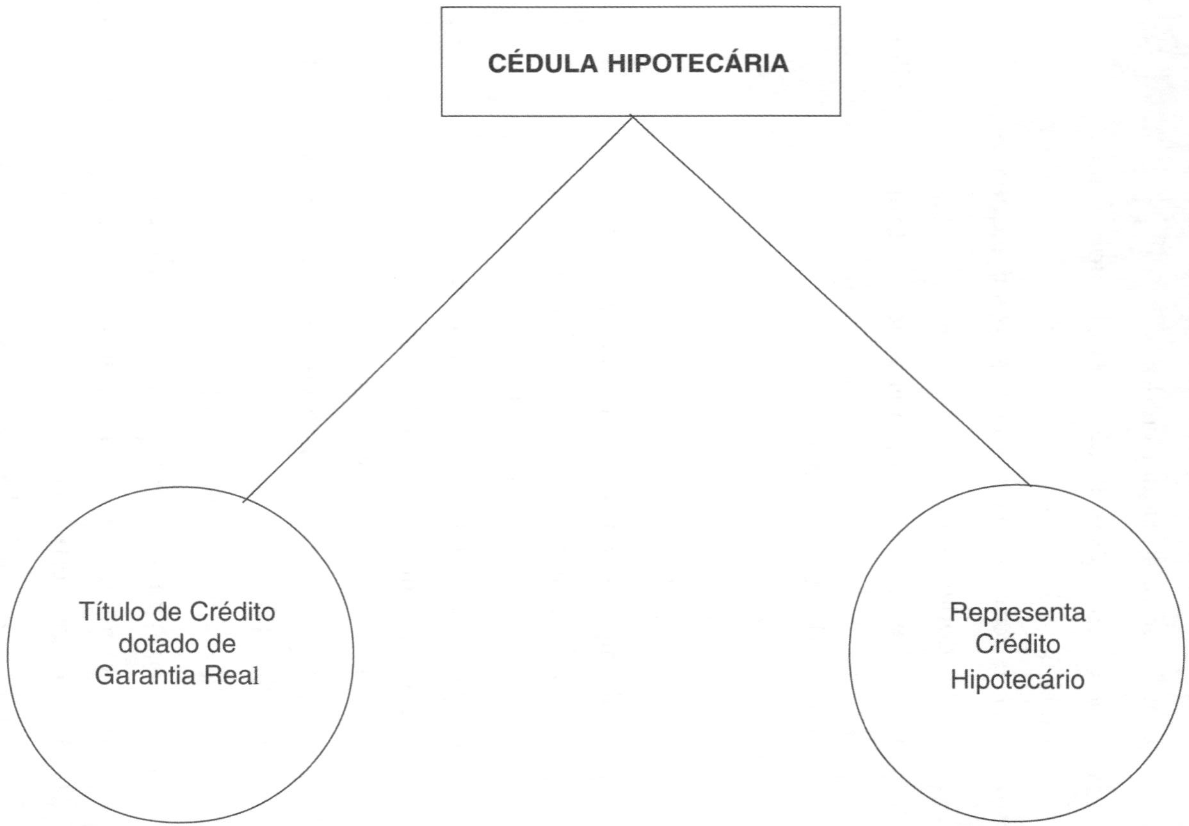
CÉDULA HIPOTECÁRIA
Título de Crédito dotado de Garantia Real
Representa Crédito Hipotecário

PLANO DE EQUIVALÊNCIA SALARIAL

RC Nº 36/69 E RD Nº 75/69, DO BNH

CÉDULA HIPOTECÁRIA

INTEGRAL

EMITIDA NOS TERMOS DO DECRETO-LEI Nº 70, DE 21.11.1966

NÚMERO ______

SÉRIE ______

HIPOTECA ______

EMITENTE

DEVEDOR

FAVORECIDO

PAGAREI, NESTA PRAÇA, O VALOR DESTA CÉDULA HIPOTECÁRIA, EM PRESTAÇÕES MENSAIS SUCESSIVAS, ÀS DATAS DE SEUS VENCIMENTOS, AS QUAIS, COMPREENDENDO QUOTAS DE AMORTIZAÇÃO E JUROS E PRÊMIOS DOS SEGUROS PREVISTOS NAS APÓLICES DO SISTEMA FINANCEIRO DA HABITAÇÃO, SERÃO REAJUSTADAS DE ACORDO COM O PLANO DE EQUIVALÊNCIA SALARIAL, DE QUE TRATAM AS RC Nº 36/69 E RD Nº 75/69, DO BNH, NA MESMA PROPORÇÃO DO AUMENTO OCORRIDO NA VARIAÇÃO DO VALOR DO MAIOR SALÁRIO MÍNIMO VIGENTE NO PAÍS E O IMEDIATAMENTE ANTERIOR, SENDO QUE, SEGUNDO ESTABELECEM AS CITADAS RESOLUÇÕES, A RESPONSABILIDADE PELO SALDO DEVEDOR, NOS TERMOS DO DECRETO-LEI Nº 19, DE 30-08-1966, TAL COMO DEFINIDO NA INSTRUÇÃO Nº 5/66, DO BNH, É ASSUMIDA PELO FUNDO DE COMPENSAÇÃO DE VARIAÇÕES SALARIAIS, CRIADO PELA RC Nº 25/67, DO MESMO BANCO, TUDO NA FORMA DO PACTO ADJETO DE HIPOTECA ASSINADO COM O CREDOR ORA EMITENTE, EM INSTRUMENTO DE CONTRATO, DO QUAL, NESTE TÍTULO, REFLEXAMENTE, SE ACHAM INDICADAS CONDIÇÕES E OBRIGAÇÕES QUE, ENTRE OUTRAS, FORAM AJUSTADAS.

____

DEVEDOR

IMÓVEL

DECLARAMOS, SOB NOSSA INTEIRA RESPONSABILIDADE, QUE SÃO AUTÊNTICAS AS ASSINATURAS JÁ APOSTAS NESTA CÉDULA HIPOTECÁRIA, EMITIDA NESTA DATA.

__________ DE__________ DE__________

____

EMITENTE

DECLARAMOS QUE SOMOS RESPONSÁVEIS PELA LISURA DA EMISSÃO DESTA CÉDULA HIPOTECÁRIA E QUE TEMOS EM NOSSO PODER OS DOCUMENTOS RELATIVOS À CONSTITUIÇÃO DA HIPOTECA POR ELA REPRESENTADA, FICA DESIGNADO AGENTE FIDUCIÁRIO:

____

FAVORECIDO

VALOR DESTA CÉDULA __________ (______________________________)

VEZES O VALOR DO MAIOR SALÁRIO MÍNIMO VIGENTE NO PAÍS, EQUIVALENDO, NESTA DATA A R$__________

(______________________________)

VALOR INICIAL DA DÍVIDA __________ VEZES O VALOR DO MAIOR SALÁRIO MÍNIMO VIGENTE NO PAÍS, EM PRESTAÇÕES IGUAIS

VALOR INICIAL DA PRESTAÇÃO MENSAL..... $ __________

PRESTAÇÕES A SEREM PAGAS

__________ A PARTIR DO DIA

__________ DE __________ DE __________

SEGUROS __________ % DA PRESTAÇÃO MENSAL: $ __________

TAXA DE SERVIÇOS __________ $ __________

JUROS

__________ % a.a.

MORA

1% AO MÊS SOBRE AS PRESTAÇÕES EM ATRASO

REAJUSTAMENTO DA PRESTAÇÃO MENSAL

60 DIAS APÓS O AUMENTO DO SALÁRIO MÍNIMO	MÊS INDICADO:	
	RAZÕES PRESTAÇÃO/SALÁRIO MÍNIMO	
RAZÃO PRESTAÇÃO/SALÁRIO MÍNIMO	COM ALTERAÇÃO DO SALÁRIO MÍNIMO ATÉ O 1º REAJUSTAMENTO	SEM ALTERAÇÃO DO SALÁRIO MÍNIMO ATÉ O 1º REAJUSTAMENTO

CONTRATO	DATA	OFÍCIO	LIVRO	FLS.	LOCALIDADE	ESTADO

CERTIFICO QUE ESTA CÉDULA FOI AVERBADA NESTA DATA SOB O Nº__________ À MARGEM DA INSCRIÇÃO Nº __________ ÀS FLS. __________ DO LIVRO Nº DESTE CARTÓRIO__________ OFÍCIO DO REGISTRO DE IMÓVEIS DE__________

EM __________ DE__________ DE __________

____

ASSINATURA DO OFICIAL — CARIMBO DO CARTÓRIO

CÉDULA DE CRÉDITO BANCÁRIO

160-A. Conceito. 160-B. Requisitos. 160-C. Cédula de Crédito Bancário com garantia real ou fidejussória. 160-D. Resumo. 160-E. Testes de aproveitamento da matéria examinada.

160-A. CONCEITO — A Cédula de Crédito Bancário é uma promessa de pagamento em dinheiro, emitida por pessoa física ou jurídica, em favor de instituição financeira ou entidade a ela equiparada, decorrente de operação de crédito de qualquer modalidade.

Representa, como enfatiza o inciso II do § 2º do art. 28 da Lei nº 10.931, de 2 de agosto de 2004, dívida oriunda da abertura de crédito bancário em conta corrente à disposição do emitente.

A Cédula de Crédito Bancário tem, pois, vasta amplitude, já que pode ser utilizada em toda e qualquer operação de crédito bancário, não estando, portanto, vinculada a determinadas aplicações, como ocorre, por exemplo, com os títulos de crédito rural ou industrial. Assim, pode ser, igualmente, utilizada pelas instituições financeiras como garantia resultante do fornecimento de cartões de crédito, em substituição aos usuais contratos, já que admite utilização parcelada do crédito colocado à disposição do emitente.

A cédula em apreço tem eficácia executiva, como enfatiza o art. 28 — "a Cédula de Crédito Bancário é título executivo extrajudicial e representa dívida em dinheiro, certa, líquida e exigível, seja pela soma nela indicada, seja pelo saldo devedor demonstrado em planilha de cálculo, ou nos extratos de conta corrente...".

Considerada título de crédito extrajudicial, a ela são aplicadas as disposições da legislação cambial, dispensando-se, porém, o protesto para garantir o direito de regresso contra endossante, avalistas e terceiros garantidores.

160-B. REQUISITOS — Título formal e solene, a Cédula de Crédito Bancário deve, necessariamente, conter os seguintes requisitos:

I — a denominação "Cédula de Crédito Bancário";

II — a promessa do emitente de pagar a dívida em dinheiro, certa, líquida e exigível no seu vencimento ou, no caso de dívida oriunda de contrato de abertura de crédito bancário, a promessa do emitente de pagar a dívida em dinheiro, certa, líquida e exigível, correspondente ao crédito utilizado;

III — a data e o lugar do pagamento da dívida e, no caso de pagamento parcelado, as datas e os valores de cada prestação, ou os critérios para essa determinação;

IV — o nome da instituição credora, podendo conter cláusula à ordem;

V — a data e o lugar da emissão;

VI — a assinatura do emitente e, se for o caso, do terceiro garantidor da obrigação, ou de seus respectivos mandatários.

A redação dada ao inciso II não peca pela clareza — a Cédula de Crédito Bancário é título de crédito extrajudicial, representando dívida em dinheiro, certa, líquida e exigível, pelo valor nela fixado, ou pelo saldo devedor, demonstrado por planilhas de cálculo ou por extratos bancários.

O crédito colocado à disposição do emitente pode ser utilizado imediatamente, integralmente, como pode ser levantado de forma parcelada. Na segunda hipótese, deve a cédula fazer expressa menção à obrigação de o devedor pagar, em data predeterminada, a parcela utilizada do crédito colocado à sua disposição — "a data e o lugar do pagamento da dívida, e, no caso de pagamento parcelado, as datas e os valores de cada prestação, ou o critério para essa determinação".

Transferível a terceiros (instituições financeiras ou não), deve a Cédula de Crédito Bancário ser considerada um título "à ordem", ainda que dela não conste tal cláusula. Somente a cláusula "não à ordem" torna o título intransferível (*vide* Capítulo IV, ns. 57 e 58).

Em conformidade com o § 2º do art. 29, a Cédula de Crédito Bancário deve ser emitida em tantas vias quantos sejam os intervenientes, e devidamente assinadas pela instituição financeira (o credor), pelo emitente (o devedor) e pelo garantidor (fiador ou avalista), se houver.

A via do credor é o único título à ordem e, por consequência, a única negociável e transferível por endosso ou cessão; as demais vias conterão, obrigatoriamente, a cláusula "não negociável", que equivale à cláusula "não à ordem".

160-C. CÉDULA DE CRÉDITO BANCÁRIO COM GARANTIA REAL OU FIDEJUSSÓRIA — A Cédula de Crédito Bancário pode ser emitida:

a) sem garantia;

b) com garantia real;

c) com garantia fidejussória.

Na primeira hipótese, a abertura de crédito pela instituição financeira tem, como suporte fático, a situação pessoal do cliente, seu cadastro bancário, referências etc. Na segunda hipótese, a concessão do crédito está condicionada a uma garantia real. Não especificada a garantia real, é de se concluir pela adoção de Cédula de Crédito Bancário Hipotecária ou Pignoratícia, tal como ocorre com as Cédulas Rurais ou Industriais; a cédula de crédito com garantia fidejussória é aquela cédula garantida por fiança, também denominada *garantia fidejussória*.

A garantia constituída é especificada na própria cédula, dela passando a fazer parte integrante, ou em documento separado, com expressa menção no respectivo título.

A garantia real (hipoteca ou penhor) pode ser constituída por bem patrimonial de qualquer espécie, desde que disponível e alienável, de natureza móvel ou imóvel, material ou imaterial, presente ou futuro, fungível ou infungível, consumível ou não, de titularidade do devedor (emitente da cédula) ou terceiro garantidor da obrigação principal.

O penhor de direitos constitui-se sem maiores formalidades, ultimando-se pela simples notificação ao devedor do direito apenhado, conquanto, obviamente, como já afirmamos — devidamente especificado na Cédula de Crédito ou em documento que dela faça parte.

Em conformidade com o que dispõe o art. 9º — "a garantia da obrigação abrangerá, além do bem principal constitutivo da garantia, todos os seus acessórios, benfeitorias de qualquer espécie, valorizações a qualquer título, frutos e qualquer bem vinculado ao bem principal por acessão física, intelectual, industrial ou natural".

A eficácia da Cédula sob exame independe de registro. Contudo, para que as garantias reais possam valer contra terceiros, fundamental a averbação no órgão de registro competente. É o que se deduz da leitura do art. 42 — "a validade e eficácia da Cédula de Crédito Bancário não dependem de registro, mas as garantias reais, por ela constituídas, ficam sujeitas, para valer contra terceiros, aos registros ou averbações previstos na legislação aplicável, com as alterações introduzidas por esta Lei".

Os bens constitutivos da garantia real poderão, a critério do credor, permanecer sob a posse do devedor (emitente), ou do terceiro prestador da garantia, nos termos da cláusula de *constituto possessório*, em razão da qual o devedor, que possuía o bem em seu próprio nome, passa a possuí-lo em nome de outrem.

O bem constitutivo da garantia real deverá ser coberto por seguro, se assim o exigir o credor.

As instituições financeiras, devidamente autorizadas pelo Banco Central, observadas as condições estabelecidas pelo Conselho Monetário Nacional, poderão emitir "Certificados de Cédulas de Crédito Bancário — CCB" com lastro efetivo em Cédulas de Crédito Bancário mantidas em custódia, para negociar esses créditos no mercado nacional ou internacional.

Tais CCB podem ser emitidos sob a forma física ou escritural, registrados em arquivos magnéticos organizados pelo emitente (Instituições Financeiras), dos quais constarão:

I — o local e a data da emissão;

II — o nome e a qualificação do depositante das Cédulas de Crédito Bancário;

III — a denominação "Certificado de Cédulas de Crédito Bancário";

IV — a especificação das cédulas depositadas, o nome dos seus emitentes e o valor, o lugar e a data do pagamento do crédito por elas incorporado;

V — o nome da instituição emitente;

VI — a declaração de que a instituição financeira, na qualidade e com as responsabilidades de depositária e mandatária do titular do certificado, promoverá a cobrança das Cédulas de Crédito Bancário, e de que as cédulas depositadas, assim como o produto da cobrança do seu principal e encargos, somente serão entregues ao titular do certificado, contra apresentação deste;

VII — o lugar da entrega do objeto do depósito; e

VIII — a remuneração devida à instituição financeira pelo depósito das cédulas objeto da emissão do certificado, se convencionada.

Os CCB são transferíveis por meio de endosso ou cessão, quando escriturais mediante assinatura de seu titular ou mandatário com poderes especiais.

160-D. RESUMO

Conceito:

Cédula de Crédito Bancário é uma promessa de pagamento em dinheiro, emitida por pessoa física ou jurídica, em favor de instituição financeira ou entidade a ela equiparada, decorrente de operação de crédito de qualquer modalidade.

Representa dívida oriunda de abertura de crédito bancário em conta corrente à disposição do emitente (o devedor).

Eficácia executiva:

A Cédula de Crédito Bancário é título de crédito extrajudicial, representando dívida em dinheiro certa, líquida e exigível, pelo valor nela fixado, ou pelo saldo devedor, demonstrado por planilhas de cálculo ou extratos bancários.

Títulos à ordem:

Transferível a terceiros (instituições financeiras ou não), a Cédula de Crédito Bancário é um título "à ordem", ainda que tal cláusula dela não conste expressamente. Somente a cláusula "não à ordem" torna o título intransferível.

Intervenientes:

A Cédula de Crédito Bancário possui dois intervenientes obrigatórios: 1º) o emitente (devedor); 2º) o beneficiário ou credor (a instituição financeira). Eventualmente poderá ter um terceiro garantidor (fiador ou avalista), admitido o endosso ou cessão.

Garantia real ou fidejussória:

A Cédula de Crédito Bancário pode ser *sem garantia* (fundada no cadastro bancário do emitente); com *garantia real* (penhor ou hipoteca); *fidejussória*, com terceiro garantidor do pagamento.

Validade e eficácia:

A validade e eficácia da Cédula de Crédito Bancário não depende de registro, mas as garantias reais por elas constituídas ficam sujeitas a registros ou averbações para valerem contra terceiros.

Certificados de Cédulas de Crédito Bancário:

As instituições financeiras devidamente autorizadas pelo Banco Central podem emitir Certificados de Cédulas de Crédito Bancário, as CCB, mantidas em custódia para serem negociadas no mercado nacional ou internacional.

160-E. TESTES DE APROVEITAMENTO DA MATÉRIA EXAMINADA

Assinale a alternativa correta nas seguintes questões:

1. A cédula de crédito bancário é:

   ( ) empréstimo vinculado à aplicação industrial;

   ( ) rural;

   ( ) decorrente de operação de crédito de qualquer modalidade.

2. Só pode ser emitida:

   ( ) por pessoa física;

   ( ) por pessoa jurídica;

   ( ) por ambas.

3. O beneficiário é:

   ( ) instituição financeira ou entidade a ela equiparada;

   ( ) investidor particular.

4. A cédula de crédito bancário é:

   ( ) título de dívida ordinária;

   ( ) título de crédito extrajudicial.

5. Em consequência:

   ( ) não tem eficácia executiva, só ensejando cobrança pela via ordinária;

( )tem eficácia executiva, ensejando processo de execução.

6. O crédito colocado à disposição do emitente:

   ( )deve ser utilizado imediatamente e integralmente;

   ( )pode ser utilizado parceladamente.

7. O pagamento à Instituição Financeira:

   ( )deve ser integral;

   ( )pode ser apenas pelo saldo devedor.

8. A cédula de crédito bancário:

   ( )é transferível a terceiros mediante endosso ou cessão;

   ( )é título intransferível, quer por endosso, quer por cessão.

9. A cédula de crédito bancário deve ser emitida:

   ( )em tantas vias quantas sejam as partes intervenientes;

   ( )em uma só via.

10. As instituições financeiras:

    ( )podem emitir, sob forma física ou escritural, certificados de cédulas de crédito bancário;

    ( )estão expressamente proibidas de fazê-lo.

LIVRO V

CAPÍTULO IX

DO PROTESTO E SEU CANCELAMENTO

161. O protesto como meio assecuratório do exercício do direito. 162. Protesto facultativo e obrigatório. 163. Da cláusula "sem protesto". 164. Prazos para o protesto. 165. Local do protesto. 166. Da intimação do protesto. 167. Requisitos do protesto. 168. Da sustação. 169. Protesto de cheques extraviados ou roubados. 170. Do cancelamento. 171. Resumo. Lei nº 9.492, de 10-9-1997, que define competência, regulamenta os serviços concernentes ao protesto de títulos e outros documentos de dívida. 172. Testes de aproveitamento da matéria examinada.

161. O PROTESTO COMO MEIO ASSECURATÓRIO DO EXERCÍCIO DO DIREITO — A lei assegura ao titular do direito uma série de meios que tornem efetivo o seu exercício. Alguns desses meios podem ser utilizados antes que ocorra qualquer violação do direito, outros devem ser utilizados na ocorrência desse fato. Visando a conservação e ressalva do direito surge o *protesto* que pode ser conceituado como *o ato formal extrajudicial, que objetiva conservar e ressalvar direitos.* Daí dizer o eminente Pontes de Miranda que "o protesto era, e é, ato formal, pelo qual se salvaguardavam os direitos cambiários, solenemente feitos perante oficial público". Discutem-se sobre os efeitos do protesto, entendendo alguns (Saraiva) tratar-se exclusivamente de meio de prova que não gera qualquer direito ou obrigação. Outros (Edison J. C. Oliveira) dão ao protesto um sentido amplo, caracterizando-o como "prova da apresentação, para fazer cessar ou evitar a *mora accipiendi*, prova da recusa de pagamento para fazer surgir a mora do devedor".

Na realidade, o protesto é, antes de tudo, o elemento que positiva o não cumprimento da obrigação cambial, caracterizando a mora do devedor. Mora não é senão o retardamento da execução da obrigação. Distingue-se do inadimplemento absoluto pela possibilidade de pagamento, inexistente nesse último. Não sem propriedade afirma o sempre lembrado Whitaker que o protesto é a verificação solene de que não foi cumprida a promessa constante da letra. A nosso ver, indispensável distinguir-se entre o protesto extrajudicial e o protesto judicial. O primeiro, em verdade, tem um só escopo: "Provar que o devedor deixou de pagar no vencimento obrigação líquida e certa", como doutrina Carvalho de Mendonça, destinando-se a assegurar o direito regressivo dos coobrigados entre si. Por conseguinte, fora de dúvida que o protesto extrajudicial não cria direitos, não podendo alçar-se à categoria do protesto judicial (*Rev. dos Tribs.*, 108/601-112/534-121/610-136/626-137/173-226/442-234/432-299/710 e Súmula 153 do STF).

Nestas condições, não se reveste o protesto extrajudicial das características próprias do protesto judicial, previsto no **art. 726 do CPC/2015**:

> "Quem tiver interesse em manifestar formalmente sua vontade a outrem sobre assunto juridicamente relevante poderá notificar pessoas participantes da mesma relação jurídica para dar-lhes ciência de seu propósito".

Conquanto imprescindível quando se trata de direito de regresso, nem mesmo para a fluência de juros se faz necessário o protesto, estando revogado, pela Lei Uniforme, o art. 1º, § 3º, do Decreto nº 22.626, de 7 de abril de 1933:

> "A taxa de juros deve ser estipulada em escritura pública ou escrito particular, e não sendo, entender-se-á que as partes acordaram nos juros de 6% ao ano, *a contar da data da propositura da ação ou do protesto cambial*".

É que, por força da Convenção de Genebra (art. 48, nº 2), o portador pode reclamar daquele contra quem exerce o seu direito de ação os juros à taxa de seis por cento, *desde a data do vencimento da cambial*, dispensando, por isso mesmo, o protesto.

162. PROTESTO FACULTATIVO E OBRIGATÓRIO — Do que foi exposto, fácil é concluir que o protesto, em princípio, objetiva tão só caracterizar a impontualidade do devedor, não gerando qualquer outro direito senão o de constituir-se em prova da existência da mora, não sendo, por isso mesmo, imprescindível à propositura da ação quando se trata de obrigados principais:

> "O título cambial não precisa ser protestado para ser proposta a ação executiva" (*Rev. dos Tribs.*, 238/436).

No mesmo sentido decisão do Superior Tribunal de Justiça:

> "desnecessário é o protesto por falta de pagamento da nota promissória para o exercício do direito de ação do credor contra o seu subscritor e respectivo avalista" (STJ, RE nº 2.999-SC, Reg. nº 90.004.236-4, Rel. Min. Fontes de Alencar, 4ª T., *Ementário da Jurisprudência do Superior Tribunal de Justiça*, nº 2, ementa nº 149).

Todavia, conquanto facultativo relativamente aos obrigados principais — aceitante e seu respectivo avalista, que lhe é equiparado para todos os efeitos —, o protesto se faz indispensável quando se trata de coobrigados: sacador, endossantes e seus avalistas.

> "Ato essencial para o exercício da ação de regresso, o protesto não pode ser nem substituído, nem completado por nenhum outro meio de prova, por nenhum outro ato, judicial ou extrajudicial, nem mesmo pela declaração de recusa escrita na letra pelo próprio sacado" (Whitaker).

Com rara felicidade Rubens Requião alinha os casos de protesto necessário previstos na Lei Uniforme:

"*a*) no de falta de aceite ou de pagamento, para conservar os direitos do portador contra o sacador e contra os outros coobrigados, à exceção do aceitante (arts. 44 e 53, al. 2);

b) no de letra pagável a certo termo de vista, em que houver falta de data, para o efeito de constatar essa omissão, e o portador conservar os seus direitos de regresso contra os endossantes e contra o sacador (art. 25);

c) no de ter sido indicada uma pessoa para aceitar ou pagar, por intervenção, e esta não o tenha feito, para exercer o seu direito de ação antes do vencimento, contra o que fez a indicação (art. 56, al. 2);

d) não ter sido a letra aceita por intervenientes e não ser paga, para conservar o direito de regresso contra aquele que tiver indicado as pessoas para pagarem em caso de necessidade (art. 60);

e) no de pluralidade de exemplares, para o portador poder exercer seu direito de regresso, quando o que enviar ao aceite uma das vias, e a pessoa em cujas mãos se encontrar não entregue essa via ao portador legítimo doutro exemplar, para poder exercer o seu direito de ação (art. 66);

f) no de cópia, e a pessoa em cujas mãos se encontre o título original se recusar a entregá-la ao legítimo portador da cópia, para exercer o seu direito de ação contra as pessoas que tenham endossado ou avalizado a cópia (art. 68, al. 2)".

"O protesto em tempo útil e forma regular, preleciona Carvalho de Mendonça, é imprescindível para que o portador exerça o seu direito de regresso contra o sacador, endossadores e respectivos avalistas:

a) no caso de falta ou recusa do aceite, para provar que o sacado é desconhecido ou não se pode descobrir onde para, ou não se quis aceitar a ordem do sacador;

b) no caso do aceite limitado ou modificado, que equivale à recusa do aceite;

c) no caso de falta do pagamento total ou parcial;

d) no caso de recusa da restituição da letra por aquele que a recebeu para firmar o aceite ou efetuar o pagamento;

e) no caso de falência do aceitante. A falência uma vez declarada cai no domínio público, por meio da publicidade instituída nos arts. 17 e 18 do Decreto nº 2.044, de 31 de dezembro de 1908, e estabelece a certeza de que o aceitante não pagará no vencimento a soma cambial. A falência do aceitante antecipa o vencimento da letra de câmbio (Decreto nº 2.044, art. 26) e pareceria inútil o protesto; mas se o exige para que a letra se considere vencida *vis-à-vis* dos coobrigados e o portador exerça o direito de regresso, observada a disposição da parte final do art. 19 do Decreto nº 2.044/1908".

Nessas condições, conquanto facultativo para acionar o aceitante e seu avalista, o protesto é indispensável para o exercício da ação de regresso, não fosse o mesmo instituído senão em benefício dos coobrigados:

> "O portador que não tira, em tempo útil e forma regular, o instrumento do protesto da letra, perde o direito de regresso contra o sacador, endossadores e avalistas" (art. 32 do Dec. nº 2.044/1908).

O protesto é ainda fundamental e obrigatório para que se possa requerer a falência do devedor até mesmo quando se trata de títulos não sujeitos a ele, como taxativamente estabelece o art. 94, § 3º, da Lei nº 11.101/2005:

> "Na hipótese do inciso I do *caput* deste artigo, o pedido de falência será instruído com os títulos executivos na forma do parágrafo único do art. 9º desta Lei, acompanhados, em qualquer caso, dos respectivos instrumentos de protesto para fim falimentar nos termos da legislação específica".

163. DA CLÁUSULA "SEM PROTESTO" — A adesão do Brasil à Convenção de Genebra fê-lo aceitar o disposto no art. 46 da Lei Uniforme:

> "O sacador, um endossante ou um avalista pode, pela cláusula 'sem despesas', 'sem protesto', ou outra cláusula equivalente,

dispensar o portador de fazer um protesto por falta de aceite ou falta de pagamento, para poder exercer os seus direitos de ação".

Assim, entendemos ab-rogada a disposição contida no art. 44, nº II, do Decreto nº 2.044/1908 (Lei interna), considerando não escrita a cláusula proibitiva do protesto e excludente da responsabilidade por despesas. É evidente, porém, que a cláusula em apreço tem efeitos meramente cambiais, sendo portanto inócua para fins de quebra quando o protesto é, como já verificamos, imprescindível. Donde se conclui não proceder a observação de alguns autores de que a cláusula "sem protesto" deva ser considerada como não escrita. Ao contrário, inserida na cambial, dispensa o portador do protesto, muito embora não o dispense da apresentação da letra dentro do prazo prescrito, nem tampouco dos avisos a dar.

Escrita pelo sacador, a cláusula em apreço produz os seus efeitos em relação a todos os signatários da letra. Se inserida por endossante ou avalista, só produz efeito em relação ao respectivo endossante ou avalista.

164. PRAZOS PARA O PROTESTO — O protesto é tirado:

a) por falta de pagamento;

b) por falta de aceite;

c) por falta de devolução;

d) para determinar o vencimento extraordinário na ocorrência da falência do aceitante;

e) como protesto especial (art. 94, § 3º, da Lei nº 11.101/2005 — Lei de Falências e Recuperação de Empresas).

Na primeira hipótese, como já se verificou, o protesto positiva a impontualidade, patenteando o não cumprimento da promessa constante da cambial. Facultativo com relação aos obrigados principais, é imprescindível para a ação de regresso. Nos termos do art. 44 da Lei Uniforme, a recusa do pagamento deve ser comprovada por um ato formal, que é o protesto por falta de pagamento.

Da mesma forma é protestável o título por falta de aceite, que, entretanto, não se revestirá de liquidez, certeza e exigibilidade. O protesto por falta de devolução, como lembra Edison J. C. de Oliveira, é aplicável a títulos que ainda não atingiram a sua perfeição jurídica, provando exclusivamente a diligência do portador no cumprimento da obrigação por parte do devedor, em devolver e aceitar. O protesto por falta de devolução, tal como o protesto por falta de aceite, não aperfeiçoa o título, não ensejando, por isso mesmo, senão a via ordinária.

A falência do devedor empresário antecipa o vencimento das suas obrigações. Assim, decretada a falência do aceitante, não há necessidade do protesto para o processo de habilitação. Contudo, poderá o portador, para valer-se da ação de regresso contra os coobrigados, protestar o título. O chamado protesto extraordinário, pois, tem o único escopo de assegurar ao portador a ação regressiva.

O protesto especial, instituído pela Lei de Falências (art. 94, § 3º), subordina ao protesto os títulos que normalmente não estão sujeitos ao protesto comum. Este protesto especial, adverte Francisco Raitani, "tem um sentido próprio, pois, não visando garantir a responsabilidade dos coobrigados, objetiva solenizar a interpelação a fim de pagar o devedor a dívida vencida. Para efeito de tal gravidade mister se faz constatar publicamente a impontualidade do devedor e a diligência preliminar do credor no intuito de receber seu crédito antes de promover a execução coletiva daquele".

No que se relaciona ao termo do protesto, há que se distinguir entre o protesto facultativo e o protesto obrigatório. O primeiro pode ser levado a efeito a qualquer tempo, observado tão somente o prazo prescricional, ocorrendo na falta de aceite, na falta de devolução ou de pagamento. O mesmo não ocorre com o protesto obrigatório, que se não exercido tempestivamente desonera aos coobrigados, impossibilitando ação de regresso.

Na ocorrência de falta de pagamento o prazo para apresentação ao Cartório de Protestos é aquele fixado no art. 28 do Decreto nº 2.044/1908 (Lei interna), ou seja, no primeiro dia útil que se seguir ao do vencimento, devendo o protesto ser tirado dentro de três dias úteis. Na falta ou recusa de aceite, por força do disposto no art. 44 da Lei Uniforme, o protesto deve ser feito nos prazos fixados para apresentação ao aceite, previstos nos arts. 21 e seguintes da Convenção de Genebra. O termo final do protesto é aquele fixado para a prescrição, prazo esse que, evidentemente, pode ser dilatado por força da interpelação judicial ou na ocorrência de força maior.

165. LOCAL DO PROTESTO — O protesto deve ser tirado no local onde deva ser exigida a obrigação. Esta é a regra geral. Todavia, não há obstáculo legal a que os interessados elejam outro local, que poderá ser o lugar indicado para aceite, o domicílio do sacado e, inclusive, indicação alternativa de lugares, hipótese em que ficará a critério do portador o direito de escolha.

É o que facilmente se conclui do exame do art. 28, parágrafo único, do Decreto nº 2.044/1908:

> "O protesto deve ser tirado do lugar indicado na letra, para o aceite ou para o pagamento. Sacada ou aceita a letra para ser paga em outro domicílio que não o do sacado, naquele domicílio deve ser tirado o protesto".

Nos termos da Lei nº 9.492, de 10 de setembro de 1997, o protesto de cheque deve ser levado a efeito no *lugar do pagamento* ou do *domicílio do emitente* (art. 6º).

166. DA INTIMAÇÃO DO PROTESTO — A Lei nº 9.492, de 10 de setembro de 1997, que regulamenta o protesto de títulos de crédito e outros documentos, estabelece regras específicas para a intimação do devedor, dispondo o art. 14 que o tabelião de protestos o fará da seguinte maneira:

a) por portador do próprio tabelião (obviamente oficial do cartório);

b) ou por qualquer outro meio (tais como avisos, cartas, notificações), desde que comprovado e assegurado o recebimento mediante protocolo, aviso de recepção ou documento equivalente.

Da intimação constarão, necessariamente:

I — nome e endereço do devedor;

II — elementos de identificação do título ou documento da dívida;

III — prazo para pagamento;

IV — número do protocolo e valor a ser pago.

A intimação se fará por *edital* nas seguintes hipóteses: quando a pessoa indicada para aceitar ou pagar for desconhecida, de localização incerta ou ignorada, quando for o devedor residente ou domiciliado fora da competência territorial do tabelionato ou quando ninguém se dispuser a receber a intimação no endereço fornecido pelo apresentador do título.

167. REQUISITOS DO PROTESTO — Em conformidade com o que dispõe o art. 22 da Lei nº 9.492/97, o protesto, como "ato formal e solene pelo qual se prova a inadimplência e o descumprimento de obrigação originada em títulos de crédito e outros documentos de dívida" (art. 1º), está sujeito aos seguintes requisitos:

I — data e número de protocolização;

II — nome do apresentante e endereço;

III — reprodução ou transcrição do documento ou das indicações feitas pelo apresentante e declarações nele inseridas;

IV — certidão das intimações feitas e das respostas eventualmente oferecidas;

V — indicação dos intervenientes voluntários e das firmas por eles honradas;

VI — aquiescência do portador ao aceite por honra;

VII — nome, número do documento de identificação do devedor e seu endereço;

VIII — data e assinatura do tabelião de protesto, de seus substitutos ou de escrevente autorizado.

Na eventualidade do tabelião de protesto conservar em seus arquivos gravação eletrônica de imagem, cópia reprográfica ou micrográfica do título ou documento de dívida, dispensa-se, no registro e no instrumento, a sua transcrição literal, bem como das demais declarações nele inseridas.

168. DA SUSTAÇÃO — Questão das mais controvertidas no direito cambial brasileiro é a da sustação do protesto. Na ausência de qualquer dispositivo regulamentando a matéria, opiniões antagônicas se formaram, com reflexos, inclusive, na jurisprudência dos novos tribunais. Rechaçados com firmeza os primeiros pedidos judiciais nesse sentido, firmaram-se os pretórios na ausência de expressa faculdade admitindo a sustação:

> "Não há na lei cambial dispositivo algum permitindo a suspensão de protesto de título, seja qual for a causa de seu não pagamento, matéria essa tão somente arguível em defesa, na oportunidade da ação executiva" (*Rev. dos Tribs.*, 359/139).

No mesmo sentido o Supremo Tribunal Federal nos Recursos Extraordinários ns. 15.114 e 52.529.

Corrente mais liberal, contudo, influenciando julgados mais recentes, admitia a suspensão do protesto nos casos especialíssimos em que a irregularidade estivesse flagrantemente demonstrada, evitando-se, dessa forma, abusos incontáveis com graves e insanáveis prejuízos (*Rev. dos Tribs.*, 347/316-355/494-359/343-361/317), e que, por seus fundamentos, encontrou repercussão no Excelso Pretório da República, no Recurso extraordinário nº 44.148, de que foi Relator o ínclito Min. Victor Nunes Leal.

A corrente liberal que admitia a sustação — evidentemente na ocorrência de irregularidades — era, por certo, a que melhor interpretava a questão. Com efeito, se não havia dispositivo legal que autorizasse a suspensão do protesto, também não havia expressa proibição de fazê-lo, convindo acrescentar que os abusos incontáveis que entre nós se cometiam, deturpando por inteiro o instituto do protesto, como lembra com veemência Eunápio Borges, recomendavam especial cautela do julgador, dispensando-se o excesso de formalismo.

Não se argumente com a ação de reparação por prejuízos sofridos por quantos tenham sido vítimas de protestos irregulares. O instituto do protesto, malgrado as medidas moralizadoras tomadas pelo Poder Judiciário (o Legislativo lamentavelmente se omitia), ensejava abusos incontáveis, lançando ao descrédito centenas de milhares de pessoas, sob o pretexto de promoção de medidas acautelatórias de direitos de credores, de que é exemplo flagrante o famigerado "Serviço de Proteção ao Crédito", transformado em instrumento de pressão contra os devedores!

Assim, as ações indenizatórias nem sempre se constituem no remédio jurídico adequado, impondo-se a sustação, que, por certo, há de cercar-se das cautelas necessárias, pois, como adverte Rubens Requião, "casos ocorrem em que a sustação do protesto é medida cautelar que a justiça impõe, para não se consumar abuso de direito".

A sustação de protesto é feita por *medida cautelar inominada, segundo* o disposto no **art. 297 do CPC/2015**:

> "Art. 297. O juiz poderá determinar as medidas que considerar adequadas para efetivação da tutela provisória.
>
> Parágrafo único. A efetivação da tutela provisória observará as normas referentes ao cumprimento provisório da sentença, no que couber".

> "A sustação de protesto de título se inclui entre as medidas cautelares inominadas previstas no art. 798 (art. 297 do CPC/2015), podendo, inclusive, ser ordenado o sequestro do título" (*Rev. Forense*, 254/303; *Rev. dos Tribs.*, 490/128-491/203).

Comumente, nos pedidos de sustação de protesto, o juiz exige caução, podendo, todavia, diante das circunstâncias de cada caso, dispensá-la:

> "O Juiz pode determinar liminarmente a sustação de protesto de título dispensando a caução ou exigindo-a" (*Rev. dos Tribs.*, 468/106-503/131).

Na sustação de protesto, o título só pode ser pago, protestado ou retirado do tabelião com expressa autorização do juiz. Revogada a ordem, dispensa-se nova intimação para o protesto.

Tornada definitiva a ordem de sustação, o título é encaminhado, pelo tabelião, ao juízo competente, salvo quando determinado a qual das partes deve ele ser entregue. É o que dispõem os arts. 16, 17 e parágrafos da Lei nº 9.492/97.

Ressalte-se que o diploma legal mencionado nenhuma disposição contém com relação aos cheques furtados.

169. PROTESTO DE CHEQUES EXTRAVIADOS OU ROUBADOS — Não raras vezes, ao revés, com grande frequência, os talões de cheque são extraviados e, nos grandes centros urbanos, notadamente em São Paulo e no Rio de Janeiro, em razão sobretudo do alarmante índice de criminalidade, são furtados, criando para os correntistas de bancos sérios problemas, já que tais talões, negociados pelos assaltantes, são entregues a hábeis estelionatários, os quais efetuam vultosas compras com a emissão de cheques com as assinaturas falsas ou falsificadas.

Como observa Juliano José Parolo, da Universidade Mackenzie:

> "O cliente de conta corrente dos estabelecimentos bancários, quando do extravio de cheques por perda pura e simples do talonário, por furto ou roubo por terceiros, enfrenta enormes dificuldades para não ser compelido, indevidamente, a honrar os cheques falsificados.
>
> Sua *via crucis* começa pela ida imediata ao banco onde deve sustar o pagamento dos cheques extraviados, dando, por escrito, contra ordem ou oposição (arts. 35 e 36 da Lei nº 7.357/85). Fora do expediente bancário, inclusive em final de semana, recomenda-se informar rapidamente os plantões de consulta de dados cadastrais e de crédito. Deve, ainda, obter boletim de ocorrência junto à autoridade policial e comunicar a perda por intermédio do jornal da localidade, tudo visando prevenir responsabilidades. O banco

tem por obrigação acatar a contra ordem ou a oposição dada, independentemente da justificativa, sendo que geralmente informa o fato ocorrido aos órgãos de cadastros dos bancos e do comércio (Serasa, SPC, Telecheque).

Acontece, porém, que tais providências não são suficientes para tranquilizar o correntista.

O cheque extraviado (perdido, furtado ou roubado) caindo, de forma indevida, nas mãos de terceiros inescrupulosos, terá sua assinatura falsificada e será apresentado ao banco sacado pela pessoa que o recebeu, inadvertidamente. O banco ao acatar a contra ordem ou oposição dada pelo cliente não paga o cheque, devolve-o ao portador com a informação motivada, segundo estabelecem as normas do Banco Central do Brasil, o que não inibe o portador de colocá-lo no protesto, cuja finalidade é caracterizar o não pagamento, procurando obrigar o cliente dele desapossado a lhe pagar. Isso ocorre porque o portador desconhece o extravio e a própria lei do cheque, a qual estabelece a desnecessidade do protesto para a cobrança judicial, bastando a declaração de não pagamento dada pelo banco (art. 47, lei cit.). Melhor teria sido ao portador consultasse antes o banco de dados cadastrais da Serasa e dos órgãos de proteção ao crédito, interligados hoje aos estabelecimentos bancários em rede nacional, o que provavelmente o inibiria de receber o cheque falso. Aliás, com os cartões de crédito isso já ocorre: quem recebe pagamento via cartão tem o dever de consultar, antes, as listas dos cancelados.

Mas, as agruras do correntista não param aí. O recebedor do cheque extraviado com toda certeza não terá em seu poder o endereço correto do emitente do cheque, como consequência disso será o protesto tirado com endereço errado ou por edital.

Não sendo intimado pessoalmente no seu verdadeiro endereço, não tomará conhecimento desse ato.

O protesto será tirado em seu nome e poderá ter, no futuro, desagradável surpresa ao pretender comprar algum produto ou obter crédito, porque até lá os mesmos serviços de informações cadastrais registraram o seu nome como devedor/emitente de cheque protestado. Nem será preciso mencionar quão dispendioso será para limpar seu nome: paga o cheque (indevido) e/ou cancela o protesto por meio da ação cabível.

Se por acaso for intimado do protesto, poderá se defender a tempo, mas igualmente sujeitando-se a perda de tempo e dinheiro.

Os bancos também têm sido vítimas do desapossamento de talonários de cheques dos clientes, mesmo antes de serem encaminhados a eles. Inúmeros são os casos de extravio quando do transporte dos talonários ou de furto ou roubo, dentro ou fora das agências, ou mesmo quando do envio do talonário ao cliente pelo correio. O crime organizado vem agindo com grande interesse na obtenção de talonários de cheques e de cartões de crédito, tomando de assalto a mão armada os próprios carteiros e até algumas agências postais, como tem noticiado a imprensa, uma vez que tais papéis chegam ao absurdo de ter cotação nesse mercado negro. Os cheques, ao contrário dos cartões de crédito, ressentem-se de proteção maior, eis que estes são cancelados imediatamente após solicitação do cliente e o comércio recebe a lista informativa do cancelamento dos cartões com enorme rapidez.

Quando os talonários são perdidos em poder dos bancos, têm eles a obrigação de defender seus clientes a fim de que não sofram nenhum prejuízo. Costumam, alguns, tomar a tempo e hora as devidas providências: efetuam a devolução de tais cheques, via compensação, pelo motivo 25 previsto na Resolução nº 1.682 do Bacen (talonário cancelado pelo banco sacado), chegando inclusive a apor carimbo com os dizeres *'cheque roubado, sem responsabilidade do correntista ou do banco sacado'*, etc.; comunicam o extravio e o cancelamento pela imprensa; solicitam à autoridade policial a abertura do competente inquérito para apuração dos fatos delituosos; informam aos serviços de dados cadastrais; tomam a defesa de seus clientes, extra e judicialmente. Enfrentam os bancos, todavia, maior dificuldade quando tais cheques falsos são levados aos Cartórios de Protestos, ocasião em que são protestados, sem maiores indagações, não sendo intimados desse ato nem os clientes, muito menos os bancos".

Os cheques furtados não obrigam o titular, na ocorrência de comunicação do fato à autoridade policial.

Contudo, contendo endossos de terceiros de boa-fé que os tenham recebido, criam obrigações para estes a teor do que dispõe o art. 13 da Lei nº 7.357, de 2 de setembro de 1985 (Lei do Cheque):

"As obrigações contraídas no cheque são autônomas e independentes.

Parágrafo único. A assinatura de pessoa capaz cria obrigações para o signatário, mesmo que o cheque contenha assinatura de pessoas incapazes de se obrigar por cheque, ou *assinaturas falsas*, ou *assinaturas de pessoas fictícias*, ou assinaturas que, por qualquer outra razão, não poderiam obrigar as pessoas que assinaram o cheque, ou em nome das quais ele foi assinado".

E, o que é mais grave, ensejam tais cheques *processo de execução, ex vi* do disposto no art. 47, II, § 3º, da lei nominada.

É por isso que, em boa hora, e pondo um paradeiro a tal situação, em São Paulo, o Corregedor-Geral da Justiça, aprovando douto parecer dos MM. Juízes Auxiliares, baixou o *Provimento CG nº 14/96*, vazado nos seguintes termos:

"O Desembargador Márcio Martins Bonilha, Corregedor-Geral da Justiça do Estado de São Paulo, no uso de suas atribuições legais,

Considerando o crescente número de cheques furtados ou extraviados, com grande prejuízo para a comunidade;

Considerando a criação pelo Banco Central do Brasil dos motivos para devolução de cheques números 25, 28 e 29, em circulares de caráter normativo para o sistema bancário, especialmente a de nº 2.655/96;

Considerando o decidido no Processo nº CG-1.663/96-DEGE 1.1,

Resolve:

Art. 1º É vedado o apontamento de cheques quando estes tiverem sido devolvidos pelo estabelecimento bancário sacado, por motivo de furto, roubo ou extravio das folhas de cheques ou dos talonários, nos casos dos motivos números 25 e 28 da Circular nº 2.655, de 18.1.1996, do Banco Central do Brasil, desde que comunicado o fato à autoridade policial e que os títulos não tenham circulado por meio de endosso nem estejam garantidos por aval.

Art. 2º Existindo endosso ou aval, quando do protesto dos cheques, não deverão constar dos assentamentos do serviço de protesto de títulos os nomes e números do CPF dos titulares da respectiva conta corrente bancária, anotando-se nos campos próprios que o emitente é desconhecido.

Art. 3º Este provimento entrará em vigor na data de sua publicação, revogando o Provimento nº 23/95 e as disposições em contrário.

São Paulo, 24 de outubro de 1996".

170. DO CANCELAMENTO — Apresentando as mesmas peculiaridades da sustação, o cancelamento do protesto tem dividido as opiniões dos nossos juristas, e só muito recentemente observou-se nítida tendência dos tribunais em acolher pedidos nesse sentido.

Entendia-se, como ainda entendem inúmeros doutrinadores, que o protesto regular perpetua-se para patentear, a qualquer tempo, a impontualidade do devedor:

> "O protesto de títulos de dívida, regularmente feito, não pode ser cancelado a pretexto de pagamento posterior. Ele soleniza a impontualidade do devedor num dado momento, fato que não se anula por ter, mais tarde, o devedor, resgatado a dívida" (*Rev. dos Tribs.*, 236/217).

A insubsistência desse entendimento doutrinário, condenado inclusive pela humanização do critério de cumprimento da obrigação, que caracteriza o direito moderno, inequivocamente influenciado pelos princípios do Cristianismo, cedo levou os tribunais a reverem seu ponto de vista, de início admitindo o cancelamento na ocorrência de erros, enganos e vícios capazes de causar lesões irreparáveis a direitos alheios, para posteriormente estendê-lo também às hipóteses de pagamento. É bem verdade que tais decisões, via de regra, exigem expressa concordância do credor, o que se nos afigura sem qualquer sentido, já que o pagamento do título, com o seu consequente resgate, dispensaria tal anuência, sujeita, muitas vezes, a caprichos de ordem pessoal.

Todavia, em que pese a necessidade de reformulação quanto à exigência em apreço, é pacífica hoje a possibilidade de cancelamento de protesto de título quitado, como já decidiu o Supremo Tribunal Federal no Recurso Extraordinário nº 63.637-SP, de que foi Relator o Min. Djaci Falcão.

Se a possibilidade de cancelamento de protesto é hoje questão relativamente pacífica, o mesmo não ocorre quanto às vias de que se pode utilizar o interessado. Edison J. C. de Oliveira assinala as seguintes formas de cancelamento:

> "A via judicial perante as Varas Cíveis, quando se atacam vícios causais; a via correcional, perante a Vara de Registros Públicos, quando houve incorreção do Cartório de Protesto; e a via de jurisdição voluntária, perante o mesmo juiz de registros públicos e mediante prova de pagamento e anuência do credor".

Em São Paulo, a via comum, em se tratando de cancelamento por pagamento, era perante a Vara dos Registros Públicos, até que a Corregedoria-Geral da Justiça disciplinou a questão, através do Provimento nº 4/75, cujo teor é o seguinte:

> "O Desembargador Márcio Martins Ferreira, Corregedor-Geral da Justiça do Estado de São Paulo, no uso de suas atribuições, e,

Considerando que os Tribunais do País, inclusive o Egrégio Supremo Tribunal Federal, assentaram em diuturna e iterativa jurisprudência ser possível o cancelamento de protesto de títulos pagos;

Considerando que inúmeros Juízes Corregedores Permanentes da Capital e do Interior baixaram provimentos ou portarias, regulamentando cada um a seu modo a matéria, o que impõe a uniformização por parte desta E. Corregedoria Geral do procedimento a ser adotado em todo o Estado;

Considerando que em várias Comarcas ainda não foi a matéria disciplinada pelos respectivos Juízes Corregedores, o que levou a Federação do Comércio do Estado de São Paulo a solicitar a esta E. Corregedoria a extensão a elas das normas editadas a respeito pelo MM. Juiz da Iª Vara de Registros Públicos da Comarca da Capital; e

Considerando, finalmente, o decidido no Processo nº CG-41.540/75.

Resolve baixar o presente Provimento:

Art. 1º O protesto de letras ou títulos pagos poderá ser cancelado, mediante a exibição e entrega, pelo devedor ou seu advogado, das letras ou títulos protestados devidamente quitados, salvo a hipótese prevista no art. 2º *infra*, os quais serão arquivados em Cartório, não sendo aceitas xerocópias, fotocópias ou reproduções, ainda que autenticadas.

Art. 2º O protesto lavrado no livro "Registro dos Instrumentos de Protestos para Fins Falimentares" (art. 10, do Dec.-lei nº 7.661, de 21-6-1945), ou o lavrado no Livro Comum, mas tirado contra devedor comerciante, poderá ser cancelado tal como disposto no artigo anterior, porém será concomitantemente exibida certidão negativa atualizada de distribuição de pedido de falência ou concordata, a qual será arquivada juntamente com o título.

Art. 3º Se o devedor, por qualquer motivo, não puder exibir a letra ou o título, poderá requerer o cancelamento do protesto respectivo, desde que apresente declaração de anuência de todos os que figurem no registro do protesto (apresentante, credor originário, endossatário etc.), com qualificação completa (inclusive o número do CIC) e firmas reconhecidas de seus signatários, assim como a menção do número do CGC, se se tratar de pessoa jurídica.

Parágrafo único. Quando o pagamento da letra ou do título já estiver averbado à margem do protesto, dispensa-se a declaração de anuência.

Art. 4º O cancelamento de protesto, quando em qualquer outro motivo que não o pagamento posterior da letra ou do título, somente se efetivará mediante decisão judicial que o determine.

Art. 5º O cancelamento poderá ser efetuado por escrevente, especialmente designado pelo escrivão para esse fim e mediante autorização do Juiz Corregedor Permanente.

Art. 6º Cancelado o protesto, serão expedidas certidões negativas em nome do devedor, sem menção do cancelamento efetuado, exceto se a pedido deste ou em virtude de requisição judicial.

Parágrafo único. Também não se fornecerão informações ou certidões, ainda que sigilosas, a respeito dos lançamentos feitos no livro de protocolo, a não ser a pedido exclusivo do devedor ou em virtude de requisição judicial.

Art. 7º As dúvidas que surgirem na aplicação deste Provimento serão decididas pelo Juiz Corregedor Permanente, com recurso para a Corregedoria-Geral da Justiça (art. 246, Cód. Judiciário).

Art. 8º Revogam-se as disposições em contrário e especialmente os Provimentos e Portarias baixados pelos Juízes Corregedores Permanentes das Comarcas da Capital e do Interior do Estado, que disciplinaram a matéria.

Publique-se, registre-se e cumpra-se.

São Paulo, 14 de maio de 1975.

Eu, (a) Ézio Donati, diretor do Departamento da Corregedoria Geral da Justiça (DEGE), subscrevi.

(a) Márcio Martins Ferreira — Corregedor Geral da Justiça".

A medida, inequivocamente sensata, de há muito se fazia necessária, não havendo nenhuma razão plausível para tratamento diverso.

Estudo elaborado por Edison J. C. de Oliveira dá conta das disparidades regionais concernentes ao cancelamento do protesto. Em São Paulo havia três formas: a via judicial contenciosa, perante as Varas Cíveis, quando se atacavam vícios causais; a via correcional, perante a Vara de Registros Públicos, na incorreção de Cartórios de Protestos; e a via de jurisdição voluntária, perante o mesmo juiz de Registros Públicos e mediante prova de pagamento e anuência do credor.

No Distrito Federal e nos Territórios administrativamente, ao Juízo da 1ª Vara Cível, com competência privativa para o "julgamento das questões de natureza administrativa referentes aos Registros Públicos".

No Estado do Paraná, o cancelamento se processava por via judicial, acompanhado do pedido do título quitado e de declaração formalizada pelo credor de que não se opunha ao cancelamento.

Em Minas Gerais, o cancelamento só podia ser obtido em processo contencioso, por sentença transitada em julgado.

No Estado de Mato Grosso, por força do Provimento nº 30/68 da Corregedoria-Geral, o cancelamento era requerido através de ação ordinária, com valor da causa idêntico ao do título protestado, ouvido o Ministério Público.

Em Alagoas, o cancelamento era administrativo perante o Juiz da 2ª Vara da Capital, nos termos do art. 182, nº 2 da Resolução nº 2/70, e assim sucessivamente (*Rev. de Direito Mercantil*, nº 10, 1973).

Tais inconvenientes foram sanados com a promulgação, em boa hora, da Lei nº 6.268, de 24 de novembro de 1975, vazada nos seguintes termos:

"Art. 1º É facultado ao responsável por título protestado perante notário ou oficial público, na forma da legislação reguladora dos títulos de crédito, uma vez efetuado seu respectivo pagamento, requerer seja este averbado à margem do competente registro de protesto.

Parágrafo único. O oficial público não poderá recusar a averbação requerida nos termos deste artigo, a não ser que com fundamento na ocorrência de vício capaz de invalidar a prova do pagamento realizado, que será feita por qualquer meio permitido em direito.

Art. 2º A averbação de que trata o artigo anterior constará, obrigatoriamente, de qualquer certidão extraída do registro de protesto e eliminará a eficácia deste em relação ao credor, ressalvados direitos de coobrigados e terceiros, nos termos da lei.

Art. 3º Os títulos cambiais e as duplicatas de fatura conterão, obrigatoriamente, a identificação do devedor pelo número de sua Cédula de Identidade, de inscrição no Cadastro de Pessoa Física, do Título Eleitoral ou da Carteira Profissional.

Parágrafo único. Nos instrumentos de protesto, serão descritos os elementos de que trata este artigo".

Em São Paulo conciliou-se a Lei nº 6.268/75 com o Provimento nº 4/75, como se constata do Parecer proferido em 20 de janeiro de 1976, no Proc. CG-43.706/75:

> "O Provimento nº 4/75 apoia-se na jurisprudência dos Tribunais do País, inclusive o Egrégio Supremo Tribunal Federal, e deve subsistir até que essa jurisprudência se altere, mesmo porque suas disposições, além de plasmadas no reconhecimento de legítimos anseios do meio social, consubstanciando notável evolução do entendimento jurídico difícil de recuar, não se incompatibilizam com a execução da Lei nº 6.268/75, senão por inferências, que são sempre perigosas.

São Paulo, 20 de Janeiro de 1976.

a) Dr. Acácio Rebouças — Corregedor-Geral da Justiça".

A Lei nº 6.268, de 24 de novembro de 1975, veio a ser revogada pela Lei nº 6.690, de 25 de setembro de 1979, que, por sua vez, vem de ser revogada pela Lei nº 9.492, de 10 de setembro de 1997, que atualmente disciplina o protesto e o cancelamento de títulos.

A lei em apreço faz nítida distinção entre o cancelamento do protesto *por pagamento posterior* e *por outros motivos*. Na primeira hipótese o cancelamento é feito pelo próprio oficial do cartório, mediante apresentação, pelo interessado, dos títulos protestados devidamente quitados ou, na impossibilidade da exibição destes, de declaração de anuência de todos os que figurem no registro do protesto, com qualificação completa e firmas reconhecidas, declaração essa que será arquivada em cartório. Na segunda hipótese o cancelamento só poderá ser levado a efeito por determinação judicial.

171. RESUMO

Conceito de protesto:

"Protesto é o ato oficial pelo qual se prova a não realização da promessa contida na letra" (Whitaker).

"O protesto, para os efeitos cambiais (protesto cambial), é a formalidade extrajudicial, mas solene, destinada a servir de prova da apresentação da letra de câmbio, no tempo devido, para o aceite ou para o pagamento, não tendo o portador, apesar da sua diligência, obtido este ou aquele. Com o mesmo objetivo serve de prova da falência do aceitante" (Carvalho de Mendonça).

Protesto extrajudicial e judicial:

O protesto extrajudicial não cria direitos, constituindo tão somente prova de que o devedor deixou de pagar no vencimento obrigação líquida e certa, não podendo alçar-se à categoria do protesto judicial, previsto no **art. 726 do CPC/2015**.

Interrupção da prescrição:

A prescrição interrompe-se pelo protesto previsto no art. 202, III, do Código Civil. Esse protesto, porém, é o judicial, regulado pelo **art. 726 do CPC/2015**, e não o cambial, disciplinado pelo Decreto nº 2.044/1908, cujo efeito é apenas o de constituir o devedor em mora.

Protesto facultativo e obrigatório:

O protesto cambial é facultativo com referência aos obrigados principais, sacado, aceitante, emitente e seus avalistas, que a ele são equiparados para todos os efeitos legais. É, contudo, obrigatório para ação de regresso contra os coobrigados, endossantes e seus respectivos avalistas.

Protesto para requerimento de falência:

É obrigatório o protesto do título para requerimento de falência, a ele estando sujeitos, inclusive, os títulos que, na forma do art. 94, § 3º, da Lei Falimentar, não se condicionem a protesto:

> "Os títulos não sujeitos a protesto obrigatório devem ser protestados, para o fim da presente lei, nos cartórios de protesto de letras e títulos, onde haverá um livro especial para o seu registro".

Da sustação:

"Não cabe indagar qual a natureza do negócio entre as partes, na ação de sustação ou de anulação do protesto.

A figura da sustação de protesto como Ação Judicial evidentemente não existe em nosso Código. Simplesmente age o Juiz Corregedor de Protestos para evitar abusos como pretensão de protesto de títulos que não estejam revestidos de características formais, sem descer ao âmago dos negócios e pretender resolver questões que melhor estariam em ações *quanti minoris* ou de serviço de contrato" (*Rev. dos Tribs.*, 385/150).

Do cancelamento:

"O protesto não se caracteriza pela perpetuidade e, pode ser cancelado por autorização judicial" (*Rev. dos Tribs.*, 316/418).

Da legislação sobre o protesto e o cancelamento de títulos:

LEI Nº 9.492, DE 10 DE SETEMBRO DE 1997

Define competência, regulamenta os serviços concernentes ao protesto de títulos e outros documentos de dívida e dá outras providências.

O Presidente da República

Faço saber que o Congresso Nacional decreta e eu sanciono a seguinte Lei:

Capítulo I

Da Competência e das Atribuições

Art. 1º Protesto é o ato formal e solene pelo qual se prova a inadimplência e o descumprimento de obrigação originada em títulos e outros documentos de dívida.

Art. 2º Os serviços concernentes ao protesto, garantidores da autenticidade, publicidade, segurança e eficácia dos atos jurídicos, ficam sujeitos ao regime estabelecido nesta Lei.

Art. 3º Compete privativamente ao Tabelião de Protesto de Títulos, na tutela dos interesses públicos e privados, a protocolização, a intimação, o acolhimento da devolução ou do aceite, o recebimento do pagamento, do título e de outros documentos de dívida, bem como lavrar e registrar o protesto ou acatar a desistência do credor em relação ao mesmo, proceder às averbações, prestar informações e fornecer certidões relativas a todos os atos praticados, na forma desta Lei.

Capítulo II

Da Ordem dos Serviços

Art. 4º O atendimento ao público será, no mínimo, de 6 (seis) horas diárias.

Art. 5º Todos os documentos apresentados ou distribuídos no horário regulamentar serão protocolizados dentro de 24 (vinte e quatro) horas, obedecendo à ordem cronológica de entrega.

Parágrafo único. Ao apresentante será entregue recibo com as características essenciais do título ou documento da dívida, sendo de sua responsabilidade os dados fornecidos.

Art. 6º Tratando-se de cheque, poderá o protesto ser lavrado no lugar do pagamento ou do domicílio do emitente, devendo do referido cheque constar a prova de apresentação ao Banco sacado, salvo se o protesto tenha por fim instruir medidas pleiteadas contra o estabelecimento de crédito.

Capítulo III

Da Distribuição

Art. 7º Os títulos e documentos de dívida destinados a protesto somente estarão sujeitos a prévia distribuição obrigatória nas localidades onde houver mais de um Tabelionato de Protesto de Títulos.

Parágrafo único. Onde houver mais de um Tabelionato de Protesto de Títulos, a distribuição será feita por um Serviço instalado e mantido pelos próprios Tabelionatos, salvo se já existir Ofício Distribuidor organizado antes da promulgação desta Lei.

Art. 8º Os títulos e documentos de dívida serão recepcionados, distribuídos e entregues na mesma data aos Tabelionatos de Protesto, obedecidos os critérios de quantidade e qualidade.

Parágrafo único. Poderão ser recepcionadas as indicações a protestos das Duplicatas Mercantis e de Prestação de Serviços, por meio magnético ou de gravação eletrônica de dados, sendo de inteira responsabilidade do apresentante os dados fornecidos, ficando a cargo dos Tabelionatos a mera instrumentalização das mesmas.

Capítulo IV

Da Apresentação e Protocolização

Art. 9º Todos os títulos e documentos de dívida protocolizados serão examinados em seus caracteres formais e terão curso se não apresentarem vícios, não cabendo ao Tabelião de Protesto investigar a ocorrência de prescrição ou caducidade.

Parágrafo único. Qualquer irregularidade formal observada pelo Tabelião obstará o registro do protesto.

Art. 10. Poderão ser protestados títulos e outros documentos de dívida em moeda estrangeira, emitidos fora do Brasil, desde que acompanhados de tradução efetuada por tradutor público juramentado.

§ 1º Constarão obrigatoriamente do registro do protesto a descrição do documento e sua tradução.

§ 2º Em caso de pagamento, este será efetuado em moeda corrente nacional, cumprindo ao apresentante a conversão na data de apresentação do documento para protesto.

§ 3º Tratando-se de títulos ou documentos de dívidas emitidos no Brasil, em moeda estrangeira, cuidará o Tabelião de observar as disposições do Decreto-Lei nº 857, de 11 de setembro de 1969, e legislação complementar ou superveniente.

Art. 11. Tratando-se de títulos ou documentos de dívida sujeitos a qualquer tipo de correção, o pagamento será feito pela conversão vigorante no dia da apresentação, no valor indicado pelo apresentante.

Capítulo V

Do Prazo

Art. 12. O protesto será registrado dentro de 3 (três) dias úteis contados da protocolização do título ou documento de dívida.

§ 1º Na contagem do prazo a que se refere o *caput* exclui-se o dia da protocolização e inclui-se o do vencimento.

§ 2º Considera-se não útil o dia em que não houver expediente bancário para o público ou aquele em que este não obedecer ao horário normal.

Art. 13. Quando a intimação for efetivada excepcionalmente no último dia do prazo ou além dele, por motivo de força maior, o protesto será tirado no primeiro dia útil subsequente.

Capítulo VI

Da Intimação

Art. 14. Protocolizado o título ou documento de dívida, o Tabelião de Protesto expedirá a intimação ao devedor, no endereço fornecido pelo apresentante do título ou documento, considerando-se cumprida quando comprovada a sua entrega no mesmo endereço.

§ 1º A remessa da intimação poderá ser feita por portador do próprio tabelião, ou por qualquer outro meio, desde que o recebimento fique assegurado e comprovado através de protocolo, aviso de recepção (AR) ou documento equivalente.

§ 2º A intimação deverá conter nome e endereço do devedor, elementos de identificação do título ou documento de dívida, e prazo limite para cumprimento da obrigação no Tabelionato, bem como número do protocolo e valor a ser pago.

Art. 15. A intimação será feita por edital se a pessoa indicada para aceitar ou pagar for desconhecida, sua localização incerta ou ignorada, for residente ou domiciliada fora da competência territorial do Tabelionato, ou, ainda, ninguém se dispuser a receber a intimação no endereço fornecido pelo apresentante.

§ 1º O edital será afixado no Tabelionato de Protesto e publicado pela imprensa local onde houver jornal de circulação diária.

§ 2º Aquele que fornecer endereço incorreto, agindo de má-fé, responderá por perdas e danos, sem prejuízo de outras sanções civis, administrativas ou penais.

Capítulo VII

Da Desistência e Sustação do Protesto

Art. 16. Antes da lavratura do protesto, poderá o apresentante retirar o título ou documento de dívida, pagos os emolumentos e demais despesas.

Art. 17. Permanecerão no Tabelionato, à disposição do Juízo respectivo, os títulos ou documentos de dívida cujo protesto for judicialmente sustado.

§ 1º O título do documento de dívida cujo protesto tiver sido sustado judicialmente só poderá ser pago, protestado ou retirado com autorização judicial.

§ 2º Revogada a ordem de sustação, não há necessidade de se proceder a nova intimação do devedor, sendo a lavratura e o registro do protesto efetivados até o primeiro dia útil subsequente ao do recebimento da revogação, salvo se a materialização do ato depender de consulta a ser formulada ao apresentante, caso em que o mesmo prazo será contado da data da resposta dada.

§ 3º Tornada definitiva a ordem de sustação, o título ou o documento de dívida será encaminhado ao Juízo respectivo, quando não constar determinação expressa a qual das partes o mesmo deverá ser entregue, ou se decorridos 30 (trinta) dias sem que a parte autorizada tenha comparecido ao Tabelionato para retirá-lo.

Art. 18. As dúvidas do Tabelião de Protesto serão resolvidas pelo Juízo competente.

Capítulo VIII

Do Pagamento

Art. 19. O pagamento do título ou do documento de dívida apresentado para protesto será feito diretamente no Tabelionato competente, no valor igual ao declarado pelo apresentante, acrescido dos emolumentos e demais despesas.

§ 1º Não poderá ser recusado pagamento oferecido dentro do prazo legal, desde que feito no Tabelionato de Protesto competente e no horário de funcionamento dos serviços.

§ 2º No ato do pagamento, o Tabelionato de Protesto dará a respectiva quitação, e o valor devido será colocado à disposição do apresentante no primeiro dia útil subsequente ao do recebimento.

§ 3º Quando for adotado sistema de recebimento do pagamento por meio de cheque, ainda que de emissão de estabelecimento bancário, a quitação dada pelo Tabelionato fica condicionada à efetiva liquidação.

§ 4º Quando do pagamento no Tabelionato ainda subsistirem parcelas vincendas, será dada quitação da parcela paga em apartado, devolvendo-se o original ao apresentante.

Capítulo IX

Do Registro do Protesto

Art. 20. Esgotado o prazo previsto no art. 12, sem que tenham ocorrido as hipóteses dos Capítulos VII e VIII, o Tabelião lavrará e registrará o protesto, sendo o respectivo instrumento entregue ao apresentante.

Art. 21. O protesto será tirado por falta de pagamento, de aceite ou de devolução.

§ 1º O protesto por falta de aceite somente poderá ser efetuado antes do vencimento da obrigação e após o decurso do prazo legal para o aceite ou a devolução.

§ 2º Após o vencimento, o protesto sempre será efetuado por falta de pagamento, vedada a recusa da lavratura e registro do protesto por motivo não previsto na lei cambial.

§ 3º Quando o sacado retiver a letra de câmbio ou a duplicata enviada para aceite e não proceder à devolução dentro do prazo legal, o protesto poderá ser baseado na segunda via da letra de câmbio ou nas indicações da duplicata, que se limitarão a conter os mesmos requisitos lançados pelo sacador ao tempo da emissão da duplicata, vedada a exigência de qualquer formalidade não prevista na Lei que regula a emissão e circulação das duplicatas.

§ 4º Os devedores, assim compreendidos os emitentes de notas promissórias e cheques, os sacados nas letras de câmbio e duplicatas, bem como os indicados pelo apresentante ou credor como responsáveis pelo cumprimento da obrigação, não poderão deixar de figurar no termo de lavratura e registro do protesto.

Art. 22. O registro do protesto e seu instrumento deverão conter:

I — data e número de protocolização;

II — nome do apresentante e endereço;

III — reprodução ou transcrição do documento ou das indicações feitas pelo apresentante e declarações nele inseridas;

IV — certidão das intimações feitas e das respostas eventualmente oferecidas;

V — indicação dos intervenientes voluntários e das firmas por eles honradas;

VI — a aquiescência do portador ao aceite por honra;

VII — nome, número do documento de identificação do devedor e endereço; e

VIII — data e assinatura do Tabelião de Protesto, de seus substitutos ou de Escrevente autorizado.

Parágrafo único. Quando o Tabelião de Protesto conservar em seus arquivos gravação eletrônica da imagem, cópia reprográfica ou micrográfica do título ou documento de dívida, dispensa-se, no registro e no instrumento, a sua transcrição literal, bem como das demais declarações nele inseridas.

Art. 23. Os termos dos protestos lavrados, inclusive para fins especiais, por falta de pagamento, de aceite ou de devolução serão registrados em um único livro e conterão as anotações do tipo e do motivo do protesto, além dos requisitos previstos no artigo anterior.

Parágrafo único. Somente poderão ser protestados, para fins falimentares, os títulos ou documentos de dívida de responsabilidade das pessoas sujeitas às consequências da legislação falimentar.

Art. 24. O deferimento do processamento de concordata não impede o protesto.

Capítulo X

Das Averbações e do Cancelamento

Art. 25. A averbação de retificação de erros materiais pelo serviço poderá ser efetuada de ofício ou a requerimento do interessado, sob responsabilidade do Tabelião de Protesto de Títulos.

§ 1º Para a averbação da retificação será indispensável a apresentação do instrumento eventualmente expedido e de documentos que comprovem o erro.

§ 2º Não são devidos emolumentos pela averbação prevista neste artigo.

Art. 26. O cancelamento do registro do protesto será solicitado diretamente no Tabelionato de Protesto de Títulos, por qualquer interessado, mediante apresentação do documento protestado, cuja cópia ficará arquivada.

§ 1º Na impossibilidade de apresentação do original do título ou documento de dívida protestado, será exigida a declaração de anuência, com identificação e firma reconhecida, daquele que figurou no registro de protesto como credor, originário ou por endosso translativo.

§ 2º Na hipótese de protesto em que tenha figurado apresentante por endosso-mandato, será suficiente a declaração de anuência passada pelo credor endossante.

§ 3º O cancelamento do registro do protesto, se fundado em outro motivo que não no pagamento do título ou documento de dívida, será efetivado por determinação judicial, pagos os emolumentos devidos ao Tabelião.

§ 4º Quando a extinção da obrigação decorrer de processo judicial, o cancelamento do registro do protesto poderá ser solicitado com a apresentação da certidão expedida pelo Juízo processante, com menção do trânsito em julgado, que substituirá o título ou o documento de dívida protestado.

§ 5º O cancelamento do registro do protesto será feito pelo Tabelião titular, por seus Substitutos ou por Escrevente autorizado.

§ 6º Quando o protesto lavrado for registrado sob forma de microfilme ou gravação eletrônica, o termo do cancelamento será lançado em documento apartado, que será arquivado juntamente com os documentos que instruíram o pedido, e anotado no índice respectivo.

Capítulo XI

Das Certidões e Informações do Protesto

Art. 27. O Tabelião de Protesto expedirá as certidões solicitadas dentro de 5 (cinco) dias úteis, no máximo, que abrangerão o período mínimo dos 5 (cinco) anos anteriores, contados da data do pedido, salvo quando se referir a protesto específico.

§ 1º As certidões expedidas pelos serviços de protesto de títulos, inclusive as relativas à prévia distribuição, deverão obrigatoriamente indicar, além do nome do devedor, seu número no Registro Geral (RG), constante da Cédula de Identidade, ou seu número no Cadastro de Pessoas Físicas (CPF), se pessoa física, e o número de inscrição no Cadastro Geral de Contribuintes (CGC; hoje Cadastro Nacional de Pessoa Jurídica – CNPJ), se pessoa jurídica, cabendo ao apresentante do título para protesto fornecer esses dados, sob pena de recusa.

§ 2º Das certidões não constarão os registros cujos cancelamentos tiverem sido averbados, salvo por requerimento escrito do próprio devedor ou por ordem judicial.

Art. 28. Sempre que a homonímia puder ser verificada simplesmente pelo confronto do número de documento de identificação, o Tabelião de Protesto dará certidão negativa.

Art. 29. Os cartórios fornecerão às entidades representativas da indústria e do comércio ou àquelas vinculadas à proteção do crédito, quando solicitada, certidão diária, em forma de relação, dos protestos tirados e dos cancelamentos efetuados, com a nota de se cuidar de informação reservada da qual não se poderá dar publicidade pela imprensa, nem mesmo parcialmente.

§ 1º O fornecimento da certidão será suspenso caso se desatenda ao disposto no *caput* ou se forneçam informações de protestos cancelados.

§ 2º Dos cadastros ou bancos de dados, das entidades referidas no *caput*, somente serão prestadas informações restritivas de crédito oriundas de títulos ou documentos de dívidas regularmente protestados, cujos registros não foram cancelados.

Art. 30. As certidões, informações e relações serão elaboradas pelo nome dos devedores, conforme previstos no § 4º do art. 21 desta Lei, devidamente identificados, e abrangerão os protestos lavrados e registrados por falta de pagamento, de aceite ou de devolução, vedada a exclusão ou omissão de nomes e de protestos, ainda que provisória ou parcial.

Art. 31. Poderão ser fornecidas certidões de protestos, não cancelados, a quaisquer interessados, desde que requeridas por escrito.

Capítulo XII

Dos Livros e Arquivos

Art. 32. O livro de Protocolo poderá ser escriturado mediante processo manual, mecânico, eletrônico ou informatizado, em folhas soltas e com colunas destinadas às seguintes anotações: número de ordem, natureza do título ou documento de dívida, valor, apresentante, devedor e ocorrências.

Parágrafo único. A escrituração será diária, constando do termo de encerramento o número de documentos apresentados no dia, sendo a data da protocolização a mesma do termo diário do encerramento.

Art. 33. Os livros de Registros de Protesto serão abertos e encerrados pelo Tabelião de Protestos ou seus Substitutos, ou ainda por Escrevente autorizado, com suas folhas numeradas e rubricadas.

Art. 34. Os índices serão de localização dos protestos registrados e conterão os nomes dos devedores, na forma do § 4º do art. 21, vedada a exclusão ou omissão de nomes e de protestos, ainda que em caráter provisório ou parcial, não decorrente do cancelamento definitivo do protesto.

§ 1º Os índices conterão referência ao livro e à folha, ao microfilme ou ao arquivo eletrônico onde estiver registrado o protesto, ou ao número do registro, e aos cancelamentos de protestos efetuados.

§ 2º Os índices poderão ser elaborados pelo sistema de fichas, microfichas ou banco eletrônico de dados.

Art. 35. O Tabelião de Protestos arquivará ainda:

I — intimações;

II — editais;

III — documentos apresentados para a averbação no registro de protestos e ordens de cancelamentos;

IV — mandados e ofícios judiciais;

V — solicitações de retirada de documentos pelo apresentante;

VI — comprovantes de entrega de pagamentos aos credores;

VII — comprovantes de devolução de documentos de dívida irregulares.

§ 1º Os arquivos deverão ser conservados, pelo menos, durante os seguintes prazos:

I — 1 (um) ano, para as intimações e editais correspondentes a documentos protestados e ordens de cancelamento;

II — 6 (seis) meses, para as intimações e editais correspondentes a documentos pagos ou retirados além do tríduo legal; e

III — 30 (trinta) dias, para os comprovantes de entrega de pagamento aos credores, para as solicitações de retirada dos apresentantes e para os comprovantes de devolução, por irregularidade, aos mesmos, dos títulos e documentos de dívidas.

§ 2º Para os livros e documentos microfilmados ou gravados por processo eletrônico de imagens não subsiste a obrigatoriedade de sua conservação.

§ 3º Os mandados judiciais de sustação de protesto deverão ser conservados, juntamente com os respectivos documentos, até solução definitiva por parte do Juízo.

Art. 36. O prazo de arquivamento é de 3 (três) anos para livros de protocolo e de 10 (dez) anos para os livros de registros de protesto e respectivos títulos.

Capítulo XIII

Dos Emolumentos

Art. 37. Pelos atos que praticarem em decorrência desta Lei, os Tabeliães de Protesto perceberão, diretamente das partes, a título de remuneração, os emolumentos fixados na forma da lei estadual e de seus decretos regulamentadores, salvo quando o serviço for estatizado.

§ 1º Poderá ser exigido depósito prévio dos emolumentos e demais despesas devidas, caso em que, igual importância deverá ser reembolsada ao apresentante por ocasião da prestação de contas, quando ressarcidas pelo devedor no Tabelionato.

§ 2º Todo e qualquer ato praticado pelo Tabelião de Protesto será cotado, identificando-se as parcelas componentes do seu total.

§ 3º Pelo ato de digitalização e gravação eletrônica dos títulos e outros documentos, serão cobrados os mesmos valores previstos na tabela de emolumentos para o ato de microfilmagem.

Capítulo XIV

Disposições Finais

Art. 38. Os Tabeliães de Protesto de Títulos são civilmente responsáveis por todos os prejuízos que causarem, por culpa ou dolo, pessoalmente, pelos Substitutos que designarem ou Escreventes que autorizarem, assegurado o direito de regresso.

Art. 39. A reprodução de microfilme ou do processamento eletrônico da imagem, do título ou de qualquer documento arquivado no Tabelionato, quando autenticado pelo Tabelião de Protesto, por seu Substituto ou Escrevente autorizado, guarda o mesmo valor do original, independentemente de restauração judicial.

Art. 40. Não havendo prazo assinado, a data do registro do protesto é o termo inicial da incidência de juros, taxas e atualizações monetárias sobre o valor da obrigação contida no título ou documento de dívida.

Art. 41. Para os serviços previstos nesta Lei os Tabeliães poderão adotar, independentemente de autorização, sistemas de computação, microfilmagem, gravação eletrônica de imagem e quaisquer outros meios de reprodução.

Art. 42. Esta Lei entra em vigor na data de sua publicação.

Art. 43. Revogam-se as disposições em contrário.

Brasília, 10 de setembro de 1997; 176º da Independência e 109º da República.

FERNANDO HENRIQUE CARDOSO
Iris Rezende

Protesto de títulos de microempresa e empresa de pequeno porte

Nos termos da Lei Complementar nº 123, de 14 de dezembro de 2006 (Estatuto Nacional da Microempresa e de Empresa de Pequeno Porte), o protesto de título, quando o devedor for microempresário, está sujeito às seguintes condições:

"Art. 73.

I — sobre os emolumentos do tabelião não incidirão quaisquer acréscimos a título de taxas, custas e contribuições para o Estado ou Distrito Federal, carteira de previdência, fundo de custeio de atos gratuitos, fundos especiais do Tribunal de Justiça, bem como associação de classe, criados ou que venham a ser criados sob qualquer título ou denominação, ressalvada a cobrança do devedor das despesas de correio, condução e publicação de edital para a realização da intimação;

II — para o pagamento do título em cartório, não poderá ser exigido cheque de emissão do estabelecimento bancário, mas feito o pagamento por meio de cheque, de emissão de estabelecimento bancário ou não, a quitação dada pelo tabelionato de protesto será condicionado à efetiva liquidação do cheque;

III — o cancelamento do registro de protesto, fundado no pagamento do título, será feito independentemente de declaração de anuência do credor, salvo no caso de impossibilidade de apresentação do original protestado;

IV — para os fins do disposto no *caput* e nos incisos I, II e III do *caput* deste artigo, o devedor deverá provar sua qualidade de microempresa ou de empresa de pequeno porte perante o tabelionato de protesto de títulos, mediante documento expedido pela Junta Comercial ou pelo Registro Civil das Pessoas Jurídicas, conforme o caso;

V — quando o pagamento do título ocorrer com cheque sem a devida provisão de fundos, serão automaticamente suspensas pelos cartórios de protesto, pelo prazo de 1 (um) ano, todos os benefícios previstos para o devedor neste artigo, independentemente da lavratura e registro do respectivo protesto".

172. TESTES DE APROVEITAMENTO DA MATÉRIA EXAMINADA

Assinale a alternativa correta nas seguintes questões:

1. O protesto cambial é:

   ( ) meio de cobrança do título de crédito;

   ( ) ato formal extrajudicial que positiva o não cumprimento da obrigação cambial, caracterizando a mora do devedor.

2. O protesto cambial é tirado:

   ( ) contra o sacado;

   ( ) contra os coobrigados (sacador, avalistas e endossantes).

3. O protesto extrajudicial:

   ( ) reveste-se das características próprias do protesto judicial;

   ( ) não cria direitos, não podendo alçar-se à categoria do protesto judicial.

4. O protesto cambial é:

( )extrajudicial;

( )judicial.

5. Para a propositura de ação contra os obrigados principais:

( )o título necessariamente deve ser protestado;

( )o título não precisa ser protestado.

6. Na ação de regresso:

( )o protesto cambial é imprescindível;

( )o protesto cambial é desnecessário, bastando tão somente o vencimento do título.

7. O protesto, na recusa do aceite:

( )positiva apenas a mora do devedor;

( )acarreta o vencimento antecipado do título.

8. A cláusula "sem protesto", inserida na cambial:

( )dispensa o portador do protesto;

( )é considerada como cláusula não escrita.

9. A recusa de devolução do título confiado ao devedor para aceite:

( )enseja protesto por indicação;

( )não admite protesto.

10. O protesto para requerimento da falência do devedor é:

( )facultativo;

( )obrigatório.

11. O pedido de sustação de protesto fundado em questões correcionais ou ausência de requisitos do título:

( )não admite a discussão de mérito;

( )envolve a *causa debendi.*

12. O pedido de sustação de protesto relacionado com a *causa debendi*:

( )pressupõe o prévio depósito do valor respectivo;

( ) independe de tal medida.

13. O cancelamento do protesto, uma vez efetuado o pagamento do título, faz-se:

( ) pela via judicial;

( ) pela via administrativa, perante o próprio cartório de protestos.

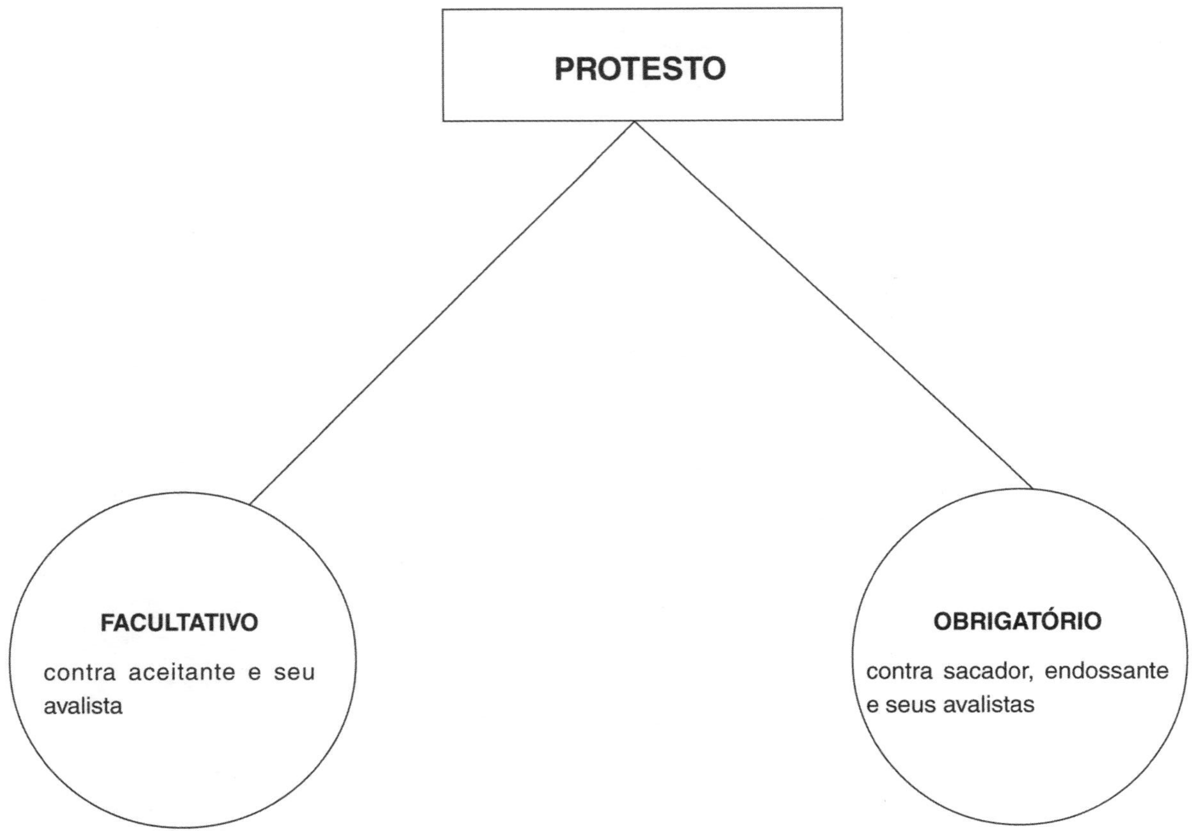
PROTESTO
FACULTATIVO
contra aceitante e seu avalista
OBRIGATÓRIO
contra sacador, endossante e seus avalistas

LIVRO VI

CAPÍTULO X

DA AÇÃO CAMBIAL

173. Ação cambial no CPC de 2015. 174. Quem pode promover a execução. 175. Devedor solvente e insolvente. 176. Da execução por títulos cambiais contra devedor solvente. 177. Da penhora. 178. Embargos à execução. 179. Processamento dos embargos. 180. Inoponibilidade de exceções ao terceiro de boa-fé. 181. Execução cambial no Juizado Especial. 182. Resumo. 183. Testes de aproveitamento da matéria examinada.

173. AÇÃO CAMBIAL NO CPC DE 2015 — A ação cambial é destinada à cobrança dos títulos executivos extrajudiciais como a letra de câmbio, a nota promissória, a duplicata e o cheque.

Os denominados títulos cambiais não pressupõem o processo de conhecimento, indispensável aos títulos judiciais.

Sua eficácia executiva emana de lei.

No magistério de Paulo Furtado:

> "Sua força não provém do ato judicial que aplica o direito à espécie. Deriva da lei que teve em conta sobretudo o caráter dinâmico das relações comerciais, de sorte a dispensar o prévio processo de conhecimento para conferir aos títulos que ela indica a natureza executória".

Como dispõe o **art. 786 do CPC/2015**, a execução para cobrança de crédito fundar-se-á sempre em título de obrigação *certa, líquida e exigível*. ***Certa*** é a obrigação que define o seu objeto, que, nos títulos de crédito, é a pecúnia (dinheiro); ***líquida*** é a obrigação com valor definido; e a ***exigibilidade*** decorre do vencimento do respectivo título.

Não se olvide a designação do credor e do devedor.

Os títulos cambiais, quando perfeitos e acabados, cercam-se dos elementos mencionados, por isso que postas em destaque na enumeração dos ***títulos executivos extrajudiciais no art. 784 do CPC/2015***:

> "São títulos executivos extrajudiciais:
>
> I — a letra de câmbio, a nota promissória, a duplicata, a debênture e o cheque".

A execução tem lugar quando o devedor não cumpre sua obrigação, como deixa claro o **art. 786 do CPC/2015**:

> "A execução pode ser instaurada caso o devedor não satisfaça a obrigação certa, líquida e exigível consubstanciada em título executivo".

O fato de haver necessidade de operação aritmética para apurar o valor do crédito executado não retira a liquidez da obrigação estampada no título. Essa é a essência do parágrafo único do artigo acima mencionado.

A execução fundada em título de crédito extrajudicial, como são os títulos cambiais, é definitiva, só excepcionalmente provisória quando pendente apelação de sentença de improcedência de embargos do executado, se recebidos com efeito suspensivo (**art. 919, § 1º, do CPC/2015**). Todavia, a regra atual, na sistemática do CPC, é o efeito devolutivo.

Esclareça-se que os embargos à execução, em princípio, não têm efeito suspensivo (**art. 919 do CPC/2015**), podendo, todavia, ser recebidos pelo juiz com efeito suspensivo, quando relevantes os seus fundamentos (art. 919, § 1º, do CPC/2015).

A ação cambial pode ser *direta*, assim considerada aquela movida contra o devedor principal (sacado, na letra de câmbio e na duplicata; emitente, na nota promissória e no cheque) e seus respectivos avalistas. É ***indireta*** a chamada ***ação de regresso***, movida pelo portador do título contra os obrigados anteriores, tal como ocorre com o endossante que paga ao endossatário. Na primeira hipótese, isto é, na ***ação direta***, o protesto é ***facultativo***, tornando-se, porém, ***obrigatório*** na ***ação indireta***, sob pena de perda do *regresso.*

> "Desnecessário é o protesto por falta de pagamento da nota promissória para o exercício do direito de ação do credor contra o seu subscritor e respectivo avalista" (STJ, RE nº 2.999-SC, Reg. nº 90.004.236-4, Rel. Min. Fontes de Alencar, 4ª T., *Ementário da Jurisprudência do Superior Tribunal de Justiça*, nº 2, ementa nº 149).

174. QUEM PODE PROMOVER A EXECUÇÃO — Pode promover a execução forçada o credor* a quem a lei confere título executivo, necessariamente revestido de liquidez, certeza e exigibilidade, **título** esse que pode ser:

a) ***judicial*** (art. 515 do CPC/2015);

b) ***extrajudicial*** (art. 784 do CPC/2015).

São títulos executivos judiciais:

"I — as **decisões** proferidas no processo civil que reconheçam a **exigibilidade** de pagar quantia, de fazer, de não fazer ou de entregar coisa;

* Têm legitimidade para promover a execução por títulos cambiais: o tomador, na letra de câmbio; o beneficiário, na nota promissória; o beneficiário, no cheque; o sacador, na duplicata; o beneficiário em virtude de endosso; o avalista e o endossante, na denominada ação de regresso; o espólio; os herdeiros; ou os sucessores do credor.

II — a **decisão homologatória de autocomposição judicial**;

III — a **decisão** homologatória de **autocomposição extrajudicial de qualquer natureza**;

IV — o formal e a certidão de partilha, exclusivamente em relação ao inventariante, aos herdeiros e aos sucessores a título singular ou universal;

V — o **crédito de auxiliar da justiça, quando as custas, emolumentos ou honorários tiverem sido aprovados por decisão judicial**;

VI — a sentença penal condenatória transitada em julgado;

VII — a sentença arbitral;

VIII — a sentença estrangeira homologada pelo STJ;

IX — a **decisão interlocutória estrangeira**, após a concessão do *exequatur* à carta rogatória pelo STJ" (grifos nossos).

São títulos executivos extrajudiciais:

I — a letra de câmbio, a nota promissória, a duplicata, a debênture e o cheque;

II — a escritura pública ou outro documento público assinado pelo devedor;

III — o documento particular assinado pelo devedor e por duas testemunhas;

IV — o instrumento de transação referendado pelo Ministério Público, pela Defensoria Pública, **pela Advocacia Pública**, pelos advogados dos transatores **ou por conciliador ou mediador credenciado por tribunal**;

V — os contratos garantidos por hipoteca, penhor, anticrese **ou outro direito real de garantia por** caução;

VI — o contrato de seguro de vida **em caso de morte**;

VII — o crédito decorrente de foro e laudêmio;

VIII — o crédito, documentalmente comprovado, decorrente de aluguel de imóvel, bem como de encargos acessórios, tais como taxas e despesas de condomínio;

IX — a certidão de dívida ativa da Fazenda Pública da União, dos Estados, do Distrito Federal e dos Municípios, correspondente aos créditos inscritos na forma da lei;

X — o crédito **referente às contribuições ordinárias ou extraordinárias de condomínio edilício, previstas na respectiva convenção ou aprovadas em assembleia geral, desde que documentalmente comprovadas**;

XI — a certidão **expedida por serventia notarial ou de registro relativa a valores de** emolumentos **e demais despesas devidas pelos atos por ela praticados, fixados nas tabelas estabelecidas em lei**;

XII — todos os demais títulos **aos quais**, por disposição expressa, a lei atribuir força executiva.

Ampliou-se sensivelmente a lista dos títulos extrajudiciais, tais como a ***debênture***, título de crédito de que cuidamos no Livro IV, Capítulo VIII, desta obra, e a *escritura pública*, ao lado do ***documento público***. Com isso, fez-se nítida distinção entre um e outro título: escritura pública tem sentido estrito, assim considerado aquele instrumento lavrado perante o tabelião, dotado de fé pública e fazendo prova plena, como enfatizam os arts. 215 do Código Civil e **784 do CPC/2015**. ***Documento público***, ao revés, tem sentido amplo, abrangendo todos os documentos elaborados na presença de autoridade pública.

A escritura pública, pois, é espécie de que o documento público é gênero.

Documento particular, na conceituação de Clóvis Beviláqua (*Código Civil*, 1956, v. I, p. 318), "é o escrito feito e assinado, ou somente assinado, por quem se ache na livre disposição e administração de seus bens".

A escritura ou o documento público, assinado pelo devedor, cerca-se de plena eficácia executiva, independentemente de assinatura de testemunhas. O documento particular, ao revés, pressupõe a assinatura do devedor e a subscrição por duas testemunhas:

a) a escritura pública ou outro documento público assinado pelo devedor;

b) o documento particular assinado pelo devedor e por duas testemunhas.

O instrumento de ***transação***, referendado pelo Ministério Público, pela Defensoria Pública ou pelos advogados das respectivas partes, cerca-se, igualmente, de eficácia executiva.

Transação, na conceituação objetiva e didática de Carvalho Santos (*Código Civil Brasileiro Interpretado*, 7ª ed., v. XIII, p. 350), "é o ato jurídico pelo qual as partes previnem ou terminam litígios, mediante concessões mútuas".

Assim, na ocorrência de tal fato, o instrumento de transação, referendado pelo Ministério Público, Defensoria Pública ou pelos advogados das partes, é título executivo extrajudicial.

Observe-se que, na última hipótese, a transação há de ser firmada pelas próprias partes (e não pelos respectivos advogados). Os advogados, na espécie em exame, limitam-se a referendar o negócio jurídico (transação).

O instrumento de transação, nesse caso, para cercar-se de eficácia executiva, há de trazer, no seu bojo, as assinaturas das partes e dos respectivos advogados, acompanhadas das procurações a eles outorgadas.

Contudo, a mais significativa alteração no âmbito dos títulos extrajudiciais é a extensão da eficácia executiva às obrigações de *entrega de coisa certa* (coisa infungível, que não pode ser substituída por outra da mesma espécie, qualidade ou quantidade), ***obrigações de fazer*** ou ***não fazer***.

Por isso que o **art. 806 do CPC/2015** fala em *título extrajudicial*, no sentido amplo:

I — entrega de coisa certa:

Art. 806 do CPC/2015: "O devedor de obrigação de entrega de coisa certa, constante de título executivo extrajudicial, será citado para, dentro de **15 dias**, satisfazer a obrigação" (grifos nossos).

II — execução de obrigação de fazer:

Art. 815 do CPC/2015: "Quando o objeto da execução for obrigação de fazer, **o executado** será citado para satisfazê-la no prazo que o juiz lhe designar, se outro não estiver determinado no *título executivo*" (grifos nossos).

III — execução de obrigação de fazer ou de não fazer:

Art. 814 do CPC/2015: "Na execução de obrigação de fazer ou não fazer, fundada em **título extrajudicial**, o juiz, ao despachar a inicial, fixará multa por dia de atraso no cumprimento da obrigação e a data a partir da qual será devida".

"Art. 822. Se o executado praticou ato a cuja obrigação estava obrigado por lei ou por contrato, o exequente requererá ao juiz que lhe assine prazo para desfazê-lo."

175. DEVEDOR SOLVENTE E INSOLVENTE — O Código de Processo Civil de 1973 fazia nítida distinção entre a **execução contra o devedor solvente** e a execução contra o devedor **insolvente**, aplicando-se a este último regras que, até então, eram aplicáveis unicamente ao devedor solvente. O CPC/2015 não contém normas processuais pertinentes à execução do devedor insolvente, dispondo o art. 1.052 do diploma processual nominado que: "Até a edição de lei específica, as execuções contra devedor insolvente, em curso ou que venham a ser propostas, permanecem reguladas pelo Livro II, Título IV, da Lei nº 5.869, de 11 de janeiro de 1973", o que vale dizer estarem em vigor as disposições relativas à execução contra devedor insolvente previstas nos arts. 748 a 786-A do CPC/1973.

Caracteriza-se o devedor solvente pela posse e domínio de bens livres e desembaraçados, possibilitando ao seu credor a satisfação do crédito, patenteando-se a insolvência civil pelo excesso de dívidas com relação aos bens que possui o devedor, que tanto pode ser uma pessoa física como uma pessoa jurídica, por exemplo, uma sociedade empresária ou simples.

Presume-se a insolvência civil quando o devedor não possui bens livres e desembaraçados a serem nomeados à penhora ou quando sobre estes recair arresto.

Podendo ser requerida pelo credor ou pelo próprio devedor (autoinsolvência), a declaração de insolvência, tal como a falência, produz:

I — o vencimento antecipado das suas dívidas;

II — a arrecadação de todos os seus bens suscetíveis de penhora, quer os atuais, quer os adquiridos no curso do processo;

III — a execução por concurso universal de seus credores.

Declarada a insolvência, o devedor perde a livre disposição dos seus bens, com a nomeação, pelo juiz, de um administrador. Ao juízo da insolvência concorrem todos os credores, estabelecida a preferência na forma da lei civil.

O registro da penhora na respectiva circunscrição imobiliária é ultimada pelo escrivão do cartório do juízo processante, através de mandado, ofício e eletronicamente (arts. 837 a 844, CPC/2015).

176. Da execução por títulos cambiais contra devedor solvente — Os títulos cambiais (nota promissória, letra de câmbio, duplicata, cheque e outros) devem, para ensejar o processo de execução, cercar-se de *liquidez*, *certeza* e *exigibilidade*.

A ***liquidez*** se traduz no valor definido ou determinado. A ***certeza*** decorre da individuação do objeto (pecúnia) e dos respectivos sujeitos da obrigação (credor e devedor), patenteando, outrossim, a inexistência de controvérsia quanto à sua existência. A ***exigibilidade*** é decorrência do vencimento do título, não sujeita a termo ou condição.

Vencido o título, deve o credor apresentá-lo ao devedor para o respectivo pagamento, fazendo-o diretamente ou por meio de cobrança bancária.

Pressupõe-se, obviamente, o inadimplemento do devedor para a propositura da ação:

> **Art. 786 do CPC/2015:** "A execução pode ser instaurada caso o devedor não satisfaça a obrigação certa, líquida e exigível, consubstanciada em título executivo".

O *protesto* por falta de pagamento é facultativo em se tratando de ação contra os obrigados principais (STJ — RE nº 2.999-SC, Reg. nº 90.004.236-4, Rel. Min. Fontes de Alencar, *Ementário da Jurisprudência do Superior Tribunal de Justiça*, nº 2, ementa nº 49).

Contudo, constituindo meio de interpelação cambial, torna-se obrigatório para a ação de regresso contra endossantes e respectivos avalistas.

A pretensão de ação falimentar, fundada em título executivo extrajudicial pressupõe, obrigatoriamente, o protesto prévio, *ex vi* do disposto no art. 94, I e § 3º, da Lei nº 11.101/2005 — Lei de Falências e Recuperação de Empresas:

> "Art. 94. Será decretada a falência do devedor que:
>
> I — sem relevante razão de direito, não paga, no vencimento, obrigação líquida materializada em título ou *títulos executivos protestados* cuja soma ultrapasse o equivalente a 40 (quarenta) salários mínimos na data do pedido de falência;
>
> ...
>
> § 3º — Na hipótese do inciso I do *caput* deste artigo, o pedido de falência será instruído com títulos executivos na forma do parágrafo único do art. 9º desta lei, acompanhados, em qualquer caso, dos respectivos ***instrumentos de protesto para fim falimentar*** nos termos da legislação específica" (grifos nossos).

A ***petição inicial***, que atenderá, necessariamente, às regras dispostas no **art. 319 do CPC/2015**, deve vir acompanhada dos seguintes documentos:

I — o juízo a que é dirigida a petição;

II — os nomes, prenomes, o estado civil, a existência de união estável, a profissão, o número de inscrição no CPF ou CNPJ, o endereço eletrônico, o domicílio e a residência do autor e do réu;

III — o fato e os fundamentos jurídicos do pedido;

IV — o pedido com suas especificações;

V — o valor da causa;

VI — as provas com que o autor pretende demonstrar a verdade dos fatos alegados;

VII — a opção do autor pela realização ou não de audiência de conciliação ou de mediação.

O *foro competente* para a propositura da execução do título extrajudicial consta do **art. 781 do CPC/2015**, a saber:

I — a execução poderá ser proposta no foro de domicílio do executado, de eleição constante do título ou, ainda, da situação dos bens a ela sujeitos;

II — tendo mais de um domicílio, o executado poderá ser demandado no foro de qualquer deles;

III — sendo incerto ou desconhecido o domicílio do executado, a execução poderá ser proposta no lugar onde for encontrado ou no foro de domicílio do exequente;

IV — havendo mais de um devedor, com diferentes domicílios, a execução será proposta no foro de qualquer deles, à escolha do exequente;

V — a execução poderá ser proposta no foro do lugar em que se praticou o ato ou em que ocorreu o fato que deu origem ao título, mesmo que nele não mais resida o executado.

Na eventualidade de o título não consignar o lugar onde deva ser pago (o requisito não é essencial, como se depreende da leitura do art. 2º da Lei Uniforme), a ação deve ser proposta no ***domicílio do réu***, isto é, do devedor.

Estabelecido o foro de eleição, neste se processará a execução.

177. DA PENHORA — Nos termos do **art. 828 do CPC/2015**, o exequente poderá (o credor) obter "**certidão de que a execução foi admitida** pelo juiz, com identificação das partes e do valor da causa, para fins de averbação no registro de imóveis, de veículos ou de outros bens sujeitos a penhora, arresto ou **indisponibilidade**" (grifos nossos).

Com tal medida, garante-se previamente o credor, já que se presume fraudulenta a alienação ou oneração de bens efetuada após a averbação (**art. 828, §§ 2º, 3º e 4º, do CPC/2015**).

Note-se que o credor pode, na inicial, indicar bens a serem penhorados, obviamente quando tenha conhecimento de tais bens.

Independentemente disso, o juiz poderá, de ofício inclusive, determinar ao credor para que este indique bens passíveis de penhora (**art. 829, § 2º, do CPC/2015**).

A penhora recairá sobre os bens indicados pelo exequente, salvo se outros forem indicados pelo executado e aceitos pelo juiz, mediante demonstração de que a constrição proposta lhe será menos onerosa e não trará prejuízo ao exequente.

Proposta a ação, "o executado será citado para, no prazo de 3 (três) dias, efetuar o pagamento da dívida" (**art. 829 do CPC/2015**).

Na inexistência de pagamento no prazo acima mencionado, independentemente de provocação do credor, o oficial de justiça, munido da 2ª via do mandado, procederá, de imediato, à penhora e avaliação de bens (**art. 829, § 1º, do CPC/2015**).

Em conformidade com o **art. 835 do CPC/2015**, a penhora observará a seguinte ordem:

I — dinheiro, em espécie ou em depósito ou aplicação em instituição financeira;

II — títulos da dívida pública da União, Estados e Distrito Federal com cotação em mercado;

III — títulos e valores mobiliários com cotação em mercado;

IV — veículos de via terrestre;

V — bens imóveis;

VI — bens móveis em geral;

VII — semoventes;

VIII — navios e aeronaves;

IX — ações e cotas de sociedade simples e empresárias;

X — percentual do faturamento de empresa devedora;

XI — pedras e metais preciosos;

XII — direitos aquisitivos derivados de promessa de compra e venda e de alienação fiduciária em garantia;

XIII — outros direitos.

Recaindo a penhora sobre ***bem imóvel***, deverá ser intimado o cônjuge do executado, providenciando o exequente (credor) a averbação na circunscrição imobiliária competente (Registro de Imóveis), para oponibilidade contra terceiros (**art. 842 do CPC/2015**).

A penhora de bens imóveis realizar-se-á mediante auto ou termo de penhora, cabendo ao exequente, sem prejuízo da imediata intimação do executado, providenciar, para presunção absoluta de conhecimento por terceiros, a respectiva averbação no ofício imobiliário, mediante a apresentação de certidão de inteiro teor do ato, independentemente de mandado judicial (**arts. 829, 841 e 844 do CPC/2015**).

A penhora pode ser substituída por fiança bancária ou seguro garantia judicial, em valor não inferior ao do débito constante da inicial, mais trinta por cento (**art. 848, parágrafo único, do CPC/2015**).

Penhora on-line:

Visando plena eficácia na execução, o **art. 854 do CPC/2015** instituiu a denominada penhora **on-line**, de há muito adotada na prática, e que consiste no bloqueio de contas bancárias e aplicações financeiras:

"Para possibilitar a penhora de dinheiro em depósito ou aplicação financeira, o juiz, a requerimento do exequente, sem dar ciência prévia do ato ao executado, determinará às autoridades financeiras, por meio eletrônico gerido pela autoridade supervisora do sistema financeiro nacional, que torne indisponíveis ativos financeiros existentes em nome do executado, limitando-se a indisponibilidade ao valor indicado na execução".

Penhora sobre o faturamento da empresa:

A penhora pode, igualmente, recair sobre o faturamento da empresa, hipótese em que o juiz nomeará depositário que prestará contas mensalmente, entregando ao exequente ou depositando em juízo as quantias recebidas:

Art. 866, § 2º, do CPC/2015:

"§ 3º Na penhora de percentual de faturamento de empresa, observar-se-á, no que couber, o depósito quanto ao regime de penhora de frutos e rendimentos de coisa móvel e imóvel".

178. EMBARGOS À EXECUÇÃO — Os embargos do devedor, também denominados *embargos à execução* não têm natureza de contestação. Ao revés, constituem verdadeira ação incidental, objetivando tornar sem efeito a eficácia executiva do título que fundamenta a execução.

No magistério de Paulo Furtado:

"Os embargos (do latim *imbarricare* = obstacular, impedir, opor resistência) constituem uma *ação de defesa* do devedor. Não são uma '*resposta*' do executado. Eles têm natureza de ação (na qual se invertem as posições processuais da execução: o credor passa a ser acionado, isto é, embargado; o devedor assume o lugar do autor, vale dizer, embargante)".

Os embargos do devedor têm especial relevância na execução por títulos extrajudiciais, visto constituir-se no único instrumento válido para a desconstituição do título executivo:

"só é possível desconstituir-se título executivo mediante apresentação de embargos à execução" (Rev. dos Tribs., 638/115).

Os embargos à execução *podem ser interpostos independentemente de garantia do juízo*:

Art. 914 do CPC/2015: "O executado, independentemente de penhora, depósito ou caução, poderá opor-se à execução por meio de embargos".

O prazo para fazê-lo é de ***quinze dias***, a contar da juntada aos autos do mandado de citação (**art. 915 do CPC/2015**). São distribuídos por *dependência* e autuados em apartado, devendo ser instruídos com cópias das peças processuais relevantes.

A matéria arguida por via dos embargos poderá versar sobre:

I — nulidade da execução por não ser executivo o título apresentado

A execução pressupõe, necessariamente, título de obrigação certa, líquida e exigível.

A eficácia executiva dos títulos cambiais é atribuída por lei (**art. 784 do CPC/2015**), que os enumera — *letra de câmbio, nota promissória, duplicata, debênture e cheque.*

Não se olvide que os títulos de crédito devem observar, para sua validade, determinados requisitos.

A ausência de um deles, quando essencial, invalida a sua eficácia executiva, como ocorre, por exemplo, com a omissão do nome do sacado (devedor):

"Não se considera cambial a letra da qual não conste o nome do sacado, da pessoa que deverá pagá-la" (*Rev. dos Tribs.*, 231/344).

Como bem observa João Eunápio Borges:

"Se o título, por falta de requisito essencial exigido pela lei, não for letra de câmbio, o defeito é oponível por qualquer devedor contra qualquer credor".

À guisa de exemplo, imaginemos uma duplicata sem aceite, cuja eficácia executiva pressupõe a nota de entrega da mercadoria (art. 15 da Lei nº 5.474/68, com a redação dada pela Lei nº 6.458/77). Inexistindo o aceite e não havendo "documento hábil comprobatório da entrega e recebimento da mercadoria", tal duplicata não se cercaria de eficácia executiva, não ensejando, outrossim, execução.

II — Penhora incorreta ou avaliação errônea

O **art. 835 do CPC/2015** enumera a ordem a ser observada na penhora de bens do devedor. O art. 833 do mesmo estatuto declina os bens absolutamente impenhoráveis, de que são exemplos aqueles inalienáveis, os móveis que guarnecem a residência do executado (salvo os de elevado valor), os vencimentos, soldos e salários, livros e máquinas ou outros instrumentos indispensáveis ao exercício da profissão, o seguro de vida, a pequena propriedade rural.

Recaindo a penhora em tais bens, estamos inequivocamente diante de penhora irregular.

De outro lado, a avaliação dos bens eventualmente penhorados é feita pelo oficial de justiça (**art. 870 do CPC/2015**). Na hipótese de erro na avaliação, tal fato é suscetível de arguição em embargos do devedor.

III — Excesso de execução ou cumulação indevida de execuções

Há excesso de execução (**art. 917, § 2º, do CPC/2015**) quando:

> "I — o exequente pleiteia quantia superior à do título;
>
> II — ela recai sobre coisa diversa daquela declarada no título;
>
> III — ela se processa de modo diferente do que foi determinado no título;
>
> IV — o exequente, sem cumprir a prestação que lhe corresponde, exige o adimplemento da prestação do executado;
>
> V — o exequente não prova que a condição se realizou".

Como advertem os julgados:

> "O excesso de penhora não configura excesso de execução" (*Rev. dos Tribs.*, 610/106).

São, portanto, coisas distintas: *excesso de penhora*, como o próprio nome deixa entrever, ocorre quando o valor dos bens penhorados é consideravelmente superior ao crédito do exequente, como põe em relevo o **art. 874 do CPC/2015**.

O excesso de penhora pode ser reparado por meio de simples petição, ensejando decisão interlocutória.

O excesso de execução, ao revés, atacável por meio de embargos à execução, envolve hipóteses diversas.

Ocorre quando o credor postula, em juízo, mais do que lhe é devido.

Há, ainda, excesso de execução quando esta recai sobre coisa diversa daquela declarada no título — a sentença determina a entrega de um determinado bem e o exequente postula a execução sobre outro.

Excesso de execução se dá igualmente quando esta se processa de modo diverso daquele estabelecido na sentença. Na hipótese anterior, a execução se processa *sobre coisa diversa*: nesta, de modo diverso — a sentença determina obrigação de fazer e exequente postula entrega de coisa certa.

Patenteia-se, outrossim, o excesso de execução quando o credor, sem cumprir a prestação que lhe corresponde, exige o adimplemento da do devedor.

> "Nos contratos bilaterais, nenhum dos contratantes, antes de cumprida a sua obrigação, pode exigir o implemento da do outro" (art. 476 do Código Civil).

No âmbito do direito processual, o princípio está assentado no **art. 787 do CPC/2015**:

"Se o devedor não for obrigado a satisfazer sua prestação senão mediante a contraprestação do credor, este deverá provar que adimpliu ao requerer a execução, sob pena de extinção do processo.

Parágrafo único. O executado poderá eximir-se da obrigação, depositando em juízo a prestação ou a coisa, caso em que o juiz não permitirá que o credor a receba sem cumprir a contraprestação que lhe tocar".

Na hipótese, por se tratar de contrato bilateral, há reciprocidade de obrigações, de modo que a um dos contratantes não é lícito exigir o cumprimento da prestação por parte do outro sem antes cumprir a sua.

Na lição de Alcides de Mendonça Lima:

"Se a obrigação decorrer de título extrajudicial, que independe de prévio processo de conhecimento com a consequente sentença, então a cláusula poderá também ser legada, como ínsita à obrigação assumida pelas partes, e, portanto, de perfeita integração no direito material que rege a espécie. Da mesma forma ocorre com a sentença exequenda, que imponha a condenação do réu depois que o autor, como credor, realizar a sua prestação. Na execução de título extrajudicial, o credor também poderá ser declarado carente da ação executiva, até que cumpra sua prestação".

Cumulação indevida de execuções:

O **art. 780 do CPC/2015** faculta ("é lícito") ao exequente (credor) cumular (reunir, juntar) várias execuções, ainda que fundadas em títulos **diferentes** (nota promissória, cheque, letra de câmbio e duplicata), quando o executado for o mesmo e desde que para todas elas seja competente o mesmo juízo e idêntico o procedimento.

Assim, a cumulação que não atenda a essas regras é indevida, podendo tal fato ser arguido em embargos.

IV — Retenção por benfeitorias necessárias ou úteis, nos casos de título para entrega de coisa certa

A retenção por benfeitorias encontra acolhida na execução de sentença proferida em ação fundada em direito real ou direito pessoal sobre a coisa.

A interposição de embargos de retenção não encontra guarida nas execuções cambiais.

V — Qualquer matéria que lhe seria lícito deduzir como defesa em processo de conhecimento

O dispositivo legal envolve várias hipóteses, merecendo destaque:

I — Falta ou nulidade da citação

Só pode ser arguida na ocorrência de revelia no processo de conhecimento, em se tratando de execução por título judicial, ou na hipótese prevista no **art. 829 do CPC/2015**: "O executado será citado para pagar a dívida no prazo de 3 (três) dias, contado da citação"*.

A citação, como se sabe, e como proclama o **art. 239 do CPC/2015**, é indispensável à validade do processo. A sua ausência implica nulidade *ab initio* de todo o processado.

O comparecimento espontâneo do devedor supre a falta de citação, caso em que o prazo para embargos começa a correr a partir daí:

> "Suprimida a citação pelo comparecimento espontâneo do réu, o prazo para contestar começa a partir daí, e não desde quando o advogado, em nome próprio, peticionar pedindo vista dos autos" (STJ, RE 34.777-BA, rel. Min. César Rocha, *DJU*, 10-6-1996).

II — Inexigibilidade do título

Envolve as três hipóteses previstas no art. 51 do Decreto nº 2.044/1908 (Lei da Letra de Câmbio e da Nota Promissória), que assim dispõe:

---

* Com a redação dada pelo CPC/2015.

"Na ação cambial, somente é admissível defesa fundada no direito pessoal do réu contra o autor em defeito de forma e na falta de requisito necessário ao exercício da ação".

Vejamos as três hipóteses:

a) ***Direito pessoal do réu contra o autor***

O título de crédito (excetuado os causais) adquire eficácia cambiária independentemente da *causa debendi*, em completa abstração ao negócio que lhe deu origem, como tivemos oportunidade de ressaltar quando analisamos as suas características (Livro I, Capítulo I, nº 2). É o princípio da *abstração*, em virtude do que o título vale pelo que nele se contém, não se podendo indagar do negócio que lhe deu origem.

Em razão dessa característica, vasta corrente sustenta a inviabilidade de qualquer discussão sobre vícios, defeitos ou falta de causa subjacente.

Contudo, como ressalta o art. 51 da *Lei da Letra de Câmbio e da Nota Promissória* (Decreto nº 2.044/1908), é admitida a defesa fundada em direito pessoal. Tal defesa está intimamente ligada à *causa debendi*: erro, dolo, fraude, coação, falta de causa, ilicitude etc.:

"É admissível nos executivos cambiais a defesa fundada na alegação de falta de causa para a obrigação" (*Rev. dos Tribs.*, 237/236).

É óbvio que, arguidas as exceções pessoais acima declinadas, o ônus da prova é do devedor.

b) ***Defeito de forma***

O título de crédito, necessariamente, deve observar, para a sua validade, determinados requisitos. A ausência de um deles, quando essencial, invalida a sua eficácia executiva.

c) ***Falta de requisito necessário ao exercício da ação***

Requisito indispensável ao exercício da ação cambial é o da *legitimidade*, pressuposto fundamental não só previsto no art. 51

da Lei Cambiariforme como, inclusive, matéria a ser arguível em embargos do devedor — **art. 917, c/c o art. 535, II, do CPC/2015**.

III — Ilegitimidade das partes

Na ação cambial a legitimidade ativa é do *possuidor legitimado*, considerando-se o título cambial meio de circulação do crédito que nele se contém, pela via do endosso, a teor do que dispõe o art. 39 do Decreto nº 2.044/1908 (Letra de Câmbio e Nota Promissória):

> "O possuidor é considerado legítimo proprietário da letra ao portador e da letra endossada em branco.
>
> O último endossatário é considerado legítimo proprietário da letra endossada em preto, se o primeiro endosso estiver assinado pelo tomador e cada um dos outros, pelo endossatário do endosso, imediatamente anterior.
>
> Seguindo-se ao endosso em branco outro endosso, presume-se haver o endossador deste adquirido por aquele a propriedade da letra.
>
> § 1º No caso de pluralidade de tomadores ou de endossatários, conjuntos ou disjuntos, o tomador ou o endossatário possuidor da letra é considerado, para os efeitos cambiais, o credor único da obrigação".

A legitimidade ativa estende-se, igualmente:

a) aos coobrigados na ação de regresso;

b) aos endossantes, sacador e respectivos avalistas;

c) ao sacador, contra o sacado e seu avalista;

d) ao avalista, que paga pelo avalizado;

e) ao interveniente voluntário.

A legitimidade passiva é a do *devedor* acionado cujos bens tenham sido penhorados, ainda que vários sejam os devedores. Não se pode admitir a interposição de embargos por devedor que, além de não ter sido citado, não tenha sofrido constrição em seus bens.

IV — Causas impeditivas, modificativas ou extintivas das obrigações

O ***pagamento*** (CC, arts. 304 a 333) extingue a obrigação; a *novação* (arts. 360 a 367) substitui uma obrigação por outra, eliminando a primeira; a ***compensação*** *por execução aparelhada* (arts. 368 a 380), pressupondo dívidas recíprocas e homogêneas, líquidas e exigíveis, extingue a obrigação; a ***transação*** (arts. 840 a 850), mediante concessões recíprocas, extingue obrigações litigiosas. As matérias acima descritas só podem ser arguidas em embargos à execução se supervenientes à sentença exequenda.

A ***prescrição cambial***, ao revés, superveniente ou não, pode ser alegada nos embargos do devedor. Título prescrito não pode ensejar processo de execução, impondo ao credor a via ordinária.

179. PROCESSAMENTO DOS EMBARGOS

Em conformidade com o **art. 914 do CPC/2015**, *"O executado, independentemente de penhora, depósito ou caução, poderá opor-se à execução por meio de embargos".*

Em consonância, pois, com o que ocorria anteriormente à lei nominada, quando os embargos só eram admitidos uma vez garantido o juízo, sua interposição, agora, pode ser feita independentemente dessa providência.

Por outro lado, tais embargos são autuados em apartado e distribuídos por dependência — **art. 914, § 1º, do CPC/2015**:

> "Os *embargos à execução* serão distribuídos por dependência, autuados em apartado e instruídos com cópias das peças processuais relevantes, que poderão ser declaradas autênticas pelo advogado, sob sua responsabilidade pessoal".

O prazo para a interposição dos embargos nominados é de ***quinze dias***, contados da juntada aos autos do mandado de citação.

Em princípio, tais embargos não têm efeito suspensivo, muito embora, a pedido do embargante, possa o juiz atribuir-lhes esse efeito, quando se verificar que o prosseguimento da execução possa causar ao executado grave dano de difícil ou incerta reparação, desde, porém, que a execução já esteja garantida por penhora, depósito ou caução:

> **Art. 919 do CPC/2015**: "Os embargos à **execução** não terão efeito suspensivo.
>
> § 1º O juiz poderá, a requerimento do embargante, atribuir efeito suspensivo aos embargos quando verificados os requisitos para a concessão da tutela provisória e desde que a execução já esteja garantida por penhora, depósito ou caução suficientes".

Observe-se que a concessão de efeito suspensivo não impedirá a efetivação dos atos de penhora e avaliação.

Inovação digna de nota é a que permite ao executado, uma vez reconhecido o crédito do exequente, parcelar seu débito em até seis prestações mensais, incluídos custas e honorários advocatícios, uma vez que efetuado o depósito de trinta por cento do valor da execução:

> **Art. 916 do CPC/2015**: "No prazo para embargos, reconhecendo o crédito do exequente e comprovando o depósito de 30% (trinta por cento) do valor em execução, **acrescido** de custas e honorários de advogado, o executado poderá requerer lhe seja permitido pagar o restante em até 6 (seis) parcelas mensais, acrescidas de correção monetária e juros de **1%** (um por cento) ao mês" (grifos nossos).

Deferida a proposta, o exequente levantará a quantia depositada pelo devedor, ficando suspensa a execução, que só terá prosseguimento na eventualidade de o executado não efetuar o pagamento das parcelas que se vencerem.

O juiz rejeitará liminarmente os embargos (**art. 918 do CPC/2015**):

I — **quando** intempestivos;

II — nos casos de indeferimento da petição inicial e **de improcedência liminar do pedido (art. 330 do CPC/2015)**; ou

III — manifestamente protelatórios.

Da decisão que rejeita liminarmente os embargos cabe *apelação*, no efeito **suspensivo — art. 1.012, § 1º, III, do CPC/2015**.

Recebidos os embargos, o juiz dará vista ao embargado para impugná-los no prazo de quinze dias, indo os autos conclusos para decisão, ou designação de audiência de conciliação, instrução e julgamento (**art. 920, I, II e III, do CPC/2015**).

A sentença que julga os embargos é uma sentença de mérito, uma vez que os acolherá ou não. Julgados procedentes, extinguir-se-á a execução, reconhecendo-se a inexistência ou ineficácia executiva do título.

Improcedentes que sejam os embargos, prosseguir-se-á na execução.

Ressalte-se que na hipótese do devedor não interpor embargos, a execução prosseguirá normalmente até os atos finais de alienação dos bens penhorados.

Da sentença que julga improcedentes os embargos, cabe apelação com efeito **suspensivo (art. 1.012, § 1º, do CPC/2015)**; julgados procedentes, com a consequente extinção da execução, a apelação há de ser recebida no efeito **suspensivo**.

180. INOPONIBILIDADE DE EXCEÇÕES AO TERCEIRO DE BOA-FÉ — A *Convenção de Genebra*, ao instituir a Lei Uniforme sobre Letra de Câmbio e Nota Promissória, concluída em 7 de junho de 1930, aprovada no Brasil pelo Decreto Legislativo nº 54, de 8 de setembro de 1964, e promulgada pelo Decreto nº 57.595, de 7 de janeiro de 1966, com as reservas ali consignadas, declara, no seu art. 17, que:

"As pessoas acionadas em virtude de uma letra não podem opor ao portador as exceções fundadas sobre as relações pessoais delas com o sacador ou com os portadores anteriores, a menos que o portador ao adquirir a letra tenha procedido conscientemente em detrimento do devedor".

O princípio decorre da chamada *autonomia cambial* (*v.* Livro I, Capítulo I, nº 2, desta obra).

As obrigações cambiais são autônomas e independentes umas das outras, enfatiza o art. 43 do Decreto nº 2.044/1908 (Lei Interna). Em consequência, o terceiro que, de boa-fé, adquire um título cambial exercita um direito autônomo, independente da relação anteriormente havida entre devedor e sacador.

Note-se que o art. 17 da Lei Uniforme fala em inoponibilidade das *exceções pessoais*. Estas, como se sabe, são as de natureza individual ou particular, diretamente relacionadas com o credor.

Na lição de Fran Martins,

> "Entende-se por direito pessoal do réu contra o autor, as exceções de caráter pessoal, particular, individual, que o escolhido para cumprir a obrigação cambial pode opor àquele que exige a prestação. É, assim, uma defesa que se particulariza, dependendo das relações existentes entre o autor, credor da soma cambial que promove o seu recebimento executivamente, e o réu, obrigado que assumiu obrigação autônoma mas que, a respeito daquele que o exige, tem motivos pessoais para não cumpri-la".

São exceções pessoais e, por isso mesmo, inoponíveis contra terceiros de boa-fé o erro, a simulação, a fraude, a ilicitude ou falta de *causa debendi*, o pagamento sem o resgate do título, a novação etc.

São exceções reais aquelas oponíveis em qualquer circunstância e, por isso mesmo, inclusive contra o terceiro de boa-fé, tais como a falsidade do título, a incapacidade do devedor, o defeito de forma (ausência de requisito essencial do título) etc.

Note-se que o art. 17 da Lei Uniforme sobre Letra de Câmbio e Nota Promissória prevê, expressamente, a faculdade de o devedor sustentar, em sua defesa, as exceções pessoais, na eventualidade de o terceiro agir com o propósito predeterminado de prejudicar o credor — "a menos que o portador tenha procedido conscientemente em detrimento do devedor".

181. EXECUÇÃO CAMBIAL NO JUIZADO ESPECIAL — O Juizado Especial, previsto no art. 98, I, da Constituição Federal, e disciplinado na Lei nº 9.099, de 26 de setembro de 1995, como se sabe, põe em relevo o art. 3º da lei nominada, e foi criado para agilizar o processamento das causas cíveis de menor complexidade, assim consideradas aquelas cujo valor não exceda a ***quarenta vezes o salário mínimo***, além das ações de despejo para uso próprio e das ações possessórias sobre bens imóveis de valor que não exceda o limite de quarenta vezes o salário mínimo.

Em conformidade com o disposto no inciso II do § 1º do art. 3º da Lei do Juizado Especial, tem este último competência, também, para promover a execução:

> "dos títulos executivos extrajudiciais, no valor de até 40 (quarenta) vezes o salário mínimo...".

Assim, observado o limite máximo acima mencionado, pode o credor de títulos cambiais optar pelo Juizado Especial. Visivelmente inspirado no Processo do Trabalho, caracteriza-se o Juizado Especial pelos princípios da oralidade, da simplicidade e do informalismo, buscando, antes de tudo, a conciliação entre as partes, e consagrando, inclusive, o *jus postulandi* nas causas de valor até vinte salários mínimos, só exigindo a assistência de advogado nas causas de valor superior ao limite referido (art. 9º).

Optando pelo Juizado Especial, o credor cambiário deve lembrar-se, sempre, do limite de quarenta vezes o salário mínimo.

Assim, se o valor do título exceder tal limite, a opção pelo Juizado Especial implicará a *renúncia do excedente*, segundo o disposto no § 3º do art. 3º da Lei nº 9.099/95:

"A opção pelo procedimento previsto nesta Lei importará em renúncia ao crédito excedente ao limite estabelecido neste artigo, excetuada a hipótese de conciliação".

Em tais condições, na eventualidade do título de crédito ultrapassar o valor de quarenta vezes o salário mínimo, a pretensão do credor limitar-se-á ao recebimento nos limites acima mencionados, com renúncia absoluta do valor restante, salvo a eventual hipótese de *conciliação*, em que o limite referido pode ser ultrapassado para atingir, inclusive, o valor total da cambial, o que se nos afigura hipótese remota, pois dificilmente o devedor ultrapassará o ***limite legal***, que, inquestionavelmente, o beneficia.

A ***petição inicial*** pode ser firmada pelo próprio autor, se o valor do título for igual a vinte vezes o salário mínimo, ou necessariamente por advogado, caso ultrapassado esse limite.

A competência do Juízo observa os seguintes critérios (art. 4º da Lei nº 9.099/95), a saber:

"I — do domicílio do réu ou, a critério do autor, do local onde aquele exerça atividades profissionais ou econômicas, ou mantenha estabelecimento, filial, agência, sucursal ou escritório;

II — do lugar onde a obrigação deva ser satisfeita;

III — do domicílio do autor ou do local do ato ou fato, nas ações para reparação de dano de qualquer natureza".

A petição inicial conterá os seguintes requisitos:

I — o nome, a qualificação e o endereço do autor e do réu;

II — os fatos, isto é, os acontecimentos e os fundamentos, de forma sucinta;

III — o objeto, isto é, o pedido;

IV — o valor da causa.

Em se tratando de execução cambial, é imprescindível a juntada do título.

Ajuizada a ação contra o devedor principal, ou seu avalista, o protesto da cambial é desnecessário (STJ — 4ª T., REsp nº 2.999-SE, Reg. nº 90.004.236-4, Rel. Min. Fontes de Alencar, *Ementário da Jurisprudência do Superior Tribunal de Justiça*, nº 2, ementa nº 149). No Juizado Especial só as *pessoas físicas* podem figurar como autoras. As pessoas jurídicas só podem integrar a relação processual na condição de rés, a teor do que dispõe o § 1º do art. 8º:

> "Somente as pessoas físicas capazes serão admitidas a propor ação perante o Juizado Especial, excluídos os cessionários de direito de pessoas jurídicas".

Não podem ser partes, autor ou réu, no Juizado Especial, o incapaz, o preso, as pessoas jurídicas de direito público, as empresas públicas da União, a massa falida e o insolvente civil.

Não se admite, outrossim, a *intervenção de terceiros* ou *assistência*, acolhendo-se o litisconsórcio.

Da mesma forma é inadmissível a *reconvenção* e, tampouco, a *ação declaratória incidental*.

A citação, tal como ocorre na Justiça do Trabalho, é *postal*, com aviso de recebimento, e excepcionalmente por oficial de justiça, não se exigindo seja a citação postal entregue à pessoa com poderes para recebê-la.

Conquanto a audiência de conciliação, na execução cambial, esteja condicionada à penhora de bens do devedor — "*efetuada a penhora, o devedor será intimado a comparecer à audiência de conciliação...*" (art. 53, § 1º), entendemos possível e recomendável *a audiência prévia de conciliação, independentemente de penhora*, como, aliás, recomendou o II Encontro Nacional de Coordenadores de Juizados Especiais Cíveis e Criminais, levado a efeito em dezembro de 1997, em Cuiabá:

"é possível audiência de conciliação nas execuções por título extrajudicial antes de realizada a penhora".

Inexistindo acordo, o devedor, na própria audiência ou em outra data designada pelo juiz nos quinze dias subsequentes, apresentará ***embargos***, podendo fazê-lo por escrito ou verbalmente, que serão processados nos próprios autos.

A apresentação dos embargos está condicionada à penhora (art. 53, § 1º, da Lei nº 9.099/95), razão por que, admitida audiência de conciliação, independentemente da constrição de bens, mister se faz, na ausência de acordo, a designação de outra audiência para a apresentação dos embargos, com interregno hábil para a nomeação de bens ou a respectiva penhora por oficial de justiça.

A matéria de embargos, em se tratando de execução por título extrajudicial, extravasa os limites do inciso IX do art. 52, que assim dispõe:

"IX — o devedor poderá oferecer embargos, nos autos da execução, versando sobre:

a) falta ou nulidade da citação no processo, se ele correu à revelia;

b) manifesto excesso de execução;

c) erro de cálculo;

d) causa impeditiva, modificativa ou extintiva da obrigação, superveniente à sentença".

Não se olvide que os embargos do devedor constituem verdadeira ação incidental (e não contestação), objetivando tornar sem efeito a eficácia executiva do título que fundamenta a ação.

Lícito, pois, alegar o devedor todas as matérias previstas no **art. 917 do CPC/2015**, como bem observa Theotonio Negrão:

"a defesa do devedor não pode ser limitada exclusivamente às hipóteses do art. 52-IX, pois é claro que também poderá alegar 'qualquer outra que lhe seria lícito deduzir como defesa no processo de conhecimento'. Do contrário, o título extrajudicial com valor inferior a 40 salários mínimos passaria a ter força de coisa julgada" (*Código de Processo Civil e legislação processual em vigor*, 28ª ed., Saraiva, p. 1003).

Todas as provas admitidas em Juízo podem ser produzidas na audiência, inclusive testemunhas, até o máximo de três para cada parte, que deverão comparecer à audiência levadas pelas partes que as tenham arrolado.

Na eventualidade delas não se prontificarem a comparecer espontaneamente, deverão ser intimadas mediante requerimento da parte interessada, no prazo mínimo de cinco dias da audiência.

A sentença pode ser proferida pelo ***juiz leigo***, devendo, porém, necessariamente, ser homologada pelo juiz togado, que, por sua vez, poderá proferir outra decisão em substituição (art. 40).

Da sentença de mérito cabe ***recurso*** em dez dias, a que a Lei do Juizado Especial não nominou, por isso mesmo denominado pelos autores ***recurso inominado***, e que tem inegável similitude com a apelação.

O recurso em apreço é julgado por um colegiado composto de três juízes togados no próprio Juizado Especial, podendo ser recebido no efeito suspensivo, na eventualidade de dano irreparável.

Na execução cambial, o juiz pode deferir a ***adjudicação*** do bem penhorado na própria audiência, dispensando, assim, a morosidade da praça ou leilão. Nessa hipótese a adjudicação se dará pelo valor da avaliação do bem penhorado, implicando, eventualmente, o pagamento, pelo exequente, da diferença entre o valor do bem e o seu crédito (observado, para este último, o limite de quarenta salários mínimos) (art. 53, § 2º, da Lei nº 9.099/95).

Na inocorrência de adjudicação, os bens penhorados serão alienados em praça ou leilão (art. 52, VII).

Observe-se que não encontrado o devedor, ou inexistindo bens penhoráveis, o processo será extinto, com a devolução dos documentos que acompanhem a inicial.

182. RESUMO

Da execução

Art. 786 do CPC/2015: "A execução pode ser instaurada caso o devedor não satisfaça a obrigação certa, líquida e exigível, consubstanciada em título executivo".

Título executivo judicial

É a sentença proferida nas ações condenatórias, lembrando que se confere eficácia executiva, igualmente, à sentença penal condenatória transitada em julgado; sentença homologatória de transação e conciliação; laudo arbitral; sentença estrangeira homologada pelo Supremo Tribunal Federal; formal de partilha (com relação aos herdeiros).

Título executivo extrajudicial

Art. 784 do CPC/2015: "São títulos executivos extrajudiciais:

I — a letra de câmbio, a nota promissória, a duplicata, a debênture e o cheque;

...

XII — todos os demais títulos aos quais, por disposição expressa, a lei atribuir força executiva".

Fontes legislativas:

1) ***Letra de Câmbio***

Decreto nº 2.044, de 31-12-1908

Lei Uniforme — Decreto nº 57.663, de 24-1-1966

2) ***Nota Promissória***

Decreto nº 2.044, de 31-12-1908

Lei Uniforme — Decreto nº 57.663, de 24-1-1966 (vigência admitida por decisões constantes do STF — Rec. extr. nº 75.327, *DJ* de 14-9-1973, pág. 6742, e Parecer da Consultoria-Geral da República: Parecer nº 738-H, *DO* de 26-9-1968, pág. 8420).

3) ***Cheque***

Decreto nº 2.591, de 7-8-1912, e Lei nº 7.357, de 29-9-1985

Lei Uniforme — Decreto nº 57.595, de 7-1-1966

4) ***Duplicata***

Lei nº 5.474, de 18-7-1968

5) ***Debênture***

Lei nº 6.404, de 15 de dezembro de 1976 — arts. 52 a 74

Procedimento — Código de Processo Civil:

Art. 824 — execução de devedor por título extrajudicial.

Arts. 824 a 869, § 2º, do CPC/2015.

Títulos de Crédito Judiciais	sentença condenatória (cível, penal, trabalhista)
	sentença homologatória de transação, conciliação ou arbitral
	sentença estrangeira (homologada pelo STJ): art. 105, I, *i*, da CF
	formal e certidão de partilha

Títulos de Crédito Extrajudiciais	letra de câmbio nota promissória cheque duplicata debênture documento público ou particular (subscrito pelo devedor e duas testemunhas), como, por exemplo, a confissão de dívida contratos de: hipoteca, penhor, anticrese, caução, seguro de vida e acidentes pessoais, crédito de foro e laudêmio crédito de serventuário da Justiça, de perito, intérprete ou tradutor (quando aprovado por decisão judicial), certidão da dívida ativa da Fazenda Pública (da União, Estados, Distrito Federal e Municípios), todos os demais títulos a que a lei atribuir eficácia executiva, como, por exemplo, os títulos de crédito rural, industrial, comercial etc.

PROCESSO DE EXECUÇÃO POR QUANTIA CERTA CONTRA DEVEDOR SOLVENTE

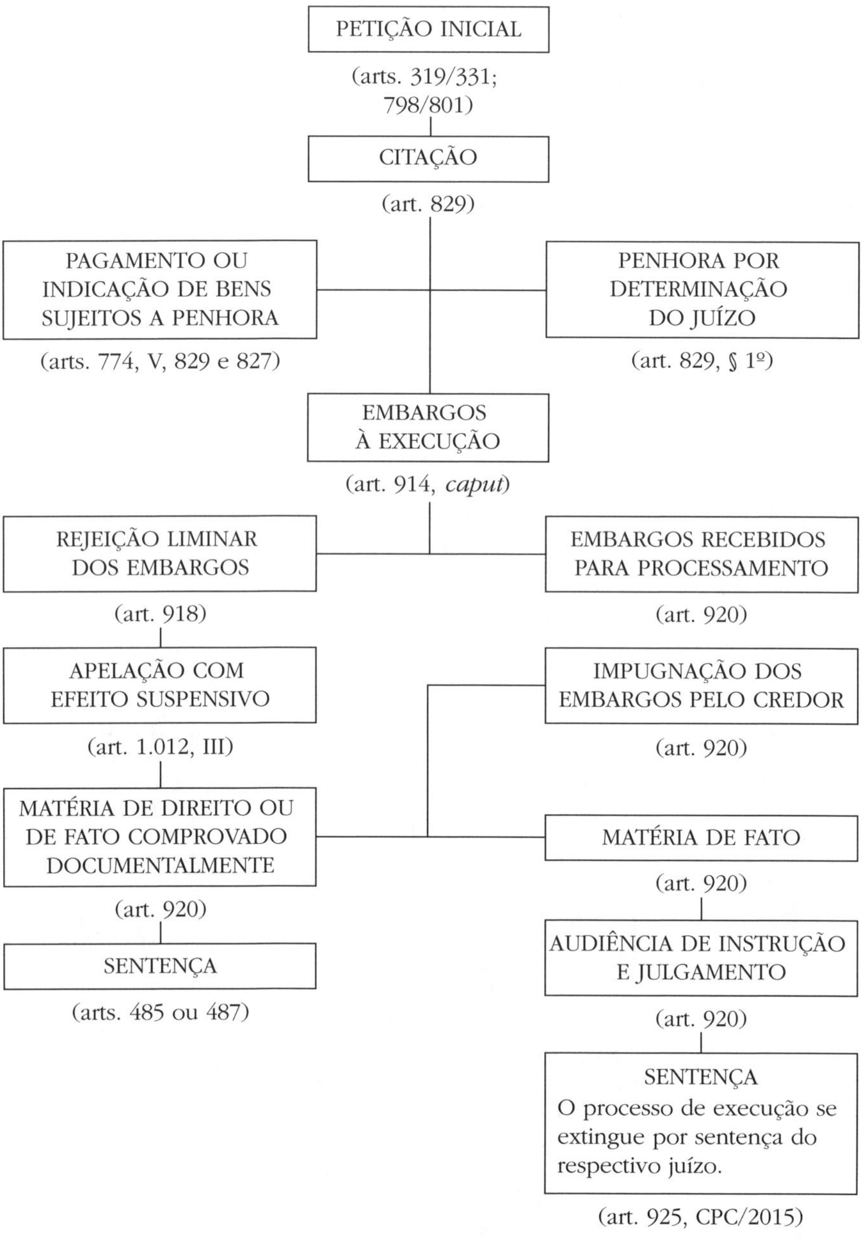

PROCESSO DE EXECUÇÃO POR QUANTIA CERTA CONTRA DEVEDOR INSOLVENTE

O CPC/2015 não estabelece regras próprias sobre execução contra o devedor insolvente, dispondo o art. 1.052 do atual CPC que, "*até a edição de lei específica, as execuções contra devedor insolvente, em curso ou que venham a ser propostas, permanecem reguladas pelos arts. 748 a 786-A do CPC/1973, Livro II, Título IV, da Lei nº 5.869/1973*"). Por isso, o quadro sinótico abaixo é formulado conforme o CPC/1973, salvo aqueles dispositivos alcançados pelo CPC/2015, por exemplo, a petição inicial.

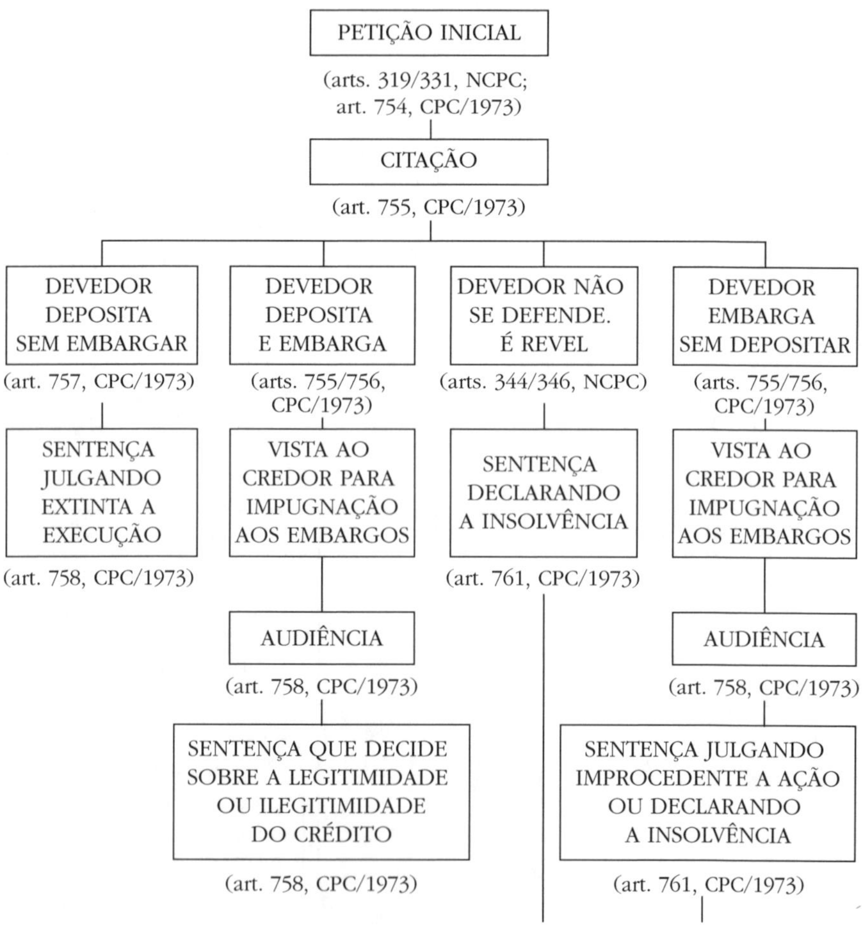

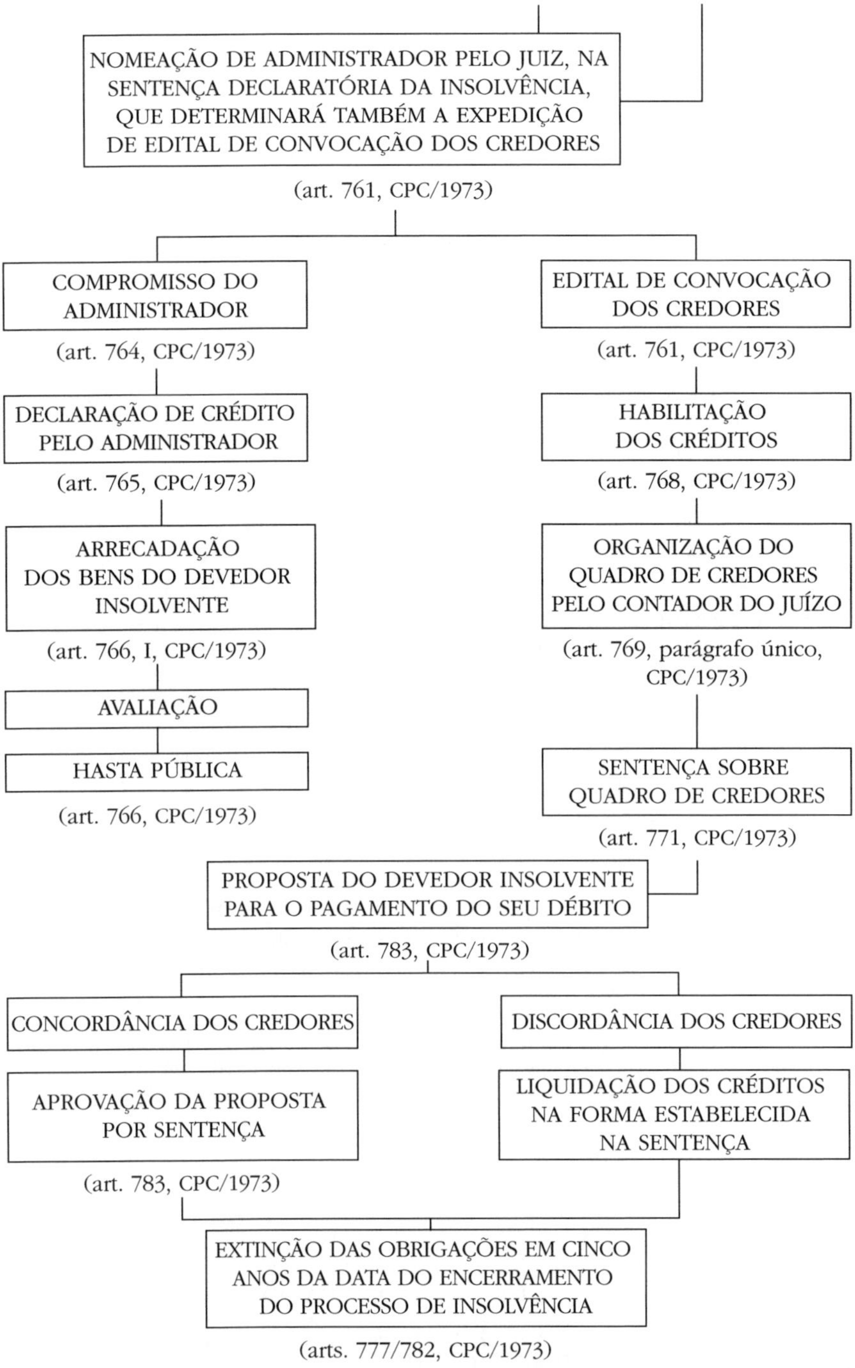
NOMEAÇÃO DE ADMINISTRADOR PELO JUIZ, NA SENTENÇA DECLARATÓRIA DA INSOLVÊNCIA, QUE DETERMINARÁ TAMBÉM A EXPEDIÇÃO DE EDITAL DE CONVOCAÇÃO DOS CREDORES
(art. 761, CPC/1973)
COMPROMISSO DO ADMINISTRADOR
(art. 764, CPC/1973)
DECLARAÇÃO DE CRÉDITO PELO ADMINISTRADOR
(art. 765, CPC/1973)
ARRECADAÇÃO DOS BENS DO DEVEDOR INSOLVENTE
(art. 766, I, CPC/1973)
AVALIAÇÃO
HASTA PÚBLICA
(art. 766, CPC/1973)
EDITAL DE CONVOCAÇÃO DOS CREDORES
(art. 761, CPC/1973)
HABILITAÇÃO DOS CRÉDITOS
(art. 768, CPC/1973)
ORGANIZAÇÃO DO QUADRO DE CREDORES PELO CONTADOR DO JUÍZO
(art. 769, parágrafo único, CPC/1973)
SENTENÇA SOBRE QUADRO DE CREDORES
(art. 771, CPC/1973)
PROPOSTA DO DEVEDOR INSOLVENTE PARA O PAGAMENTO DO SEU DÉBITO
(art. 783, CPC/1973)
CONCORDÂNCIA DOS CREDORES
APROVAÇÃO DA PROPOSTA POR SENTENÇA
(art. 783, CPC/1973)
DISCORDÂNCIA DOS CREDORES
LIQUIDAÇÃO DOS CRÉDITOS NA FORMA ESTABELECIDA NA SENTENÇA
EXTINÇÃO DAS OBRIGAÇÕES EM CINCO ANOS DA DATA DO ENCERRAMENTO DO PROCESSO DE INSOLVÊNCIA
(arts. 777/782, CPC/1973)

PROCESSO DE EXECUÇÃO CAMBIAL NO JUIZADO ESPECIAL (LEI Nº 9.099/95)

PETIÇÃO INICIAL
ACOMPANHADA DA CAMBIAL

(arts. 14/15 da Lei nº 9.099/95)

CITAÇÃO POSTAL, PARA PAGAR OU
NOMEAR BENS À PENHORA

(CPC/2015, art. 806, § 2º, e Lei nº 9.099/95, art. 53)

AUDIÊNCIA PRÉVIA
DE CONCILIAÇÃO,
INDEPENDENTEMENTE DE PENHORA

(Conclusão VI do II Encontro Nacional de Coordenadores de Juizados Especiais Cíveis e Criminais)

SENTENÇA HOMOLOGATÓRIA DE
CONCILIAÇÃO — IRRECORRÍVEL

(art. 41 da Lei nº 9.099/95)

AUDIÊNCIA DE CONCILIAÇÃO
E OFERECIMENTO DE EMBARGOS

(art. 53, § 1º, da Lei nº 9.099/95)

MATÉRIA DOS EMBARGOS

(art. 52, IX, da Lei nº 9.099/95)

PROVAS —
TODAS LEGITIMAMENTE ACEITAS —
TRÊS TESTEMUNHAS PARA CADA PARTE,
LEVADAS PELAS PRÓPRIAS PARTES

SENTENÇA —
O JUIZ LEIGO QUE TIVER DIRIGIDO A INSTRUÇÃO PROFERIRÁ
SUA DECISÃO, QUE PODERÁ SER HOMOLOGADA PELO JUIZ
TOGADO OU SUBSTITUÍDA POR OUTRA

(art. 40 da Lei nº 9.099/95)

RECURSO IDÊNTICO À APELAÇÃO PARA O PRÓPRIO JUIZADO
ESPECIAL, A SER JULGADO POR UMA TURMA DE TRÊS JUÍZES
TOGADOS — PRAZO: DEZ DIAS

(arts. 41/46 da Lei nº 9.099/95)

EXECUÇÃO —
NO PRÓPRIO JUIZADO ESPECIAL, COM ADJUDICAÇÃO PELO
CREDOR OU ALIENAÇÃO FORÇADA DOS BENS PENHORADOS

(art. 52, VII, da Lei nº 9.099/95)

183. TESTES DE APROVEITAMENTO DA MATÉRIA EXAMINADA

Assinale a alternativa correta nas seguintes questões:

1. No sistema processual civil brasileiro, os títulos executivos extrajudiciais:

   ( ) dispensam o processo de conhecimento e equivalem ao cumprimento da sentença ou fase executiva;

   ( ) pressupõem, necessariamente, o processo de conhecimento.

2. No processo de execução por títulos de crédito o devedor pode oferecer:

   ( ) contestação;

   ( ) embargos.

3. Os embargos do devedor se constituem:

   ( ) em contestação;

   ( ) em ação do executado.

4. A admissibilidade dos embargos do devedor:

   ( ) pressupõe garantia do juízo pela penhora;

   ( ) independe de tal garantia.

5. A execução fundada em títulos extrajudiciais é:

   ( ) provisória;

   ( ) definitiva.

6. Os embargos do devedor devem ser interpostos em:

   ( ) quinze dias da juntada aos autos do mandado de citação;

   ( ) dez dias da intimação da penhora.

7. Os embargos têm efeito:

   ( ) devolutivo;

   ( ) suspensivo.

8. Nos embargos, a matéria arguível é:

( ) restrita;

( ) ampla.

9. Versando os embargos sobre matéria de fato, uma vez recebidos pelo juiz:

( ) designar-se-á a audiência de instrução e julgamento;

( ) não se realizará a audiência, proferindo-se sentença.

10. A impugnação aos embargos do devedor deve ser feita em:

( ) quinze dias;

( ) dez dias.

11. A sentença que julga o mérito dos embargos do devedor é de natureza:

( ) declaratória;

( ) condenatória.

12. Improcedentes os embargos do devedor:

( ) cessa a sua suspensividade;

( ) subsiste o trancamento do processo de execução.

13. Da sentença que julga os embargos de devedor cabe:

( ) apelação;

( ) agravo de instrumento.

14. O recurso da sentença proferida em embargos do devedor tem efeito:

( ) devolutivo;

( ) devolutivo e suspensivo.

LIVRO VII

CAPÍTULO XI

PRÁTICA

PETIÇÕES

Sustação de protesto por questões correcionais; sustação relacionada com a *causa debendi*; sustação por falta administrativa; cancelamento de protesto na ocorrência de litígio; cancelamento por pagamento; execução contra devedor solvente; execução contra devedor insolvente (art. 1.052 do CPC/2015); embargos à execução.

Obs.: As petições e os modelos práticos transcritos são extremamente simples, destinados que são, antes de tudo, aos acadêmicos em vias de conclusão do curso de bacharelado (ciências jurídicas), estagiários e advogados recém-formados, tendo, pois, finalidade exclusivamente didática.

SUSTAÇÃO

Fundado em questões correcionais, nas quais se incluem ausência de requisitos, o pedido deve ser endereçado, em São Paulo, a uma das Varas dos Registros Públicos, cuja competência, como já se acentuou, é restrita, limitando-se exclusivamente à sustação do protesto, sem entrar no mérito dos negócios, resolvendo questões que devem ser apreciadas em ação própria.

Nas comarcas onde só há um juiz, este, evidentemente, concentra todas as funções judicantes, a ele devendo ser endereçado o pedido.

Exmo. Sr. Dr. Juiz de Direito da ... Vara dos Registros Públicos da Comarca de ....

(espaço destinado ao despacho do juiz)

(qualificação do autor, requerente), vem, por intermédio de seu advogado e procurador, infra-assinado, mandato junto (m.j., doc. 1), expor e requerer a V. Exa. o seguinte:

I — O requerente vem de receber intimação do ... Cartório de Protesto para pagar, sob pena de protesto, uma duplicata no valor de R$ ...., sacada contra si por (qualificação do sacador);

II — Ocorre, porém, que a duplicata em apreço, conquanto aceita, está de longa data prescrita, conforme atestam os documentos inclusos (docs.), não se justificando, por isso mesmo, o protesto, tanto mais que não existem coobrigados;

III — Lembra, com a devida vênia, que em caso de todo análogo decidiu pela sustação do protesto o Egrégio Tribunal de Justiça do Estado de São Paulo, *in Revista dos Tribunais*, 347/316, decisão essa que encontra seu suporte fático na melhor doutrina, pois como adverte Whitaker, a prescrição é decisiva para a via da cambial.

Nessas condições, a fim de se evitarem gravíssimos prejuízos para o suplicante, que fatalmente lhe advirão do protesto indevido, requer se digne V. Exa. de determinar a sustação do protesto, por ser medida de inteira justiça.

Nesses termos, aguarda deferimento.

São Paulo,

P.P. Advogado

OAB nº

SUSTAÇÃO RELACIONADA COM A "CAUSA DEBENDI"

Estribado em questões relacionadas com a *causa debendi*, o pedido deve ser endereçado a uma das Varas Cíveis, com o prévio depósito do valor respectivo. A competência da vara cível se explica pelo contencioso, que fatalmente envolverá custas processuais, honorários advocatícios, perdas e danos e demais cominações legais. O procedimento, a nosso ver, é o comum, que é regra geral para os feitos não contemplados com procedimentos distintos. Desdobra-se em quatro fases: Postulatória; Probatória; Decisória e Executória.

Nos termos do **art. 318** do Código de Processo Civil, reger-se-á segundo as disposições do Livro I desse Código.

Não se olvide, por outro lado, a medida cautelar, prevista expressamente no **art. 294 do CPC/2015**:

"A tutela provisória pode fundar-se em **urgência** ou **evidência**. Parágrafo único. A tutela provisória de urgência, cautelar ou antecipada, pode ser concedida em **caráter antecedente** ou **incidental**" (grifos nossos).

Na utilização do remédio jurídico nominado, busca-se a sustação do protesto, e, como se trata de ação preparatória, quando requerida antes do processo principal, neste último, buscar-se-á a anulação do título, em ação a ser proposta no prazo de **trinta**

dias, contado da concessão da medida cautelar, a teor do que dispõe o **art. 308 do CPC/2015**.

É de se admitir também a tutela de urgência, conforme estabelece o atual diploma legal:

> **Art. 300 do CPC/2015**: "A tutela de urgência será concedida quando houver elementos que evidenciem a probabilidade do direito e o perigo de dano ou o risco ao resultado útil do processo".

Exmo. Sr. Dr. Juiz de Direito da ... Vara Cível da Comarca de ....

(espaço destinado ao despacho do juiz)

(qualificação do requerente "exequente ou executado"), vem, mui respeitosamente, por seu advogado, infra-assinado, mandato junto (doc. 1), expor e requerer a V. Exa. o seguinte:

I — Vem o requerente de ser intimado pelo ... Cartório de Protesto para pagar, sob pena de protesto, uma duplicata no valor de R$ ...., contra si sacada por (qualificação do sacador);

II — Todavia, em detalhada busca em seus arquivos, constatou o requerente (executado) que, em tempo algum, adquiriu qualquer mercadoria do sacador, ignorando por inteiro a origem da duplicata que, necessariamente, lhe é inerente, por se tratar de título causal;

III — Assim, a fim de evitar os gravíssimos prejuízos que fatalmente lhe advirão do protesto indevido, prejuízos esses de duvidosa recuperação, vem o suplicante de efetuar, perante o .... Depositário Público, a importância de R$ ...., correspondente à duplicata em cobrança, requerendo se digne V. Exa. de determinar a sustação do protesto e consequente citação do sacador para que, em tempo hábil, se manifeste sobre o que aqui se alega, apurando-se, a final, a inteira procedência da presente ação, condenado o sacador nas custas processuais, honorários advocatícios e demais cominações legais, oficiando-se ao Ministério Público para a instauração da respectiva ação penal contra o sacador, na forma do que prescreve o art. 172 do Código Penal.

Protestando por todos os meios de provas admitidas em juízo, depoimento pessoal do suplicado, sob pena de confesso, testemunhas, perícias, arbitramento, juntada ulterior de documentos, dá-se à causa o valor de R$ ...., para fins de pagamento das custas (arts. 291/293 do CPC/2015).

Nesses termos, aguarda deferimento.

São Paulo,

P.P. Advogado

OAB nº

CANCELAMENTO

Por falta administrativa.

Competente é o juízo da Vara dos Registros Públicos.

Exmo. Sr. Dr. Juiz de Direito da ... Vara dos Registros Públicos da Comarca de ....

(espaço destinado ao despacho do juiz)

(qualificação do requerente "exequente ou executado"), vem, por seu advogado e procurador, que esta subscreve, mandato junto (doc. 1), expor e requerer a V. Exa. o seguinte:

I — Em data de ... de .... de ...., o requerente adquiriu de (qualificação do sacador) mercadorias consistentes em: .... (discriminar natureza, qualidade e quantidade das mercadorias adquiridas), aceitando, na oportunidade, uma duplicata no valor de R$ ...., para vencimento em data de .... de .... de .....;

II — Não recebendo qualquer aviso de estabelecimentos bancários para o resgate da duplicata em apreço, efetuou o pagamento da referida duplicata diretamente ao sacador, que, na oportunidade, comprometeu-se a retirá-la da agência bancária respectiva, devolvendo-a em seguida;

III — Contudo, vem de ser surpreendido com a notícia de protesto contra si tirado, conforme edital publicado na imprensa, surpresa que assume especial relevo pelo fato de não haver sido intimado por parte do Cartório de Protestos, vindo a constatar ainda que o protesto ocorrera mediante a publicação de editais, em virtude de erro do próprio sacador, conforme declaração anexa (doc. 2);

IV — Consoante constantes e uniformes manifestações dos nossos tribunais, a intimação regular é um dos requisitos fundamentais do protesto, como aliás enfatiza o Provimento nº 10/70, da Corregedoria-Geral da Justiça, só se admitindo a intimação por edital quando estiver o devedor em lugar incerto e não sabido, esgotados os meios normais de localização, dentre os quais "a busca de endereços constantes das listas telefônicas";

V — Ora, tivesse o serventuário o cuidado elementar de verificar na lista telefônica e teria, facilmente, encontrado o endereço do requerente, não se justificando, assim, o protesto por edital, pois como já decidiu o Egrégio Tribunal de Justiça do Estado de São Paulo, "não é de se tolerar a prática abusiva, e que lamentavelmente se vai generalizando de tornar como normal a intimação por edital do devedor, para efeito de protesto de título, quando este meio é a exceção" (*Rev. dos Tribs.*, 172/677).

Em razão, pois, do exposto, requer se digne V. Exa. de determinar o cancelamento do protesto como medida de justiça.

Nesses termos, aguarda deferimento.

São Paulo,

P.P. Advogado

OAB nº

CANCELAMENTO

Na concorrência de litígio impõe-se, como consequência, a competência de uma das Varas Cíveis, com o depósito do respectivo valor.

Rito: Procedimento **comum** — art. 271 do CPC/2015.

Exmo. Sr. Dr. Juiz de Direito da ... Vara Cível da Comarca de ....

(espaço destinado ao despacho do juiz)

(qualificação do requerente), vem, por seu advogado, infra-assinado, mandato nos autos, expor e requerer a V. Exa. o seguinte:

I — Em data de ...., o requerente emitiu em favor de (qualificação do requerido) uma Nota Promissória no valor de R$ ...., com vencimento para ....;

II — Na data do vencimento da referida cambial, foi a mesma encaminhada ao Banco para cobrança, ocasião em que, concomitantemente a essa medida do credor, o requerente remetia-lhe o cheque nº ....., no valor de R$ ...., sacado contra o Banco ...., como faz prova o documento junto;

III — Embora acolhesse o cheque, sob a promessa de posteriormente remeter ao requerente o título devidamente quitado, o requerido não o fez, vindo o requerente a ser surpreendido com o protesto por falta de pagamento;

IV — Desnecessário acrescentar os prejuízos de vulto acarretados para o requerente, cujos negócios estão ameaçados de colapso, face à inesperada e ilícita atitude do reclamado que, inequivocamente, agiu dolosamente;

V — Impõe-se, por isso mesmo, como medida de justiça, o cancelamento do protesto indevidamente tirado, sobretudo tendo em vista que a importância correspondente ao título referido foi devidamente paga;

VI — Outrossim, impõe-se a reparação das perdas e danos como o pagamento, por parte do requerido, das custas processuais, honorários advocatícios e demais cominações legais, em *quantum* a ser apurado por regular execução da sentença, devendo ser citado o requerido, julgando-se, a final, procedente a presente ação, como de direito.

Protestando por todos os meios e provas admitidos em juízo, depoimento do requerido, sob pena de confesso, testemunhas, perícias, arbitramento, e juntada anterior de documentos, dá-se à presente o valor de R$ ...., para fins de alçada.

Nesses termos, aguarda deferimento.

São Paulo,

P.P. Advogado

OAB nº

CANCELAMENTO POR PAGAMENTO

Em São Paulo, por força do Provimento nº 1/74, do titular da 1ª Vara dos Registros Públicos, faz-se perante os respectivos Cartórios de Protesto, mediante a simples exibição e entrega pelos devedores ou seus advogados do original do título quitado.

Execução contra devedor de ***título extrajudicial****:*

Exmo. Sr. Dr. Juiz de Direito da ... Vara Cível da Comarca de ... (Cidade e Estado)

(espaço para despacho do juiz)

(qualificação do exequente, CPF e/ou CNPJ), vem, por intermédio de seu advogado, que esta subscreve, mandato junto (m. j.), em conformidade com o **art. 778 do CPC/2015**, combinado com o **art. 784, I, do CPC/2015**, propor execução de título extrajudicial contra (qualificação do **executado**), pelos motivos que passa a expor:

I — O requerente é credor do requerido da soma de R$ ...., representada pela Nota Promissória anexada;

II — Conquanto vencida a cambial em apreço, e embora insistentemente cobrado, o suplicado não providenciou o resgate da mesma, não restando ao requerente outra alternativa senão a propositura da execução forçada, como de direito;

III — O título que fundamenta o pedido está cercado de todos os requisitos formais indispensáveis, não tendo sido levado a protesto, uma vez que, em não se tratando de ação de regresso, desnecessária a medida para a propositura da ação (*Rev. dos Tribs.*, 238/436).

Nessas condições, requer se digne V. Exa. de mandar expedir contra o **executado** o **mandado** de **citação** para que, em **3 dias**, pague o seu débito, acrescido de juros de mora, correção monetária, honorários advocatícios e demais cominações legais, ou nomeie bens à penhora, sob pena de lhe serem penhorados tantos bens quantos bastem à solução do seu débito, oferecendo no prazo ***embargos***, sob pena de revelia, para a final ser condenado na forma do pedido.

Protestando por todos os meios de provas admitidas em juízo, depoimento pessoal do requerido, sob pena de confesso, testemunhas, perícias, arbitramento, juntada de documentos.

Dá-se à causa o valor de R$ ..., para fins de pagamento das custas (arts. 291/293 do CPC/2015).

Nesses termos, aguarda deferimento.

São Paulo,

P.P. Advogado

OAB nº

Execução contra diversos devedores:

Exmo. Sr. Dr. Juiz de Direito da ... Vara Cível da Comarca de ... Estado

(espaço para despacho do juiz)

(qualificação do exequente e/ou executado, CPF e/ou CNPJ), vem, por intermédio de seu advogado e procurador, mandato junto (m. j.), nos termos dos **arts. 797 e seguintes do CPC/2015**, requerer a declaração de insolvência de (qualificação do exequente e/ou executado), pelos fatos e fundamentos jurídicos a seguir expostos:

I — O exequente é credor do executado da importância de R$ ..., representada pela nota promissória anexada, devidamente aceita;

II — Vencido o prazo para pagamento, malgrado procurasse recebê-la, nada conseguiu, constatando posteriormente haver em curso, nesta comarca, processos de execução contra o executado, conforme certidões anexadas, incidindo a penhora, nas respectivas ações, sobre o único bem que este último possui;

III — Não bastasse isso, tem o exequente ciência de outras dívidas do executado, representadas por outras notas promissórias vencidas e não pagas, caracterizando-se, de forma inequívoca, a insolvência civil, segundo o disposto nos **arts. 789** e seguintes do CPC/2015.

Em razão, pois, do exposto, requer se digne V. Exa. de declarar judicialmente a insolvência do executado, citando-o para que, querendo, apresente embargos, em **10 dias**, sob pena de revelia.

Protestando por todos os meios de provas admitidas em juízo, depoimento pessoal do executado, sob pena de confissão, testemunhas, perícias, arbitramento, juntada de documentos.

Dá-se à causa o valor de R$ ..., para fins de pagamento das custas.

Nesses termos, aguarda deferimento.

São Paulo,

P.P. Advogado

OAB nº

Embargos à execução:

Exmo. Sr. Dr. Juiz de Direito da ... Vara Cível da Comarca de ...
Cidade — Estado

(espaço para despacho do juiz)

(qualificação do embargante, CPF e/ou CNPJ), vem, por intermédio de seu advogado e procurador, infra-assinado, mandato junto (m. j.), nos autos do processo de execução por título extrajudicial que lhe move ... (qualificação do embargado, CPF e/ou CNPJ), em curso nesse dd. Juízo e respectivo Cartório, oferecer *Embargos à Execução*, nos termos do **art. 914 do CPC/2015**, pelo que expõe e requer a V. Exa. o seguinte:

I — O título de crédito para fundamentar o processo de execução há de ser, necessariamente, líquido, certo e exigível.

A **liquidez** se define pelo valor. É líquida a obrigação com valor definido. A **certeza** decorre da definição do credor e do devedor e do respectivo objeto. A **exigibilidade** do preenchimento de requisito fundamental, qual seja, o vencimento da obrigação, não condiciona à novação ou outros fatos impeditivos.

II — No caso em tela, o título de crédito que fundamenta o processo de execução, como facilmente se verifica, é uma duplicata de venda e compra mercantil *sem aceite*;

III — Somente após o aceite tal título se reveste da liquidez e certeza, representando, outrossim, obrigação cambial abstrata;

IV — É de se observar que a Lei nº 5.474/68 assegura a eficácia executiva da duplicata não aceita, desde que acompanhada de documento hábil comprobatório da entrega da mercadoria;

V — Contudo, como facilmente se constata dos autos do processo de execução, nem a duplicata tem o aceite, como, inclusive, nem a nota de entrega da mercadoria traz a assinatura do Embargante ou de qualquer dos seus representantes legais, o que torna o título ineficaz para a instauração do processo de execução, que deve, por isso mesmo, ser extinto, com a condenação do Embargado no pagamento das custas processuais, honorários advocatícios e demais cominações legais.

Protestando por todos os meios de provas admitidas em Juízo, depoimento pessoal do embargado, sob pena de confesso, testemunhas, periciais, arbitramento, juntada ulterior de documentos.

Nesses termos, aguarda deferimento.

São Paulo,

P.P. Advogado

OAB nº

Anexo I

OS TÍTULOS DE CRÉDITO NO CÓDIGO CIVIL

1. Disposições gerais. 2. Requisitos essenciais dos títulos de crédito. 3. Cláusulas vedadas em lei. 4. Título em branco ou incompleto. 5. Mandatário ou representante. 6. Transferência do título de crédito e dos direitos que lhe são inerentes. 7. Título representativo de mercadoria. 8. Inoponibilidade de exceções de ilicitude contra endossatário de boa-fé. 9. Do aval. 10. Dos títulos ao portador. 11. Títulos dilacerados ou extraviados. 12. Do título à ordem (endosso). 13. Endosso em preto e em branco. 14. Endosso-mandato. 15. Endosso-caução ou pignoratício. 16. Endosso póstumo. 17. Do título nominativo. 18. Títulos eletrônicos.

1. DISPOSIÇÕES GERAIS — O Código Civil brasileiro integra em seu contexto a atividade empresarial, dedicando aos títulos de crédito o Título VIII, do Livro I, da Parte Especial (arts. 887 a 926). É de se observar que o Código Civil revoga expressamente o código anterior (1916) e, parcialmente, o Código Comercial de 1850 (Parte Geral).

A Lei Complementar nº 95/98, no seu art. 9º (com a redação dada pela Lei Complementar nº 107/2001), determina que a revogação deve ser expressa, ou seja, as leis revogadas devem ser expressamente enumeradas.

O Código Civil, contudo, nenhuma menção faz às leis especiais que disciplinam os títulos de crédito típicos, de molde a considerá-las revogadas, tampouco faz qualquer referência às

Convenções de Genebra sobre letra de câmbio, nota promissória e cheque.

Muito ao contrário, deixa claro o art. 903 a subsistência das mencionadas *leis especiais*:

> "Salvo disposição diversa em lei especial, regem-se os títulos de crédito pelo disposto neste Código".

A melhor interpretação do dispositivo legal nominado deixa evidente a subsistência das leis especiais, bem como as respectivas convenções internacionais.

Assim, dúvida não pode haver — as leis especiais que disciplinam os títulos de crédito típicos subsistem na plenitude, o que significa dizer que, em princípio, as novas regras sobre os títulos em questão só se aplicam aos títulos de crédito atípicos e somente supletivamente aos títulos regulados por leis especiais:

> "Salvo disposição diversa em lei especial...".

Ressalvada a legislação especial, portanto, as novas disposições sobre títulos de crédito, contidas no Código Civil, são aplicáveis aos títulos atípicos e só aplicáveis aos títulos típicos supletivamente, ou seja, na omissão das respectivas legislações.

Somente, pois, na omissão das legislações especiais, poder-se-á invocar as disposições do Código Civil.

Na existência de contradição, prevalecerão, sem dúvida, as primeiras, isto é, as leis que disciplinam os títulos de crédito típicos.

É o caso do *aval parcial*, admitido pela Lei Uniforme sobre letra de câmbio e nota promissória (art. 30) e expressamente vedado na legislação civil (art. 897, parágrafo único), em que há de prevalecer, para os títulos declinados, a Lei Uniforme:

> "O pagamento de uma letra pode ser, no todo ou em parte, garantido por aval".

Em tais condições, deve o intérprete, antes de tudo, verificar a lei especial que disciplina o respectivo título, e somente na omissão desta aplicar as regras do Código Civil, compatíveis com o instituto.

São estes os seus aspectos mais relevantes:

2. REQUISITOS ESSENCIAIS DOS TÍTULOS DE CRÉDITO

"Art. 887. O título de crédito, documento necessário ao exercício do direito literal e autônomo nele contido, somente produz efeito quando preencha os requisitos da lei.

Art. 888. A omissão de qualquer requisito legal, que tire ao escrito a sua validade como título de crédito, não implica a invalidade do negócio jurídico que lhe deu origem."

Comentários:

Os dispositivos nominados acentuam a natureza documental dos títulos de crédito, característica de que já se revestem, juntamente com a literalidade e autonomia. São características fundamentais dos títulos de crédito:

a) literalidade;

b) autonomia;

c) cartularidade;

d) abstração. (*Vide* Livro I, Capítulo I, nº 2.)

Os títulos de crédito são *formais*, e por isso devem, sob pena de não valerem como tal, observar rigorosamente os requisitos estabelecidos em lei.

Contudo, como dispõe o art. 888, conquanto não possam ser vistos como títulos de crédito aqueles a que faltarem os requisitos legais, tal fato não implica a invalidade do negócio jurídico que lhes tenha dado origem. O beneficiário não disporá dos títulos com as vantagens deles decorrentes, dentre as quais releva notar a circulação por meio do endosso. Poderá, contudo, exigir o pagamento do seu crédito pela via do procedimento ordinário, valendo os títulos tão somente como início de prova. Nessa hipótese, a menção à *causa debendi* é fundamental, já que afastada a abstração cambial.

Os requisitos dos títulos de crédito são os seguintes:

I — a data da emissão;

II — a indicação precisa dos direitos que confere;

III — a assinatura do emitente.

A indicação do vencimento não é requisito essencial, uma vez que são considerados à vista os títulos que não a contenham — "é a vista o título de crédito que não contenha indicação do vencimento" (art. 889, § 1º).

Os títulos de crédito devem indicar os direitos que conferem a seus beneficiários, isso porque, como se sabe, há os mais diversos títulos:

a) títulos de crédito propriamente ditos (nota promissória, letra de câmbio, duplicata, cheque);

b) títulos destinados à aquisição de direitos reais sobre bens determinados (cédula rural pignoratícia e hipotecária, debêntures com garantia real, conhecimento de depósito);

c) títulos que atribuem a qualidade do sócio ou acionista (ações);

d) títulos impropriamente ditos, também denominados de legitimação (bilhetes de estrada de ferro).

Como observamos no Livro I, Capítulo I, nº 4, os títulos de crédito propriamente ditos dão direito à prestação de coisas fungíveis; os segundos importam na aquisição de um direito real sobre a mercadoria depositada (*warrant*), ou submetem uma coisa móvel ao pagamento de um débito (cédula rural pignoratícia). Os títulos que atribuem a condição de sócio permitem a seu titular exercer determinadas funções ou praticar determinados atos (as ações na sociedade anônima e em comandita por ações). Os títulos de crédito impropriamente ditos conferem ao titular o direito de reclamar determinados serviços (o bilhete de estrada de ferro).

A assinatura do emitente de mandatário especial é indispensável à validade do título, inexistindo no âmbito dos títulos creditícios o mandato verbal ou a assinatura a rogo. Não pode o analfabeto obrigar-se validamente sem mandatário especial.

Inovação relevante é a faculdade concedida à emissão de títulos *por caracteres criados em computador ou meio técnico equivalente*:

> "Art. 889. ...
>
> § 3º O título poderá ser emitido a partir dos caracteres criados em computador ou meio técnico equivalente e que constem da escrituração do emitente, observados os requisitos mínimos previstos neste artigo".

Na hipótese de emissão na forma descrita, é indispensável fazer constar tal título, com a especificação do respectivo valor, na escrituração do emitente.

3. CLÁUSULAS VEDADAS EM LEI

> "Art. 890. Consideram-se não escritas no título a cláusula de juros, a proibitiva de endosso, a excludente de responsabilidade pelo pagamento ou por despesas, a que dispense a observância de termos e formalidade prescritas, e a que, além dos limites fixados em lei, exclua ou restrinja direitos e obrigações."

Comentários:

O art. 5º da Lei Uniforme sobre Letra de Câmbio e Nota Promissória faculta, na letra pagável à vista ou a um certo termo de vista, a menção ao vencimento de juros. Nas outras espécies de letra, "a estipulação de juros será considerada como não escrita". O governo brasileiro adotou *reserva* ao dispositivo nominado, ficando, por via de consequência, adotada a regra final, pelo que se considerará como inexistente cláusula de juros, o que não significa, obviamente, inexistência de juros na ocorrência de inadimplemento da obrigação. Estes, ainda que não mencionados no título, são devidos com base na taxa de juros legais do País.

O endosso, de que cuidamos no Livro I, Capítulo II, nº 16, é o meio pelo qual se transfere a propriedade de um título, valendo, para sua configuração, a assinatura, no verso da cambial, do próprio punho do endossante.

Vedando a cláusula proibitiva de endosso, o artigo em exame ignora os títulos *não à ordem*. A cláusula *à ordem* é da essência dos títulos de crédito, facultando sua transferência pela via do endosso. Contudo, títulos há que permitem a inserção da cláusula *não à ordem*:

> "... os títulos são '*à ordem*' ou '*não à ordem*'. A cláusula '*à ordem*' faculta a sua transferência a terceiros, por via de endosso, possibilitando a sua circulação.
>
> Ao revés, a cláusula '*não à ordem*' informa que os títulos não poderão ser pagos senão aos titulares indicados, vedada a transferência" (Livro I, Capítulo I, nº 5).

De outro lado, ignorou o legislador o art. 15 do Anexo I da Lei Uniforme — Convenção de Genebra:

> "o endossante pode proibir um novo endosso, e, neste caso, não garante o pagamento às pessoas a quem a letra for posteriormente endossada".

Note-se que, na ocorrência do fato previsto no art. 15 do Anexo I da Lei Uniforme, acima transcrito, o endossante não se responsabiliza pelo pagamento às pessoas a quem o título for posteriormente endossado, princípio esse em manifesto conflito com a proibição de excludente de responsabilidade pelo pagamento.

4. TÍTULO EM BRANCO OU INCOMPLETO

"Art. 891. O título de crédito, incompleto ao tempo da emissão, deve ser preenchido de conformidade com os ajustes realizados.

Parágrafo único. O descumprimento dos ajustes previstos neste artigo pelo que deles participaram, não constitui motivo de oposição ao terceiro portador, salvo se este, ao adquirir o título, tiver agido de má-fé."

Comentários:

O título pode ser assinado em branco, ou incompleto, ou seja, faltando-lhe um dos requisitos, caracterizando-se o chamado *contrato de preenchimento*, pelo qual o beneficiário fica autorizado a completar o título antes da sua apresentação.

É o que dispõem o art. 10 do Anexo I da Lei Uniforme sobre Letra de Câmbio e Nota Promissória e o art. 13 da Lei Uniforme sobre Cheque, e que o artigo em exame repete, em conformidade com a Súmula **387** do STF:

"A cambial emitida ou aceita com omissões, ou em branco, pode ser completada pelo credor de boa-fé, antes da cobrança e do protesto".

Na eventualidade de inobservância quanto ao pactuado entre credor e devedor, tais como valor acima do ajustado ou vencimento em data antecipada, tais fatos não podem ser arguidos contra terceiro de boa-fé.

5. MANDATÁRIO OU REPRESENTANTE

"Art. 892. Aquele que, sem ter poderes, ou excedendo os que tem, lança a sua assinatura em título de crédito, como mandatário ou representante de outrem, fica pessoalmente obrigado, e, pagando o título, tem ele os mesmos direitos que teria o suposto mandante ou representado."

Comentários:

Inexiste, com relação aos títulos de crédito, a assinatura a rogo ou mandato verbal, impondo-se a assinatura do próprio punho do emitente, admitido o mandatário especial.

É o que dispõe o art. 1º, inciso V, do Decreto nº 2.044, de 31 de dezembro de 1908 (que define a letra de câmbio e a nota promissória e regula as operações cambiais), valendo a mesma regra para o endosso (art. 8º do mesmo diploma legal), para o aceitante (art. 11) e para o aval (art. 14).

O mandatário, para obrigar-se cambialmente em nome de terceiro, deve, como facilmente se verifica, estar munido de *mandato especial*, com poderes específicos para lançar sua assinatura no título de crédito. A ausência desse mandato implica sua responsabilidade pessoal, já que, a rigor, inexiste mandato.

Pode ocorrer, por outro lado, que, conquanto munido de mandato especial, exorbite o mandatário os limites de seus poderes, hipótese em que se obriga pessoalmente perante o credor.

Inexistindo mandato especial, inexistirá, obviamente, obrigação cambial do mandante. Pelo excesso de mandato responderá o mandatário.

Nesta última hipótese, pagando o mandatário o título, sub-rogar-se-á em todos os direitos do credor, podendo acionar cambialmente o mandante.

6. TRANSFERÊNCIA DO TÍTULO DE CRÉDITO E DOS DIREITOS QUE LHE SÃO INERENTES

> "Art. 893. A transferência do título de crédito implica a de todos os direitos que lhe são inerentes."

Comentários:

A transferência do título de crédito opera-se pela simples tradição, se ao portador, ou pela via do endosso, se nominal. O adquirente do título sucede ao endossatário em todos os direitos, como, aliás, já proclama o art. 14 da Lei Uniforme — "o endosso transmite todos os direitos emergentes da letra".

7. TÍTULO REPRESENTATIVO DE MERCADORIA

"Art. 894. O portador de título representativo de mercadoria tem o direito de transferi-lo, de conformidade com as normas que regulam a sua circulação, ou de receber aquela independentemente de quaisquer formalidades, além da entrega do título devidamente quitado.

Art. 895. Enquanto o título de crédito estiver em circulação, só ele poderá ser dado em garantia, ou ser objeto de medidas judiciais, e não, separadamente, os direitos ou mercadorias que representa."

Comentários:

Dois títulos de crédito representam as mercadorias: o conhecimento de depósito e *warrant* e o conhecimento de frete ou transporte. De ambos cuidamos no Livro IV, nº 119 e 129. Na primeira espécie, conhecimento de depósito e *warrant*, o título é de emissão dos armazéns gerais, "destinados à guarda e conservação de mercadorias, mediante a paga de determinado preço". Ao efetuar o depósito de suas mercadorias à guarda de tais armazéns, o depositante celebra com estes o chamado *contrato de depósito*. Das mercadorias depositadas os armazéns dão recibo de depósito ou emitem, em seu lugar, o *conhecimento de depósito ou "warrant"*, títulos que, unidos, representam a propriedade e disposição sobre as mercadorias. Separados, porém, o conhecimento de depósito confere ao portador o direito de dispor livremente das mercadorias em depósito. O *warrant* lhe confere um direito real de penhor sobre as mercadorias. Unidos ou separadamente, representam as mercadorias depositadas nos armazéns gerais.

O conhecimento de frete ou transporte faculta a negociação das mercadorias em transporte, transferível por meio de endosso, fazendo presumir proprietário da mercadoria o último endossatário.

O artigo nominado, a rigor, não inova: o portador dos títulos mencionados — títulos representativos de mercadoria — tem o direito de transferi-los, em conformidade com a legislação a respeito, respectivamente, Decreto nº 1.102, de 21 de novembro de 1903, e Decreto nº 19.473, de 10 de dezembro de 1930. Em circulação os títulos mencionados, somente estes podem ser dados em garantia ou ser objeto de constrição judicial, reiterando a imunidade patrimonial das mercadorias, já consagrada, aliás, na legislação específica.

8. INOPONIBILIDADE DE EXCEÇÕES DE ILICITUDE CONTRA ENDOSSATÁRIO DE BOA-FÉ

"Art. 896. O título de crédito não pode ser reivindicado do portador que o adquiriu de boa-fé e na conformidade das normas que disciplinam a sua circulação."

"Art. 912. Considera-se não escrita no endosso qualquer condição a que o subordine o endossante.

Parágrafo único. É nulo o endosso parcial."

Comentários:

Os dois dispositivos estão intimamente relacionados. A transferência do título de crédito pela via do endosso defere ao endossatário todos os direitos nele contidos — por isso é nulo o endosso parcial.

O endossatário sucede ao endossante em todos os direitos que emanam do título, mas não, obviamente, nas relações jurídicas deste último. Em razão disso, não é possível opor ao endossatário cuja boa-fé se presume exceção de ilicitude do ato que deu origem ao título.

O princípio é consagrado na doutrina, legislação e jurisprudência dos nossos tribunais.

9. DO AVAL

"Art. 897. O pagamento de título de crédito, que contenha obrigação de pagar soma determinada, pode ser garantido por aval.

Parágrafo único. É vedado o aval parcial.

Art. 898. O aval deve ser dado no verso ou no anverso do próprio título.

§ 1º Para a validade do aval, dado no anverso do título, é suficiente a simples assinatura do avalista.

§ 2º Considera-se não escrito o aval cancelado.

Art. 899. O avalista equipara-se àquele cujo nome indicar; na falta de indicação, ao emitente ou devedor final.

§ 1º Pagando o título, tem o avalista ação de regresso contra o seu avalizado e demais coobrigados anteriores.

§ 2º Subsiste a responsabilidade do avalista, ainda que nula a obrigação daquele a que se equipara, a menos que a nulidade decorra de vício de forma.

Art. 900. O aval posterior ao vencimento produz os mesmos efeitos do anteriormente dado.

Art. 901. Fica validamente desonerado o devedor que paga título de crédito ao legítimo portador, no vencimento, sem oposição, salvo se agiu de má-fé.

Parágrafo único. Pagando, pode o devedor exigir do credor, além da entrega do título, quitação regular.

Art. 902. Não é o credor obrigado a receber o pagamento antes do vencimento do título, e aquele que o paga, antes do vencimento, fica responsável pela validade do pagamento.

§ 1º No vencimento, não pode o credor recusar pagamento, ainda que parcial.

§ 2º No caso de pagamento parcial, em que não se opera a tradição do título, além da quitação em separado, outra deverá ser firmada no próprio título.

Art. 903. Salvo disposição diversa em lei especial, regem-se os títulos de crédito pelo disposto neste Código."

Comentários:

O Código Civil põe em relevo matéria já por nós exaustivamente examinada no Livro I, Capítulo II, ns. 25 a 31, com duas inovações.

O art. 897 dispõe que "o pagamento do título de crédito, que contenha obrigação de pagar soma determinada, pode ser garantido por aval", o que de há muito vem sendo consagrado pela legislação, doutrina e jurisprudência, como se pode verificar do art. 14 do Decreto nº 2.044, de 31 de dezembro de 1908, e do art. 30 do Anexo I da Lei Uniforme sobre Letra de Câmbio e Nota Promissória*.

O aval pode ser dado no anverso ou verso do próprio título.

O avalista que paga o título sub-roga-se nos direitos do credor, podendo mover contra o devedor-avalista a competente ação de regresso — "pagando o título, tem o avalista ação de regresso contra o seu avalizado e demais coobrigados anteriores".

O dispositivo, com outras palavras, repete o que prescreve o art. 32 da Lei Uniforme:

---

* O Código Civil de 2002, no seu art. 1.647, dispõe que, salvo no regime de separação absoluta, nenhum dos cônjuges pode, sem autorização do outro, *prestar aval* (inc. III).

A matéria é por nós examinada no Capítulo II, nº 31 — Aval e outorga uxória: o aval da mulher casada.

"Se o dador de aval paga a letra, fica sub-rogado nos direitos emergentes da letra contra a pessoa a favor de quem foi dado o aval e contra os obrigados para com esta em virtude da letra".

A subsistência da responsabilidade do avalista, ainda que nula a obrigação do avalizado, é decorrência da autonomia cambial, princípio já consagrado no art. 32 da Lei Uniforme:

"O dador de aval é responsável da mesma maneira que a pessoa por ele afiançada. A sua obrigação mantém-se, mesmo no caso de a obrigação que ele garantiu ser nula por qualquer razão que não seja um vício de forma".

Há ***inovação*** quanto ao chamado ***aval póstumo***, assim considerado aquele firmado após o vencimento do título. Conquanto raro (ninguém de bom senso deve avalizar título vencido), a hipótese de sua ocorrência não pode ser afastada. Considerado, "quando muito, fiança" (Waldirio Bulgarelli), e jamais como aval, passa, na sistemática do Código Civil, a produzir os mesmos efeitos do anteriormente dado, valendo, consequentemente, como garantia cambial de pagamento.

A inovação não colide com o Decreto nº 2.044/1908, tampouco com a Lei Uniforme, ambas omissas a respeito.

Outra ***inovação*** introduzida pelo Código Civil é a proibição de aval parcial, no parágrafo único do art. 897: "é vedado o aval parcial".

A disposição colide com o art. 30 da Lei Uniforme:

"O pagamento de uma letra pode ser no todo ou *em parte* garantido por aval".

Considerando a natureza supletiva das normas do Código Civil sobre títulos de crédito e a subsistência das leis especiais e, igualmente, dos tratados internacionais — "salvo disposição diversa em lei especial" (art. 903) —, entendemos subsistente o ***aval parcial*** na nota promissória, na letra de câmbio e no cheque. E isso porque, embora omisso o Decreto nº 2.044/1908 (Lei

Interna sobre Nota Promissória e Letra de Câmbio), o art. 30 da Convenção de Genebra o admite textualmente:

> "O pagamento de uma letra pode ser no todo ou em parte garantido por aval".

No que concerne ao cheque, não só a Lei Interna (nº 7.357/85) como a Convenção de Genebra o admitem:

a) Lei Interna (art. 29):

> "O pagamento do cheque pode ser garantido, no todo ou em parte, por aval prestado por terceiro, exceto o sacado, ou mesmo por signatário do título";

b) Lei Uniforme (art. 25):

> "O pagamento de um cheque pode ser garantido no todo ou em parte do seu valor por um aval".

O direito de o devedor que paga exigir do credor, além da entrega do título, quitação regular; o direito de o credor recusar-se ao recebimento antes do vencimento do título; a obrigação de o credor receber, ainda que parcialmente, o valor do título, no seu vencimento, são normas consagradas nos arts. 39 e 40 da Lei Uniforme.

10. DOS TÍTULOS AO PORTADOR

> "Art. 904. A transferência de título ao portador se faz por simples tradição.
>
> Art. 905. O possuidor de título ao portador tem direito à prestação nele indicada, mediante a sua simples apresentação ao devedor.
>
> Parágrafo único. A prestação é devida ainda que o título tenha entrado em circulação contra a vontade do emitente".

Comentários:

Os títulos de crédito quanto à circulação ou são ***ao portador*** ou ***nominativos***.

Os primeiros, ou seja, ***ao portador***, são aqueles que não nominam o beneficiário. Deles cuidamos no Capítulo I, nº 5.

Os dispositivos em exame não alteram as regras e princípios que regem tais títulos. Sua transferência se opera pela simples tradição. O portador é o beneficiário, e a ele deve ser paga a importância consignada no título.

A circulação do título ao portador é inerente a sua natureza. A própria emissão de título ao portador implica obrigação do devedor de pagar àquele que, por ocasião do pagamento, apresentá-lo para pagamento. O título em tais condições dispensa o endosso, e sua titularidade se transfere de um beneficiário a outro pela simples tradição — sem que o devedor possa a isso se opor.

A inoponibilidade das exceções, princípio já consagrado no art. 17 da Lei Uniforme, que decorre da autonomia cambial, não permite que o devedor argua as relações com os titulares anteriores para escusar-se do pagamento. As únicas exceções são aquelas entre o portador e o devedor, ou em nulidade da obrigação, como, por exemplo, a ausência dos requisitos essenciais, a falsidade de assinatura etc.

> "Art. 907. É nulo o título ao portador emitido sem autorização de lei especial."

A redação desse dispositivo não nos parece muito clara, pois, à primeira vista, dá a entender que o título ao portador só pode ser adotado quando lei especial o preveja expressamente.

Contudo, quer-nos parecer que a melhor interpretação é aquela relacionada com as leis especiais que disciplinam juridicamente as diversas espécies de títulos de crédito. O Código Civil, unificando a atividade negocial, traça as regras básicas dos princípios gerais dos títulos creditícios, que, contudo, continuarão sujeitos às leis que a eles se referem, como facilmente se conclui da leitura do art. 905: "Salvo disposição diversa em lei especial, regem-se os títulos de crédito pelo disposto neste Código".

Assim, se a lei específica de determinado título proíbe sua emissão *ao portador*, não há como admiti-la. É o caso, por exemplo, das ações: a Lei nº 8.021, de 12 de abril de 1990, que dispõe sobre a identificação dos contribuintes, extinguiu as ações endossáveis e ao portador.

11. TÍTULOS DILACERADOS OU EXTRAVIADOS

Art. 908 do Código Civil: "O possuidor do título dilacerado, porém, identificável, tem direito a obter do emitente a substituição do anterior, mediante a restituição do primeiro e o pagamento das despesas".

Art. 909 do Código Civil: "O proprietário, que perder ou extraviar título, ou for injustamente desapossado dele, poderá obter novo título em juízo, bem como impedir sejam pagos a outrem capital e rendimentos.

Parágrafo único: O pagamento, feito antes de ter ciência da ação referida neste artigo, exonera o devedor, salvo se se provar que ele tinha conhecimento do fato."

Comentários:

Na ocorrência de perda, extravio ou injusto desapossamento de título, o titular **pode suspender** os seus efeitos cambiários, impedindo o pagamento a terceiros e obtendo em juízo novo título. O Decreto nº 2.044/1908, no seu art. 36, estabelece o rito processual a ser observado, nada impedindo que o credor se utilize da tutela de urgência prevista no **art. 294, *caput*, do CPC/2015**.

12. DO TÍTULO À ORDEM (ENDOSSO)

"Art. 910. O endosso deve ser lançado pelo endossante no verso ou anverso do próprio título.

§ 1º Pode o endossante designar o endossatário, e para a validade do endosso, dado no verso do título, é suficiente a simples assinatura do endossante.

§ 2º A transferência por endosso completa-se com a tradição do título.

§ 3º Considera-se não escrito o endosso cancelado, total ou parcialmente.

Art. 911. Considera-se legítimo possuidor o portador do título à ordem com série regular e ininterrupta de endossos, ainda que o último seja em branco.

Parágrafo único. Aquele que paga o título está obrigado a verificar a regularidade da série de endossos, mas não a autenticidade das assinaturas.

Art. 912. Considera-se não escrita no endosso qualquer condição a que o subordine o endossante.

Parágrafo único. É nulo o endosso parcial."

Comentários:

A cláusula ***à ordem*** faculta a transferência do título a terceiros, possibilitando sua circulação pela via do endosso.

A endossabilidade é inerente a determinados títulos de crédito, como por exemplo a letra de câmbio e a nota promissória (*v.* Capítulo I, nº 5).

O endosso, como já observamos anteriormente, é o meio pelo qual se transfere a propriedade do título de crédito. Para sua validade é bastante a assinatura do próprio punho do endossante, no verso ou anverso da cambial, seguida, obviamente, da entrega do título ao endossatário.

O Decreto nº 2.044/1908, no seu art. 8º, prevê o *endosso no verso*: "para a validade do endosso é suficiente a simples assinatura do próprio punho do endossador ou do mandatário especial, no verso da letra".

Admitido na doutrina e na jurisprudência, o Código Civil consagra a validade do ***endosso no anverso***, hipótese em que não se pode deixar dúvida, traduzindo de forma inequívoca a transferência de propriedade do título.

O endosso pode envolver uma série de endossantes — são os chamados ***endossos sucessivos***, que tornam legítimo possuidor o último endossatário.

Inovação digna de nota vem de ser adotada no art. 914 sob análise, que desvincula o endossante da responsabilidade pelo pagamento do título, ***salvo cláusula expressa em contrário***:

> **Art. 914 do Código Civil:** "Ressalvada cláusula expressa em contrário, constante do endosso, não responde o endossante pelo cumprimento da prestação constante do título".

O princípio até agora adotado é aquele constante do art. 43 do Decreto nº 2.044/1908: "... O signatário da declaração cambial fica, por ela, vinculado e solidariamente responsável pelo aceite e pelo pagamento da letra..."

Em razão de tal princípio, o endossante, transferindo o título a terceiro, torna-se solidariamente obrigado pelo pagamento do valor nele consignado.

O art. 15 da Lei Uniforme estabelece, igualmente, tal responsabilidade, salvo disposição em contrário:

> "O endossante, salvo disposição em contrário, é garante tanto da aceitação como do pagamento da letra".

A regra objetiva, como facilmente se verifica, oferece maiores garantias aos endossatários. Quanto maior for o número de endossos, maior será o número de coobrigados.

O Código Civil altera substancialmente essa ordem, para pôr em relevo a função precípua do endosso, que não é reforçar as garantias de um título, mas transferi-lo com os respectivos direitos nele contidos.

Assim é que, na nova sistemática, o endosso não implica solidariedade do endossante — ***salvo cláusula expressa em contrário***.

Dessa forma, o beneficiário de um título pode transferi-lo a terceiro, pela via de endosso, sem, contudo, vincular-se à obrigação cambial. A solidariedade só existirá quando cláusula expressa, consignada no verso ou anverso do título, dispuser sobre a responsabilidade do endossante.

Mantendo disposição do Decreto nº 2.044/1908 (art. 8º, § 3º) e da Lei Uniforme (art. 12), é vedado o endosso parcial.

13. ENDOSSO EM PRETO E EM BRANCO

> "Art. 913. O endossatário de endosso em branco pode mudá-lo para endosso em preto, completando-o com o seu nome ou de terceiro; pode endossar novamente o título, em branco ou em preto; ou pode transferi-lo sem novo endosso."

Comentários:

O endosso, como observamos no Capítulo II, ns. 19 e 20, é em branco ou em preto. O primeiro é aquele que menciona expressamente o nome do endossatário, ou seja, do beneficiário do endosso. O segundo, isto é, o endosso em preto, é aquele que nomina o beneficiário.

Adotadas as duas espécies, dispõe o art. 913 em exame que o endossatário de endosso em branco pode mudá-lo para endosso em preto, completando-o com seu nome ou de terceiro, podendo ainda endossá-lo novamente ou transferi-lo sem endosso.

O princípio já vem consagrado na Lei Uniforme:

> "Art. 14. ... se o endosso for em branco, o portador pode:
>
> 1º) preencher o espaço em branco, quer com o seu nome, quer com o nome de outra pessoa..."

14. ENDOSSO-MANDATO

"Art. 917. A cláusula constitutiva de mandato, lançada no endosso, confere ao endossatário o exercício dos direitos inerentes ao título, salvo restrição expressamente estatuída.

§ 1º O endossatário de endosso-mandato só pode endossar novamente o título na qualidade de procurador, com os mesmos poderes que recebeu.

§ 2º Com a morte ou a superveniente incapacidade do endossante, não perde eficácia o endosso-mandato.

§ 3º Pode o devedor opor ao endossatário de endosso-mandato somente as exceções que tiver contra o endossante."

Comentários:

O endosso-mandato (de que cuidamos no Capítulo II, nº 21) não priva o titular de seus direitos cambiais, mas apenas transfere ao mandatário ou procurador o exercício e a conservação desses direitos.

O art. 8º do Decreto nº 2.044/1908 dispõe que "a cláusula por procuração lançada no endosso indica o mandato com todos os poderes, salvo caso de restrição, que deve ser expressa no mesmo endosso".

O art. 917 do Código Civil contém a mesma disposição: o título transferido pela via do endosso-mandato, salvo restrição expressa, transfere ao endossatário o exercício de todos os direitos inerentes ao título.

Irrelevante, outrossim, a morte ou superveniente incapacidade do endossante, uma vez que o endosso-mandato não perde sua eficácia.

Por outro lado, o devedor só pode opor, contra o endossatário, as exceções que tiver contra o endossante.

Inexiste qualquer inovação na regra, que repete, por outras palavras, as regras dispostas no art. 18 da Lei Uniforme.

15. ENDOSSO-CAUÇÃO OU PIGNORATÍCIO

"Art. 918. A cláusula constitutiva de penhor, lançada no endosso, confere ao endossatário o exercício dos direitos inerentes ao título.

§ 1º O endossatário do endosso-penhor só pode endossar novamente o título na qualidade de procurador.

§ 2º Não pode o devedor opor ao endossatário de endosso-penhor as exceções que tinha contra o endossante, salvo se aquele tiver agido de má-fé."

Comentários:

Caução é a garantia que o devedor oferece ao credor, tornando efetiva a sua responsabilidade. A caução do título se equipara ao penhor, vinculando-se ao pagamento da obrigação principal.

Conquanto não contemplada na lei interna (Decreto nº 2.044/1908), dela cuida a Lei Uniforme no art. 19:

> "Quando o endosso contém a menção *valor em garantia, valor em penhor* ou qualquer menção que implique uma caução, o portador pode exercer todos os direitos emergentes da letra, mas o endosso feito por ele só vale como endosso a título de procuração.
>
> Os coobrigados não podem invocar contra o portador as exceções fundadas sobre as relações pessoais deles com o endossante, a menos que o portador, ao receber a letra, tenha procedido conscientemente em detrimento do devedor".

A rigor, o Código Civil consagra a disposição contida na Lei Uniforme: o endossatário, ao receber um título por endosso-caução ou pignoratício, pode praticar todos os atos indispensáveis à conservação dos direitos a ele inerentes. Na eventualidade de transferi-lo a terceiro só pode fazê-lo na qualidade de procurador, visto que, a rigor, não é o seu verdadeiro titular.

Por outro lado, não pode o devedor opor ao endossatário de endosso-caução ou pignoratício as exceções que eventualmente possa ter para com o endossante, salvo se o endossatário tiver agido de má-fé ao receber o título.

16. ENDOSSO PÓSTUMO

> "Art. 920. O endosso posterior ao vencimento produz os mesmos efeitos do anterior."

Comentários:

O endosso póstumo é aquele dado posteriormente ao vencimento do título.

Nos termos do art. 8º da lei interna — Decreto nº 2.044/1908 —, o endosso tem, nessas condições, o efeito de cessão civil.

A Lei Uniforme, porém, já havia alterado tal disposição, declarando que o endosso posterior ao vencimento tem os mesmos efeitos do endosso anterior, conservando, por via de consequência, todos os direitos cambiais:

> "Art. 20. O endosso posterior ao vencimento tem os mesmos efeitos que o endosso anterior".

A disposição em exame do Código Civil consagra, pois, a regra disposta na Lei Uniforme.

17. DO TÍTULO NOMINATIVO

> "Art. 921. É título nominativo o emitido em favor de pessoa cujo nome conste no registro do emitente.
>
> Art. 922. Transfere-se o título nominativo mediante termo, em registro do emitente, assinado pelo proprietário e pelo adquirente.
>
> Art. 923. O título nominativo também pode ser transferido por endosso que contenha o nome do endossatário.

§ 1º A transferência mediante endosso só tem eficácia perante o emitente, uma vez feita a competente averbação em seu registro, podendo o emitente exigir do endossatário que comprove a autenticidade da assinatura do endossante.

§ 2º O endossatário, legitimado por série regular e ininterrupta de endossos, tem o direito de obter a averbação no registro do emitente, comprova a autenticidade das assinaturas de todos os endossantes.

§ 3º Caso o título original contenha o nome do primitivo proprietário, tem direito o adquirente a obter do emitente novo título, em seu nome, devendo a emissão do novo título constar no registro do emitente.

Art. 924. Ressalvada proibição legal, pode o título nominativo ser transformado em à ordem ou ao portador, a pedido do proprietário e à sua custa.

Art. 925. Fica desonerado de responsabilidade o emitente que de boa-fé fizer a transferência pelos modos indicados nos artigos antecedentes.

Art. 926. Qualquer negócio ou medida judicial, que tenha por objeto o título, só produz efeito perante o emitente ou terceiros, uma vez feita a competente averbação no registro do emitente."

Comentários:

Títulos nominativos são aqueles emitidos em nome de pessoa determinada, pressupondo, para sua validade e consequente transferência, anotação no respectivo registro.

Os títulos nominativos têm em comum com os títulos à ordem a indicação do beneficiário. Contudo, não se confundem: os nominativos pressupõem a anotação em registro para a configuração da titularidade e transferência; os títulos à ordem podem ser transferidos pela via do endosso simples, sem a necessidade de registro.

São nominativos os ***títulos impropriamente ditos*** ou aqueles que atribuem a condição de sócios, como, por exemplo, as ações, disciplinadas pela Lei nº 6.404, de 15 de dezembro de 1976.

Estas as linhas gerais sobre os títulos de crédito no Código Civil brasileiro, que mantém em vigor as leis especiais que disciplinam as diversas espécies de títulos creditícios, de que cuidamos neste livro.

18. TÍTULOS ELETRÔNICOS

"Art. 889. ...

§ 3º O título poderá ser emitido a partir dos caracteres criados em computador ou meio técnico equivalente e que constem da escrituração do emitente, observados os requisitos mínimos previstos neste artigo."

Comentários:

A informatização, como decorrência do desenvolvimento tecnológico, fatalmente refletiria no mundo jurídico, com a implementação dos meios eletrônicos nas relações empresariais, dentre os quais cumpre pôr em relevo os contratos eletrônicos.

Gradativa mas inexoravelmente, o papel vem sendo substituído pela microfilmagem e a digitalização.

O próprio conceito de documento passa por revisão, a ponto de se o considerar não necessariamente como cartural, mas, antes de tudo, como uma declaração de vontade, como preconiza Paloma Llaneza González:

"El concepto tradicional de documento se ha visto irrevocablemente revisado con la aparición de tecnologias ya aejas con el video o las cintas manetofónicas, superando, pues, el documento como un suporte de papel (corporalidad) y una determinada grafia (escritura). Lo transcendente de un documento es, sin duda, su contenido, en el que se releja la declaración de voluntad com relevancia jurídica de quien la emite" (*Internet y comunicaciones digitales*, Barcelona, Bosch, 2000, p. 323).

Esse avanço da informática haveria de refletir também nos títulos de crédito, com o afastamento do princípio da cartularidade, de que é exemplo a "lettre de Change-Revelé", na França, que guarda semelhança com a duplicata-escritural de que cuidamos no nº 91, do Capítulo V, deste Livro.

Nos Estados Unidos, objetivando a disciplinação do comércio eletrônico, foi aprovado, em 1999, o "Uniform Electronic Transactions Act", convindo ressaltar a enorme repercussão alcançada pelo "Model Law on Electronic Signatures", da Organização das Nações Unidas, traçando recomendações aos países que desejam disciplinar as atividades empresariais eletrônicas, não sem pôr em relevo a questão sumamente importante da ***assinatura digital***.

A autenticidade da assinatura digital, na lição de Marcos Costa, "é o resultado do emprego do sistema criptográfico de chaves públicas gerando um conjunto de 'bits' que, dependendo do sistema empregado, pode constituir um arquivo em separado ou ser integrante do próprio corpo do documento eletrônico, e que é inter-relacionado ao documento de tal forma que se ele sofrer qualquer alteração a assinatura será inválida. A assinatura digital é gerada usando de determinada chave privada".

Relevante observar, com o especialista nominado, que, na espécie, "a assinatura digital não é a única por pessoa, como o é a assinatura física. Ela é única por documento, porque é gerada a partir de seu conteúdo" (A ICP-Brasil e os documentos eletrônicos, direito e internet, *Caderno Jurídico*, Escola Superior do Ministério Público de São Paulo, jul. 2002, ano 2, nº 4, p. 21).

Grande passo para a efetiva adoção de documentos em forma eletrônica entre nós foi a promulgação da Medida Provisória nº 2.200-2, de 24 de agosto de 2001, que instituiu a Infraestrutura de Chaves Públicas Brasileira — ICP-Brasil, criada para assegurar efetiva autenticidade e eficácia jurídica aos contratos eletrônicos.

É de se observar que a Lei do Cheque (nº 7.357/85), no seu art. 1º, admite a assinatura do emitente por "chancela mecânica".

Anexo II

LEGISLAÇÃO SOBRE TÍTULOS DE CRÉDITO NO CÓDIGO CIVIL BRASILEIRO

Título VIII

DOS TÍTULOS DE CRÉDITO

Capítulo I

Disposições Gerais

Art. 887. O título de crédito, documento necessário ao exercício do direito literal e autônomo nele contido, somente produz efeito quando preencha os requisitos da lei.

Art. 888. A omissão de qualquer requisito legal, que tire ao escrito a sua validade como título de crédito, não implica a invalidade do negócio jurídico que lhe deu origem.

Art. 889. Deve o título de crédito conter a data da emissão, a indicação precisa dos direitos que confere, e a assinatura do emitente.

§ 1º É à vista o título de crédito que não contenha indicação de vencimento.

§ 2º Considera-se lugar de emissão e de pagamento, quando não indicado no título, o domicílio do emitente.

§ 3º O título poderá ser emitido a partir dos caracteres criados em computador ou meio técnico equivalente e que constem da escrituração do emitente, observados os requisitos mínimos previstos neste artigo.

Art. 890. Consideram-se não escritas no título a cláusula de juros, a proibitiva de endosso, a excludente de responsabilidade pelo pagamento ou por despesas, a que dispense a observância dos termos e formalidade prescritas, e a que, além dos limites fixados em lei, exclua ou restrinja direitos e obrigações.

Art. 891. O título de crédito, incompleto ao tempo da emissão, deve ser preenchido de conformidade com os ajustes realizados.

Parágrafo único. O descumprimento dos ajustes previstos neste artigo pelos que deles participaram, não constitui motivo de oposição ao terceiro portador, salvo se este, ao adquirir o título, tiver agido de má-fé.

Art. 892. Aquele que, sem ter poderes, ou excedendo os que tem, lança a sua assinatura em título de crédito, como mandatário ou representante de outrem, fica pessoalmente obrigado, e, pagando o título, tem ele os mesmos direitos que teria o suposto mandante ou representado.

Art. 893. A transferência do título de crédito implica a de todos os direitos que lhe são inerentes.

Art. 894. O portador de título representativo de mercadoria tem o direito de transferi-lo, de conformidade com as normas que regulam a sua circulação, ou de receber aquela independentemente de quaisquer formalidades, além da entrega do título devidamente quitado.

Art. 895. Enquanto o título de crédito estiver em circulação, só ele poderá ser dado em garantia, ou ser objeto de medidas judiciais, e não, separadamente, os direitos ou mercadorias que representa.

Art. 896. O título de crédito não pode ser reivindicado do portador que o adquiriu de boa-fé e na conformidade das normas que disciplinam a sua circulação.

Art. 897. O pagamento de título de crédito, que contenha obrigação de pagar soma determinada, pode ser garantido por aval.

Parágrafo único. É vedado o aval parcial.

Art. 898. O aval deve ser dado no verso ou no anverso do próprio título.

§ 1º Para a validade do aval, dado no anverso do título, é suficiente a simples assinatura do avalista.

§ 2º Considera-se não escrito o aval cancelado.

Art. 899. O avalista equipara-se àquele cujo nome indicar; na falta de indicação, ao emitente ou devedor final.

§ 1º Pagando o título, tem o avalista ação de regresso contra o seu avalizado e demais coobrigados anteriores.

§ 2º Subsiste a responsabilidade do avalista, ainda que nula a obrigação daquele a quem se equipara, a menos que a nulidade decorra de vício de forma.

Art. 900. O aval posterior ao vencimento produz os mesmos efeitos do anteriormente dado.

Art. 901. Fica validamente desonerado o devedor que paga título de crédito ao legítimo portador, no vencimento, sem oposição, salvo se agiu de má-fé.

Parágrafo único. Pagando, pode o devedor exigir do credor, além da entrega do título, quitação regular.

Art. 902. Não é o credor obrigado a receber o pagamento antes do vencimento do título, e aquele que o paga, antes do vencimento, fica responsável pela validade do pagamento.

§ 1º No vencimento, não pode o credor recusar pagamento, ainda que parcial.

§ 2º No caso de pagamento parcial, em que se não opera a tradição do título, além da quitação em separado, outra deverá ser firmada no próprio título.

Art. 903. Salvo disposição diversa em lei especial, regem-se os títulos de crédito pelo disposto neste Código.

Capítulo II

Do Título ao Portador

Art. 904. A transferência de título ao portador se faz por simples tradição.

Art. 905. O possuidor de título ao portador tem direito à prestação nele indicada, mediante a sua simples apresentação ao devedor.

Parágrafo único. A prestação é devida ainda que o título tenha entrado em circulação contra a vontade do emitente.

Art. 906. O devedor só poderá opor ao portador exceção fundada em direito pessoal, ou em nulidade de sua obrigação.

Art. 907. É nulo o título ao portador emitido sem autorização de lei especial.

Art. 908. O possuidor de título dilacerado, porém identificável, tem direito a obter do emitente a substituição do anterior, mediante a restituição do primeiro e o pagamento das despesas.

Art. 909. O proprietário, que perder ou extraviar título, ou for injustamente desapossado dele, poderá obter novo título em juízo, bem como impedir sejam pagos a outrem capital e rendimentos.

Parágrafo único. O pagamento, feito antes de ter ciência da ação referida neste artigo, exonera o devedor, salvo se se provar que ele tinha conhecimento do fato.

Capítulo III

Do Título à Ordem

Art. 910. O endosso deve ser lançado pelo endossante no verso ou anverso do próprio título.

§ 1º Pode o endossante designar o endossatário, e para validade do endosso, dado no verso do título, é suficiente a simples assinatura do endossante.

§ 2º A transferência por endosso completa-se com a tradição do título.

§ 3º Considera-se não escrito o endosso cancelado, total ou parcialmente.

Art. 911. Considera-se legítimo possuidor o portador do título à ordem com série regular e ininterrupta de endossos, ainda que o último seja em branco.

Parágrafo único. Aquele que paga o título está obrigado a verificar a regularidade da série de endossos, mas não a autenticidade das assinaturas.

Art. 912. Considera-se não escrita no endosso qualquer condição a que o subordine o endossante.

Parágrafo único. É nulo o endosso parcial.

Art. 913. O endossatário de endosso em branco pode mudá-lo para endosso em preto, completando-o com o seu nome ou de terceiro; pode endossar novamente o título, em branco ou em preto; ou pode transferi-lo sem novo endosso.

Art. 914. Ressalvada cláusula expressa em contrário, constante do endosso, não responde o endossante pelo cumprimento da prestação constante do título.

§ 1º Assumindo responsabilidade pelo pagamento, o endossante se torna devedor solidário.

§ 2º Pagando o título, tem o endossante ação de regresso contra os coobrigados anteriores.

Art. 915. O devedor, além das exceções fundadas nas relações pessoais que tiver com o portador, só poderá opor a este as exceções relativas à forma do título e ao seu conteúdo literal, à falsidade da própria assinatura, a defeito de capacidade ou de representação no momento da subscrição, e à falta de requisito necessário ao exercício da ação.

Art. 916. As exceções, fundadas em relação do devedor com os portadores precedentes, somente poderão ser por ele opostas ao portador, se este, ao adquirir o título, tiver agido de má-fé.

Art. 917. A cláusula constitutiva de mandato, lançada no endosso, confere ao endossatário o exercício dos direitos inerentes ao título, salvo restrição expressamente estatuída.

§ 1º O endossatário de endosso-mandato só pode endossar novamente o título na qualidade de procurador, com os mesmos poderes que recebeu.

§ 2º Com a morte ou a superveniente incapacidade do endossante não perde eficácia o endosso-mandato.

§ 3º Pode o devedor opor ao endossatário do endosso-mandato somente as exceções que tiver contra o endossante.

Art. 918. A cláusula constitutiva de penhor, lançada no endosso, confere ao endossatário o exercício dos direitos inerentes ao título.

§ 1º O endossatário de endosso-penhor só pode endossar novamente o título na qualidade de procurador.

§ 2º Não pode o devedor opor ao endossatário de endosso-penhor as exceções que tinha contra o endossante, salvo se aquele tiver agido de má-fé.

Art. 919. A aquisição de título à ordem, por meio diverso do endosso, tem efeito de cessão civil.

Art. 920. O endosso posterior ao vencimento produz os mesmos efeitos do anterior.

Capítulo IV

Do Título Nominativo

Art. 921. É título nominativo o emitido em favor de pessoa cujo nome conste no registro do emitente.

Art. 922. Transfere-se o título nominativo mediante termo, em registro do emitente, assinado pelo proprietário e pelo adquirente.

Art. 923. O título nominativo também pode ser transferido por endosso que contenha o nome do endossatário.

§ 1º A transferência mediante endosso só tem eficácia perante o emitente uma vez feita a competente averbação em seu registro, podendo o emitente exigir do endossatário que comprove a autenticidade da assinatura do endossante.

§ 2º O endossatário, legitimado por série regular e ininterrupta de endossos, tem o direito de obter a averbação no registro do emitente, comprovando a autenticidade das assinaturas de todos os endossantes.

§ 3º Caso o título original contenha o nome do primitivo proprietário, tem direito o adquirente a obter do emitente novo título, em seu nome, devendo a emissão do novo título constar no registro do emitente.

Art. 924. Ressalvada proibição legal, pode o título nominativo ser transformado em à ordem ou ao portador, a pedido do proprietário e à sua custa.

Art. 925. Fica desonerado de responsabilidade o emitente que de boa-fé fizer a transferência pelos modos indicados nos artigos antecedentes.

Art. 926. Qualquer negócio ou medida judicial, que tenha por objeto o título, só produz efeito perante o emitente ou terceiros, uma vez feita a competente averbação no registro do emitente.

Anexo III

BREVES COMENTÁRIOS SOBRE O PROJETO DE UM NOVO CÓDIGO COMERCIAL

1. Dos títulos de crédito. 2. Conceito. 3. Princípios gerais. 4. Eficácia executiva. 5. Suporte cartular ou eletrônico. 6. Da letra de câmbio. 7. Figuras intervenientes. 8. Requisitos essenciais. 9. Do vencimento. 10. Do endosso. 11. Aceite. 12. Aval. 13. Do protesto. 14. Nota promissória. 15. Duplicata. 16. Do aceite. 17. Dos títulos armazeneiros: conhecimento de depósito e *warrant*. 18. Do conhecimento de transporte de cargas. 19. A malograda unificação do Direito Comercial com o Direito Civil.

1. DOS TÍTULOS DE CRÉDITO

Tramita no Congresso Nacional projeto de lei instituindo novo Código Comercial.

O projeto em apreço, no capítulo concernente aos títulos de crédito, cuida, especificamente, da letra de câmbio, nota promissória, duplicata, títulos de crédito emitidos por armazéns gerais (conhecimento de depósito e *warrant*) e o conhecimento de transporte de cargas.

São estas as disposições do Código sob comento:

2. CONCEITO

O art. 445 do Projeto conceitua o título de crédito como "o documento cartular ou eletrônico que contenha cláusula cambial".

O conceito em apreço traz uma novidade — a disciplinação jurídica dos denominados ***títulos eletrônicos***.

A cartularidade deixa de ser indispensável à existência de título de crédito, já que admitido, igualmente, o título eletrônico como enfatiza o art. 454 do Projeto: "o título de crédito pode ter suporte cartular ou eletrônico".

É de se observar que o Código Civil, no § 3º do art. 889, já prevê o título eletrônico:

> "O título poderá ser emitido a partir dos caracteres criados em computador ou meio técnico equivalente e que constem da escrituração do emitente, observados os requisitos mínimos previstos neste artigo".

Ressalte-se que o art. 1º da Lei nº 7.357, de 2 de setembro de 1985 (Lei do Cheque), também admite a assinatura do emitente por *chancela eletrônica*.

3. PRINCÍPIOS GERAIS

Subsistem no Projeto de Lei os princípios gerais dos títulos creditícios, inclusive a cartularidade, mantida alternativamente com os títulos eletrônicos.

São princípios gerais:

I — literalidade;

II — autonomia das obrigações cambiais;

III — inoponibilidade das exceções pessoais aos terceiros de boa-fé.

Pelo princípio da literalidade, o título vale pelo que nele se contém — "não produzindo efeitos quaisquer declarações não constantes do documento".

A autonomia das obrigações cambiais implica reconhecer a independência destas de tal forma que "eventuais vícios em uma das obrigações documentadas não se estendem às demais".

Pelo princípio da inoponibilidade das exceções pessoais aos terceiros de boa-fé, não é admitida arguição de falsidade, falsificação ou nulidade de qualquer outra assinatura. As obrigações cambiais são autônomas e independentes uma das outras, como previsto no Anexo I, nº 7, da Lei Uniforme Sobre Letra de Câmbio e Nota Promissória:

> "Se a letra contém assinaturas de pessoas incapazes de se obrigarem por letras, assinaturas falsas, assinaturas de pessoas fictícias ou assinaturas que por qualquer outra razão não poderiam obrigar as pessoas que assinaram a letra, ou em nome das quais ela foi assinada, as obrigações de outros signatários, nem por isso deixam de ser válidas".

Em decorrência de tal princípio, em conformidade com o art. 17 da Lei nominada:

> "as pessoas acionadas em virtude de uma letra não podem opor ao portador exceções fundadas sobre as relações pessoais delas com o sacador, ou com os portadores anteriores, a menos que o portador ao adquirir a letra tenha procedido conscientemente em detrimento do devedor".

4. EFICÁCIA EXECUTIVA

A eficácia executiva decorre sempre de lei. Em se tratando de título extrajudicial, indispensável a liquidez e certeza do respectivo título.

O **art. 784, I, do CPC/2015** declina os títulos de crédito extrajudicial com eficácia executiva, a saber: *letra de câmbio, nota promissória, duplicata, debênture e cheque.*

Têm igualmente eficácia executiva, com rigor cambiário especial, outros títulos, prevista esta eficácia nos diplomas legislativos que os instituíram.

Nos termos do art. 451 do Projeto sob comento, "todo título de crédito é título executivo extrajudicial". A abrangência "todo título de crédito" pode induzir o intérprete a equívocos. Melhor seria manter-se o critério atual — o próprio diploma legislativo que o instituir lhe conferirá eficácia executiva.

A eficácia executiva, como se sabe, consiste na prerrogativa, concedida por lei ao credor de um título expresso em título executivo judicial (sentença) ou extrajudicial (título de crédito), de cobrar judicialmente seu crédito.

Como observam Nelson Nery Jr. e Rosa Maria de Andrade Nery, "se um credor tem seu crédito expresso em título executivo judicial ou extrajudicial, a lei lhe confere a prerrogativa de executar o patrimônio do devedor, caso este, espontaneamente, não cumpra, na forma e no momento avençado, o dever de prestar aquilo a que se comprometeu. É a inadimplência do devedor, de obrigação líquida e certa, que legitima o credor à execução" (*Código de Processo Civil Comentado,* 3. ed., Revista dos Tribunais, p. 808).

5. SUPORTE CARTULAR OU ELETRÔNICO

O Projeto de um Código Comercial, como já acentuamos, admite dois títulos de crédito:

a) cartular;

b) eletrônico.

O primeiro, como o próprio nome deixa entrever, é o título impresso num documento, tornando imprescindível a apresentação do título para o exercício do seu direito. Para o exercício do seu direito, mister se faz a apresentação do título — "a posse do documento é condição para o exercício do direito nele mencionado" (art. 458).

O segundo título eletrônico, assim considerado, é aquele emitido por computador, com o respectivo registro em arquivo digital.

O art. 455 do Projeto admite a conversão de um título em outro — "o título de crédito emitido em um suporte pode ser transposto para outro".

Ressalte-se que, nos termos do § 2º do dispositivo acima transcrito, "o título de crédito poderá retornar ao suporte originário, cessando a eficácia daquele para o qual havia sido transposto".

6. DA LETRA DE CÂMBIO

A letra de câmbio continua sendo uma ordem de pagamento que o sacador dirige ao sacado para que pague ao beneficiário (tomador) a importância consignada no título.

> "Art. 459. ...
>
> II — a letra de câmbio contém a ordem pura e simples de pagar quantia determinada".

Na lição sempre atual de Fran Martins, "entende-se por letra de câmbio uma ordem dada, por escrito, a uma pessoa, para que pague a um beneficiário indicado, ou à ordem deste, uma importância em dinheiro" (*Títulos de Crédito,* Forense, 1977, p. 45).

Conquanto título eminentemente mercantil, pode ser "emitido, aceito, endossado, avalizado, protestado ou cobrado por quem não é empresário" (art. 452).

Como preleciona Pontes de Miranda, "não existe direito cambiário civil. O que no direito cambiário não é direito comercial cambiário, por certo, direito cambiário não é" (*Tratado de Direito Cambiário,* v. I — *Letra de Câmbio,* Max Limonad, 1954, p. 43).

7. FIGURAS INTERVENIENTES

Como assinalamos no Livro I, Capítulo I, nº II, as figuras intervenientes na letra de câmbio são, originariamente:

a) o sacador;

b) o sacado;

c) o tomador.

O sacador (emitente) cria a letra, sacando o título contra o sacado (aceitante), ou seja, o devedor, para que este pague o valor consignado na cambial ao beneficiário (tomador).

Observe-se que a letra de câmbio pode ser enriquecida com outras figuras intervenientes, tais como os *endossantes* e os *avalistas*, de que cuidamos nos números 16 a 31 do Capítulo II deste livro.

8. REQUISITOS ESSENCIAIS

O Projeto sob comento, no capítulo concernente aos requisitos essenciais, concilia as disposições contidas no Decreto nº 2.044, de 31 de dezembro de 1908, com a Lei Uniforme (Convenção de Genebra).

> "Art. 459. A letra de câmbio contém:
>
> I — a expressão *letra de câmbio* inserta no próprio texto do título na língua empregada para a sua redação;
>
> II — a ordem pura e simples de pagar quantia determinada;
>
> III — o nome daquele que deve pagar (sacado);
>
> IV — a época do pagamento;
>
> V — a indicação do lugar em que se deve efetuar o pagamento;
>
> VI — o nome da pessoa a quem ou à ordem de quem deve ser paga;
>
> VII — a data e o lugar em que a letra de câmbio é emitida;
>
> VIII — a assinatura de quem emite a letra de câmbio (sacador)".

Os incisos I, II e III do art. 460 do Projeto reproduzem, quase literalmente, o art. 1º, alíneas 4 e 7, da Lei Uniforme, de que tratamos no nº 12 do Capítulo II deste livro.

Consagrando o princípio da autonomia das obrigações cambiais, dispõe o art. 467 do Projeto que: "se a letra de câmbio contém assinaturas falsas, de incapazes, de pessoas fictícias ou que por qualquer outra razão não poderiam obrigar os sujeitos a que se referem, as obrigações dos outros signatários nem por isso deixam de ser válidas".

9. DO VENCIMENTO

O art. 498 do Projeto em exame mantém os vencimentos já constantes no art. 6º do Decreto nº 2.044/1908, a saber:

> "I — à vista;
>
> II — a certo termo da vista;
>
> III — a certo termo da data;
>
> IV — para pagamento em dia fixado".

Reportamo-nos ao item 13 do Capítulo II deste livro.

É mantido o vencimento antecipado em duas hipóteses:

I — na recusa total ou parcial de aceite;

II — na ocorrência de falência do aceitante.

Com inegável acerto não acolhe o vencimento por antecipação na ocorrência de suspensão de pagamento (*vide* vencimento por antecipação no item 14 do Capítulo II deste livro).

10. DO ENDOSSO

O endosso, como já assinalamos, é o meio pelo qual se transfere a propriedade de um título de crédito — transmissível, por via do endosso, sob pena da perda da eficácia executiva a teor do que dispõe o art. 472.

O Projeto contempla as diversas espécies de endosso: *endosso propriamente dito, endosso em branco* (ao portador), *endosso impróprio*, também denominado endosso-mandato, *endosso-caução*, mantendo, outrossim, a regra do art. 20 da Lei Uniforme — "o endosso posterior ao vencimento tem os mesmos efeitos que o endosso anterior. Porém, o endosso posterior ao protesto por falta de pagamento, ou feito depois de expirado o prazo para se fazer o protesto, produz apenas os efeitos de uma cessão ordinária de créditos".

O § 3º do art. 473 do Projeto, mantendo a disposição do art. 12 da Lei Uniforme, declara que *o endosso parcial é nulo.*

11. ACEITE

Na lição de Wille Duarte Costa, "aceite é a declaração cambial pela qual o signatário admite a ordem contra ele dada para pagar uma quantia determinada, concordando com os termos do saque e assumindo a qualidade de responsável principal pelo pagamento da letra de câmbio" (*Títulos de Crédito,* 4. ed., Del Rey, 2008, p. 165).

O aceite é facultativo, inexistindo o aceite compulsório.

A letra de câmbio pode existir sem que haja aceite por parte do sacado. Faltando-lhe, porém, o aceite, não se cercará de eficácia executiva, só ensejando ação ordinária de cobrança.

O Projeto cuida, tal como o faz o Decreto nº 2.044/1908, da apresentação da letra ao sacado, acolhendo, outrossim, o aceite parcial — "Art. 490. O aceite é puro e simples, mas o sacado pode limitá-lo a uma parte da importância sacada".

É, aliás, o que dispõe a Lei Uniforme, no seu art. 26:

> "O aceite é puro e simples, mas o sacado pode limitá-lo a uma parte da importância sacada".

12. AVAL

A Seção IV, arts. 494 a 497, do Projeto objeto destas breves considerações, cuida do aval — garantia do pagamento firmada por terceiro, ou mesmo por signatário da letra. A leitura do art. 494 deixa claro que, no que diz respeito ao aval, o Projeto mantém os princípios gerais do instituto, acolhendo, inclusive, o aval parcial — "o pagamento de uma letra de câmbio pode ser no todo ou em parte garantido por aval".

Contrariando a regra disposta no art. 1.648 do Código Civil de 2002, que pressupõe a outorga uxória nos avais das cambiais (*vide* nº 31 do Capítulo II deste livro), o Projeto dispõe que "para a validade do aval, não é necessária a autorização do cônjuge".

13. DO PROTESTO

O Projeto sob comento cuida do protesto da letra de câmbio na Seção VII, arts. 513 a 517.

Dedicando substancioso estudo sobre o protesto, Wille Duarte Costa indica duas espécies de protesto:

> "Existem duas espécies de protesto: uma é o procedimento cautelar específico, previsto no Código de Processo Civil (art. 867; **art. 585 do CPC/2015**), destinado a prevenir responsabilidades, prover a conservação e ressalva de direitos, servindo ainda para que seja manifestada qualquer intenção de modo formal. O segundo é típico do direito cambiário e aplicável aos títulos de crédito de modo geral" (*Títulos de Crédito*, 4. ed., Del Rey, p. 277), grifos nossos.

O protesto de títulos é atualmente regido pela Lei nº 9.492, de 10 de setembro de 1997.

O Projeto de um novo Código Comercial cuida do protesto e do processo de cobrança da letra de câmbio nas Seções VII e VIII do Capítulo I, instituindo inúmeras regras para a normatização do instituto.

Cuida, igualmente, do aceite por intervenção ou pagamento — "Art. 532. O sacador, endossante ou avalista podem indicar uma pessoa para aceitar ou pagar, em caso de necessidade".

Objeto de detalhado e erudito estudo, afirma Pontes de Miranda em seu consagrado *Tratado de Direito Cambiariforme* a existência de duas espécies de intervenção: "a intervenção para aceite e a intervenção para pagamento" (*Tratado de Direito Cambiariforme*, 2. ed., Max Limonad, p. 205). O projeto cuida de ambas.

14. NOTA PROMISSÓRIA

A nota promissória é uma promessa de pagamento, como afirmamos no Capítulo III deste livro. É, aliás, o que enfatiza o item II do art. 541 do Projeto: "a nota promissória contém: II — a promessa pura e simples de pagar uma quantia determinada".

São mantidos os mesmos requisitos contidos no Decreto nº 2.044/1908. Aplicáveis à nota promissória as mesmas disposições relativas à letra de câmbio:

> "Art. 543. São aplicáveis às notas promissórias...
>
> Art. 544. São igualmente aplicáveis às notas promissórias...
>
> Art. 545. São também aplicáveis às notas promissórias...".

É o que dispõe o art. 77 da Lei Uniforme:

> "São aplicáveis às notas promissórias na parte em que não sejam contrárias à natureza deste Título, as disposições relativas às letras e concernentes: (...)".

15. DUPLICATA

A duplicata é, igualmente, contemplada no Projeto objeto destas considerações.

No magistério de Wille Duarte Costa, "a duplicata é o título de crédito causal e à ordem, que pode ser criada no ato da extração da fatura, para circulação como efeito comercial, decorrente da compra e venda mercantil ou da prestação de serviços" (*Títulos de Crédito*, 4. ed., Del Rey, p. 383).

Causal porque oriundo necessariamente da compra e venda mercantil ou da prestação de serviços:

> "Art. 548. Ao empresário é facultado emitir a duplicata para documentar crédito originado de:
>
> I — compra e venda; ou

II — prestação de serviços".

Título facultativo a ser extraído da fatura, esta última obrigatória:

"Art. 549. Em todo o contrato de compra e venda de mercadorias ou de prestação de serviços, entre partes domiciliadas no território brasileiro, sendo empresário ou vendedor ou o prestador do serviço, *é obrigatória a emissão da fatura* para apresentação ao comprador".

Obrigatória a *fatura* — nota do vendedor discriminando as mercadorias ou os serviços prestados —, "dela poderá ser extraída uma duplicata para circulação e cobrança como título de crédito", vedada a extração de qualquer outro título de crédito para a mesma operação.

Umbilicalmente vinculada à origem, não pode a duplicata corresponder a mais de uma fatura.

Convênio com a Fazenda Pública enseja a nota fiscal-fatura.

A duplicata poderá ter suporte eletrônico ou cartular (art. 454). Tendo suporte cartular, deve ser remetida ao sacado nos trinta dias seguintes à emissão.

Os requisitos essenciais são os mesmos da atual legislação, a Lei nº 5.474, de 18 de julho de 1968, com linguagem diversa para alguns deles.

16. DO ACEITE

Tal como ocorre sob a Lei nº 5.474/1968, o sacado (comprador ou fornecedor de serviços) só poderá recusar o aceite nas seguintes hipóteses:

"I — inexistência de contrato de compra e venda ou de prestação de serviços com o emitente;

II — avaria ou não recebimento das mercadorias, salvo se expedidas ou entregues por sua conta e risco, ou não correspondência dos serviços prestados com os contratados;

III — vícios, defeitos e diferenças na qualidade ou na quantidade das mercadorias ou dos serviços devidamente comprovados;

IV — divergência no prazo ou preço ajustados".

O Projeto cuida, ainda, do pagamento, do protesto e cobrança (arts. 561 a 571).

17. DOS TÍTULOS ARMAZENEIROS: CONHECIMENTO DE DEPÓSITO E *WARRANT*

Sob o título acima transcrito, o Projeto cuida dos títulos emitidos por armazéns gerais, de que tratamos no nº 119 deste livro.

Armazéns gerais são estabelecimentos destinados à guarda e conservação de mercadorias, mediante a paga de determinado preço. Tais estabelecimentos podem, em conformidade com o Decreto nº 1.102, de 21 de novembro de 1903, emitir títulos de crédito.

Armazéns gerais, observa Sampaio de Lacerda, "são empresas que têm por objeto a guarda e conservação de mercadorias e a emissão de títulos especiais que as representem" (*Dos Armazéns Gerais — Seus Títulos de Crédito*, Forense, p. 19).

Com a propriedade de todos proclamada, lembra Sampaio de Lacerda que "a expressão *geral*, qualificativa do armazém de depósito, visa, certamente, determinar que nele podem ser guardadas mercadorias de várias pessoas. É geral, tanto em relação às coisas como em relação às pessoas".

Os títulos de crédito emitidos pelos armazéns gerais são:

a) conhecimento de depósito;

b) *warrant*.

Os títulos em apreço são emitidos unidos quando solicitado pelo depositante, podendo, entretanto, ser separados: "Art. 572. Os armazéns gerais emitirão, quando solicitado pelo depositante, dois títulos unidos, mas separáveis à vontade, denominados conhecimento de depósito e *warrant*".

"O conhecimento de depósito é um título de crédito correspondente às mercadorias depositadas no armazém geral. O *warrant* é o instrumento de penhor sobre as mesmas mercadorias", ensina Wille Duarte Costa (*Títulos de Crédito*, 4. ed., Del Rey, p. 447).

Os requisitos estabelecidos no Projeto são idênticos àqueles previstos no art. 15, § 1º, do Decreto nº 1.102/1903, em razão do que nos reportamos às observações feitas no nº 124 deste livro.

A circulação dos dois títulos é especificada com clareza, no art. 578 do Projeto:

> "O conhecimento de depósito e o *warrant* circulam por endosso, unidos ou separados.
>
> § 1º O endosso dos títulos unidos confere ao endossatário o direito de livre disposição da mercadoria depositada.
>
> § 2º O endosso do *warrant* em separado confere ao endossatário o direito de penhor sobre a mercadoria depositada.
>
> § 3º O endosso do conhecimento de depósito em separado confere ao endossatário o direito de dispor da mercadoria, salvo os direitos do credor pignoratício portador do *warrant*".

Os arts. 582 a 589 põem em relevo os direitos dos títulos armazeneiros.

18. DO CONHECIMENTO DE TRANSPORTE DE CARGAS

Do conhecimento de transporte cuidamos no nº 129 deste livro.

Encerrando polêmica quanto à vigência do Decreto nº 19.473, de 10 de dezembro de 1930 — se em vigor ou revogado —, o que deixava o conhecimento de transporte sem disciplinação jurídica, o Projeto de Código Comercial cuida do instituto nos arts. 590 a 593, deixando claro tratar-se de um contrato de transporte de carga:

> "O conhecimento de transporte de cargas instrumentaliza o contrato de transporte de carga".

Essa é, aliás, a opinião, de longa data, sustentada por Wille Duarte Costa em seu consagrado livro *Títulos de Crédito*:

> "Conhecimento, por essas razões, não é título de crédito. É contrato de transporte pura e simplesmente, seja transporte por terra, marítimo ou aéreo".

19. A MALOGRADA UNIFICAÇÃO DO DIREITO COMERCIAL COM O DIREITO CIVIL

A unificação, ainda que parcial, do Direito Comercial com o Direito Civil, no Código Civil de 2002, combatida por renomados juristas, foi, inquestionavelmente, experiência malograda por enfeixar, em um só diploma legal, direitos absolutamente diversos.

O Direito Comercial é cosmopolita, com manifesta pendência à internacionalidade, o que se intensifica com a globalização, exigindo, por isso mesmo, leis e disposições que incrementem o comercial universal, de que são exemplos as Leis Uniformes sobre Cheque, Letra de Câmbio e Nota Promissória (Convenções de Genebra, de que o Brasil é signatário), as normas de comércio que disciplinam as atividades mercantis do Mercosul ou do Mercado Comum Europeu.

Em que pese a moderna tendência do Direito, de "inclinar-se no sentido da descodificação, optando-se por leis especiais, flexíveis e facilmente moldáveis às necessidades mais urgentes" (Modesto Carvalhosa, *Comentários ao Código Civil: Direito de Empresa,* Saraiva, v. 13), é alvissareira a promulgação de um Código Comercial, pondo fim à insegurança jurídica que resulta de legislações paralelas.

BIBLIOGRAFIA

Aclibes Burgarelli, *Títulos de Crédito*, 1ª ed., Ed. Jurídica Brasileira, 2002.

Alberto Deodato, *Manual de Ciência das Finanças*, 12ª ed., 1971.

Alberto João Zortéa, *A Duplicata Mercantil e Similares no Direito Estrangeiro*, Forense, 1983.

Alcides de Mendonça Lima, *Com. ao Código de Processo Civil*, 1ª ed., 1975.

Aliomar Baleeiro, *Uma Introdução à Ciência das Finanças*, 7ª ed., 1969.

Américo Luiz Martins da Silva, *As Ações das Sociedades e os Títulos de Crédito*, Forense, 1995.

Carlos F. da Cunha Peixoto, *Comentários à Lei de Duplicatas*, 2ª ed., 1971; *Cheque*, 2ª ed., 1958; *Títulos de Crédito*, 1ª ed., 1971.

Carlos Maximiliano, *Hermenêutica e Aplicação do Direito*, 1925.

Cassio Scarpinella Bueno, *A Nova Etapa da Reforma do Código de Processo Civil*, Saraiva, 2006.

Cesare Vivante, *Trattato di Diritto Commerciale*, 3ª ed., 1908.

Darcy de A. Miranda Jr., *O "Warrant" no Direito Brasileiro*, 1973.

Edison J. C. Oliveira, *Protesto de Títulos e seu Cancelamento*, 1ª ed., 1971; 3ª ed., 1973.

Ernane Fidélis dos Santos, *As Reformas de 2006 do Código de Processo Civil*, Saraiva, 2006.

Fábio O. Pena, *Da Duplicata*, ed. de 1966.

Fábio Ulhoa Coelho, *Curso de Direito Comercial*, Saraiva, 2007, 3v.

Francisco Raitani, *Falência e Concordata*, 1948.

Fran Martins, *Letra de Câmbio e Nota Promissória segundo a Lei Uniforme*, ed. de 1972.

Fritz Fleiner, *Les Principes Généraux de Droit Administratif Allemand*, 1953.

Gaston Jèze, *Cours de Science de Finances*, 1925.

G. E. do Nascimento e Silva & Hildebrando Accioly, *Manual de Direito Internacional Público*, 15ª ed. Saraiva, 2002.

Geraldo Ataliba, *Apontamentos de Ciência das Finanças, Direito Financeiro e Direito Tributário*, 1969.

Gilberto Nóbrega, *Depósito Bancário*, 1966.

Giorgio Giorgi, *Teoria delle Obbligazione*, 6ª ed., 1903.

Gustavo Bonelli, *Commentario al Codice di Commercio*, 1914.

Henri Capitant, *De la Cause des Obligations*, 1927.

Hernani Estrella, *Curso de Direito Comercial*, ed. de 1973.

Hilário de Oliveira, *Títulos de Crédito*, Ed. Pilares, 2006.

Humberto Navarrine, *Trattato Elementare di Diritto Commerciale*, Fratelli Bocca Editori, 1911.

Ivan Hugo Silva, *Comentários à Lei das Duplicatas*, Aide.

J. C. Sampaio de Lacerda, *Dos Armazéns Gerais — Seus Títulos de Crédito*, Forense.

J. M. Leoni Lopes de Oliveira, *Introdução ao Direito Civil*, 2ª ed. Lumen Juris, 2000.

J. M. Othon Sidou, *Do Cheque*, 2ª ed., 1976.

João Eunápio Borges, *Do Aval*, 1955; *Títulos de Crédito*, 2ª ed., 1971.

José A. Saraiva, *A Cambial*, 1912.

José Frederico Marques, *O Estado de S. Paulo*, 1976.

José Maria Whitaker, *Letra de Câmbio*, 6ª ed., 1971.

Juarez de Oliveira e Marcus Cláudio Acquaviva, *Código Comercial Brasileiro*, 21ª ed., 1977 — *Lei de Sociedades Anônimas*, 1ª ed., 1977, e *Títulos de Crédito*, 1ª ed., 1970.

Juliano José Parolo — Correspondência do autor.

J. X. Carvalho de Mendonça, *Tratado de Direito Comercial Brasileiro*, 6ª ed., 1963.

Kuntze, *La Cambiale*, 1897.

Luiz de Freitas Lima — Correspondência do autor.

Luiz de Paula, *Debêntures*, 1971.

Luiz E. F. da Rosa Jr., *Cheque, Comentários à Lei Uniforme*, 1ª ed., 1973.

——. *Letra de Câmbio e Nota Promissória* (Direito Cambiário), ed. de 1984.

Magarinos Torres, *Nota Promissória*, 7ª ed., 1969.

Marcus Cláudio Acquaviva e Juarez de Oliveira, *Código Comercial Brasileiro*, 23ª ed., 1979 — *Lei de Sociedades Anônimas*, 1ª ed., 1977, e *Títulos de Crédito*, 1ª ed., 1970.

Maria Helena Diniz, *Lei de Introdução ao Código Civil Brasileiro Interpretada*, 12ª ed., Saraiva, 2007.

Mauro Grimberg — Correspondência do autor.

Milton Nobre — Correspondência do autor.

Moacir de Barros Mello, "Curiosidades forenses", in *Diário do Comércio e Indústria*.

Modesto Carvalhosa, *Comentários à Lei de Sociedades Anônimas*, Saraiva, 1997.

Nelson Abrão, *Duplicata sem Aceite*, ed. de 1975.

Newton de Lucca, *Aspectos da Teoria Geral dos Títulos de Crédito*. Biblioteca Pioneira de Direito Empresarial, 1979; *Comentários ao Novo Código Civil*, Forense, 2003, v. XII.

Octávio Mendes, *Dos Títulos de Crédito*, 1931.

Paulo de Lacerda, *A Cambial no Direito Brasileiro*, 4ª ed., 1928.

Paulo Furtado, *Execução*, ed. de 1985.

Paulo Restiffe Neto, *Lei do Cheque*, 1973.

Paulo Roberto Colombo Arnoldi, *Ação Cambial*, ed. de 1991.

Pedro B. A. Dallari, *Constituição e Tratados Internacionais*, Saraiva, 2003.

Pedro Orlando, *Novíssimo Dicionário Jurídico Brasileiro*, 1959.

Pontes de Miranda, *Tratado de Direito Cambiário*, 2ª ed., 1954.

Roberto Barcelos de Magalhães, *Da Defesa na Execução Cambiária*, 1962.

Rodrigo Otávio, *Do Cheque*, 1913.

Rubem Garcia, *Protesto de Títulos (Procedimentos Incidentes)*, ed. de 1981.

Rubens Requião, *Curso de Direito Comercial*, 4ª ed., 1974.

Ruth Bueno, *Regime Jurídico da Mulher Casada*, 1970.

San Thiago Dantas, *Problemas de Direito Positivo*, 1953.

Theóphilo de Azeredo Santos, *Manual dos Títulos de Crédito*, 2ª ed., 1971.

Trajano de Miranda Valverde, *Sociedade por Ações*, 2ª ed., 1953.

Tullio Ascarelli, *Teoria Geral dos Títulos de Crédito*, 1943.

Waldemar Martins Ferreira, *Instituições de Direito Comercial*, 1947; *Tratado de Direito Mercantil Brasileiro*, 1934/39.

Waldirio Bulgarelli, *Direito Comercial*; *Títulos de Crédito*, ed. de 1979, v. III.

Washington de Barros Monteiro, *Curso de Direito Civil*, 2ª ed., 1962.

Wille Duarte Costa, *Títulos de Crédito, Del Rey, 2003*.

Obs.: Além das obras e autores acima citados, fazemos menção a inúmeras outras, com seus respectivos autores, incluindo monografias, publicações em revistas especializadas, com expressa referência à origem e correspondência com o autor.

ÍNDICE ANALÍTICO

(os números referem-se aos parágrafos)

AÇÃO CAMBIAL

— da execução por títulos cambiais contra devedor solvente: 176

— da penhora: 177

— devedor solvente e insolvente: 175

— embargos do devedor: 178

— inoponibilidade de exceções ao terceiro de boa-fé: 180

— no Código de Processo Civil: 173

— processamento dos embargos: 179

— quem pode promover a execução: 174

— resumo: 182

AÇÃO DE ANULAÇÃO DE CAMBIAL

— 32-A

AÇÃO DE ANULAÇÃO DE TÍTULOS AO PORTADOR

— 32-B

AÇÃO DE COBRANÇA

— duplicata: 86

— títulos da dívida pública: 146

AÇÃO DE INDENIZAÇÃO POR DANOS MORAIS, NA APRESENTAÇÃO ANTECIPADA DE CHEQUE PÓS-DATADO

— 59-A

AÇÃO DE LOCUPLETAMENTO ILÍCITO (ENRIQUECIMENTO SEM CAUSA)

— 53-A

AÇÃO DE REGRESSO

— 32-C

ACEITE

— em branco: 82

— na duplicata: 79

— na letra de câmbio: 15

— presumido: 81

— recusa: 83

— suprimento: 80

AÇÕES

— conceito: 134

— na Lei das Sociedades Anônimas: 137

— quanto à espécie: 135

— quanto à natureza: 136

— resumo: 138

ARMAZÉNS GERAIS

— 119

AVAL

— *Vide* também AVALISTA

— na letra de câmbio: 25

— autonomia: 27

— da mulher casada: 31

— e outorga uxória: 31

— espécies: 28

— natureza jurídica das relações entre o avalista e o avalizado: 30

— pluralidade: 29

— responsabilidade do avalista: 26

AVALISTA

— na letra de câmbio: 25

  — natureza jurídica das relações entre o avalista e o avalizado: 30

  — responsabilidade: 26

CANCELAMENTO DO PROTESTO

— *Vide* PROTESTO E SEU CANCELAMENTO

CARACTERÍSTICAS DOS TÍTULOS DE CRÉDITO

— 2

CÉDULA DE CRÉDITO BANCÁRIO

— com garantia real ou fidejussória: 160-C

— conceito: 160-A

— requisitos: 160-B

— resumo: 160-D

CÉDULA DE CRÉDITO INDUSTRIAL

— 106

CÉDULA DE PRODUTO RURAL

— 102 e 103

CÉDULA HIPOTECÁRIA

— conceito: 156

— forma: 158

— requisitos: 157

CÉDULA RURAL HIPOTECÁRIA

— 99 e 100

CÉDULA RURAL PIGNORATÍCIA

— 98 e 100

CHEQUE

— administrativo: 67

— a Lei Interna e a Convenção de Genebra: 50

— a subsistência do endosso em branco na legislação do cheque: 55-A

— ao portador: 55

— apresentação: 52

— branco ou incompleto: 68
— com cláusula "à ordem": 57
— com cláusula "não à ordem": 58
— com pluralidade de exemplares: 69
— conceito: 47
— cruzado: 60
— de turismo: 64
— espécies: 54
— figuras intervenientes: 51
— fiscal: 66
— marcado: 63
— natureza jurídica: 48
— nominal (nominativo): 56
— para creditar: 61
— pós-datado: 59
— postal: 65
— prescrição: 53
— requisitos essenciais: 49
— resumo: 70
— visado: 62

CLASSIFICAÇÃO DOS TÍTULOS DE CRÉDITO
— quanto à circulação: 5
— quanto ao conteúdo: 4

COBRANÇA
— da duplicata; ação para a: 86
— dos títulos da dívida pública; ação para a: 146

CONCEITO(S)
— ações: 134
— cheque: 47
— conhecimento de transportes: 129
— debêntures: 112
— duplicata: 74
— letra de câmbio: 10
— nota promissória: 38
— títulos de crédito: 3

CONHECIMENTO DE DEPÓSITO
— extinção: 126

CONHECIMENTO DE TRANSPORTES
— conceito: 129
— presunção de legitimidade favorável ao endossatário: 130
— requisitos essenciais: 131
— resumo: 132

CRÉDITO INDUSTRIAL
— *Vide* TÍTULOS DE CRÉDITO INDUSTRIAL

CRÉDITO RURAL
— *Vide* TÍTULOS DE CRÉDITO RURAL

DEBÊNTURES
— competência para emissão: 115
— conceito: 112

— crédito privilegiado: 114
— espécies: 113
— na Lei das Sociedades Anônimas: 116
— resumo: 117

DEPÓSITO
— extinção do conhecimento: 126
— prazo: 125
— recibo: 120

DÍVIDA PÚBLICA
— *Vide* TÍTULOS DA DÍVIDA PÚBLICA

DUPLICATA
— 73
— ação para cobrança: 86
— aceite em branco: 82
— aceite presumido: 81
— conceito: 74
— de prestação de serviços: 88
— escritural: 89
— fatura: 72
— figuras intervenientes: 77
— pagamento: 84
— prescrição: 87
— protesto: 85
— recusa do aceite: 83
— remessa e devolução: 78
— requisitos essenciais: 75
— resumo: 92
— rural: 97
— simulada: 91
— suprimento do aceite: 80
— triplicata: 90
— vencimentos: 76

DUPLICATA RURAL
— 97

EMPRÉSTIMOS PÚBLICOS
— classificação: 141
— formas de que se revestem: 144
— quanto à natureza: 142
— requisitos essenciais: 143

ENDOSSO
— em branco: 20 e 55-A
— em preto: 19
— endosso-caução: 24
— endosso-mandato: 21
— espécies: 18
— lançamento: 17
— na letra de câmbio: 16
— parcial: 23
— posterior ao vencimento: 22

ESPÉCIES DE TÍTULOS DE CRÉDITO
— 6

FATURA
— 72

HISTÓRICO DOS TÍTULOS DE CRÉDITO
— 1
INTIMAÇÃO DE PROTESTO
— 166
LEGISLAÇÃO SOBRE TÍTULOS DE CRÉDITO NO CÓDIGO CIVIL: ANEXO II
LEI CAMBIAL
— prescrição na: 34
LEI DAS SOCIEDADES ANÔNIMAS
— debêntures na lei: 116
LETRA DE CÂMBIO
— *Vide* também AÇÃO CAMBIAL e LEI CAMBIAL
— aceite: 15
— autonomia do aval: 27
— aval: 25
— aval; autonomia: 27
— aval da mulher casada: 31
— aval e outorga uxória: 31
— aval; espécies: 28
— conceito: 10
— endosso: 16
— endosso em branco: 20
— endosso em preto: 19
— endosso; espécie: 18
— endosso; lançamento: 17
— endosso-mandato: 21
— endosso parcial: 23
— endosso posterior ao vencimento: 22
— espécies de aval: 28
— espécies de endosso: 18
— figuras intervenientes: 11
— interrupção da prescrição: 35
— lançamento do endosso: 17
— natureza jurídica das relações entre o avalista e o avalizado: 30
— origem: 9
— outorga uxória: 31
— pluralidade de avais: 29
— prescrição: 33
— prescrição na Lei Cambial: 34
— requisitos essenciais: 12
— responsabilidade do avalista: 26
— ressaque: 32
— resumo: 36
— vencimento: 13
— vencimento por antecipação: 14
LETRAS IMOBILIÁRIAS
— crédito imobiliário: 149
— forma e negociação: 152
— letras imobiliárias: conceito e requisitos: 151

— sociedades imobiliárias: 150
— tipos de letras imobiliárias: 153
LOCAL PARA PROTESTO
— 165
MULHER CASADA
— aval na letra de câmbio: 31
— outorga uxória: 31
NOTA DE CRÉDITO INDUSTRIAL
— 107
NOTA DE CRÉDITO RURAL
— 101 e 103
NOTA PROMISSÓRIA
— conceito: 38
— figuras intervenientes: 41
— nota promissória em branco: 40
— prescrição: 43
— requisitos essenciais: 39
— resumo: 45
— rural: 96
— vencimento: 42
NOTA PROMISSÓRIA EM UPC, ORTN, OTN, BTN, TR, TRD OU EQUIVALENTES
— 44
NOTA PROMISSÓRIA RURAL
— 96
OPONIBILIDADE DE EXCEÇÕES (O ENDOSSATÁRIO DE MÁ-FÉ)
— 2-A
OUTORGA UXÓRIA
— aval da mulher casada: 31
PAGAMENTO
— duplicata: 84
PRAZOS
— para protesto: 164
PRESCRIÇÃO
— cheque: 53
— duplicata: 87
— letra de câmbio: 33
  — interrupção: 35
  — na lei cambial: 34
— nota promissória: 43
PRESTAÇÃO DE SERVIÇOS
— duplicata: 88
PROTESTO
— *Vide* também PROTESTO E SEU CANCELAMENTO
— de cheques extraviados ou roubados: 169
— duplicata: 85
— e seu cancelamento:
  — cancelamento: 170
  — resumo: 171
PROTESTO E SEU CANCELAMENTO
— cancelamento: 170
— da cláusula “sem protesto”: 163
— intimação do protesto: 166

— local do protesto: 165
— o protesto como meio assecuratório do exercício do direito: 161
— prazos para o protesto: 164
— protesto facultativo e obrigatório: 162
— requisitos do protesto: 167
— resumo: 171
— sustação do protesto: 168

RESSAQUE
— letra de câmbio: 32

RESUMO
— ação cambial: 182
— ações: 138
— cheque: 170
— conhecimento de transportes: 132
— debêntures: 117
— letra de câmbio: 36
— nota promissória: 45
— protesto e seu cancelamento: 171
— títulos da dívida pública: 147
— títulos de crédito: 7
— títulos de crédito industrial: 110
— títulos de crédito rural: 103
— *warrant*: 127

SUSTAÇÃO DO PROTESTO
— 168

TÍTULO DE DESENVOLVIMENTO ECONÔMICO
— características: 109
— emissão: 109

TÍTULOS DA DÍVIDA PÚBLICA
— ação para cobrança dos: 146
— classificação dos empréstimos públicos: 141
— dívida pública: 140
— empréstimos públicos quanto à natureza: 142
— formas de que se revestem os empréstimos públicos voluntários: 144
— Nota do Tesouro Nacional: 145
— requisito essencial aos empréstimos voluntários: 143
— resumo: 147

TÍTULOS DE CRÉDITO
— *Vide* também TÍTULOS DE CRÉDITO INDUSTRIAL e TÍTULOS DE CRÉDITO RURAL
— características: 2
— classificação quanto à circulação: 5
— classificação quanto ao conteúdo: 4
— conceito: 3
— espécies: 6
— histórico: 1
— resumo: 7

TÍTULOS DE CRÉDITO INDUSTRIAL

— cédula de crédito industrial: 106
— crédito industrial: 105
— nota de crédito industrial: 107
— resumo: 110
TÍTULOS DE CRÉDITO NO CÓDIGO CIVIL (ANEXO I)
— à ordem (endosso): 11
— ao portador: 9
— aval: 8
— cláusulas vedadas em lei: 3
— dilacerados ou extraviados: 10
— disposições gerais: 1
— eletrônicos: 18
— em branco ou incompletos: 4
— endosso-caução ou pignoratício: 14
— endosso em preto e em branco: 12
— endosso-mandato: 13
— endosso póstumo: 15
— inoponibilidade de exceções de ilicitude contra endossatário de boa-fé: 7
— mandatário ou representante: 5
— nominativos: 16
— representativos de mercadoria: 6
— requisitos: 2
TÍTULOS DE CRÉDITO RURAL
— cédula de produto rural: 102
— cédula rural hipotecária: 99
— cédula rural pignoratícia: 98
— cédula rural pignoratícia e hipotecária: 100
— crédito rural: 94
— duplicata rural: 97
— eficácia executiva: 102-A
— espécies de títulos de crédito rural: 95
— nota de crédito rural: 101
— nota promissória rural: 96
— venda antecipada dos bens constitutivos da garantia real: 102-A
— resumo: 103
TRIPLICATA
— 90
VENCIMENTO
— duplicata: 76
— letra de câmbio: 13
  — endosso posterior ao: 22
  — por antecipação: 14
— nota promissória: 42
WARRANT
— 122
— armazéns gerais: 119
— extinção do conhecimento de depósito e do *warrant*: 126
— imunidade patrimonial das mercadorias: 123
— prazo de depósito: 125
— recibo de depósito: 120
— requisitos: 124
— resumo: 127